海外中国
研究丛书

刘 东 主编

[美] 马若孟 著

史建云 译

中国农民经济

THE CHINESE PEASANT ECONOMY

河北和山东的农民发展，1890—1949

Agricultural Development in Hopei and Shantung, 1890–1949

江苏人民出版社

图书在版编目(CIP)数据

中国农民经济:河北和山东的农民发展:1890~
1949/(美)马若孟著;史建云译. --南京:江苏人
民出版社,2013.1(2021.4 重印)
(海外中国研究丛书/刘东主编)
书名原文:The Chinese Peasant Economy:Agricultural Development in
Hopei and Shantung, 1890—1949
ISBN 978 - 7 - 214 - 09194 - 9

Ⅰ.①中… Ⅱ.①马…②史… Ⅲ.①农民发展-研
究-河北省-1890~1949②农民发展-研究-山东省-
1890~1949 Ⅳ.①F329.22②F329.52

中国版本图书馆 CIP 数据核字(2013)第 016525 号

江苏省版权局著作权合同登记:图字 10 - 2012 - 524

书　　　名　中国农民经济:河北和山东的农民发展,1890—1949
著　　　者　[美]马若孟
译　　　者　史建云
责 任 编 辑　孙　立　史雪莲
装 帧 设 计　陈　婕
责 任 监 制　王　娟
出 版 发 行　江苏人民出版社
地　　　址　南京市湖南路 1 号 A 楼,邮编:210009
网　　　址　http://www.jspph.com
照　　　排　江苏凤凰制版有限公司
印　　　刷　苏州越洋印刷有限公司
开　　　本　652 毫米×960 毫米　1/16
印　　　张　27　插页 4
字　　　数　360 千字
版　　　次　2013 年 3 月第 1 版
印　　　次　2021 年 4 月第 2 次印刷
标 准 书 号　ISBN 978 - 7 - 214 - 09194 - 9
定　　　价　78.00 元

(江苏人民出版社图书凡印装错误可向承印厂调换)

序"海外中国研究丛书"

中国曾经遗忘过世界,但世界却并未因此而遗忘中国。令人嗟讶的是,20 世纪 60 年代以后,就在中国越来越闭锁的同时,世界各国的中国研究却得到了越来越富于成果的发展。而到了中国门户重开的今天,这种发展就把国内学界逼到了如此的窘境:我们不仅必须放眼海外去认识世界,还必须放眼海外来重新认识中国;不仅必须向国内读者迻译海外的西学,还必须向他们系统地介绍海外的中学。

这个系列不可避免地会加深我们 150 年以来一直怀有的危机感和失落感,因为单是它的学术水准也足以提醒我们,中国文明在现时代所面对的绝不再是某个粗蛮不文的、很快就将被自己同化的、马背上的战胜者,而是一个高度发展了的、必将对自己的根本价值取向大大触动的文明。可正因为这样,借别人的眼光去获得自知之明,又正是摆在我们面前的紧迫历史使命,因为只要不跳出自家的文化圈子去透过强烈的反差反观自身,中华文明就找不到进入其现代形态的入口。

当然,既是本着这样的目的,我们就不能只从各家学说中筛选那些我们可以或者乐于接受的东西,否则我们的"筛子"本身就可能使读者失去选择、挑剔和批判的广阔天地。我们的译介毕竟还只是初步的尝试,而我们所努力去做的,毕竟也只是和读者一起去反复思索这些奉献给大家的东西。

刘　东

目　录

1

中译本前言

马克斯·韦伯曾说过,一个人对人类知识的科学贡献在5~10年中就会被修正或被他人的贡献所取代。

《中国农民经济》一书出版以来已经过去了近30年,我相信它的主要观点不仅为西方和中国学术界所承认,而且并没有得到很大的修正。

这本书的主要观点如下:首先,中国农村的市场经济是高度竞争的,因为商品和劳务的市场价格以及生产要素所带来的收入都由市场上供求双方的竞争力决定。在这一农村市场经济中,垄断从来没有长期存在过,对农户的经济剥削也几乎不存在。

从晚清直到第二次世界大战前,华北的农业生产处于商业化过程中,有更多的集镇、乡村和农户依赖发展中的市场经济。换句话说,在这一阶段,农户极大地加强了使其经济活动适应于产品市场和要素市场的程度,以劳动交换商品和劳务的传统经济衰退了。

第三,在这同一时期,除了偶然发生暴力行动时市场经济受到破坏以外,那些卷入市场经济的农户的物质生活水平都有轻微的改善。

第四,如果中央和地方政府能够对农民及农村基础设施投入更多的资源和技术以支持农业生产,家庭农场的产出和生产力本应增长得更快。例如,如果本世纪 20 年代和 30 年代曾经像 50 年代和 60 年代那样发展和推广优良作物品种的话,本来是会使产出有明显增长,生活水平有所提高的。

在农村生活的一个领域,本书研究得很不够:如果出现某种财产权的再分配,对这些产权有更好的控制和保护,华北农村会有怎样的发展呢?1950 年以来的事实证明,50 年代土地改革与其说是促进不如说是阻碍了农业生产力和产出的增长,因为这一改革消灭了私有财产,从而抑制了刺激工作和革新的动力。然而,台湾在 50 年代的土地改革却加强了增加生产、鼓励创新和更有效地使用资源的动力。

我这本书不同意第二次世界大战前人们普遍持有的一种理论,即华北农村的地权分配状况阻碍了华北农业的近代化发展。考虑到土地改革能够增进对农户地权的保护,能够帮助贫农、无地的家庭和佃农获得地权,就像台湾在 50 年代所做的那样,我现在认为我的观点应该修正。这样一种国家政策应该能够帮助华北的农户更有效地运作,使生产力得到改善,有更多的剩余产品可以出售。如果在本世纪 20 年代和 30 年代像在 80 年代和 90 年代那样实行了促进农业技术发展和加强土地所有权的政策,中国的财力本来会比其现有的水平有更高的增长。

最后一个问题是,支持本书的史料有多大的可靠性?当本书在美国接受评论时,一些批评家认为其结论是错误的,因为有太多的证据来自于日本人做的华北农村调查。而当黄宗智和杜赞奇等学者利用这同一批日本人的资料做出他们对华北农村经济与社会的历史阐述时,学术界却称赞他们的著作新颖独到有开创性。现在绝大多数史学家都同意,第二次世界大战以前日本人做的农村调查为理解 20 世纪初期的中国社会留下了十分宝贵的历史资料。在这一意义上,本书对史料的运用证明是准确的。

　　我希望这一中译本将会促进中国史学家去考察 1950 年以前的北方家庭农场的运作和经营是否与中国其他地方和台湾的情况有所不同。更为重要的是,我希望我的著作会推动研究者修正我的研究结论,以证实马克斯·韦伯关于为使人类进步,科学著作必须被新的科学发现所取代的论述。

　　　　　　　　　　　　　　　　　马若孟
　　　　　　　　　　斯坦福大学胡佛研究所高级研究员

致　谢

在向那些参与这一研究的人表示谢意时,我认为叙述一下现在这部著作实际上是怎样写出来的是有益的。1964 年 6 月,我和我的全家离开香港到了澳大利亚。我受聘担任三年澳大利亚国立大学太平洋研究院经济系的研究员。澳大利亚看起来不大像是研究中国经济史合适的地方,但我愿意相信这些疑虑不是事实。我发现堪培拉是一个理想的研究地点:安静、绝无骚扰、有探索新事物的精神。总之,我很高兴遇到了一个朝气蓬勃的致力于支持优秀学术研究的机构。

我最初的计划是就中国近代经济史上的突出问题写一些论文。对当代中国进行研究是很困难的,如果不能先为 1949 年以前的阶段确定某些适当的坐标,怎么能够计量这样短的时期中任何形式的经济变化,并理解其含义呢? 还有,如果不理解 19 世纪中期以后传统经济对外部冲击做出怎样的反应,又怎能正确评价新的经济政策的作用呢?

在列出 1880—1949 年这一阶段的相关研究的一些课题,并把它们提交系里考虑之后,我开始着手第一篇论文:一个华北村庄的历史研究。以前的中国村庄研究都是对某个时间点的片断的描述,我希望利用日本人 1939—1943 年在河北省进行的村庄调查资料说明一个村庄自 19 世纪末以来的演变。在完成初稿后,我开始认识到这些村庄调查资料的重大意义。我只是极为肤浅地浏览了一遍。它们包含的资料足够写出四五部说明村庄随着时间而变化的著作。为什么不把村庄的变化与同一时期华北的发展联系起来呢？问题现在成为解析性的，并且更具挑战性。看来有必要把村庄的微观分析和地区性的宏观分析结合在一起，必须对发展中的城市中心和村庄经济之间的关系加以界定并检验。这是一个适合于做专题研究的课题，我放弃了论文从头开始。

然而，只有在收集到更多的有关华北的资料并对之检验之后，才可能做进一步的研究。感谢我的系主任海因茨·阿恩特教授和太平洋研究院的董事约翰·克劳福德爵士，我得到了到台湾、日本和美国出差6个月的经费支持，参观了东京的东洋文库这样的图书馆，以及加利福尼亚大学和斯坦福大学图书馆。在回到堪培拉之后，我用1965年余下的时间写出了初稿。当出现方法论上的问题时，我的同事戴维·M·B·巴特总是毫不迟疑地放下他的工作，给我以鼓励和忠告。巴特先生后来阅读了我的两次修改稿，不断地督促我校订和澄清内容。我也得到了我的研究助手玛丽·维尔·霍内女士的帮助，她制作了统计附录中有关中国农情统计的难度极大的统计表。

这部著作的初稿分送给了台湾、香港、日本、美国和英国的学者们。到1966年年中，从各地的学者们如新亚学院的全汉升、一桥大学的村松佑次、斯坦福大学的施坚雅、哈佛大学的德怀特·珀金斯、匹兹堡大学的C. K. 杨，还有当时在伦敦的仁井田升等人那里得到了有益的批评意见。

A. V. 恰亚诺夫的《农民农场组织》就在那时翻译并出版。[①] 这部著作使我相信，在本世纪头25年中，俄国和中国的农民经济有很多共同之处。我决定对这部书稿做较大程度的修改，分出新的一节来论述家庭农场组织。有关家庭农场周期和农民农场的土地利用，劳动与资本的内容受到了恰亚诺夫理论的启发，我对他极为感激。

---

① 丹尼尔·索纳、巴西勒·克尔布莱、R. E. F. 史密斯编：《A. V. 恰亚诺夫的农民经济理论》（霍姆伍德，理查德·欧文有限公司，1966年版）。

到 1966 年秋天第二稿完成了。同时,系里已开始形成一个新的计划。R. 尚德博士正在组织同事们致力于一项亚洲农业发展研究,我被要求写一篇台湾农业史的论文。为此目的,系里再次慷慨地为我提供 1966 年 11—12 月去台湾和日本调查研究两个月的旅行费用。这次旅行使我有机会收集到更多的华北调查的资料,并在东京大学的东洋文库研究所会见了一批日本学者。感谢东京都立大学的坂野正高教授和东京大学的福岛正夫教授,组织了一个研讨会讨论我的著作的初稿。一些与会学者实际上参加了 1939—1943 年华北的农村调查。这次研讨会证实是一次内容丰富的会议,我离开日本时相信我没有错误地理解这些农村调查文献资料。

我必须在此谈谈我与天野元之助教授的多年友谊与合作。不需要向中国问题专家们介绍天野教授。他已发表的很多研究中国农场经济和农业技术的著作及他毕生与南满铁路株式会社的合作,确立了他作为中国农民经济研究世界一流权威之一的地位。我们的合作开始于 1963 年并一直继续下来。每当我遇到某种度量衡单位或原始文献的翻译困难时,天野教授总是立刻向我提供必要的资料。他还把他个人藏书中档案馆里见不到的资料借给我,并时不时寄给我各种与我的研究有直接关系的论文。他明智的忠告和不断的鼓励对我是一种永远的激励。

1967 年初,我开始着手完成第二稿。在这一困难的工作中,我的新研究助手莫伊拉·索尔特女士给了我有效的帮助。还要特别感谢希瑟·哈丁女士(经济系秘书),帮助制作了图表,感谢地理系的制图组帮助绘制了地图。

1967 年夏天,我接受东亚研究中心的邀请,在哈佛大学呆了一个学年。我的研究员任期即将结束,在国外生活将近 4 年之后,我和我的全家回到了美国。书稿在东亚研究中心的学者们之间传阅,我寄了一份复印稿给 A. B. 刘易斯教授,他是一位农业经济学家,当时隶属于纽约的农业发展协会。埃兹拉·沃格尔、德怀特·珀金斯和阿德朗·B·刘易斯阅读了全部书稿,给我提供了很多建设性的进一步的修改意见。12 月我把最后的修订稿交给了东亚研究中心。我感谢中心主持了这部著作的出版。中心的工作人员帮助我把注释和参考书目按适当的顺序整理排列，耶鲁大学的戴茜·夸思小姐帮助我编制了词汇表。

每个学者对他的家庭都欠下了一笔特别的、无法偿还的债务，在这方面也应该提到我的妻子的努力与牺牲。她帮助我进行翻译，更为重要的是，对于长时期在国外生活必然会产生的困难和不安定她的毫无抱怨的忍耐。正是她建议我把这部著作题献给那些当年进行田野调查的日本学者们，他们的工作使这部著作得以完成。

马若孟

佛罗里达，1969 年

第一篇
问 题

度量衡单位

容量

1 升＝1 品脱

10 升＝1 斗

1 斗＝1 配克

10 斗＝1 石

1 石＝100 斤重

重量

1 斤＝1.3 磅或 0.6 公斤

100 斤＝1 担或 0.6 公担

1 担＝133.3 磅

面积

1 亩＝0.15 英亩或 0.06 公顷

1 官亩＝0.45 英亩或 0.18 公顷

币值

1 元＝0.29 美元(1937)

1 分＝0.002 9 美元(1937)

1. 引言

欧洲的农业直到 18 世纪和 19 世纪才变得较为有效,能够供养比以
前任何时候都多的非农业人口。这一革命——这是描述这一新进步的惟一适当的词汇———一直没有扩展到世界的其他部分。在今天的不发达国家中,有 3/4 或更多的人口还工作、生活在贫困的和奴隶般的状况下,使人联想起中世纪我们的欧洲老祖宗。

中国是世界上最古老的农业国之一。尽管其政治和经济方面的历史与其他亚洲国家和西方国家都有极大的不同,它的农民耕种土地的状况却与很多农业社会的状况类似。有四个方面的理由表明,对中国传统农业的研究是很有用的,并与现实息息相关。

今天社会科学家们广泛应用的一个重要概念是,一个二元经济由一个先进的和一个落后的部分组成,以不同的生产职能、天赋的资源和人口增长率为特征。某些经济增长模式假定,在农村人口迅速增长和城市中心资本密集型产业发展的条件下,进步的部分能够对落后部分和农业萧条产生有利的影响。① 对中国农业的研究可以检验应用这种二元经济

---

① 侯继明:《二元经济:中国,1840—1937》,《经济史杂志》,第 23 卷第 3 期第 277～298 页(1963 年 9 月)。

概念的增长模式的有效性。

20 世纪共产主义的崛起，首先发生在农村社会中。这可能仅仅是在有大量农民人口的国家中的重复吗？20 世纪共产党政权在中国的出现，本质上是一场由城市中的知识分子精英发起和领导的农民运动。对农村社会和经济的了解能够使我们更好地理解，共产主义最初为什么和怎样在农村而不是在城市中产生。

大量的贫困的农业人口形成了一个落后国家现代化的巨大障碍，这一命题经常被用来解释所谓的中国经济发展停滞。只是在最近我们才知道制造业的增长曾极为迅速，而经济并没有经历过重大的变革。使对这种现象的解释进了一步的一个论点是：农业部门"不仅滞后于经济增长和现代化过程；它肯定还是一个极为严重的制约因素，起了经济变革的制动器的作用。"①如果事实的确如此，准确了解农村经济对于城市和工业发展的反应为什么和如何这般迟钝，将是令人感兴趣的。

4 　最后，对中国传统农业的研究本身也应该令人感兴趣。1949 年以前，每十个人里约有七个或八个是靠农业为生的。农业不仅是主要产业，它是经济的脊梁。然而它的发展史却一直是模糊的，很少为人所知。对亚洲农民经济的研究还处于开创阶段。关于日本农业史已经做了一些出色的工作，但我们对中国、印度和东南亚其他国家农村最近的历史了解得都非常少。

我选择研究华北的河北、山东两省的首要理由是，存在着一批独特的相对来说未曾使用过的历史资料。② 1939—1943 年之间，设在北京的南满洲铁道株式会社调查机关的日本调查人员对河北和山东一些村庄进行了一系列农村调查。这些工作积累起了大量的关于华北农村经济

---

① 张约翰：《中国大陆的工业发展，1912—1949》，《经济史杂志》，第 27 卷第 1 期第 79 页（1967年 3 月）。这一观点被反复强调，在一些权威性读物如郑玉桂（译音）的《中国外贸和工业的发展》（华盛顿 1956 年版第 3 章）、孟宪章的《中国近代经济史教程》（上海，1951 年版，第 126~133 页）中可以看到。

② 《中国农村惯行调查》（以下简称"惯调"）。

社会和政治管理状况的原始资料。这部分报告和有关这两省的其他史料构成了这一研究的实证基础。

这一区域性探讨还有着另一方面的意义。由于中国的辽阔国土和复杂多变的地理环境,在我们目前的认识水平上,要研究这整个国家显得过早。其他地区也存在大量文献依据。一旦这些资料得到详细考察,就有可能把那些可以与本书的结论相比较的课题进行系统阐述。如果这样的比较显示出同样的结果,我们将拥有某些经过验证的、有效的、适用于全中国农村的理论。如果区域性的比较显示出不同结果,将需要进一步的研究以使我们的命题更精确。

1890—1949 年是中国近代经济史中关键性的阶段,因为这一时期中国对外国商业和西方的影响打开了大门。外来的商业和工业得到发展,但这种外来因素和农业之间的历史联系仍然既模糊又复杂。我的目的是澄清并解释这些因素之间的某些相互作用。

我最初的计划是,运用定量研究去计量粗放的农业如何受到外来因素的影响。我认为这是可以证明的,因为存在着大量的对每个县的农情统计。我的研究将用地图在空间标识出城市的发展如何和在哪里影响了农村的地价、工资和作物产量,从而显示出商业化的水平。这一方法最终由于价格数据不足而不得不放弃了。

必须找到另一条道路。问题是要找到某种方法,使村庄调查资料能够用来说明区域性农业的发展状况。我决定首先列出一些有现成论据的村庄的详细的历史资料,以确定是否存在任何村庄经济结构和发展的模式。这一工作完成后,就有可能转向对这一区域的农民怎样组织农业生产的更为技术性的讨论。大部分现有的村庄调查文献都包含了农户怎样使用他们的劳力、收入和土地的信息。这些论据用来说明农民怎样在农业和非农业工作之间分配劳力,怎样对农业或非农业活动进行投资,如何使用他们的耕地种植现金作物和自给作物。这种解析性的讨论为检验这一地区的其他发展打下了基础:人口增长、出口扩大、粮食输入、城市的发展等。通过对农户经济决策的分析,加上对所发生的广泛的经济变化的研究,就可以获得关于外来因素和农业经济如何相互作用与发展的理解。

最后的部分进一步把分析扩大到对村庄、集镇和通商口岸经济之间多边关系的说明。这里的关键问题是:商人、地主、高利贷者和地方官员是否给农民用土地维持生活造成了不必要的困难。是否存在一个富裕阶级借以剥削农民的机制,如果有的话,剥削程度能否计量? 这些社会经济阶级由于他们与村庄关系的具体形式而阻碍了农村发展,对此有没有可能令人信服地理论化? 这些阶层中哪一个在影响技术变革、农村资本积累和土地经营方面起了关键性的作用? 对这些问题的回答将显示出某种把村庄和集镇连接起来的商业关系,显示出农村是如何受到外来因素发展的影响的。

关于中国农村经济的大部分研究和理论说明做于 19 世纪 20 年代、30 年代,我们目前对农业中所发生事情的看法和解释都可以追溯到这 20 年间的研究和著作。因而,我编制了一个文献目录,并尝试把各种理论分为两个大类。当我们在村庄研究、对家庭农场经济的经济结构的讨论、对村庄和外来经济因素之间的关系的分析中穿行时,读者应该记住这些。用这种方法,传统的解释通过与众多村庄调查报告中的实证结果进行对比而得到了检验。

尽管 30 年代初国民党政府做了使度量衡单位统一并系统化的尝试,这些改革在县级范围内几乎没有取得进展,因为战争干扰、中断了地方政府在农村市场引进新的标准化单位的努力。事实上,度量衡单位在县与县之间和同一县的集镇之间都有很大的差异。例如,在山东省的潍县,用来计量耕地的面积单位"弓",村庄之间的差异高达 40%。① 在河北省,耕地计量单位"亩"之间的差异在某些地区高达 55%。计量谷物用的容量单位有记载的差异甚至更大。在山东能找到很多一个县之内的

---

① 天野元之助教授根据他 20 世纪 30 年代对山东和河北的实地调查研究向我提供了地方度量衡资料,对此我非常感激。

集镇之间,容量单位"斗"的差异高达 100％和 200％的实例。本研究中
的参考度量衡不是根据地方度量衡单位与人们熟悉的标准度量衡单位
之间的换算得出的。本书中所用的度量衡单位表只为集镇所用的同样
单位提供一个极为粗略的近似值。

地图 1 河北省各县

7

1. 长垣	29. 柏乡	57. 献县	85. 安新
2. 东明	30. 隆平	58. 饶阳	86. 雄县
3. 濮阳	31. 新河	59. 安平	87. 新镇
4. 清风	32. 冀县	60. 深泽	88. 文安
5. 南乐	33. 枣强	61. 无极	89. 霸县
6. 大名	34. 清河	62. 正定	90. 永清
7. 广平	35. 故城	63. 灵寿	91. 固安
8. 成安	36. 景县	64. 行唐	92. 新城
9. 磁县	37. 武邑	65. 阜平	93. 涿县
10. 邯郸	38. 衡水	66. 曲阳	94. 易县
11. 肥乡	39. 宁晋	67. 新乐	95. 涞水
12. 永年	40. 赵县	68. 定县	96. 房山
13. 曲周	41. 元氏	69. 安国	97. 良乡
14. 鸡泽	42. 井陉	70. 博野	98. 宛平
15. 沙河	43. 平山	71. 蠡县	99. 大兴
16. 邢台	44. 获鹿	72. 肃宁	100. 安次
17. 南和	45. 栾城	73. 河间	101. 武清
18. 平乡	46. 藁城	74. 任丘	102. 香河
19. 广宗	47. 晋县	75. 高阳	103. 通县
20. 魏县	48. 束鹿	76. 清苑	104. 顺义
21. 南宫	49. 深县	77. 望都	105. 昌平
22. 巨鹿	50. 武强	78. 唐县	106. 怀柔
23. 尧山	51. 阜城	79. 完县	107. 密云
24. 任县	52. 东光	80. 涞源	108. 兴隆
25. 内丘	53. 吴桥	81. 满城	109. 平谷
26. 临城	54. 宁津	82. 徐水	110. 三河
27. 赞皇	55. 南皮	83. 定兴	111. 宝坻
28. 高邑	56. 交河	84. 容城	112. 玉田

113. 蓟县	118. 卢龙	123. 宁河	127. 青县
114. 遵化	119. 昌黎	124. 天津	128. 沧县
115. 迁安	120. 乐亭	125. 静海	129. 盐山
116. 临榆	121. 滦县	126. 大城	130. 庆云
117. 抚宁	122. 丰润		

河北和山东的地理条件

1931 年河北和山东人口合计共有 5 500 万,超过了英国和日本的人口,这两国人口分别为 4 900 万和 5 000 万。① 这两个省的人口相当于一个大国的人口,所以对它们的研究实际上是对一个不可思议的大范围的农村经济的考察。

河北和山东位于北纬 32°~40°之间,构成了卜凯归之于"小麦-高粱区"的绝大部分。② 主要的食用作物是小麦、高粱③、玉米和小米,与各种夏季作物如马铃薯、花生、棉花、大豆和蔬菜轮种。小麦是主要的冬季作物,生长季节很短,不到 180 天。玉米、小米和高粱在 4 月初,即冬小麦开始收割的时候播种。棉花、花生、马铃薯和蔬菜随后下种。这些作物在夏季的几个月中要集中灌溉和中耕,它们的收获间隔开来,在 8 月下旬开始,10 月中旬结束。农民面临的较大困难之一是降水量变化无常。

华北一直是"中国本土最经常出现干旱,平均年降水量变化最大,最低平均年降水量所在的部分"④。中亚平原在冬季由于蒸发和冷却而丧

① 1928 年以前,河北省一直使用它清朝时的地名"直隶",我在这本书中提到 1928 年前的该省时也用河北这一名称,以便保持地名用法的一贯性。严格说来这并不准确,因为这一地区在被称为直隶时与它称为河北时的边界线是不同的。然而,我不认为领地的差异大到了能够在本书的分析讨论中引起混乱或错误的程度。

② 约翰·洛辛·卜凯:《中国土地利用:地图集》(以下简称地图集),芝加哥,1937 年版,第 9 页。

③ 高粱是一种大粒谷物,可以长到 8~10 英尺高。

④ 约翰·博彻特:《中国气候新图》,《美国地理学家协会年鉴》,第 37 期第 175 页(1947 年)。每个生长季节的降雨量仅有四川省的一半。见梁庆椿:《中国旱与旱灾之分析》,《社会科学杂志》,第 6 卷第 1 期第 16 页(1935 年 3 月)。

失了热量。受高压控制而寒冷,整个冬天刮着干旱的西南风(原文如此——译注),除了冬小麦和油菜籽外,任何作物都不能种植。夏季的情形正相反,中亚炎热和温暖的空气膨胀形成一个低压带,使得太平洋上生成的风吹向中国西北。这些潮湿的夏季风只刮大约四个半月。由于沙漠和海洋的反差,降水量集中在夏季的几个月中,成为夏季洪水比重较高的原因之一。① 当吹过华北平原的空气湿度不足时,在最迫切需要雨水的 7 月和 8 月就不会下雨。如果在夏末干旱之后跟着下雨,雨水不能迅速被板结的土壤吸收,禾苗就常常会被洪水冲走。

如果发源于华北的山西、甘肃和内蒙古高原边缘的太行山脉的大河没有挟带着巨量泥沙流入渤海湾,供水问题在正常情况下本来不会很严重的。泥沙在河南、河北和山东这些河流下游的河段沉积下来,必须筑堤阻挡它们。威廉·洛克哈德在 19 世纪中叶写道,黄河河床泥沙的沉积"使整条河道逐渐抬高,直到这条横穿帝国的河流比两旁的原野高出了几英尺,导致洪水经常冲破河岸或河堤四处泛滥,而矗立在河岸上的河堤正是为了把河流约束在河床中。"②黄河从河南省北部进入华北,在山东与大运河交汇,向东北流入渤海湾。大运河从江苏北部延伸到天津,沿着河北省的边界走,流经鲁西。夏季的大雨经常冲垮农民修筑的简易堤坝,汹涌的大水淹没了数百平方英里的耕地。③

沉积在华北的河床上的泥沙使河流变得太浅,无法行驶大船。尽管这些河流很长,它们的狭隘却使任何帆船航行困难,只在下游一些河段

---

① 姚珊宇(译音):《中国历史上洪水和干旱的年代及季节分布》,《哈佛亚洲研究杂志》,第 6 卷第 299 页(1941 年)。1924 年夏季,河北省在 33 个小时中约降雨 23 英寸。

② 威廉·洛克哈特:《扬子江和黄河》,《皇家地理协会会报》,第 28 期第 294 页(1858 年)。

③ F. B. 特纳:《华北的洪水与灾荒》,《皇家亚细亚文会北中国报》,第 57 期第 2 页(1926 年)。对这一问题的解决是在河北省多条河流汇聚的地方开挖新的入海河道。20 世纪 20 年代提出了一些这类方案,但就我所知,没有挖过河道。华北的水土流失也极为严重,但土壤专家们认为能够控制并减轻它,因为"在山东和冀西高地的大部分地区植树造林是可行的"。詹姆斯·索普:《中国的水土流失》,《中美工程师协会报》第 17 卷第 4 期第 189 页(1936 年 7~8 月)。另见菊田太郎:《自然条件对华北经济社会的制约》,《东亚人文学报》,第 1 卷第 3 期第 5 页(1941 年 12 月)。

上有短途航行。战前,有过很多修筑堤坝以控制这些河流的计划,但只建成了很少的堤坝,形成了湖泊和水库,使这些河流能够灌溉周围的农田。①

土壤条件也很差,因为"降水不足,不能过滤掉大部分石灰,形成了碱性土壤。"②要使这种土壤长出好庄稼需要大量的肥料。本地的肥料极少含有足够使土壤得到所需养分的适当的化学元素。山东李村实验站1930 年进行的检验显示出,化肥中包含的氮是耕地上的堆肥中包含的氮的两倍还多③,这正是提高地力最需要的元素。在河北和山东的很多地方,大量的盐碱凝结在土壤表面,使大地看起来像是覆盖着一层薄薄的雪。19 世纪末,天津美国领事馆的一位官员写道,"这个省的很多地方土壤中饱含盐碱,使其无法耕作;在一年中的某些季节,盐碱上升到土地表层,使田野就像覆盖着雪花。"④形成大片大片劣质土壤的一个主要原因是排水不畅。水位普遍接近于地表,极少深过 10 英尺,通常在 6 英尺以内。打井很容易,但低洼平坦的地区经常发洪水,并且由于洪水排泄缓慢,耕地在很长时期中都要被水淹没。"把水从低处抽走的速度要比它来时更快,所以要降低整个抽水地区的水位"⑤是很难的。

河北省民国时期有 130 个县,只有一个大港口——天津把内地与国外市场连接起来。北京和天津是最大的省级城市,尽管在 19 世纪 90 年代铁路建成以后有一批中等城市如雨后春笋般兴起。县和铁路线都在地图 1 中标示出来。

延伸至渤海湾的山东省是一个海拔较低的半岛,有 107 个县和两条重要铁路线。东北部的地形是丘陵,土壤贫瘠。西部土地平坦,实际就是河北平原的延伸,由于洪水泛滥时挟带的大量黄土沉淀在农田里,土

---

① 满铁调查部:《华北的农业与经济》,东京,1942 年版,第 1 卷第 23～24 页。
② 卜凯:"地图集",第 33 页。
③ 尹志云(译音):《中国农业概况》,《工商经济月刊》,第 7 卷第 3 期第 977 页(1930 年 9 月)。
④《美国驻天津领事馆通讯:1868—1906》,国家档案馆,华盛顿,第 2 卷第 101 项第 4 页。
⑤ 查尔斯·肖:《中国的土壤》,《土壤杂志》,第 1 期第 27 页(1930 年 12 月)。

壤十分肥沃。为数众多的河流从山东中南部的泰山、鲁山和沂山流下来,向北流入渤海湾,与河北的河流一样,它们几乎没有为周围的农村提供灌溉和运输。大港口青岛为棉花、烟草、花生之类农作物的输出提供了一个口岸。图2标示了县和铁路线。

10

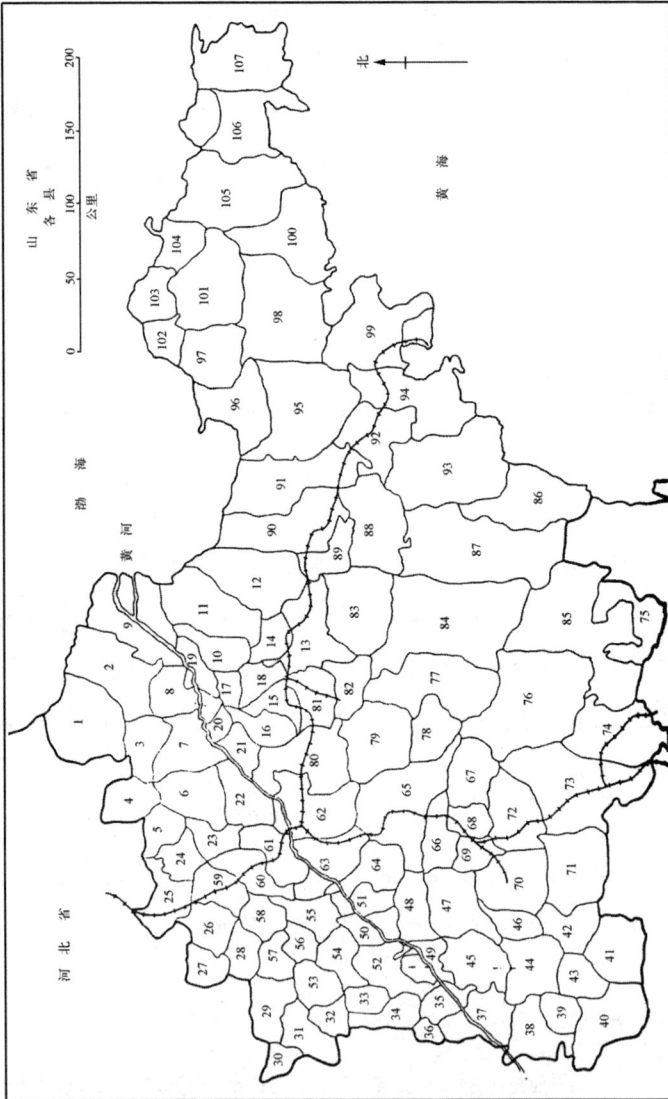

地图2 山东省各县

尽管农民要受自然环境的支配,但他们的环境条件并不比世界其他谷物种植区的条件更艰难。提高粮食产量的潜力巨大。成功主要依靠在洪水季节有效的控制河流,通过打更多的井,修建更多的水库蓄藏雨水,使水的供给稳定。然而,如果不引进作物新品种、进行农药和化肥之类的技术上的改良,生长期短、降雨无规律和高碱性土壤等农民认为很难克服的不利的地理环境就会继续成为无法克服的障碍。

1. 无棣	23. 临邑	45. 郓城	67. 泗水
2. 沾化	24. 陵县	46. 嘉祥	68. 曲阜
3. 阳信	25. 德县	47. 汶上	69. 滋阳
4. 乐陵	26. 恩县	48. 东平	70. 济宁
5. 德平	27. 武城	49. 寿张	71. 鱼台
6. 商河	28. 夏津	50. 东阿	72. 邹县
7. 惠民	29. 临清	51. 平阴	73. 滕县
8. 滨县	30. 丘县	52. 阳谷	74. 峄县
9. 利津	31. 馆陶	53. 堂邑	75. 郯城
10. 博兴	32. 冠县	54. 聊城	76. 费县
11. 广饶	33. 莘县	55. 茌平	77. 蒙阴
12. 寿光	34. 朝城	56. 博平	78. 新泰
13. 益都	35. 范县	57. 清平	79. 莱芜
14. 临淄	36. 观城	58. 高唐	80. 章丘
15. 长山	37. 濮县	59. 平原	81. 淄川
16. 邹平	38. 菏泽	60. 禹城	82. 博山
17. 高苑	39. 定陶	61. 齐河	83. 临朐
18. 桓台	40. 曹县	62. 历城	84. 沂水
19. 蒲台	41. 单县	63. 长清	85. 临沂
20. 青城	42. 金乡	64. 肥城	86. 日照
21. 齐东	43. 成武	65. 泰安	87. 莒县
22. 济阳	44. 巨野	66. 宁阳	88. 安丘

11

89. 昌乐	94. 胶县	99. 即墨	104. 福山
90. 潍县	95. 平度	100. 海阳	105. 牟平
91. 昌邑	96. 掖县	101. 栖霞	106. 文登
92. 高密	97. 招远	102. 黄县	107. 荣城
93. 诸城	98. 莱阳	103. 蓬莱	

2． 中国土地问题的理论

  1920 年以前很少有作者关心中国的农业，也几乎没有写出关于农民的学术著作。[1]　在农村地区旅行的西方人只是评论中国和西方耕作方式之间的差异。与对内地耕作状况的批评相比，他们更多的是批评企业管理和商业组织。1878 年，《北华捷报》说："我们在这些栏目中多次间接提到中国大部分停滞和贫困的真正刺激性的原因，即，官吏阶级的贪婪的政策，这个阶级企图把所有工业和商业利益垄断在自己手中。"[2]这句话确实表达了很多人的观点。

  尽管 19 世纪末中国的高级官员同意"天下之大利必归农"[3]，他们更关心的还是提高税收。很多人相信，农村经济自身是健全的，腐败使政府可以使用的税金减少。[4]　清代官员们过于关注西方对中国内地和国内

---

[1] 对于这些早期中国农村社会研究中一些著作的出色的评论见莫顿·弗雷德 H．：《中国社区研究》，《远东季刊》，第 14 卷第 1 期第 11～14 页（1954 年 11 月）。

[2] 《北华捷报》（1878 年 8 月 3 日）第 101 页。该报用同样的语调声称："除了统治阶级对成立个体商业协会的猜忌外，中国不存在真正的障碍。"

[3] 赵丰田：《晚清五十年经济思想史》，北京，1939 年版，第 41 页。

[4] 1886 年户部的一个报告摘录说，"演员认为通过各种赋税获得的省岁入的真实数量至少有一千万两银子。每个省的岁入每年留存和上交的实物和税款共有一百万两。这是税收和实际上交之间巨大的差距。政府和百姓都没有得到他们的财富，因为最大的份额被贪婪的官员们窃去了。"赵丰田书，第 17 页。

政治的渗透,以至无法考虑向农业部门引进西方技术的好处。①

然而,20世纪20年代和30年代却是知识界骚动和学术研究充满活力的20年。革命者和学者都开始意识到农村与城市之间的差异,并把他们的注意力集中到粮食生产短缺、土地分配不均和农民的困境上面。1924年孙中山宣布:"民生原则的主要问题是食粮问题。"②1927年毛泽东认识到农民是一种未经开发的能力资源,要求党内的同事们认清"目前农民运动的兴起是一个极大的问题。"③1935年天津南开研究所的方显廷收集到1920—1935年间出版的涉及土地问题的102部专著和251期杂志。其中90%的专著出现在1927年之后,87%的杂志在1933年之后。④

为什么直到1927年之后才激起对农业的兴趣? 回答是,中国,尽管到此为止有着很多现代社会的特点,正处于一个发展的过渡阶段。⑤ 城市人口的迅速增长——1870年以后6个最大城市每年增长4%~5%以上——是由于乡镇和村庄人口大批涌入的结果。⑥ 伴随着城市扩张而来的学校数量的增加、报纸的创办和新的城市知识界的产生,意味着新观念和新问题得到广泛的听取。随着更多的人出外旅行和通讯及交通的改善,随着与外国人更频繁的接触,那些生活在城市中的人意识到了他们自己与农村居民之间正在变宽的鸿沟。

---

① 没有著作论及19世纪70年代和19世纪80年代采用西方方法改进农业的需求。见中国史学会编,《洋务运动》,北京,1959年版。在日本,松方正信这样的政治家迫切要求日本借用西方技术改进其农业。

② 孙中山:《民生主义》,台北,1953年版,第50页。

③ 毛泽东:《毛泽东选集》,伦敦,1954年版,第2卷第21页。

④ 方显廷:《中国土地问题文献述评》,《政治经济学报》,第3卷第4期(1935年7月)第888~889页;革命前有关中国农业的大批文献中,很多没能在战争中保存下来,或是丢失或是被毁。天野元之助《中国农业诸问题》(东京,1952年版)中有一个出色的参考书目,包括了这些学者当时所写的一些较好的文献。

⑤ 奈特·比格斯塔夫:《近代化和近代早期的中国》,《亚洲研究杂志》,第24卷第4期第607~621页(1966年8月)。比格斯塔夫认为到1919年中国已经具有可以使一个社会脱离其传统基础的8个基本特征。

⑥ H. O. 宫:《中国六城市之人口增长》,《中国经济周刊》,第20卷第3期第301~314页(1937年3月)。根据宫的原始资料可以看出,城市人口增长率每年平均在3.5%~9.8%之间。

1931 年底,经济萧条冲击了中国最脆弱的部位:农业和手工业。农 14
产品价格下降,信用成本增加、企业和银行的普遭破产引起了难以忍受
的农村的苦难。过去,大的灾荒,如 19 世纪 70 年代中期席卷华北的灾
荒,几乎得不到什么议论,也很少激发起对农村苦难的兴趣,但此时的农
业萧条加剧了城市商业和工业的萧条。没有人会觉察不到以债务上升、
土地出售增加和无地农民的数量扩大等形式表现出来的来自农村的危
险信号。现在,第一次,农村坏收成的后果和农民协会迫使地主减租的
尝试在报纸上得到了逼真的描述,并成为短故事和小说的主题[①]。村庄
和城市间更大程度的互相依赖使城市居民敏锐地意识到,城市在农村落
后的汪洋大海中只是一些近代化的小岛。这种意识促使学者、革命者和
官吏们更近地观察农民,严肃地考虑他们的问题。每个阶层都感觉到,
如果不能找到某种改进农业的方法,中国就永远不能独立和强盛,也将
无法发挥其经济发展的潜力。

土地问题理论分类

在第二次世界大战之前的文献中,可以见到对中国农业落后和农民
贫困的两种主要的解释。第一种我称之为分配理论,第二种为折衷理
论。这种命名法对于一些作者提供的丰富的史料来说并不合适,我用这
个两分法只是为了对两种有关土地问题的理论分别进行讨论。

分配理论的内容是,大部分收入以地租、高利贷利息、赋税和不等价
交换形式从农民手中夺走,以至农民手中几乎没有能够用于改善或加强
农业生产、提高生活水平的剩余。地主、商人、小业主、高利贷者和官吏
构成了富有的、有力量用法律保卫自己,并用各种各样的方法剥削农民

[①] C. T. 夏:《中国近代小说史,1917—1957》,纽黑文,1961 年版,第 2 章。在海关报告中可以看
　　到新式学校、报纸和高等教育机构的表格,描绘出通商口岸文化的发展。20 世纪 20 年代的
　　情况见《海关十年报告,1912—1921》和《海关十年报告,1922—1931》(上海,1922 年版和
　　1932 年版)。

的社会阶级。这些阶级越是富有,他们就越是运用他们的财富积聚更多的土地,由此获得农民生产成果的更大份额。地权越是不均,农业剩余中落在大地主手中的份额就比落在农民手中的更大。随着人口增长和地主、商人、官吏阶级的霸权把更大的份额作为贡赋,农民用来提高收成和总产量的再投入就越少。农业技术和耕作方法停留在传统水平上,农民日益贫困。

折衷理论的内容是,农民的贫困不仅由于他们的大部分收入被税收、高利等等吸走,首先还由于生产的衰退。其原因是农业组织的不合理、运输条件恶劣、政府支持不够、用于提高产量的基本投入不足。由于很多相互关连的因素,这些作者把问题看得极其复杂,他们无法提供一个统一的理论来说明多种因素之间关系的意义。他们的贡献只是罗列出了重要因素。

陈翰笙

陈翰笙是分配理论的一个首倡者。作为中央研究院社会科学研究所的研究员,陈在30年代写了一些有关土地问题的著作。这些著作通过太平洋学会广泛传布,成为小型的经典作品。陈依靠村庄和县的调查提供地权分配的资料。[①] 根据这些资料,陈断言,在20世纪30年代初,少地或无地的农民阶级已经扩大,随着更多的农民丧失土地,土地转到了强有力的地主阶级手里,中国农村正在走向两极分化。

农业问题的症结是农民对土地的渴求。尽管饥荒、战争和盗匪活动之类偶然因素有时也是丧失土地的原因,但主要是地主阶级的剥削行为要对农民的贫困和他们丧失土地负责。不存在单纯的地主阶级,不在农村的地主相当多,商人、小业主或官吏也可能是一个地主。村政权"渗透了地主至高无上的影响"[②],税收、警察、司法和教育制度都通过这一阶级

---

① 陈翰笙,《现今中国的土地问题》,上海,1933年版,第2~10页。
② 陈翰笙,《现今中国的土地问题》,上海,1933年版,第19页。

的权力建立。地主从农民手中榨取赋税、地租、高额利息,几乎没有给他们留下能够缓和不利的季节或盗匪活动影响的剩余。

陈的大部分资料是 1928—1933 年的,尽管这些资料证实了他的大部分论断。问题仍然在于,他实际上讨论的是一种趋势还是周期循环中的一个阶段。人们可以认为,1928—1933 年的农业更多地受到了自然灾害、国内战争和世界萧条的影响。陈的分析的确是一个时间点的分析,没有考虑到历史根据。当他断言农民在最近几年[1]中变得更加贫困时,他实际上是在用仅仅涵盖两年的有限资料进行推断。

另一些学者使用了与陈同样的框架[2],但他们认为地主和绅士阶级 *16* 使自己与商人、银行家和工业家组成的帝国主义集团结盟,成为"受帝国主义操纵、控制中国农产品并剥削农村劳动者大众的傀儡"[3]。城市没有发展为促进农村进步的中心点,因为"帝国主义不容许资本主义农业的自由发展"[4]。工业资本向农村渗透,并通过不等价交换把财富从农村吸

---

[1] 陈翰笙,《现今中国的土地问题》,上海,1933 年版,第 32 页。

[2] 黑山和徐正学:《农村问题》(南京,1936 年版)。这本书强调了帝国主义和军阀主义是农村破产的原因。丁达的《中国农村经济的崩溃》(大连,1930 年版)是一部中文著作的日译本,这部著作考察了农村沉重的赋税和摊派。千家驹主编的《中国农村经济论文集》(上海,1936 年版),包含了有关农村灾害、高额地租和高赋税等对农村之影响的论文。台湾总督府官房调查课《中国农民经济状况》(台北,1930 年版)是《东方杂志》上一篇文章的译文,这篇文章讨论了外贸对中国农村的分化作用和农产品及工业品之间的不等价交换是如何影响农民收入的。冯和法编《中国农村经济论》(上海,1934 年版)讨论了类似的有害于农村经济的因素,提出地权分配不均是中国农村问题的一个主要原因。翟克《中国农村问题之研究》(广州,1933 年版)第 49 页强调土地稀缺、农村人口过密、不完善的借贷制度、农村负债严重和佃农日益增多等因素要对农村问题负责。金轮海主编《中国农村经济研究》(上海,1937 年版)用农村社会阶级关系解释土地问题。吕平登《四川农村经济》(上海,1936 年版)一书提出的模式被战后中国大陆的出版物应用来组织 1912—1937 年的农业资料和数据(见《中国近代农业史资料》)。尾崎庄太郎:《中国农村社会的近代化过程》,《社会结构史体系》(东京,1950 年版),第 1~84 页展示了土地向私人手中转移、扩大了农民的两极分化,使农民起义增加的过程。杰克·贝尔登:《中国震撼世界》(纽约,1949 年版)第 135~158 页也对这一理论提供了一个简明清楚的叙述。

[3] 满铁产业部资料室:《中国农村经济基本问题》,大连,1937 年版,第 6 页。这本小册子是定期刊物《中国农村》第 2 卷第 1 期一篇文章的日译本,我不能确定作者是谁。(此文有可能是《中国农村》第 2 卷第 1 期薛暮桥的《中国农村中的基本问题》——译注。)

[4] 满铁产业部资料室:《中国农村经济基本问题》,大连,1937 年版,第 9 页。

收到城市，而把贫困留给农村。即使农民转而种植工业用作物以阻止他们生活水平的恶化，也无法改变自己的命运。这就是陈翰笙在他对山东、河南和安徽三省 127 个村烟草种植的研究中得到的结论。[①]

美国品种烟草于 1913 年引进，到 1934 年，它发展得如此迅速，以至其种植面积已超过了土烟。在一些县，有 3/5 的农民种植这种作物。耕地较少的人常会更快地转向种烟草，因为更高的价格使他们买得起粮食。外国和本国的烟草公司逐渐建立起一个烟叶收购体系，但财力雄厚的外国公司发展更快，最终购买了销售的原料烟叶中的大部分，占领了国内卷烟市场。

陈认为当农民出售他们的烟叶时，他们依赖一个买主，并对重量、等级、价格和付款手续一无所知，无法使他们的产品得到公正的价格。[②] 烟草种植成本比其他作物高 3～4 倍，种植烟草需要比种植谷物多得多的劳动力和肥料。农民必须为烟田付更高的地租，他们借来买肥料的钱的利息率也更高。结果是，农民被一个成本价格的套索扼住，几乎剩不下可以买地的收入。很多人失去土地成为无地的农民或移居他乡。[③] 工业资本向农村经济的渗透仅仅是使已经在起作用的产生无地农民的过程加快，现金作物的引进使农民的处境比以往更坏。

陈的资料和论点在两个方面有缺陷。首先，他只有两年的生产成本资料，没有暗示出农民收入的长期趋向。其次，像高额地租、高利率和烟田上高额的肥料费用等高生产成本也可以解释为农民预期并确实获得了高收益。陈没有把烟草收益与其他作物进行比较，也没有解释为什么有如此多的农民放弃普通作物改种烟草。

17　　陈的著作里没有认真说清楚他解决土地问题的方法，但给出了他可能赞同的政策的推断。这些政策就是平均地权和减租减息。他坚定地相信，中国只有脱离外国控制而独立，农民才有可能得到为使他们的产

---

① 陈翰笙：《工业资本与中国农民》，上海，1939 年版。
② 陈翰笙：《工业资本与中国农民》，上海，1939 年版，第 52～53 页。
③ 陈翰笙：《工业资本与中国农民》，上海，1939 年版，第 78～79 页。

品获得公正价格而进行协商的权力。

L.马札尔

　　L.马札尔是1923—1925年间国民党鲍罗廷顾问班子中的一位俄国经济学家。通过与革命者和学者们的讨论,及对政府农业统计和农村调查报告的一个研究,他写了一部中国农业研究著作,1931年在俄国出版,以后翻译成中文和日文。[①]

　　马札尔的研究是一部由尖锐的观察、通俗的观念和一个与陈翰笙的框架同类的精确框架结合而成的值得注意的作品。然而,它却是一部被忽略的著作,如果把它译成英文,肯定会被列入中国农村的经典著作中。马札尔主要依靠的是农商部提供的资料、《海关十年报告》、《工商经济月刊》和瓦格纳、葛学博、沃尔克及卜凯的农村调查。他了解政府资料的局限性,因为"收集它们的目的是获得税收",但当他认为这些资料能加强他的观点时就毫不犹豫地使用它们。

　　尽管这块贫弱的土地所能供养的大量人口给马札尔留下了深刻印象,他还是认为有三个理由说明土地不大可能生产出更多的产品。首先,对河水的控制已经被破坏,农村灌溉系统衰退。[②] 其次,现金作物种植面积日益扩大,耕地需要更多的肥力。但这种投入相当少,因为农民必须交纳更高的田赋、利率和地租;此外,来自手工业的收入也在下降。[③]第三,无论原因何在,家禽和家畜的供给从来没有发展到土壤能从更多的动物性肥料和更好的平整土地中获益的程度。最近几年由于滥杀,家畜供给甚至也已减少。

　　马札尔承认交通运输条件得到了改良,对外贸易刺激了手工业的发展,生产并且输出了更多的现金作物,但他不明白这些发展能够怎样扭

---

① L.马札尔:《中国农业经济论》,井上照丸译,东京,1935年版。

② L.马札尔:《中国农业经济论》,井上照丸译,东京,1935年版,第2章。

③ L.马札尔:《中国农业经济论》,井上照丸译,东京,1935年版,第79~86页。

转土质退化和农业生产停滞的长期趋势。阻碍农业进步的主要障碍是造成地权分配不均的社会阶级结构。

马札尔相信社会阶级关系决定了土地所有权及其如何使用。他按照农民拥有的耕地数量把他们分成富农、中农和贫农阶级。马扎尔从农村资料中观察到土地利用和耕作的某种特点，他把这些特点看作暂时发生的过程的一个组成部分。① 在土地多于 20 亩的农场里，农民有较多的牲畜，但这样的农场只占总数的一小部分。对于那些小于 20 亩的农场，必须花费更多的人工以补偿畜力的不足。在 10 亩以下的农场里，农民收入如此之低，以至不得不从非农业活动中获得补充收入。富裕农民家庭可以得到更好的机会，但大多数几乎没有土地的农户在农民中的比重明显越来越大。由于地主、高利贷者、官吏和商人对农民的沉重剥削，越来越多的农户正在不断地加入这一行列。同时，农村经济人口过剩、农民的极端贫困和严格建立在古代技术基础上的农业制度成为农村经济的特征。

马札尔对减轻佃农的地租、延长租期和佃农有权购买他们租种的土地等国民党提出的土地改革法令不抱多大希望。② 这些问题太深地植根于土地租佃制这样的社会经济制度中，需要激烈的手术才能清除这种妨碍农民提高生活水平的制度。建立由贫农和佃农组成的、有权没收地主土地并废除土地私有制的苏维埃，可能是最好的作法。他称赞广东农民协会的努力，认为后者所作的这些事情正是对中国土地问题的正确解决。③

费孝通

费孝通，一位以其田野研究和描述社会结构的论文而著名的人类学

---

① L. 马扎尔：《中国农业经济论》，井上照丸译，东京，1935 年版，第 324、327 页。
② L. 马扎尔：《中国农业经济论》，井上照丸译，东京，1935 年版，第 28 章。
③ L. 马扎尔：《中国农业经济论》，井上照丸译，东京，1935 年版，第 29 章。

家,把土地问题看作由传统的政治经济秩序被打破而造成的社会经济的一种解体。费提出,1840 年以前农村和占统治地位的精英之间存在一种均衡,这种均衡依赖一种独特的政治经济秩序。

站在君主和农民之间的是一个维护传统,并为国家管理提供官吏的学者—绅士阶级。这个学者—绅士阶级竭力"提出一系列会限制政治权力的伦理原则"[1]。尽管这个阶级没有实际权力,它却拥有社会名望和特权。它通过推动一种社会分工,并向农民证明这种分工是可以接受的,向君主证明是合法的,来保持它的社会名望和特权。这个阶级教导农民要工作并服从他们的统治者。它采取一种维持现状的保守主义政策,在近两千年中为社会提供了有效的政治稳定。[2]

到 20 世纪初,这个学者—绅士阶级发现它在通商口岸生活需要有更多的收入。很多人试图加入官僚阶层,恢复腐败的行为以挣到更多的必要收入,同时另一些人与买办、军阀甚至强盗合作以从农民手中吸取更多的收入。城市吸引着有精力有才能的人,他们为了城市生活而抛弃了村庄和集镇。[3] 这使农村出现了一个领导真空,地方豪强很快就填补了这个真空,他们急着要从农民仅有的财产中勒索到他们能得到的一切。

农村工业一直为农民提供补充收入,由此维持了一种还算体面的最低生活标准。[4] 费从他的农村研究中得出结论说,只要农民有某种就业方式来补充他们的农业收入,他们的产品就足以供养其家庭成员。当物美价廉的进口商品逐渐替代了来自地方市场的手工业品时,这种平衡就

19

---

[1] 费孝通:《中国绅士:城乡关系论文集》,玛格丽特·帕克·雷德菲尔德编校,包括由荣德周(译音)收集的 6 个中国绅士家庭的生活史,以及罗伯特·雷德菲尔德所作的序。芝加哥,1953 年版,第 36 页。

[2] 费孝通:《中国绅士:城乡关系论文集》,玛格丽特·帕克·雷德菲尔德编校,包括由荣德周(译音)收集的 6 个中国绅士家庭的生活史,以及罗伯特·雷德菲尔德所作的序。芝加哥,1953 年版,第 70 页。

[3] 费孝通:《农民和绅士:对中国社会结构及其变革的一种诠释》,《美国社会学杂志》,第 52 卷第 1 期(1949 年 7 月)。

[4] 费孝通:《中国绅士:城乡关系论文集》,第 117 页。

被破坏了。由于传统手工业部门的破产，农村失业增加，购买力也下降。没有了获得补充收入的机会，大部分耕地不足 10 亩的农民几乎无法活下去。[①]

尽管费没有坚持把土地分配不均的观念作为引起农民收入下降的动因，但他认为农村经济中的赋税、地租和利息负担必须减轻。"减轻农民负担是农村复兴工作的首要前提。"[②]费反对合并小块土地建立大农场的思想，因为农村人口已经很庞大，而耕地又较少。只有在农民积累起一些资本后才有可能进步，这一点通过购买原料和销售产品的小型合作社能够做得最好。有了这些基础，"大批农业人口（就能够开始）动手储蓄，并向他们自己的生产企业投资"，反过来，这又会创造出对于大批量生产可发展的需求。[③]

国家可以通过制定降低农民地租的法律、向地主征更重的税，利用这些基金使运输现代化并改善农村公共设施、以低利率提供信贷等方式给以支持。[④]通过把地主阶级的收入转化为国家收入，将会走出解决土地问题的第一步。

卜 凯

卜凯的田野调查产生了大量的统计数据，这些数据至今被认为是十分可信的。1922—1924 年间，卜凯指导了他首次试验性的农村调查，由

---

① 费对江苏开弦弓村和云南易村的村庄调查使他相信，大湖附近平均拥有耕地 8.5 亩即 1.29 英亩、昆明附近平均拥有耕地 3 亩的农民不能生产出足够维生的粮食来。见费孝通：《中国农民生活》，伦敦，1962 年版，第 202～203 页；费孝通和张之毅：《乡土中国》，芝加哥，1945 年版，第 25 章。C. K. 杨对广州附近南清村的研究显示出类似的结果。见 C. K. 杨，《社会主义过渡时期一个中国村庄》（剑桥，1959 年版），第 55 页。日本田野调查人员 1940—1941 年对顺义县沙井村样本农户所作的系统认真的收支调查也显示出类似的结果。见"惯调"，第 2 卷第 270～291 页。

② 费孝通：《农村工业化问题》，《中国经济学家》（1948 年 4 月 26 日），第 102 页。

③ 费孝通：《农村工业化的金融问题》，《中国经济学家》（1948 年 8 月 2 日），第 112 页。

④ 费孝通：《农村工业化的金融问题》，《中国经济学家》（1948 年 8 月 2 日），第 113 页。

中国学生在华北和华东中部 7 个省的 7 个县调查了 2 866 个农场。[1] 他的第二次调查在 1929—1933 年间进行,覆盖了 22 个省的 16 786 个农场。[2] 后一次调查的目的是考察土地利用及其在全国不同地区的确定值,而不是研究"可以看作农民和社会其他阶级之间的政治、经济和社会关系的所谓的土地状况"。[3]

　　1945 年(原文如此,疑为 1935 年之误——译注)以后,卜凯开始直接写作关于中国土地问题及这些问题能够怎样解决的著作。[4] 问题在于怎么样增加收入和农业产出。两者都依赖土地、劳动、资本和技术的适当结合,以及一个有效的生产组织。农民的农业活动由于许多原因而落后:土地利用不当;农场太小;农民资本不足和接受新技术的途径有限;几乎没有对自然的控制;原始的运输条件增加了销售成本。由于资本短缺,中国的农业以一种异乎寻常的大量使用密集劳动为特征。然而农场投资的回报率低至每年 2% 或 3%,这几乎不能吸引财富投资于农业。劳动替代稀缺资本的长期趋势必须改变,农民必须得到更多的资本和专门技术,可怜的低利润率必须提高。

　　卜凯对于用土地改革解决土地问题全无信心:"孙中山的基本原则之一,土地再分配,不会改变人、地比例,而是相反,会使农场面积下降,减少它们的经济效益,降低生活水平。"[5]集体耕作的方案还没有经过检验,必须被认为太危险而不能采用。个体耕作制度可以在政府专门的低成本政策的帮助下得到极大改进。政府能够以较低的条件提供更多的信贷,改进销售渠道,建立延伸服务,通过立法纠正地主—佃农制度的弊病,为地税改革登记并丈量土地,保证为农民更好的治水。[6] 说到对土地

---

[1] 卜凯:《中国农家经济》,芝加哥,1930 年版,第 5 页。

[2] 卜凯:《中国土地利用》,上海,1937 年版。另见"地图集"和《中国土地利用:统计资料》(以下简称"统计资料")(芝加哥,1937 年版)中的地图和数据。

[3] 卜凯:《中国土地利用》,上海,1937 年版,第 1 页。

[4] 卜凯:《中国农业的几个基本问题》,纽约,1947 年版。

[5] 卜凯:《中国土地的实际和理论》,《国外事务》,第 28 卷第 1 期(1949 年 10 月)。

[6] 卜凯:《中国农业的几个基本问题》,纽约,1947 年版,第 10～11、22、19～20、17 页。

的渴求的严重性,卜凯认为,土地私有的坏处被过分夸大了。他的资料引导他得出下面的结论:全部债务中由地主放给农民的不超过 1%～4%。佃农的数量也不多,因为"一半以上的农民是自耕农,半自耕农不到 1/4,佃农也不到 1/4"[①]。

改进农业所需的政策措施自然要花费时间来制定和贯彻,才能使人们感觉到它们的全部影响。卜凯认为,如果这些政策有适当的机会,中国在相当短的时期内就能养育它的人口并为其工业提供必需的原料。但是,为使这一计划顺利实施,中国需要一个能够唤起人民并使人民有充分信心的政府。

²¹

理查德·亨利·托尼

1931 年太平洋学会的 J. B. 孔迪弗邀请理查德·亨利·托尼访问了中国的许多研究机构。这次短期旅行的成果是一份提交同一年在上海举行的太平洋学会会议的长长的备忘录,后来以《中国的土地和劳动》为题发表。尽管对中国的历史和现状了解甚少,托尼还是尽力抓住了困扰着中国的基本问题。他的论文没有提供新的统计或资料,但他对中国经济复杂性的清楚的分析和准确的把握,使这篇论文成为它那个时期的杰出著作。"由中国农村生活的经济条件所提出的问题有两个基本形式。首先是那些自然发生的或遗传的不利因素,如土壤的恶劣或地力耗尽,雨水的缺乏或无规律,森林的毁灭,河流不可避免的泛滥,可耕地面积的自然界限和人类生育的无限性,这些作为过去历史的一个结果,肯定都已得到证明。第二种是那些植根于经济结构或社会习惯的缺陷中的因素:例如,缺乏一种宽容的村社制度,由内乱造成的不幸,原始的耕作方式,商人和高利贷者对农民的剥削,全国各地土地所有制令人不满的性质,再加上传统的专制主义对已经过剩的人口人为的刺激其增长。"[②]

---

① 卜凯:《中国农业的几个基本问题》,纽约,1947 年版,第 59 页。
② R. H. 托尼:《中国的土地和劳动》,伦敦,1932 年版,第 78 页。

许多力量集合在一起,以循环的、因果的、渐进的方式互相影响,形成了一种与中世纪情形相类似的经济活动的形式和水平。托尼没有试图松开这个由力量构成的网络,或把各种力量分解,确定一个范畴比另一个更重要,但他提出了很多仍然有待研究的有诱惑力的问题:什么样的特殊制度引起了土地的分割和零细化趋势? 农村市场上如何进行垄断和竞争、经纪人有多大权力控制价格和生产? 阻碍农业技术进步的制度是什么? 为什么家畜饲养没能得到发展?

托尼认为土地所有制"与农民不能让他的产品得到最好的价格和农民受到的高利贷者的剥削相比,害处更小"。[①] 他还提出,高额的运输费用严重限制了市场,使农民不能得到他的产品价格的更大的部分。托尼列举了若干无疑影响农民收入大小的变量。对哪些是关键变量,以及关键变量作用的结果加以确定并阐述的工作还有待完成。

托尼没有建议进行激烈的土地改革,而是希望能够开始一些冒险行动。应该用合法的改革来消除土地所有制中的弊病。国家必须建筑学校、道路、水坝等公共设施,提供农业延伸服务。农民通过组织起合作社来购买原料、出售产品,可以最好的帮助他们自己。

然而,在最后的分析中他提出,只有在全面工业化的条件下,才能取得解决土地问题的成功,因为工业化使人口脱离农业。

威廉·瓦格纳

瓦格纳是一个德国农业经济学家,1911年到青岛在一所德华中学任教。他后来在山东省李村农业实验站工作,在那里继续进行他的农业史和现代农业的研究。瓦格纳1926年出版的《中国农书》一书,是一部详尽的中国农村经济研究,以个人田野调查和多年的第一手的观察及阅读为基础。[②] 像马札尔的研究一样,它几乎没有给西方学者留下什么印象,

---

① R. H. 托尼:《中国的土地和劳动》,伦敦,1932年版,第67页。
② 威廉·瓦格纳:《中国农书》,高山洋吉译,东京,1942年版。

但它照例被译成了日文。

瓦格纳的阐述最彻底地因袭了德国学术界传统。它以一个对不同地区自然地理状况沉闷的、详尽的讨论开头。没有对地区性农业差异的产生原因作历史的分析。瓦格纳正确地看到土地占有习惯即使在一个省内也有所不同。他把农场不断分割并越变越小的原因归之于耕地诸子均分制的继承习惯。[①]

由于运输条件差和肥料短缺，不可能大幅度提高产量。瓦格纳认为中国出口豆饼而不是把豆饼用作肥料是在浪费极有价值的资源。他推算出 1911—1913 年间豆饼的出口量相当于损失了 33 920 吨氮、6 784 吨钾和 6 784 吨磷，这些豆饼如果加工制成化肥，本来会使农业产量提高很多。[②]

根据三个不同规模的农场——一个 42 亩的大农场，一个 20 亩的中型农场，一个 14 亩的小农场——收集来的有限的家庭收支资料，瓦格纳指出，赋税极为沉重，地租过高，对于土地不足 15 亩地的农民来说，其他的收入来源必不可少。[③] 不同的历史条件和制度的结合及其作用造成了农业收入极为低下。农民被迫为这些沉重的负担付出代价，毫不奇怪他们在年底没有剩余用来进行改良。瓦格纳坚定地相信，更好的技术、更多的肥料和适当的水利能够使机运变得有利于农民。尽管他没有提出明确的、系统的土地政策，他对农业条件的详细陈述暗示出，技术革命和制度改革都是农业现代化的必要前提。

结　论

要把为战前土地问题下定义和作解释的理论进行分类有很多困难：必须把那些仅仅依赖少量研究的理论和以覆盖面较广的资料作基础的

[①] 威廉·瓦格纳：《中国农书》，高山洋吉译，东京，第 1 卷第 212～213 页。
[②] 威廉·瓦格纳：《中国农书》，高山洋吉译，东京，第 2 卷第 88～89 页。
[③] 威廉·瓦格纳：《中国农书》，高山洋吉译，东京，第 2 卷第 612～631 页。

理论区分开来;必须挑出解释长期趋势的理论,与那些对某个时间点发生的问题的及时论述进行对照;最后,必须把仅仅涉及资源分布和稀缺的理论从那些全面综合解释为什么存在稀缺的理论中分离出来。

持分配理论的一部分人更多的依靠个人的、具体的研究和琐细的资料支持他们的观点。折衷理论则不同,他们致力于提供大量的事实性资料。值得注意的是,分配论者尽管各人强调的重点不同,但都认为自从19世纪中叶以来农民的土地有了明显的下降。折衷论者对这种主张较为谨慎,对农业更少作历史的研究。分配论者使用"下降"这个词,这个词是模糊的、无法计量的。他们的基本目标是检验那些能够对他们所描述的事件加以解释的机械过程。他们的框架广泛地通过社会阶级和诸如土地租佃制之类制度等术语表现出来。折衷理论更感兴趣于注意农村经济中稀缺物的品类和为救治弊病能够做的事情。

尽管折衷论提供了大量的事实性资料,为分配论者所接受的农业中国的变化观看来直到今天还吸引着很多人。① 可以把这种观点作如下的概括。

产生于19世纪的三种较重要的现象进入20世纪后还在继续。这就是:导致农村人口过剩和无地农民增加的持续的人口增长。由于官僚管理机构的腐败和无能,使运输、灌溉和洪水控制系统等农村经济基础设施日益受到忽视。还有剥削农民的地租并尽力为自己积累更多土地的地主阶级的存在。这些现象给农村经济造成了相当令人惊恐的后果。地权分配变得更不平均,迫使农民迁移的压力更加紧张,无地的农民成为土匪和军阀部队的几乎无穷尽的人力来源。

到19世纪末,三种新的现象开始产生并缓慢地渗入农村经济。首先,工业品的进口使许多手工业生产者破产,并迫使农民出卖土地。其次,农产品的输出受到了有势力的国内外商人的控制,他们通过债务和价格控制得以剥削小商人和农民生产者。第三,在通商口岸建立的西方

24

---

① 萧公权:《农业中国:19世纪帝国的控制》,西亚图,1960年版,第9章。

企业通过免税特权使中国企业无法在平等基础上与之竞争。在通商口岸,西方企业势力以牺牲中国企业为代价发展起来,而在狭义的经济意义上,通商口岸以牺牲内地农村利益为代价得到发展。城市与其说是促进落后的农村的发展,不如说仅是在剥削农村经济,在这样一条道路上,经济逐渐扭曲。① 农业不是在发展,而是在衰退。农民的生活水平日益下降,在农村进行改革和技术革命的前景更为暗淡。农村经济只是按照它自己的形象再生产自身。

这种变化观说明了国内市场疲软、储蓄水平低下、农业投资报酬率低下、资本积累缓慢和农业产量水平低下的原因。作为一个假设,它对中国近代经济史中的很多现象作出了说明,但在能够把它当作中国近代经济发展的一个标准的、有效的解释之前,必须对其进行检验。

① 这一观点本质上与最近的一种模式不同,但有几点相似。用来分析中国近代经济史的最复杂的框架仍然要依靠一个假定,即经济发展的再生产过程一直限制在通商口岸经济中,这种投资的增殖作用"因而也主要限于那一范围"。费正清、亚历山大·埃克斯坦和 L. S. 扬:《中国近代早期的经济变革:一个分析框架》,《经济发展和文化变革》,第 9 卷第 1 期第 24 页(1960 年 10 月)。

第二篇

华北的村庄

3. 日本人对华北村庄的研究

半个世纪以前,日本人为了了解支配中国社会的制度和习惯进行了严肃而充满活力的调查工作,下面 4 个村庄的研究,即以这些调查产生的大量资料为基础。这些研究根据的是 1939—1943 年间南满铁路株式会社的日本研究人员所作的调查。[①]

日本人对中国农村状况的兴趣开始于 1898 年,当时儿玉源太郎将军和后藤新平正在制定一项对台湾的殖民政策,以扩大其资源,为日本帝国的长期利益服务。后藤新平是明治晚期政府中最出色最有力的官员之一,他认为,在引进重大的改革之前,有必要对社会经济制度进行彻底的研究,以便预知它们对传统社会的影响,从而把殖民统治的费用和困难减少到最小。后藤要求冈松叁太郎,京都帝国大学的一位民法教授,组织一批学者研究台湾的社会和经济制度。他们的研究为后藤引进一些关键性的改革提供了有用的信息,这些改革措施使这个岛上后来的日本政府取得巨大成功。[②]

---

① 这些调查是由南满铁道株式会社华北农村经济调查所进行,后来出版时名为《中国农村惯行调查》。
② 张汉易(译音)与马若孟:《日本在台湾的殖民政策,1895—1906:一个官僚企业研究》,《亚洲研究杂志》,第 22 卷第 4 期第 433~449 页(1963 年 8 月)。

1907 年，后藤成为南满铁路株式会社的第一任董事长。他再次邀请冈松教授来调查辽东和南满铁路南段沿线的一些县。这些调查结果后来在 1913—1915 年间分为 9 册出版①，与台湾研究一样，它们保留了大量与农业和商业有关的制度和习惯的资料。② 然而，与台湾研究不同，它们的结果从来没有被利用来促进日本在南满的殖民政策，因为后藤及其后任不能与军方和文职政府对于日本处理其在南满的利益时应采取的长期目标和战略上达成一致。冈松的工作鼓舞了在满洲进一步的田野调查，后来南满铁路株式会社在华北的研究机构——满铁调查部，继承了这一传统。③

中国农村惯行调查的源起

1938 年秋天，几家彼此完全独立的日本研究机构开始制定雄心勃勃的中国大陆经济政治研究规划。满铁调查部的北支经济调查所考虑与上海总事务部合作从事一个十年研究计划，"弄清中国社会概况以便改造它的法律和经济制度，并为日本贯彻其中国政策制定一个范围广泛的计划。"④ 在东京，东亚研究所和日本促学会（the Association for Promoting in Japan）建议在山东、河北和内蒙古进行一项土地租佃制度研究，随后在江苏和浙江进行商业习惯和机构的实地调查。

北支经济调查所与东亚研究所做出了一项安排，在这项安排中，双方同意合并其资金来源，合并它们的研究，彼此之间实行工作分工。调查工作由山田三良博士主持的东亚研究所第六调查会组织，山田博士委

---

① 天海谦三郎：《中国土地文书研究》，东京，1966 年版，第 784～798 页。

② 满铁调查部：《满洲旧惯调查报告》，新京，1936 年第 3 版。

③ 对调查部历史的出色的评论见安藤彦太郎，《满铁——日本帝国主义与中国》，东京，1965 年版，第 225～239 页；另见约翰·扬：《南满铁道株式会计的调查活动，1907—1945：历史与参考书目》，纽约，1965 年版。

④ 福岛正夫：《冈松叁太郎博士的台湾旧惯调查与末弘严太郎博士在华北农村惯行调查中的作用》，《东洋文化》，第 25 期第 40 页（1958 年 3 月）。关于这一调查的大部分背景资料引自这篇见闻广博的论文。

托末弘严太郎教授,东京帝国大学一位著名的法学教授,领导一个调查班调查华北农村惯行,请求田中小太郎教授组织一个调查班调查华中的商业和信贷。①

一个预算为550万日元的十年研究计划制定出来了,两个调查班的专业人员将由14名学者组成,规定了每年具体的研究课题,估算了完成每个研究阶段所需的费用。② 末弘得到了在华北开始农村调查的许可,他指示在北京的北支经济调查所所长杉之原舜一博士挑选一批工作人员,制定一个调查计划,并确定田野调查的区域。③ 杉之原挑选了6名受过东方历史和文化教育的学者,这个小组立即开始为他们的调查作计划。

1941年12月,第六调查会发表了一个华北农村调查的初步报告,报告中有一篇末弘就方法论写的指导性论文。④ 这是一篇值得注意的文章,它出现在战时的日本,在一种著述作品受到严格检查和控制的气氛中,由通常被认为是马克思主义理论的一个学术群体的成员写出。这篇文章令人感兴趣,还由于它暗示出这些农村调查是怎样进行的,它们的目的是什么。

末弘的文章首先概述了朱尔斯·亨利·彭伽勒在《科学的假设》一书中提出的方法,然后指出怎样才能把这种方法用于社会科学。在研究

---

① 末弘严太郎教授(1888—1952)生于大分县,是一位著名法官的儿子。他1914年毕业于东京帝国大学法系,并成为该系的一名助教。1918年他在瑞士、法国和意大利进行了广泛的研究。他最后得到了教授职称,并在民法学界占有一席之地,在1935—1946年间担任法学院院长,在担任中央劳工委员会主席的同时对起草劳动法起了显著作用。他于1951年被赦免,并于同年去世,享年63岁。田中教授1890年生于佐贺,1915年毕业于东京帝国大学法学系。他1919—1923年旅居欧洲,最后成为东京帝国大学的专职教授。他在国际法领域著述丰富,在战争结束时被任命为教育大臣。

② "惯调",第6卷第547～554页。

③ 杉之原舜一1897年生于熊本县。毕业于东京帝国大学法学系,专业是民法和劳动法。在九州大学作为助教教了一段时间书,然后在满铁调查部任职。战后他被任命为北海道大学法学教授,也是北海道劳工关系部主席。

④ 学术部委员会、东亚研究所第六调查会:《支那土地法惯行序说》,东京,1942年版,第3～5页。

一个问题之前,研究者必须提出一个假设,用来解释他的研究可能得出的结果。这个假设不应该限制研究者收集具体的资料,而是指导他按照肯定该假设或否定该假设的方式选择并组织资料。如果这个假设不能够解释结果,就要对其作修正,或用一个新的假设代替它,然后作进一步的调查。研究者必须对其初步结果中不规则的东西做出解释,反复修改最初的假设,并继续其调查,直到建立起一个令人满意的命题。末弘希望在对华北所作的调查工作中提出假设并检验它们。

在后面的摘要中,末弘陈述了农村调查的目的,以及怎样组织和实施农村调查。他把调查看作一种手段,用来考察决定农民生活方式的基本制度,以便能够更好的理解这种社会形态。"这次调查的目的是考察中国社会的法律实践和习惯。无论如何,我希望大家明白,这次调查的目的与在台湾进行的传统习俗调查不同,不是为了法律和行政目标去收集参考资料。此外,如果有人问到这些调查的最终目的是什么,我们可以说,目的是观察中国人生活于其中的制度背景。我们的目标应该是通过尽可能清晰地描绘出这一社会的习俗和惯例,记录下它的根本特征。"①

末弘要求在表现出具有一致特征的地区里"选择标准村庄"②。如果在这样一个地区内的村庄之间存在某种例外情况,可以用比较的方法来解释不同的制度和习惯。最后,就像一个工程师为建筑一座大楼描绘蓝图一样,需要为调查工作制订一个提纲。"如果我们不能拟出调查提纲和计划,就不可能进行调查。当我们成功了,我们的调查也有了进展时,自然而然我们就会发现有必要重新检验这一提纲,用各种方式对其进行校正和修订。我们的调查将在后来的、经过修正的提纲的基础上发展,当我们认为有必要进一步修改它时,我们还要这样作。"③

末弘的计划是由华北方面制定调查提纲,选择供调查的村庄,进行田野调查,然后把资料集中到东京的东亚研究所。东京方面的任务是检

---

① "惯调",第 1 卷第 18 页。

② "惯调",第 1 卷第 22 页。

③ "惯调",第 6 卷第 542 页。

验这些原始资料,为对华北农村社会和经济进行解析研究选择相关的信息。田野调查在 1943 年停止,以使东京方面有足够的时间对原始资料作出评估,并写出调查报告。显然,这些报告应该提出一些能够在下一步的村庄实地调查中进行检验的命题。由于时间的关系,除了矶田进写的土地所有制的报告外,没有提出过适当的假设,矶田进的假设得到了末弘的同意和表扬。末弘无疑想要再次进行农村调查,以检验东京组的解析研究,由于这一原因,这个资料集应该被视为一个早期研究阶段的产物。

末弘与杉之原的北京调查班没有什么个人接触,实际上他根本没有参加田野调查。然而,看来杉之原坚定地接受了这位指导者的方法论,田野调查从开始到结束都带有他这位果断的指导者的印记。 *30*

杉之原的主要任务是要对其工作人员不同的能力和兴趣进行整合,以调查一个村庄,并弄清村落组织、社会制度和习俗,以及经济活动之间的相互关系。按照末弘提出的调查提纲,每个调查员根据其个人兴趣、 *31* 经验和能力分到一个项目,要求他们提出一个详细的提纲来指导事实的选择,并按逻辑顺序编排资料。① 杉之原主张每个成员必须参与制定全班的调查提纲,"为了进行科学的调查,每个有具体课题的调查员必须自己努力制定一个明确的研究计划,附以一个表明他如何实现其计划的适当的调查提纲。如果这个基本的研究计划和提纲不是他的选择,这个成员就不可能进行科学的工作。在我对这次调查承担起责任时,既没有一个基本的研究计划,也没有怎样指导全班进行研究的提纲。"② 调查班的

---

① 见"惯调",第 6 卷第 454～540 页。参与者对于最初的调查提纲是如何编排的评论见第487～489 页。总的看法是,尽管调查提纲并不完美,也没能预见到许多新的题目和问题,对话还是进一步带来了新的资料,在把这些新资料与原来的提纲整合在一起时,产生了一个综合性的田野调查提纲。这一提纲中的课题按照内容如下分配:土地所有权——杉浦贯一;土地的出售和转移——早川保;租佃——山本斌;水的控制和权力——杉浦贯一;土地的需求和地权——盐见金五郎;赋税及其征收——小沼正和佐野利一;借贷——安藤镇正;家庭和家族——仁井田升和早川保;村落——村田久一和旗田巍。见"惯调",第 1 卷第 13 页。
② "惯调",见第 6 卷末第 9～52 页的调查提纲。

成员经常与杉之原一起讨论他们的提纲，定期举行全体会议，在会上自由交换各种想法，对提纲评头论足。所有的提纲合并起来，成为一个包含 10 个项目的全班的提纲，这些项目是：村落概况、家庭成员、土地所有权、租佃制、土地买卖、商品交换、农村借贷、水利、税收和县行政。这一提纲在满铁调查部成员之间传阅时，受到了严厉的批评。[①] 调查班经受住了这场风暴，东亚研究所的末弘表示满意，这标志着实际的田野调查开始了。

华北调查班的田野调查

地图 3 显示了受调查的村庄所在的县。在图表 1 中列出了村庄调查的日期、它们的位置和调查项目。

中国游击队的活动使日本人深入农村成为冒险，因此，所选择的村庄都靠近铁路线和县城。然而，决定选择哪些县却可能是根据作物种植情况。例如，北京以北顺义县的沙井村位于小麦-高粱种植区；河北省东北部的昌黎县侯家营和北京南边良乡县的吴店村入选，或许是为了扩大对河北北部的小麦-高粱轮作区的调查。冀中栾城县的寺北柴村位于棉花种植区。鲁中历城县的冷水沟村主要种植水稻，鲁西北恩县的后夏寨村种植花生。

日本调查班的成员们几乎都不会讲汉语，与村民的问答都通过翻译。1940 年秋天，由 4 名日本人组成的调查班在翻译的陪同下，调查了沙井、寺北柴和冷水沟。

---

① 毫不令人吃惊的是，这个提纲受到了很多满铁调查部成员的冷淡对待。根据 20 世纪 30 年代在华北进行的村庄田野调查的种类判断，不言自明，基本出发点是了解地权分配。人们相信，一旦弄清了一个村庄由土地所有和租佃关系决定的社会经济阶级，就会对农村状况有更好的了解。杉之原的提纲只是一种收集资料并把资料分类的方法而已。这种归纳方法肯定使大部分调查员烦恼不安，因为他们相信地权分配是理解农村社会的关键。末弘的法律学方法取得了胜利，或许是由于他在东亚研究所拥有不同寻常的行政权力。满铁调查部中各种竞争派别从来没有人讨论过，但非常肯定它们是存在的。

满 洲

察 哈 尔

顺义

北京 昌黎

良乡

涿

安丘

天津

静海

N

渤 海 湾

河 北

栾城
元氏

德

河
东

邢台 恩

平乡 历城 益都

济南

黄 0 50 100

里(近似值)

省界
铁路
城市

受调查的主要县
其他县

山 东

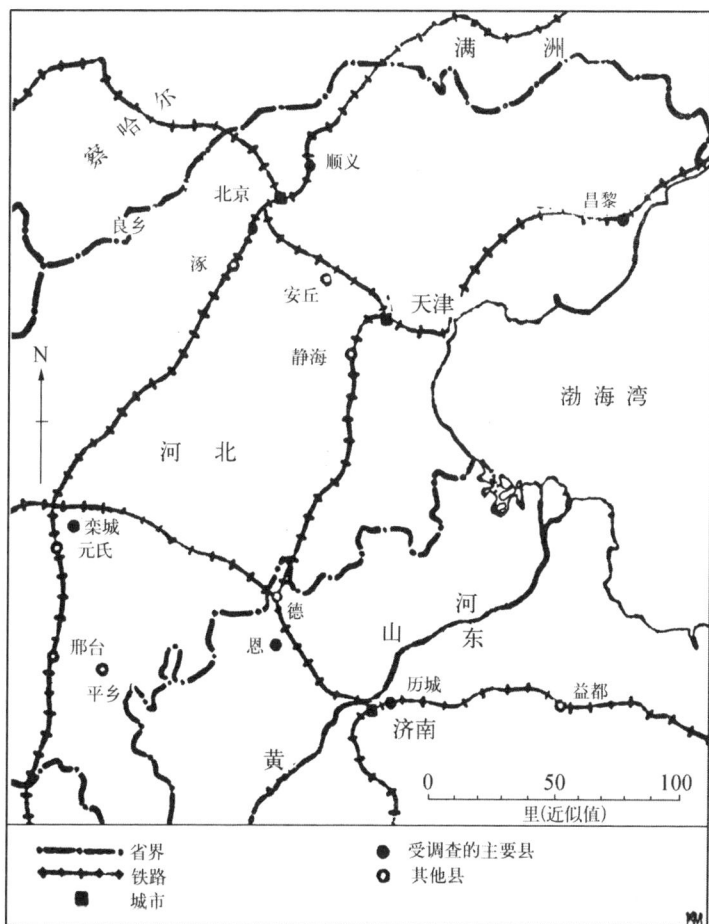

地图3 河北和山东受调查的主要县

　　到沙井村的调查班以顺义县城为基地,这次调查主要是通过县政府
收集该县的概况资料。调查班有一两个成员到过沙井村与农民交谈①, *36*
但这些问答只涉及村落概况,直到在后来的调查中才向村民们提问更多
的细节。

---

① 大岛利一:《河北省顺义县满铁调查班访问记要》,《东方学报》,第4卷第12期第115~129页
　（1942年3月）。

图表 1 村庄调查的时间、地点、调查员姓名和调查项目*

惯行调查卷数	省、县和村名	第一次调查 1940 年 11—12 月	第二次调查 1941 年 2—3 月	第三次调查 1941 年 5—6 月	第四次调查 1941 年 10—12 月	第五次调查 1942 年 2—3 月	第六次调查 1942 年 5—6 月	第七次调查 1942 年 10—11 月	1943 年及以后
一	河北顺义县沙井村	家族(本田) 村落(旗田)	家族(内田) 家族(旱川) 村落(旗田)		概况村落 (山本斌)	村落(旗田) 概况(杉之原)	家族 (内田)	村落(旗田)	村落(旗田) 1943 年 11 月
二	河北顺义县沙井村	税收(小沼) 水利(本田) 买卖(本田) 租佃 (山本斌) 金融(旗田)	税收及水利 (杉浦) 买卖(旱川) 买卖(旗田、安藤) 租佃(佐野) 租佃 税收(小沼) 税收(盐见) 金融(安藤)			金融(安藤) 税收(盐见) 租佃(本田) 沙井村 17 户农家个别家计调查 (安藤)			租佃(本田) 1944 年 8 月

续　表

惯行调查卷数	省、县和村名	第一次调查 1940年 11—12月	第二次调查 1941年 2—3月	第三次调查 1941年 5—6月	第四次调查 1941年 10—12月	第五次调查 1942年 2—3月	第六次调查 1942年 5—6月	第七次调查 1942年 10—11月	1943年及以后
三	河北栾城县寺北柴村	税收（杉浦）水利（杉浦）买卖（安藤）租佃（佐野）税收（盐见）家族（佐野、安藤）村落（杉浦）		租佃（山本斌）税收（小沼）税收（本田）	买卖（杉浦）租佃（本田）租佃（佐野）税收（盐见）金融（安藤）家族（早川）村落（旗田）	家族（早川）家族（内田）税收（小沼）概况（杉之原）租佃（佐野）买卖（杉浦）			
四	山东历城县冷水沟村	买卖（早川）租佃（早川）税收（村田、刘）水利（村田、刘）金融（村田、刘）家族（村田、刘）村落（内田、早川）村落（村田、刘）		金融（安藤）家族（内田）	买卖（杉浦）租佃（佐野）租佃（本田）税收（盐见）税收（小沼）家族（早川）村落（山本义）村落（旗田）	路家庄村概况（旗田、仁井田、本田、盐见、安藤）	恩县后夏寨村家族（内田）村落（山本义）买卖（杉浦）金融（杉浦）税收（本田）租佃（本田）		

41

续表

惯行调查卷数	省、县和村名	第一次调查 1940年 11—12月	第二次调查 1941年 2—3月	第三次调查 1941年 5—6月	第四次调查 1941年 10—12月	第五次调查 1942年 2—3月	第六次调查 1942年 5—6月	第七次调查 1942年 10—11月	1943年及以后
五	河北昌黎县侯家营村						村落（杉之原）家族（安藤）金融（安藤）买卖（小沼）税收（山本斌）水利（山本斌）	家族（杉之原）村落（旗田）金融（安藤）税收（小沼）家族（旱田）买卖（杉浦）租佃（本田）家族（内田）	
六	河北良乡县吴店村						村落（旗田、旱川、佐野）金融（佐野）家族（佐野、旱川）买卖（盐见）税收（盐见）租佃（佐野）静海县概况（旗田、盐见、佐野、杉之原、旱川）	水利（天津县）（山本斌）水利（南和、邢台和平乡县）（山本斌）水利（邢台县）（山本斌）	安次县概况（内田、杉浦）

续　表

惯行调查卷数	省、县和村名	第一次调查 1940年 11—12月	第二次调查 1941年 2—3月	第三次调查 1941年 5—6月	第四次调查 1941年 10—12月	第五次调查 1942年 2—3月	第六次调查 1942年 5—6月	第七次调查 1942年 10—11月	1943年及以后
七	其他地区包括一般状况及水利调查资料		资料 顺义县地契集（杉浦）	河北省京山沿线概况（安藤、刘）京浦、津浦沿线概况（内田）山西省同蒲、东潞沿线概况（盐见、山本斌）河北元氏县、山东德县、益都及青岛特别区（佐野、杉浦）	资料 历城县的税收（小沼）资料 顺义县的税收（小沼）		邢台县水利（山本斌）涿县水利（山本斌）邢台县资料（山本斌）		

资料来源："惯调"，第 6 卷，第 8～9 页。

调查员：内田智雄、箭田魏、小沼正、安藤镇正、彬之原驿一、山本斌、山本义、盐见金五郎、村田久一、佐野利一、本田悦郎、早川保、杉浦一和刘钧仁。

＊表中内田智雄、原书中为仁井田升、山本斌和山本义均为山本斌，本书据《中国农村惯行调查》原文校正。买卖指土地的买卖，金融贯一和借贷习惯。——译注。

融指农村借贷习惯。——译注。

到另两个村庄的调查班较少关注全县概况。最初向日本军事当局和伪政府的文职顾问进行过咨询，但调查班很快就进入了村庄。问答开始时是向村长了解该村的一般事务，然后向农民个别询问诸如土地所有、地权转移和家族亲族之类的情况。

尽管事先精心设计了问答表格，表格上还是留了一些空白灵活使用，一个特别的出乎意料之外的回答可能并且也确实打开了新的质询路径。应答者得到一些现金报酬，村长和那些特别合作的农民还得到一些烟草或布匹作奖励。

第一次调查结束后，调查班回到北京，举行了一次会议讨论问题并回顾进展，令人感兴趣的是在以后的调查中放弃了基本的问答表。这次收集的资料抄成了卡片，一些记录调查结果的小册子上报给在大连和北京的满铁调查部及东京的第六调查会。东京方面对资料做出了评价，这些资料与以后的调查结果一起，构成了租佃、借贷、地权转移和税收这四项研究的基础，但这些研究只不过是对资料进一步的分类。[①]

第二次调查在 1941 年初进行，这一次所有调查员都集中到沙井村，因为当时认为这个 70 户人家的村子代表了典型的华北村庄。完全无法确定在没有表格帮助的情况下问答是怎样进行的，但有些调查员后来报告说，他们以前的田野工作经验使他们能够更深入的探查未知领域，他们只需要现场发挥，提出任意一个有意义的问题，或是在应答者的回答启发下想到的问题。[②]

第二次调查的一个结果是，很多调查员宣称，他们以前对于农村社会的观念必须抛弃。例如，很少发现不在地主，这个阶级在村庄事务中所起的作用现在被认为是微不足道的，村庄领导人的地位比迄今为止所想象的更为多变。很多调查员不再肯定诸如"半封建"这样的概念是否能够适用于中国农村社会。这些坦率的承认明确地指出了下面的事实：

[①] 费正清和 M. 班诺：《日本人对近代中国的研究》（东京，1955 年版）第 7 章第 6 节中引用了许多这类著作。

[②] "惯调"，第 6 卷第 512 页。

很多关于中国传统社会的流行信念和观点并不符合实际情况,这些调查员使用的方法正在产生大量的新的令人感兴趣的信息。

第三次调查也在1941年进行,在春耕之后,这一次调查班分开访问了寺北柴、冷水沟和河北山西铁路沿线的一些县。同年12月随即进行了第四次调查,调查的是同一些村庄,1942年第五次调查,再度调查了沙井村。这一次,对一个17户人家的小样本进行了彻底的调查,以便确定收入的来源、现金和实物收入的数量,以及家庭支出项目。

华北的军事形势开始恶化,这限制了后来的田野调查,1942年下半年仅对同一些县进行了两次短暂的访问。

除了访问沙井村外,1943年取消了所有进一步的田野调查。1943和1944年几次访问了沙井村,但1944年3月这一项目正式停止。调查结果分为123个小册子出版,并送到了东京。① 调查班解散了,一些成员回到了大连满铁调查部,其他人留在北京从事一些临时的课题直到战争结束。

20世纪50年代,前北支调查班成员在仁井田升的倡议和指导下,把最初的123个小册子集结为六大卷出版。革命前在研究中国农村方面做出的最为规模宏大的努力之一就这样最终完成了。这是一大批严格按照培根法则收集起来的原始资料,还没有经过彻底的开发。下面4章所用的资料即来源于此。

通过中国农村惯行调查进行农村研究的方法

显然,首要的问题是,像这样的一批资料是不是真实的记录。它在收集时经过了翻译,而仅仅出于这个理由就值得存疑。它的收集者是战胜国的公民,是外国人,其同胞要对最为赤裸裸的侵略行为负责。我开始相信——最后也只能相信——尽管如此,这批资料是真实的。它看来

① "惯调",第2卷第14~15页。

有内在的一致性。无疑，收集这些资料的学者们是真正的学者，他们只关心事实，每个步骤都以严格的科学方法作指导。真正的问题在于农民是否说了实话。他们对外国统治特有的忍耐性（和长期经验）显示出他们可能会说实话，假设他们能够理解这些调查员并不是侵略军的一般成员，也并非难以想象；他们提供的证据的一致性证实了这点——他们不大可能编出一大套一致的谎言来，即使他们这样做能够拐弯抹角得到某种利益。

38　　日本调查员所使用的方法——个人问答——不仅给我们提供了20世纪40年代初期农村概况的资料，而且提供了农村社会变革的历史透视。向农民问到了过去20～50年间村落组织的机能，这样就有可能描绘出这一阶段出现的组织形式，它们存在的时间长短，它们怎样变化等等。尽管人的记忆可能模糊，历史事实在经过主观的判断和解释后会被扭曲，这些农村调查还是给我们提供了过去半个世纪农村社会的一种记录，虽然这种记录可能多少发生了折射。现在还没有其他资料能够让我们观察这样长时期中的农村的变化。

　　正是由于这些调查给我们提供了1890年以来农村变化的画面，它们才如此的有价值。这样一来就有可能比较不同时期的农村状况，特别是1937年以前和以后的状况。尽管已有20多位日本学者使用这些资料研究了农村生活的不同断面①，但至今还没有任何人用它们来研究农村经济是如何组织起来的、怎样行使职能以及怎样随着时间而改变。

　　这六卷书中的原始资料是按照地理和时间顺序排列的。调查员和应答者的名字都有记载，每个调查员的问题和每个应答者的回答也都有记载。首次翻开这部书的读者会由于资料的琐碎冗长和项目之间缺乏任何关联而感到困惑。在他完全明白调查是怎样酝酿、怎样组织、怎样实施之前，他就好像是在一座迷宫里徘徊，无法理解资料的意义。或许就是为此原因，还没有一位学者尝试利用这些资料写出一部综合性的对

---

① "惯调"，第2卷第63～65页。

具体村庄的研究来。我选择沙井、寺北柴、冷水沟和后夏寨这四个村庄是由于:(1) 可以得到较多的农户的资料;(2) 这些村庄的调查是在农民开始对日本调查员产生敌意之前进行的;(3) 这些村庄专业化种植不同的作物、位于不同的省区、与县城的距离相似。

村庄被看作是一个生产和交换的单位,它由于农户的活动和住在集镇上的商人、地主和官吏的行为而经常发生变化。村庄的土地、劳力、资本和技术决定着产量的水平和差异,也决定着村庄能够通过农业活动或者非农业活动维持生活的程度。本书考察了这些生产要素,确定它们发生了什么变化,是单独的还是共同的。影响农场组织的村庄社团在某种程度上可以说是村庄内部发生的经济变化的产物。在详细考察了重要社团的产生和发展后,就有可能对这一时期村庄变化的程度进行计量。村庄领袖及他们在村庄经济事务中所起的作用也要考察。最后,分析了1900—1940 年间村庄和县政府之间的财政关系。

我从最能说明这些要点的对话中选择相关的信息,并围绕着这个大框架组织资料。由于在很多问答中内容大量的重复,所以很容易获得资料,而正是这种重复使我们的陈述更有说服力也更准确。通过比较涉及土地买卖和租佃、产品的出售、借贷方式等内容的不同问答,就能够讨论农民经济行为的规律、村庄间经济组织和制度的相似之处和每个村庄的长期趋势。如果来自不同应答者的资料有冲突,再与其他应答者的回答进行比较。这种矛盾只在很少的情况下无法解决。

对中国农村村落的研究并不少见,但这些研究中明显缺乏一种历史感。20 世纪 20 年代和 30 年代的村庄研究就时间而言都是一维的,没有给出要素是不变还是发生了变化的线索。1939—1943 年的村落调查远远超越了任何已有的调查,因为它们取得了如此大量的关于过去和当代状况的原始资料。如果这些资料得到彻底的发掘和充分的解释,其结果将会深化我们对于从 19 世纪末到 20 世纪中国农村发生的事情的理解。

4. 顺义县：沙井村

顺义是一个农业小县,东西长 9 英里,南北长 7 英里,在北京到古北口的铁路线上北京以北 25 英里的地方。1884—1931 年间,该县人口从 8.4 万增长到了 16.5 万人,到 1937 年人口达到了 17.9 万。1940 年难民和日本军队使人口数字增加到 225 535 人。[1] 该县有 500 多个有马车路的大村庄,分为 8 个行政区,主要的一个在县城。顺义种植并输出谷子、小麦、高粱、蔬菜和豆类。县城是主要的粮食集散中心,有 5 个小集市为县城服务。这些集市设在集镇上,集镇上有生产面粉、烟丝、扫帚、草帘、豆腐和木雕制品的小手工业作坊,每家约雇佣 5 个工人。1900—1940 年间,产量的大小、农场经营方式和手工业生产方面没有任何重要变化。[2]

该县的主要河流是白河,自 1877 年以来每 5 年泛滥一次。[3] 土壤是多沙的盐碱地,还有很多沼泽地带。这个县比大部分县更穷,由于缺乏工业、矿业和棉花,土地价格比起邻近的武清、蓟县、丰润和滦县要低得多。[4]

---

[1]《顺义县志》,1933 年版,第 6 卷第 1~26 页。这些资料计算出的年平均人口增长率为 1.45%。1935 年的人口密度为每平方公里 516 人,男性远远超过女性。

[2] 根据农业部 1909—1910 年进行的第一次调查,主要作物按播种面积依次顺序是高粱、小麦和玉米。见日本人商业会议所编:《支那生产实业统计表》,天津,1912 年版,第 1 卷第 21 页。

[3] 日本人商业会议所编:《支那生产实业统计表》,天津,1912 年版,第 6 卷第 19 页。

[4]《北宁铁路沿线经济调查报告》,第 2 卷第 7 页。

  沙井村在县城以西半英里的地方,有两个邻村。其居民为明末北方战事频繁时从山西省洪洞县来的移民。该村得名(沙和井)是由于附近的小中河淤积的泥沙以及村中的很多口井。

  1895 年该村人口为 191 人,1912 年 280 人,1931 年 340 人,1941 年 394 人。[①] 人口平均增长率为 1.5%,与顺义县大体相同。1940 年每户平均 5.6 人。[②] 全村人口的 30% 在 15 岁以下,63% 在 16~65 岁之间,7% 在 65 岁以上。[③] 37% 的供养率相当高,但还略低于现在很多不发达国家的供养率。尽管我们不知道 1890 年以后人口统计学的这一侧面发生过怎样的变化,但很可能当时每户平均人口与 1940 年时相同。

  沙井村周围的耕地也是高盐碱度的沙土地,土壤没有发生过大范围的泛碱。井水为农田提供了一些灌溉用水,但年与年之间变化量很大的雨水是主要的水源。1~5 月间经常发生干旱,如果旱情延长,春麦的收成就会受影响。[④] 小中河,该县很多条小河之一,经常泛滥涌进村庄,冲坏许多房屋。1894—1895 年间,一次大洪水完全冲毁了粮食作物,使当地接近饥馑状态;很多村民不得不吃树皮和草,但没有人出外逃荒。蝗灾很少见,但 1924 年,一大群蝗虫吃光了所有的庄稼。1931 年夏天一场猛

---

① "惯调",第 2 卷第 58 页。

② 调查班对顺义县 33 村作了简单的调查,我收集了他们的人口统计资料,按照村庄中的户数进行排列。有一些迹象表明,在较大的村庄中性别比上升而每户人口下降,但不能说这是典型现象。村庄通常有 100 户左右人家。1928 年国民党政府下令不足 100 户的村庄要与其邻村合并,以加强中央政府的控制和村庄的领导权。这种合并的事例极少。

顺义县按村庄规模排列的性别比和每户人口,1941

村庄规模按户数分组	村庄数	性别比(男/女)	每户人口数
0~100	29	1.013	5.68
100~200	10	1.027	5.52
200~1 000	3	1.048	5.43

  资料来源:"惯调",第 1 卷第 1、3、4、5、9、10、20~21、29、30、31~32、36、39、40~41、43~44、46~47、60~72 页。

③ "惯调",第 1 卷。第 35、39、41 页的数据用来计算沙井村人口在这三个年龄组中所占的比重。

④ "惯调",第 2 卷第 61 页。

烈的冰雹摧毁了收成。村民们从来不知道灾害在何时来临,然而农民靠着很少的资源在每十年一次的大灾害中活了下来,并且人数还在增长。

41　　自 1917 年起,所有的可耕地都得到了耕种。沙井村的耕地共有 1 140 亩;一小块树林占了 12 亩;25 亩用作坟地;属于全村共有的耕地还有 70 亩。平均每户拥有 14 亩地,即 2 英亩多一点。

小麦、高粱、谷子和大穗玉米是主要作物。曾经试种过烟草,但发现在当地的土壤中太难生长。每家都有一小块菜地,但大田分布在村庄周围不同地点,农民每天下地要走很远的路。

9 月份,占该村 3/5 耕地的冬小麦播种,其余的耕地休耕到春天高
42 粱、谷子和玉米播种时。① 高粱在 2 月底 3 月初播种,当小苗出土时,所有的人手都要到地里去为新苗除草培土。谷子必须在小麦收割时节下种,在 8 月以后收获。每年小麦和其他谷类作物在同一块地上轮种,这种循环自从 19 世纪或许更早以来就年复一年的重复。

没有数字可以显示该村产量的长期变化,但村民们说他们能够记得在过去 50 年中耕地和产量都没有增加。由于土壤贫瘠,谷子、高粱、小麦和大豆的收成都比卜凯在他对河北 14 个地方的调查中所记载的要低。②

---

① “惯调”,第 2 卷第 66~68 页。

② 见“惯调”,第 2 卷第 69 页及卜凯“统计资料”第 223~225 页数据。

与卜凯冬小麦平均土地生产率数据的比较结果如下:

作　物	公担/冬小麦产区每公顷	公担/沙井村每公顷
玉　米	10.76	8.6(低)
高　粱	11.62	8.6(低)
黍　子	7.93	8.6(高)
小　麦	8.77	5.5(低)
黄　豆	7.68	7.2(低)
花　生	15.82	18.10(高)
马铃薯	55.17	86.10(高)

资料来源:卜凯,“统计资料”,第 223、225 页。沙井村数据是由“斗”换算成“石”,然后换算成磅;面积则由亩换算成公顷。然后再用每公担的磅数(220.46 磅)去除。

不同作物占用的耕地面积依据它们所能带来的收益决定。由于小麦的价格比玉米和高粱价格要高出 30％～40％,用来种小麦的耕地 4～5 倍于玉米和高粱。① 高粱价格又高于谷子的价格,种高粱的耕地约为种谷子的两倍。高粱和谷子是主要的粮食作物,尽管农民喜欢吃麦子,他们却要把麦子卖了换钱。农民们估计他们大约卖掉其收成的 40％,其余的留下作种子和口粮。②

1911—1921 年间,用铜币表示的粮食价格相当稳定,但在 20 年代,它们实质上是上升的,1929—1931 年略有下降,那以后又缓慢的上升,到1938 年以后则急剧的上涨。③ 在开始阶段,收成一直不错,但 1921—1922 年华北的灾荒使价格锐升,那以后政治上的不稳定使价格保持了上升势头。在世界性萧条的几年中谷物价格暴跌,但 1937 年战争爆发后价格开始再度上升。除了有几次两到三年的间隔外,1911—1940 年间农民经历的一直是价格不同程度的上升。

商品和土地价格的上升多方面影响农民的生活。由于粮食价格比煤油、火柴或棉布之类的价格上升更快,农民享受了有利的贸易条件。1937 年以后,由于这些消费品供给减少,造成其价格比粮食价格上升更快,贸易条件转为不利。下面是前村长周树棠对 1937 年以后价格上升所作的评论。

> 周:开始时村里的生活没有什么大的改变。后来价格不断上涨,日子就越来越难过。很多人卖了地,并不是为了要交税,就只是为了活下去。

----

① "惯调",第 2 卷第 69 页。
② "惯调",第 2 卷第 69 页。中国乡村对市场有很强的依赖性,在市场上出售大量产品。卜凯报告说,他对 7 省的调查显示,总产出中出售的百分比是:河北 54％;河南 38％;陕西 50％;安徽 35％;江苏 73％;浙江 83％;皖南 55％。总平均为 52.6％。见天野元之助:《中国农业诸问题》,东京,第 1 卷第 29 页。
③ "惯调",第 2 卷第 70 页。

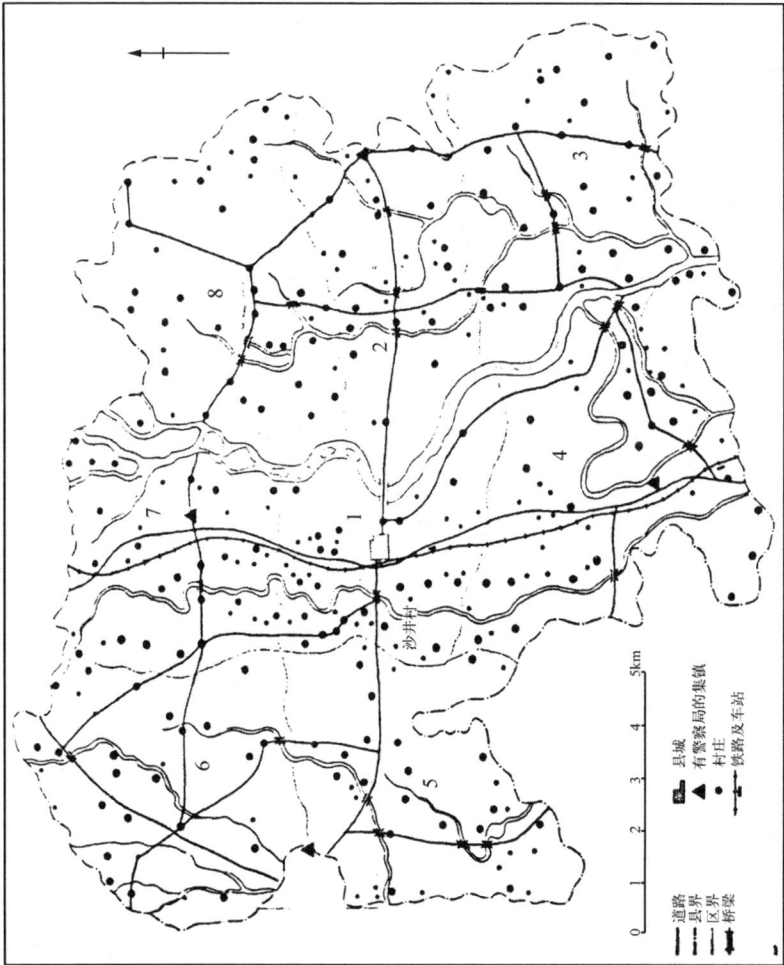

地图 4 顺义县 1941.2

问:现在家里最大的花费是什么?

周:赋税不太重,穿衣才是最大的花费。 43

问:是因为你种的东西价格不如别的东西价格上涨得快吗?

周:那些特别穷的人必须从别人那儿买东西,一个人越是穷,他就会变得更穷。

问:怎么样更好? 价格不变还是税收不变?

周:两样都不变才好。但要说哪样更好,最好是商品价格不变。

问:有没有这种势头,因为你们现在必须买的东西涨了价,你们改成自己生产?

周:有这样的势头,我们现在织自己用的布、自己做帽子、鞋和别的各种东西。

问:这不就等于有更多的非农业工作和副业吗?

周:我们村看来没有合适的副业,现在有更多的人离开村子到别处工作。[①]

尽管地价持续上升,没有什么证据表明它们比其他商品价格上升更快。持续上升的地价使农民能够较容易地赎回他们典当出去的土地。如果一个农民为了借钱典当了几亩地,5 年或 10 年以后,由于地价已经上涨,他可以用卖掉一小块地,或典当一块更小的耕地的方法赎回这块地。农民也从少数商品价格的上升中获利,但 1938 年以后的通货膨胀显然促进了沙井村的困境。

土　地

地权的分配极不平均,60％的农户只拥有 14％的耕地,15％的农户拥有 52％的耕地。在图表 2 中,我把沙井村的地权分配与吴店、寺北柴和后夏寨的地权分配作了对比。地权不均在所有村子中都很严重,但最

---

① "惯调",第 1 卷第 102 页。

不平均的是沙井村。

　　本世纪初,该村有一户大地主,但到 1940 年,没有一户农场拥有足够的土地可以被视为地主。1900 年以前拥有土地最多的 5 户人家到 1941 年已不再是同样大的土地所有者。在 19 世纪有四五户人家拥有多达 200 亩以上的土地,但在 1941 年只有一户还拥有不到 100 亩。1941 年询问了每户人家 1911—1941 年之间地权发生了什么变化。按照农民的回答,有些农户获得了土地,其他农户失去了土地,近一半的农户没有变化,还有一部分完全不清楚。由于大土地所有者消失了,我们从这些有限的资料中可以推断出,农场的平均面积在变小;有更多的农户,他们占村民的大部分,拥有小农场;有几户人家通过努力使他们的农场面积略有增加。没有迹象说明在这 30 年中,有更多的土地积聚到了更少的农户手中,地权分配也没有很大的改变。

44

表 1　地权变化,1911—1941

1911 年以来的地权	1941 年报告户数	占农户百分比
地权变化		
无改变	29	40
不　详	20	27
失去土地	11	15
获得土地	13	18
	—	—
合　计	73	100
		面积(亩)
地权分配		—
1941 年沙井村农民在外村拥有的耕地		460
1941 年外村农民拥有的沙井村耕地		515
近年来沙井村村民失去(出卖)的耕地		55

　　资料来源:"惯调",第 2 卷第 1～24 页。

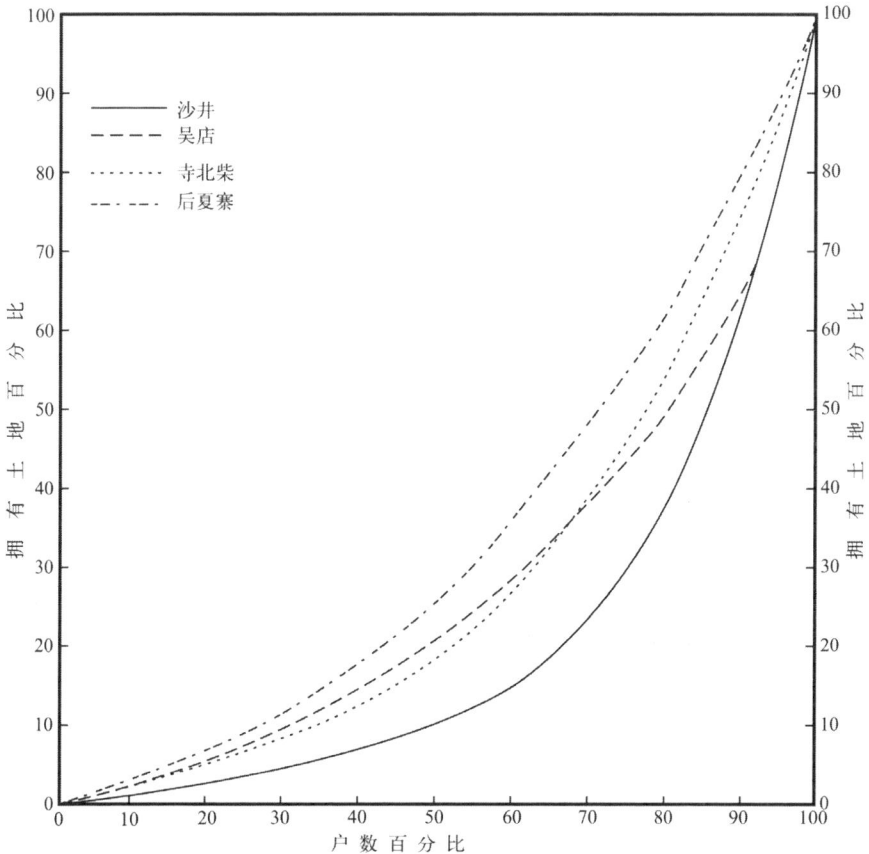

图表 2　沙井、吴店、寺北柴和后夏寨村地权分配的洛伦茨曲线，1941

资料来源：沙井村，"惯调"，第 1 卷第 67 页；河北省寺北柴村，第 3 卷第 5 页；山东省后夏寨村，第 4 卷第 10 页；河北省吴店村，第 5 卷第 6 页。

资　本

　　即使曾经发生过技术变革，农户积累了更多的农业资本的话，农田耕作的组织也不会受到严重的影响。沙井村的农业技术在这半个世纪中几乎没有发生变化，除了 20 世纪 20 年代初顺义县推广了一种新的谷子品种外,没有引进新的作物。① 播种用的种子按照传统方式从上一季的收获物中挑选,化肥还没有使用。

> 问:村里有什么人能够引进新的作物吗?
>
> 答:由于缺水,引进山地稻是不可能的。
>
> 问:没有什么人试着种某种新庄稼吗?
>
> 答:没有。今天种的庄稼和从前一样。
>
> 问:有通知说本地来了一些新肥料,有人买了新肥料试着用用吗?
>
> 答:没有人买这样的东西。地太赖了,再说,这么干要花很多的钱。
>
> 问:新民会没有教过怎样用肥料吗?
>
> 答:那个会没有人来过这村,我们也没听说过这种事。
>
> 问:管理火车站的人们没有在爱护村教过怎样用肥料吗?
>
> 答:没有。②

人粪和牲畜粪是惟一的肥料,它们和土混在一起沤成堆肥,在初春施到地里。牲畜粪主要是猪粪;五头猪的粪肥足够上 30 亩地,而一个五口之家的人粪只够上 8 亩地。有个村民每年 8 月去北京,用他的粮食换人粪肥,然后再卖给沙井村别的村民。由于有这种交易,没有人从村外买粪肥。

该村的资本储备没有增长到能够看出每个农户有更大的资本量的程度。农民之间发生过资本商品的转移,当新户形成时,他们尽力购买一些资本品,以至每个农场的资本储备可能保持不变。1941 年,该村有 1 头牛、2 匹马、2 头骡子、24 头驴,只有一辆自行车和 11 辆大车。主要

---

① 1920 年以前这一区域不种植白玉米;这些新品种约在 20 世纪 20 年代初期出现在顺义县的市场上,村民们认为它们来自天津。"惯调",第 2 卷第 89 页。

② "惯调",第 2 卷第 61 页。应答者是村中的老人杨源。见"惯调",第 2 卷第 88～89 页,进一步的对话肯定了作物种类和耕作方法没有改变。村民们解释说这是由于土地太贫瘠,他们也用这一观点来说明沙井村的贫困。

的农具有翻地器具(犁、锄、耙),除草器具和收获工具(扫帚、镰刀、耙子和碌碡)。① 1940 年以后,由于缺乏原料,农具很难买到和更新。最基本的农具,包括各种锄、耙、扫帚,和明清时期用的农具一样。大车价格昂贵,而且 1940 年以后价格上升幅度很大。② 20 年代末的内战高峰时期,警察来到村里征用了马、骡子和大车。1937 年这种事情再度发生,使牲畜数量下降了 10%。

拥有土地不足 10 亩的农户通常没有一头用来耕地和拉粪、拉庄稼的役畜。这些农民采用了一种几户合买合用骡子和大车的体系,叫做"搭套"。

问:搭套是什么?

答:两户人家都很穷,没有骡子时,就用搭套的方法。两家商量好合伙买骡子。不过这种作法不光是对骡子,他们还要合伙平整要播种的土地,或者如果需要雇工的话,两家要一起出钱。

问:买骡子的时候是怎么做的?

答:假如骡子值 100 元,每家出 50 元,一户用 3 天,另一户再用 3 天。③

通常的情况是两户人家合买合用资本品,但有时三户人家共用他们的财产。约 40% 的农户用这种方法得到并共用资本品。④ 这样做的人家一般是同姓或朋友邻居。⑤ 搭套的作法在播种和收获季节最常见,但在某些情况下,搭套的两户人家也合租耕地并一起经营。

---

① "惯调",第 2 卷第 62～63 页。

② "惯调",第 2 卷第 63～65 页。20 世纪 30 年代末的价格上涨使得普通农民几乎买不起它们。1941 年一张犁值 20 元,而在此之前一年用 6.7 元就能够买到。

③ "惯调",第 2 卷第 314 页。"套"最初的意思是用一个绳索把一头骡子和一匹马拴在一起。"搭"的意思是互相交换。这两个词合在一起的意思是共同使用耕畜。见"惯调",第 1 卷第 112 页。

④ "惯调",第 2 卷第 1～24 页的农户调查。

⑤ "惯调",第 1 卷第 118 页。有两户农民的实例,张瑞和张林荣,他们搭套已有 10 年之久。

土地所有制

据村里的老人说,1912 年以后该村出现了 20 个新户,这是由于土地在儿子们之间分配。拥有和经营土地的农民的数量并没有变,但由于村里土地缺乏,他们在全体农户中所占的百分比从 60％下降到了 44％。以前出租一些土地的农户数也略有下降,可能是由于随着农场规模越来越小,为了活下去他们需要自己经营他们全部的土地。变化最大的是那些没有足够的耕地而不得不租入几亩地的农民,20 年代他们的数量增加了很多,但 1931 年后又保持不变。表 2 是佃农和自耕农状况的变化。

表 2 沙井村佃农和自耕农地位的变化,1912—1940

年份	户数	自耕农	半自耕农	佃农[a]	伙种[b]
1912	50	30	10～12	8～10	1～2
1916	56～57	36	10	10	1～2
1921	60	38	11	11	0
1926	63～64	28	24	7～8	0
1931	65～66	28	30	7～8	0
1936	67～68	29	30	7～8	1
1937	67～68	29	30	7～8	1
1938	67～68	29	30	7～8	1
1939	68～69	30	30	7～8	3
1940	70	31	30	7～8	3

资料来源:"惯调",第 2 卷第 72 页。

a 佃农自己没有土地。1926 年佃农减少,据说是由于发洪水加上粮价和地价上涨,造成地租的突然上升引起的。

b 伙种指佃农与自耕农以分成为基础合伙耕种田地;地租由佃农在收获后以实物支付。

表 2 的准确性全凭村民们对过去的回忆,所以可能有错误。在把表 2 与 1941 年一次村落调查中所得的户数一比较,立刻就显出了一些矛

盾。这次调查显示出只有一户耕种的全部土地都是租入的,半自耕农有24户,略低于表2中的数字。[①] 10户只靠他们的农业收入生活,6户完全靠非农业收入,6户的收入来自于工资和租入的土地上的收获。53个农户,占全村总户数的78％,通过在村外工作以补充他们的农业收入。

这些数据暗示出,该村正越来越难以仅靠农业维生。由于人口成倍增长和新户的形成,土地日益零细、农场面积下降、耕地变得更为缺乏。更多的农民不是必须从别的农民手里租入土地,就是在村外工作。但由于农场面积越来越小,富裕农民能够租给较贫穷农民的耕地面积也受到了限制。

当30年代后期货币工资率迅速上升时,到村外短期的工作而不是租入收益极低的劣等地,对农民就有了更大的吸引力。甚至早在19世纪末,就有一些农民在村外作短期工作,有很多农户从别的农户手里租入土地。这是由于地权分配一直极不均衡,有些农户拥有的土地太少,无法养活家庭成员。而50年以后,20世纪30年代后期,由于农户实在没有足够养活他们自己的土地,农业变得更为困难。

土地租佃制度必须被视为一种通过非正式的协议平均土地使用权的制度。其职能是使几乎没有土地的农民能够经营较多的土地,而那些不能有效地耕种自己土地的人可以通过出租土地得到收益。由于一户农民的农场由许多小块的随随便便散布在村子周围的耕地组成,他发现从另一个人手里租一块邻近的地很有利,而后者认为那块地太难耕种或很不方便。在很多情况下,这意味着较穷的农民租入劣等地,较富的农民更有效地经营他们的优等地。

土地的租入和出租都只在收获以后进行。一个想要租入土地的农民寻找一个可能出租土地的人,或者靠朋友当中间人为他做这事。[②] 当找到合适的人时,双方要讨论租地的条件:租入土地的面积、每亩地用现

---

① "惯调",第2卷第1～24页,见农户拥有和经营土地、非农业劳动和共同出租耕地及耕畜的资料。
② "惯调",第2卷第72～86页。

金交纳的地租数量,还有租佃期限。典型的中间人负责协商租佃条件,把现金预先交给地主,然后为了他的辛劳从佃农手里得到一小笔佣金。如果佃农和地主个人私下接触讨论了这些事务,他们就不会把租佃协议条款形成一份书面材料或签订一份租佃契约。地主交纳出租土地的田赋,但佃农为这些耕地向村里的青苗会交费。

地主和佃农这两个词汇是一种误称,会令人联想到一种事实上并不存在的商业关系。双方在整整一年间从不聚在一起讨论怎么样使用或开发土地,也不讨论如果佃农用肥料改良了土地,怎么样返还地租。土地所有者不提供任何资本,也没有任何条款规定如果佃农改良土地就削减地租。

两者之间的社会关系极为松散,与德川时代和近代日本的佃农与地主之间的关系不同,地主没有特别的地位能迫使佃农送礼,或让佃农用尊敬的语言称呼他。主佃双方之间发生的任何争执都由他们自己解决,极少请求村长进行调停。这种事情从来不会拿到县城里去打官司。

租佃期限通常只有1~2年。一个原因是农民把他们的土地看作一种钱的近似物,农民常常典当和出售土地,或者把土地用作借款的担保。[①] 只在极少的情况下,出租的菜园地订有长达五六年的契约。[②]

还有另一种土地租佃方式,尽管1940年十户人家中只有两户这样作。这种方式叫做"伙种",地主和佃农按照春麦播种之前商定的条件分享实物收成。[③] 早在19世纪就有农民用货币支付地租,当出现歉收时,农民就转向伙种制作为一种让他们能获得粮食的保证。1912年以后,更多的农民改为货币地租制。不应该理解为农民在1941年比在1890年卖掉了更多的收获物,或者在农民消费活动中出现了某种要花更多的钱

---

① "惯调",第2卷第74页。由于没有更合适的词汇,我用"抵押"(Mortgage)一词指用一种资产——通常是耕地换取贷款,在这种方式中,放债人使用这种资产,借款人不付这笔借款的利息。当借款归还时,资产回到原来的所有者手中。这与西方商业词典中抵押一词的含义略有不同。(这种方式即华北农村普遍存在的典地,所以书中均译作典当或典地——译注)

② "惯调",第2卷第94页。

③ "惯调",第2卷第81页。

的三级跳趋势。

对货币地租强烈偏好的原因可能是由于有更多的农民迫切需要现金。如果农民用来典当或出售的土地减少，物价又不断上升，他们对现金的需求就要比情况完全相反时更大。另一方面，当该村为连续两三年的极坏的收成所苦时，对手头掌握着粮食的农民就很有利，因为粮食在当地市场上常常无法买到，或者其价格极高。农民可以选择是租入更多的土地，还是到别的地方去工作。如果较多的人选择出外工作，租入土地的人讨价还价的能力就会加强，他们就可以坚持交纳货币地租。预先交纳货币地租对他们有利，因为在下一年农产品价格上涨后他们能得到更多的钱。

无论对地租交纳方式中这样的改变正确的解释是什么，看来交纳现金地租对地主和佃农双方都有好处。然而，在收成不好的时候，地主可能坚持用实物交预租。出租土地的农户几乎没有足够的资本耕种他们自己的土地，他们不可能帮助他们的佃农经营土地。这种土地租佃制度还不得不与一种借贷制度相适应，在这种借贷制度中，农民把他们的土地看作与钱近似的东西，在需要现金时，土地用来作担保、典当或出售。土地租佃只有根据实际的经营状况和土地继承制度才能得到正确理解。

1928 年，地方政府组织了一个农会，但没有尝试组织佃农、进行减租，也没有向该村派出代表。① 这个组织只在纸上存在，官方对改善全县的农业生产状况没有做任何事。

劳动力

农民把那些在别人的土地上工作的人称作"短工"和"长工"。② 沙井村的多数农民或者是在较富裕农民的耕地上作短期工作，或是到县城的劳动力市场上去短期出卖自己的劳动力。这类工作包括制造棒香，雕刻

---

① "惯调"，第 2 卷第 106 页。
② "惯调"，第 1 卷第 104～105 页。

牛角,摊米面饼,在外村看庄稼,卖旧衣服,做米凉粉、糖和挂面,编草帘,用大车运货和在商店里作伙计。每年秋天 17 户人家有人到北京去,在一些专门生产如来佛生日用的圆饼的店铺里干活。

有几个农民作长工,他们出自很穷的人家。这样一个人家可能会送一个女儿到另一户人家中去当 6 个月或更长时间的仆人。只有富裕农民才雇用长期工作的仆人。短工和长工的长期变化见表3。

表3 农业工人状况的变化,1912—1940

年份	长工	短 工	
		沙井村内	沙井村外
1912	10[a]	7~8	4~5
1916	6~7[b]	7~8	1~2
	3~4		
1921	10	10	0
1926	6~7	20	0
1931	5~6	15~16	0
1936	3~4	13~14	0
1937	3~4	10	0
1938	3~4	10	0
1939	3~4	10	1
1940	3~4	15~16	2

资料来源:"惯调",第 2 卷第 87 页。
a 来自沙井村外的工人数。

在民国初期,受雇佣的长工较多而短工较少。这些工人中大部分住在沙井村外。20 年代中期出现了变化,当时长工的数量下降而短工的数量增加。对此一种解释是 30 年代长、短工之间工资的差距拉宽了,有更多的农民可以通过短工工作挣得更高的工资。另一个原因是能够雇得起这些工人的富裕农民变少了。

3 至 5 月之间和 8 月底至 10 月之间所有男劳动力都需要下地平整 51 土地、播种、除草、浇水和收割。使用简单的手工工具,由于大农具和役畜很少或根本没有,干这些农活需要的劳动力,比先进的农村社会中生产粮食一般所需劳动力要多。根据不同年龄劳动力的工作能力的资料，我计算出，在一个平均人口 5.6 人的家庭中，不必下地劳动的有 1.3 人。[①] 在超过 5 亩的农场上，边际劳动需求迅速上升。[②] 因而，在 20 或超过 20 亩的农场上，在春播和秋收季节必须雇佣 4～5 个工人。沙井村的土地分配状况是 60% 的农户只拥有 14% 的土地，这意味着 42% 的

[①] 我根据下面 1941 年收集的资料中村民的年龄分布计算了农户的劳动力。

沙井村按年龄分布的劳动力，1941

年龄段	劳动力数量	
	最多	最少
16～20 岁	22	16
21～25	12	1
26～30	14	10
31～35	17	10
36～40	10	6
41～45	12	8
46～50	6	2
	—	—
合　计	93	67*

　　资料来源："惯调"，第 2 卷第 58 页。这些数据用来计算每户的劳动力数量。
　　＊原文如此——译者注。

[②] 1941 年沙井村农业劳动力需求如下：

农场面积（亩）	每天需要农工
1	2
2	2
3	2
4	3
5	3
6	4
7	4
8	5
9	5
10	6
15	7
20	8

　　资料来源："惯调"，第 2 卷第 87 页。

农户，其土地可能不到 6 或 7 亩。在这种情况下，家庭劳动力足够耕种土地所需。但对于有耕地 40 亩及其以上的 12 户人家来说，在农忙季节必须雇佣 8～9 名工人之多。劳动力和土地一样分配不平均。农民通过个人用现金工资雇佣其他农民的方法解决了这个问题。

借　贷

顺义县有五个定期市场在不同的日期赶集，使商人和小贩能够从一个集市到另一个集市流动，也给村民一个机会可以在一周中赶几次集。[1] 沙井村的农民在 6 月和 10 月出售他们的小麦、高粱和玉米，只有两户人家有足够的储蓄，使他们可以储存下粮食以后再卖。1900 年以前，该县的粮食用船运往北京，但那以后，有更多的商人把粮食用船运到天津，因为天津的粮食价更高。

农民通常在春天缺少现金时向顺义的商店赊欠货物，这时他们迫切需要食物、衣服或煤油。这些赊欠在下一季收获后按照月息 2% 或 3% 的利率归还。100 元以下的赊欠不付利息。当价格上涨时，农民按照他所赊商品的价格还钱，但如果价格下降，农民就要归还当初的赊欠。[2]

农民在遇到生病、歉收、婚嫁、丧葬等事时就要借钱。小笔现金向亲朋好友借，很快就归还，不要利息。100 元以上的大笔现金用一种叫做"指地借钱"的方法向顺义的商人或富户借。大部分农民用这种方法借钱。[3] 借钱者寻找一位中间人和经济上的保证人，称作"保中人"[4]，这是一位有声望的、诚实的人，他也知道谁有钱并愿意出借。当中间人找到一个出借人时，他就把双方找到一起讨论借贷的条件。一旦商定借贷的数目，借债人就要拿出一块土地作为担保，以防他还不起钱，这块地的价

---

① "惯调"，第 2 卷第 193～194 页。
② "惯调"，第 2 卷第 194 页。
③ "惯调"，第 2 卷第 209 页。
④ "惯调"，第 2 卷第 211 页。

格通常为借款额的一半。利率为每月 2‰～3‰,本金和利息必须在一年内归还,通常是在秋收后。不立文书也不签字。借债人在他觉得合适时继续使用他的耕地,但如果他不能及时还债,耕地就不得不卖掉或者作为典当品交给债主。

农民用下面的方式描述典当出去,习惯上叫作"典"①的土地。

问:典是怎么回事?

答:有两种情况:"典房"(典当一座房子)和"典地"(典当耕地)。典地比较常见的情况是,当一家人特别需要钱的时候,典当一块比方说值 1 000 块钱的地。这样借来的钱大概是 400 元。这笔钱不用付利息。以后还钱的时候土地就赎回来了。

问:除了房子和地的典当外,还有别的东西比方农具、牲口可以典当吗?

答:没有。

问:例如,有没有把牲口典当出去,到欠的债还了以后才拿回来的情况?

答:这里没有这种作法。

问:能够典当中等价格的土地吗?②

答:什么样的地都能典当,当然,好地典当出去能借到更多的钱。③

典地也是通过中间人进行,他也是借债人的经济担保人,他把借债人和出借人叫到一起讨论典当的土地的面积、土地的现价和借款的数量。土地按照当时的价格和预期的收成定价,双方商定以地价的一个比例,通常是 2/3,作为借款金额。④ 典当土地的农民不付利息,因为得到所典当土地的一方有权在债务归还之前使用土地。典当期限通常是 3～

53

---

① "惯调",第 2 卷第 169 页。典地的人被称作"出典主",接受者即放债人被称为"典主"。

② 农村耕地为纳税而分为三个等级,"上地"是价值较高的高等耕地;"中地"是一般价格的中等耕地;"下地"是低价的低等耕地。

③ "惯调",第 2 卷第 220 页。

④ "惯调",第 2 卷第 182 页。

5 年,但也有典当期更长的情形。如果债务不归还,农民就不能赎回他的土地。

在清末村民有更多的土地的时候,典当期限只有 1~3 年,当时"典地"的作法极为普遍,农民很快就赎回土地。到 30 年代初,由于农民可典当的土地减少,赎回土地也越来越困难,因而典当土地的情形较少,典当期限也更长。

沙井村的全部土地都是私有,可以任意出售,所以当典当土地不能获得所需数量的钱时,就要出卖土地。家长在收获以后出卖土地,他还要用一位中间人寻找买主安排卖地的条件。[①] 一旦找到一个买主,就起草一份契约并由卖主、中间人和买主签字。契约要送到本县的税务机关去,买主要交纳一笔契税。从此以后,新的田主交纳所有的田赋和按土地进行的摊派。[②] 中间人从卖主手里得到一小笔佣金。没有证据显示出沙井村的土地出售在近年有所增加。[③]

土地是用来得到信贷的重要的资产项目。在一个可贷借的资金稀缺,不存在正式信贷制度的农村经济中,出借者的保障只能通过一个第三者或中间人提供,保证借债者能够还债。农民用这种方法把拖欠债务的可能性降到最低。

农民的收入和储蓄

农民从来不会把他们的收入和支出账目弄得有条不紊,这并不是说他们对于把他们的耕地用来种植要价最高的作物,从而增加其收入不感兴趣;或者对于在农活和村外的工作之间仔细分配劳动力以挣得最高的

---

① "惯调",第 2 卷第 187 页。

② "惯调",第 2 卷第 252 页。当农民借钱并把他的土地作为抵押品时,他要向村里的看青会交费,还要拿出一笔钱作为村里的摊款和经常性的捐税。当土地典当时,放债人即土地的典主也要交这些费用。因此,是土地的使用者交纳村庄的费用而不是土地的所有者。从前,在大部分农民拥有较多的土地时,情况并非如此。

③ "惯调",第 2 卷第 181 页。

收入不感兴趣。①

1941 年,日本人从 17 户农家收集了一些很好的家庭收支资料,应该 ⁵⁴ 对这些资料作一些分析。② 他们抽取了一批家庭样本,一个佃农和自耕农的横断面,样本大到足以代表该村状况。确定家庭的消费和生产是最难的,他们的首要问题是确立农家能够度量和比较的一致的范畴。

他们用一个叫做成人等数的单位解决这一问题。12～60 岁的人都算作 1.0 个成人等数;8～11 岁和 61 岁以上的人算 0.8 个成人等数;3～7 岁的孩子算 0.5 个成人等数,2 岁以下的算 0 个。每户人家按其成人等数记账。

下一步是为不同的作物确定一个标准的口粮单位以度量农家的消费。他们决定用 6 斗小米和玉米粒及 7 斗高粱等于一石谷子,然后估算出 1.0 个成人等数每年至少消费 3 石谷子。用这些单位计量出 17 户人 ⁵⁵ 家每户每年的消费需求。每户生产的农产品数量进行了计算并按照上述口粮单位标准化。这样就能够把每户的消费与生产进行比较,确定口粮是盈余还是不足。我根据这 17 户的调查资料作了表 4。

表 4　17 农户的粮食生产和消费(10 斗＝1 石),1941

户　主	年粮食生产		年粮食消费		不足或盈余	
	石	斗	石	斗	石	斗
杨　泽	15	1	10	5	＋4	6
任振纲	15	6	12	0	＋3	6
杜　祥	4	3	19	8	－15	5
李儒源	36	2	40	5	－4	3
张　成	11	2	16	2	－5	0
赵廷魁	18	8	24	0	－5	2
景德福	11	2	10	5	－7	0

① "惯调",第 2 卷第 193 页。
② "惯调",第 2 卷第 270～291 页。

续 表

户 主	年粮食生产		年粮食消费		不足或盈余	
	石	斗	石	斗	石	斗
杜守田	9	3	19	5	−10	2
张守俊	12	0	19	5	−7	5
张麟容	18	9	12	0	−6	9
李树林	5	3	14	4	−9	1
傅 菊	7	7	11	4	−3	3
李秀芳	14	3	17	7	−3	4
张永仁	12	3	30	6	−18	3
崇文起	1	0	13	5	−12	5
张守仁	8	2	12	0	−3	8
杨 润	7	6	14	4	−6	8

资料来源："惯调"，第 2 卷第 270～291 页。

样本中只有 12％（2 户）生产的粮食足够他们每年消费需求。其余各户都必须用卖菜和在村外工作挣来的钱或借来的钱买粮食。

表 5 中列出了这 17 户人家的收入和支出。把总消费与收入比较，赤字高达农户总收入的 13％。我们不知道在异常丰收的年头，这种赤字在多大程度上变动或消失。

我们还注意到出售农产品的所得足以满足农家购买口粮所需，但不能满足总支出。所以，来自非农业活动的收入对每个没有足够的耕地的家庭收支都有重要意义。总收入中几乎 1/4 来自非农业工作，这也应该被看作全村从非农业活动中得到的收入水平。

在家庭收入中，90％用于口粮、衣服和其他必需品。在交纳赋税、地租和还债之后，没有剩下一点儿让农民用来购买农业资本品的钱。这正是该村资本储备没有明显增长，农户要合买合用资本品的原因。当然，沙井村是一个很穷的村子，并非所有的村子都这样穷。① 但事实是自 19 世纪末以来沙井村就越来越依靠非农业收入。

——————————

① 实例可在本章对山东冷水沟村的描述中见到。

土地继承

最年长的,有劳动力的男性是家长或"户长"。[1] 他安排农活,管理家庭收入,决定什么时候分割或出卖土地。该村有很多同姓并有血缘关系的亲戚集团。[2] 同一姓氏集团的农户聚集在一起庆祝一场婚礼或举行葬礼,但每个集团都太小,太弱,无法组织大型的活动或帮助其成员。当一户人家想要借钱,或打算典当或出售土地时,首先是与其亲戚集团内的某人接触,然后再找其他村民。这些集团没有保持族谱记录,也不强调宗族的职能,他们好像是从前较为强大的亲戚集团留下的痕迹。家庭在该村是基本的决策单位。

户的财产周期性的分割,叫"分家"或"分居",对土地的面积、用途和地权分配都有强烈的影响,并最终左右一户的经济和社会地位。[3] 一户的所有土地要在男性继承人之间平均分配。户长并不坚持让土地在家庭

---

① "惯调",第1卷第 236～237 页。
② 家族数目如下:

族姓	家族数目	家族中户数	族长	族姓	家族数目	家族中户数	族长
杨	1	11	杨永才	周	1	1	周树棠
李	1	5	李树林	任	1	1	任振纲
李	1	9	李儒源	刘	1	3	刘　福
孙	1	3	孙有让	刘	1	2	刘长春
张	1	11	张文通	柳	1	1	柳振亭
赵	1	3	赵廷魁	邢	1	1	邢润斋
赵	1	1	赵绍尧	蒋	1	1	蒋成福
赵	1	1	赵文生	傅	1	1	傅　菊
王	1	2	王春林	柏	1	1	柏成志
崇	1	1	崇文起	坤	1	1	(妇女)
吴	1	1	吴殿臣	景	1	1	景德福
杜	1	7	杜　春				

显然,李、杨、张姓的家庭最多,它们的成员在村委会中占主导地位。这三个家族拥有该村最大份额的土地。"惯调",第1卷附录,户别调查。
③ "惯调",第1卷第 229 页。

表 5　沙井村 17 农户家庭收支抽样数据,1942.8(单元:元)

户主姓名	A 每户总收入	B 出售农产品收入		C 非农业收入		D 产品消费量(价值)	E 为消费而出售的产品量(价值)	F 每户总消费	G 必须的口粮消费(价值)	H 燃料和衣被费用	I 资本,劳力,肥料等费用	J 赋税	K 佃农地租	L 其他费用,例如婚葬利息	M(G−D) 消费赤字	N(A−F) 收支盈余或赤字
		金额	%	金额	%											
李俪源	2 084	1 844	90.4	200	9.6	1 303	581	1 983	1 303	100	300	130	0	150	0	+101
李秀芳	962	867	90.1	95	9.9	540	327	1 045	540	20	54	121	60	200	0	−83
崇文起	405	25	6.2	380	93.8	25	0	455.8	250	65	0	0.8	120	20	−225	−50.8
张守俊	745	535	71.8	210	28.2	300	235	715	487	55	0	20	88	65	−187	+30
任振纲	570	570	100.0	0	0	430	140	815	430	100	135	90	0	60	0	+155
李树林	417	192	46.0	225	54.0	192	0	417	332	30	25	0	0	30	−140	−68
张永仁	1 208	1 138	94.2	70	5.8	388	750	1 276	820	160	65	81	0	150	−430	−186
杜守田	802	532	66.3	270	33.7	394	138	928	514	120	5	38	96	155	−120	−203
杜祥	742	542	73.0	100	27.0	256	286	945	411	100	100	34	100	200	−155	+14
景德福	924	664	71.9	260	28.1	408	256	1 055	577	100	68	155	0	155	−169	+53
杨泽	980	935	95.9	45	4.1	599	336	1 042	599	210	165	78	0	100	0	+515
杨润	542	245	45.2	297	54.8	245	0	1 057	505	50	20	42	0	280	−260	−74
张成	683	443	64.8	240	35.2	443	0	708	550	150	0	33	49	75	−7	−40
赵廷魁	1 399	1 199	85.7	200	14.3	708	491	1 439	708	150	80	41	260	200	0	+28
傅菊	587	337	57.4	250	42.6	205	132	559	325	20	0	14	160	40	−125	+28
张守仁	563	283	50.3	280	49.7	283	0	1 233	378	110	280	65	50	350	−95	−670
张麟咨	676	676	100.0	0	0	551	125	759	551	50	0	58	0	101	0	+55
合计	14 289	11 096	77.5	3 220	22.5	7 271	3 798	16 431.8	9 280	1 490	1 297	1 000.8	983	2 331	−1 909	−1 454

资料来源:"惯调",第 2 卷第 270～291 页。

内部保持完整。还不清楚为什么这样作,尽管分家的理由看来很清楚。 *58*
土地在男性继承人之间平均分配保证了他们家庭的生计,也保证了这一
家庭血脉的延续。但这种作法也使家庭农场的规模缩小,并阻止了财富
在一个家庭中连续两代或三代的积累;另一方面,它使该村社会和经济
更易发生变动。作为土地在不同农户中周期性再分配的结果,有些家庭
得到了土地,并增加他们的财富,但对大多数家庭来说,地块变得零碎,
在一个农场的位置上形成了一些小农场。

我用 1941 年的一个农户调查中所获资料制成表 6,把每户是否分割
过土地这一问题的回答合计在一起。把结果按照时间顺序排列,情况不
明和没有分家记录计入回答问题的总户数的百分比中。

表 6 沙井村农户土地分割的频率,19 世纪末至 1941

事例类型	数　量	百分比
有分家记录		
1890 年以前	3	4.2
1890—1909	10	13.9
1910—1919	3	4.2
1920—1929	12	16.7
1930—1941	30	27.8
情况不明	15	20.8
没有分家记录	9	12.4
合　计	82	100.0

资料来源:"惯调",第 2 卷附录。

这些农户分家的波动特征很有趣,20 世纪 30 年代比过去有更多分
割土地的事例。据农民说,有足够的土地给儿子们均分的农户变少了,
但只要农户还拥有一点儿土地就还要平分。

问:最近这些年沙井村有没有分家越来越多或越来越少的
势头?

答:最近,分家的越来越多,特别是父母去世时要分家。

问:这种新趋势的原因是什么? *59*

答：原因是在情况变坏剩不下多少东西，以前最好是分点什么。当家境越变越坏时，必须尽快分家产，不然就没东西可分了。

问：今年有多少人家分了家？

答：两家。刘家是大儿子刘福、二儿子刘珍和小儿子刘祥。刘珍离开了家，其他儿子和他们的母亲住在一起。另一家是李家，有大儿子李树林、二儿子李祥林和最小的儿子李强林。李祥林先分出去了，现在是大儿子和另一个弟弟住在一起。这户人家是今年3月分的家。[①]

分家产的决定通常与儿子们和父亲之间的不和和紧张，或者是兄弟们和妯娌们间的争吵有关，这些矛盾严重到了必须建立各自分离的家庭。[②] 户长请来一位证人，长时间的讨论怎样分配财产。一旦达成协议，就起草一份分单，写明每个男人应该分到的财产数量。[③] 这份文件要由一个证人、户长和每个儿子签名，由户长保存，每个儿子得到一份副本。这一行动并不意味着儿子们立刻分手，但确实意味着新的工作安排和不同的家庭收支。实际上已经发生了分离。

村的领导权和组织

村的领导权体现为一个村长、他的副手和一个由9个农民组成的村公会。1900年以前，保长的职责是仲裁村里的争端，代表本村利益与当地的县政府打交道。[④] 在这些事务中，他得到他的副手的支持，后者在他不在时可以代表他行事，并且是村公会的召集人，村公会是一个只起咨询作用的团体。

村长、副村长和村公会成员的角色由来自有地阶级的有影响力的农

---

① "惯调"，第1卷第242页。
② "惯调"，第1卷第241页。
③ "惯调"，第1卷第241页。
④ "惯调"，第1卷第97～98页。

民充当。表7给出了1942年该村除村长外,所有村公会成员的土地占有、年龄和家庭大小的相关资料。村长的位置由该村主要家族之一的一个成员占据,他通过选举得到这一地位——1930年以前是口头投票,那以后用选票投票。村长由该村中的三个大姓中出:李、张和杨。1901—1922年,有4个村长出自李姓;1922—1940年,张姓和杨姓出人担任村长。[1] 这些人一任的工作没有超过6年的,但一个村长占据这一职位可以想多长时间就多长时间,只要村民们对他的工作表示满意。因而,领导权是灵活的,以民众的支持为基础;一个连续担任这一职务的农民必须令人满意地承担他的责任。

表7 沙井村公会成员的年龄、家庭规模、占有和经营的土地面积,1941

姓 名	继承父辈的耕地（亩）	占有耕地（亩）	经营耕地总数（亩）	年龄	家庭人数
赵廷魁	20	14	34	38	10
李儒源	16	76	76	65	17
张永仁	20	46.2	57.2[a]	64	13
杨 泽	35	35	35	37	5
杨 正	35	40	40	42	5
杨 润	110	110	11[b]	37	5
李秀芳	?	49.5	54.5	24	9
杨 源	30	40	40	44	5
张 瑞	?	16	23	54	7
杜 祥	?	11.5	18.5	57	10

资料来源:"惯调",第1卷第124页及附录。
a 加上了11亩典当的土地。
b 土地出租给了其他农户。

这个精英团体的平均年龄是46岁;他们的家庭成员人数超过该村农户的平均数;他们平均占有的土地是34亩。村公会成员属于该村最大的土地所有者,大部分成员占有或经营的土地比他们继承来的土地要多。这显示出他们都是成功的、努力工作的农民,他们增加了自己的土

---

[1] "惯调",第1卷第97页。

地——这一时期在该村这是一个巨大的成就。

1900 年以前，村里很少有需要村长及村公会注意的事情。村落社会松散的编织在一起，村里几乎没有成立什么社团组织。村长处理土地争端，在很少情况下，当县里的征税机关向村里摊派一笔捐税时，村公会要开会评估每个有土地的村民应交纳捐税的比例。①

1900 年前后，地方政府下令所有村庄都要成立守卫庄稼的组织，即"青苗会"。② 地方当局一直想要增加税收，他们认为可以用防止庄稼被偷的方法实现增税。因为农民能够收获得更多，从而交纳更高的田赋。③ 1900 年以后，不定期的摊派即"摊款"越来越多，它们每年的数目逐渐开始超过田赋的数目。

1900 年以前村民们在夏季的几个月中雇用那些没有土地的农民看守他们的庄稼。④ 这是一种个人行为，看守庄稼的人从他为其保护土地的农民手中收费。青苗会组织起来后，村公会管理它的活动，每年夏天和初秋雇用一些看青人，在该村规定的地段巡逻驱走小偷。村公会决定每亩土地应摊的费用，这种费用由每个经营土地的农户一年交纳两次。以前村公会只向土地所有者课税，而现在他们通过青苗会向所有使用土地的人课税。青苗会成为一种当村子里有重要支出时，村公会用以增加收入的组织。这样征收的资金用来给村里的学校提供经费、修缮和维护村中的庙宇、补偿那些家里有人去服沙井村摊派的劳役的家庭、交纳不定期的摊款。⑤ 当摊款越来越经常也越来越重、青苗会的资金不再够用时，村公会就要开会，向青苗会看守的地段内所有耕种土地的农民按亩

---

① "惯调"，第 1 卷第 174 页。

② "惯调"，第 1 卷第 180 页。

③ 旗田巍论华北村庄领地性质的一篇长论文使我受益匪浅，见旗田巍：《旧中国村落共同体性质的考察：村庄的土地与村民》，第 23 页。作者为看青会的产生提出了一种解释，他证明 19 世纪的村庄是无组织的，直到 20 世纪以前村庄没有一个明确的村界。我关于村庄组织变化的很多思想都来自这部优秀的著作。

④ "惯调"，第 1 卷第 174～175 页。

⑤ "惯调"，第 1 卷第 134、152 页。

征收一笔费用,不管这些农民的土地是自己拥有还是租入的。同时,看青的费用也在逐渐提高,1937—1941 年间,看青费从每亩 15 文钱增加到 60 文。[①]

在青苗会成立之前,实际上并不存在任何正式意义上的村界。[②] 不同村庄的农民之间为争夺土地的使用权发生过数不清的争端,缺少固定边界也使得确定村民对土地的权力、规定农民对他们村庄应尽的义务发生困难。村庄作为一个固定的团结的实体并不存在,一些广泛遵守的惯例也进一步支持了这一观点。[③] 有一种制度叫做"开叶子",按照这种制度,村公会指定某一个时间,村民和外来人都可以随便进入高粱地掰高粱叶。[④] 采取这种制度有两个理由,一是掰叶子能够加速庄稼成熟,使庄稼能在初秋收割;二是村公会把这种作法当做阻止以后的偷窃行为的手段。还有其他一些这类习惯,如允许村民和外来人在收割后收集地里的落叶,在冬天捡拾地里剩下的秸秆和废物,在设有种庄稼的地里放牲口。[⑤] 在增加税收的压力压在村庄头上之后,青苗会就成为划定一个村庄能够称之为它自己的领地的边界的机构,看守庄稼的边界成为村庄边界的同义语。

村长和村公会还负责实行"保甲"制,保甲制是 1938 年根据县政府的命令建立的。十户人家合在一起组成一甲。沙井村现在有 6 个甲长担任村公会成员。[⑥] 这 6 个甲组成一个保,其长官就是该村的保长。地方政府用这种组织收集人口统计数据、报告村民的活动、动员村庄自卫。由于把户编成了甲,村公会发现它更容易决定哪些户应该在夏秋季节参加村里的夜间巡逻。以每户拥有的土地面积为基础制订了每个月的时

---

① "惯调",第 1 卷第 133 页。

② "惯调",第 1 卷第 185 页。据农民们说,1900 年以前没有正式的村庄边界。

③ 旗田巍:《旧中国村落共同体性质的考察:村庄的土地与村民》,第 64～70 页。

④ "惯调":第 1 卷第 212 页。

⑤ 旗田巍:《旧中国村落共同体性质的考察:村庄的土地与村民》,第 70 页。

⑥ "惯调",第 1 卷第 101 页。第一甲甲长是李儒源;第二甲甲长杨源;第三甲甲长张永仁;第四甲甲长杜祥;第五甲甲长赵廷奎;第六甲甲长张瑞。

间表:有 5 亩地的农户每月出一个人守卫一夜,有 10 亩地的农户每月出一个人守卫两夜。[1]

村长还管理村里的小学,这所小学接收来自邻近的望泉寺村的孩子。学校经费由沙井村和望泉寺村青苗会的会费维持。[2] 这里教孩子们四书五经;不讲授农业技术课程、历史、数学和地理。农户很愿意送他们的儿子上学,但不愿让女儿们上学。学生们永远不会毕业,而是在需要他们在地里工作更长时间时逐渐停学。村里没有人看报纸和杂志,只有几个农民认识墙上的招贴或法律文书中的较简单的文字。

1928 年一条新路把顺义和北京连接起来,但必须经常修补才能保持路的畅通,通常要求各村为此提供人工。1937 年以后,还要求各村出人工守卫铁路线和修工事。派一定数量的劳工到县里无偿短期劳动的通知下达到该村的保长[3],保长和村公会拟定了一个轮流制度,每户人家按照拥有土地的面积出一个或更多的男劳力。村公会成员像其他村民一样承担劳动日,但他们从青苗会得到一小笔报酬。

显然,沙井村只在 1900 年以后出现了正式的组织,它们的建立是对地方政府要求增加赋税和无偿劳役,并试图控制农村生活的反应。村庄通过其领导权满足了这些要求,它们尽力创建一些组织,按照公平原则分配赋税和劳役负担,以安抚地方政府并保持村庄的和谐和安宁。

村和县的财政

地方政府的主要目标是维持安定、保护交通和征税。为达到这些目的,建立了庞大的警察和自卫团,这意味着需要更多的税收用来付给他

---

① "惯调",第 1 卷第 107 页,一份名单说明在一个月的巡逻期间每夜有 7 个农民被挑选出来担任夜间守卫。还应注意到每个甲长都要负责调停争端,处理与他这一甲的农户有关的各种事务。保甲制的建立使村委会成员比过去有更多的控制村庄的实际权力。
② "惯调",第 1 卷第 144 页。
③ "惯调",第 1 卷第 224 页讲述了一个实例,沙井村必须提供一定数量的农民劳动力沿着白河维修堤坝。见"惯调",第 2 卷第 345 页。

们薪金。1938 年以前顺义县地方政府一直没有实行田赋改革。1938 年　*63*
当局打算清查已耕地的面积,订正田赋册,但调查工作没有完成。县政
府被迫通过传统的税收制度增加岁入。

县政府和顺义各村之间的财政关系可以从 1931—1940 年间岁入和
支出的巨大增长中看出来(见表 8)。

表 8　顺义县岁出和岁入中不同项目的比较,1931—1940

支出和收入	占总支出和收入百分比	
岁出项目	1931 年	1940 年
直接行政费用(警察和司法)	67	93
教育	24	7
对村庄的建设和贷款	8	0
征税费用	2	7
	——	——
合　　计	100	100
岁入构成		
田赋和田赋附加	31	9
临时摊派(摊款)	37	49
对农民	30	36
对商人	7	13
屠宰税和市场牌照税	12	21
其他收入和赋税	0	21
	——	——
合　　计	100(共 67 000 元)	100(共 204 778 元)

资料来源:1931 年,顺义县志,第 6 卷第 2 页(1933);1940 年,"惯调",第 2 卷第
327 页。

岁出和岁入在国民党政府治理顺义和 1937 年后日本军队建立他们
的控制之间的 9 年间大约增长了两倍。行政、警察和自卫团的支出增长
巨大,由增加农民和商人的不定期摊派——摊款来支付。1931 年全县支
出中 3/5 用于行政和警察局,1940 年为 9/10。教育和经济建设支出在
日本占领时期急剧下降。尽管田赋没有增加,但其他摊派大大增长,
1940 年它们占到了该县岁入的一半,而 1931 年只占全部岁入的 1/3。　*64*

19世纪90年代,县岁入的主要来源,约90%来自于田赋,几乎所有的支出都用于官吏的俸禄。[①] 到1928年情况发生了变化:田赋的比重下降,摊款的比重上升。那以后继续了这一趋势。

清后期,顺义县有6个称为"户房"的部门,有16个叫做"书记"的低级官员在户房负责征收田赋。[②] 书记的职位是世袭的,保持在同一血缘关系的集团内部。[③] 他们的报酬是田赋中一个固定的百分比,除非通过受贿增加收入,否则每年都在这一百分比上下波动。书记由两类征税代理人协助:保正,在区一级工作,由区付报酬;地方,在村一级工作,由村民付报酬。[④] 他们的职能是督促农民按时纳税并催缴拖欠的税款。这6个征税部门保存着叫做"红簿"的征税档案,记有纳税耕地的数目和纳税人申报拥有的耕地数目。[⑤] 当土地转手时,买主应该把这笔交易报告给这块土地档案所属的户房并交纳一笔过割费,这笔费用占购买价的一个很小的百分比。[⑥] 付过这笔费用之后,书记就把新的土地所有者的名字记到征税档案中旧的纳税人的位置上。农民每年把田赋交给离他们村子最近的户房,这些税然后上交给顺义县的财政机构,由于征收一笔固定的附加税,田赋在20年代略有增加,但农民并不把这看作很大的负担。[⑦] 他们最害怕的税收是"摊款",即不定期的摊派。

下面是顺义财政局负责的官员对摊款制度的概述。

问:什么是摊款?

答:举例来说,在某一年为全县岁入和岁出编制预算时,如果岁入不足,负担就要落在农民和商人头上。这就叫做摊款。"摊"的意

---

① 《顺义县志》,第6卷第2~3页。

② "惯调",第2卷第297、438~439页。

③ "惯调",第2卷第364、439页。

④ "惯调",第2卷第372~373页。

⑤ "惯调",第2卷第439页。

⑥ "惯调",第2卷第440页。

⑦ "惯调",第2卷第324页。这种附加税很可能在20世纪20年代末首次征收。1928—1929年它是每亩地2斤,1934年以后增加到每亩地3斤。

思是平均分配,"款"的意思是一笔钱。用来弥补赤字的金额按照商人 1/3、农民 2/3 的比例分摊。

问:把商人看作一个整体,他们的摊派份额是怎样在所有商人之间平均分配的?

答:首先把这笔负担分摊到本县的每个集镇。顺义镇的份额是 30%,杨各庄、牛栏山、李遂镇和李家桥的份额各是 35%、25%、8% 和 2%。我不知道每个商人交纳的实际金额,因为财政局不管各镇商会在会员之间分摊负担的方法。

问:假定赤字为 1 000 元,这笔数额中有多少落到农民头上,多少落到商人头上?

答:农民全体交 700 元,8 个区每个都要分摊。所有 8 个区征收的一样多。每个区又摊给每个村一份,但每村交纳的比例不一定是同样的。我不知道每个村交纳的确切比例。①

随着物价逐渐上升和行政费用的增加,对于地方政府来说,要把该县的自卫团、警察和地方政府职员保持在一定规模上,花费越来越大。通货膨胀看来是 20 世纪 30 年代后期摊款日益频繁恼人的主要原因。1940 年沙井村交纳了四次摊款,而 30 年代初期每年只有一次。警察对征收摊款要负主要责任。各区的警务分所下令所有保长到区里报到并讨论摊款在各村间的分配。② 每个村分摊一份区里的配额,保长们回到村子里与村公会商议每户征收多少。如同已经提到过的,村民们按照他们经营的土地面积分摊,这是青苗会规定的原则。当农民接到交纳新的费用的通知时,他们把钱交到保长手里,后者把钱收齐后送到警察局。每个集镇的商会以同样的方式接到摊款的通知,然后每个商会讨论怎样

---

① "惯调",第 2 卷第 323 页。

② "惯调",第 2 卷第 338～339 页。第一区有 41 个村庄。第 39 页有一些资料说明一笔摊款是在 41 个村庄中分配的。如果这笔税平均分摊给每个村庄的话,每村应交纳的平均数额本应是 16.7 元。沙井是一个又小又穷的村子,而分配负担的根据是纳税的能力,所以沙井村只交 11.5 元。

在其成员中平均分配这笔摊款。① 每个商人在指定的时间付出规定的款额。1931 年摊款负担的 4/5 落到了农民头上,其余部分由商人交纳,而在 1940 年商人交纳的金额增加到了该县摊款额的 1/3。

顺义县 8 个区各自的警务局(分所)成立时间不十分清楚。很可能开始于 20 世纪 20 年代。② 这些警务分所的任务是维护治安、协助地方政府管理农村行政事务和确保各村纳税。警务分所的预算支出在 30 年代有很大增长,看来,当资金不足时,而这是最经常发生的,分所就通过摊款征收它们所需的款项。这些警务分所成为地方政府一个重要组成部分,在税收制度中起了极为重要的作用。

赋税收入的第二个大项由一系列称作"牙杂税"的税种组成,这是对该县集镇上买卖的几乎所有商品征收的货物税。③ 在基层集镇上挑选一些人负责征收这些税,并把税款送到县财政局。这类重要税种之一是在屠宰家畜和家禽时征收的附加税,叫做"屠宰税"。④ 每个集市上都指派一个人征收这些税,数目取决于屠宰的动物的数量及其种类。1911 年以后增加的这些新税只有通过普遍加重农业税收负担才有可能实现。由地方政府任命征收这些税的平民得到允许,把这些税收中一个规定的百分比作为他们的报酬。

---

① "惯调",第 2 卷第 350～351 页。1939 年对商人的征税由商会在 68 个企业中分配。
② "惯调",第 2 卷第 336～337 页。
③ "惯调",第 2 卷第 296、298 页。
④ "惯调",第 2 卷第 304 页。

5. 栾城县:寺北柴村

栾城县位于河北省中南部的平原上,西距京汉铁路几英里,北至大城市石门(即石家庄)约30英里,与大市场的联系一直很方便。19世纪把河北北部与南方连接的主要道路经由该县,东面不远就是大运河。铁路筑成以后,附近的石门市很快便成为一个大的粮棉转运中心。①

栾城与其邻县宁晋和赵县一样,自明代起植棉即已专业化。尽管在1910—1911年有较多的耕地用来种玉米,棉价的上涨导致了向植棉的转移,到30年代,棉田占到了耕地的70%,栾城县的棉田面积和棉花产量在河北省都占第六位。

从1937年起,战争破坏了城市的工业和商业,消费品和食品价格迅速上升。把1942年农业的产出与1930年进行比较(表9),显示出用于植棉的耕地减少,更多的力量用在了粮食生产上。相当矛盾的是,在耕地面积下降21%的同时,棉花产量却增加了5%。假定这些统计是正确的,这样一种增长只能用更有效的灌溉和更集约的农田耕作及特别的大

---

① "惯调",第3卷第346页。

丰收来解释。40 年代初总人口继续增加的同时总耕地面积减少①，而农田的灌溉面积也在减少。

表 9　栾城县户数、耕地和产量的变化，1930—1942

人口和作物的变化		1930		1942（1 月）	
全县农村变化					
总户数		17 700		22 043	
总耕地面积		491 000 亩		418 184 亩	
总灌溉面积		396 000 亩		349 739 亩	
无灌溉总面积		95 000 亩		68 445 亩	
美棉种植面积		68 000 亩		28 000 亩	
本地棉种植面积		170 000 亩		160 000 亩	
具体作物变化	面积（亩）	产量（斤）		面积（亩）	产量（斤）
小麦	103 000	21 049 000		—	12 726 000
高粱	17 000	2 476 000		12 000	2 116 881
棉花	238 000	8 579 000		188 000	8 979 700
马铃薯	12 000			16 000	
蔬菜	3 000			7 000	
大豆	17 500			78 000	

　　资料来源：1930 年见东亚研究所，《支那农业基础统计资料》，东京，1940 年版，第 1 卷第 15 页户的数据资料和第 41 页耕地数据。1942 年见"惯调"，第 3 卷第 15 页。

　　该县的地权分配极不平均，64％的农户只拥有不到 50％的农田②，这意味着 2/3 的农民每户的耕地不足 8 英亩。有 12 户有名气、有势力的不在地主拥有五六百亩土地，他们住在县城和其他大城市里，把他们的耕地出租给佃农。在这个阶层之下是为数众多的较小的不在地主，有几百亩或更少的土地，住在县城和集镇上，他们在镇上有不动产，为杂货

────────────

① 根据 1936 年所做河北省 35 县的一个统计研究，1931—1936 年间栾城县总耕地面积是 45.6 万亩。这个数字比表 9 中估计的 1930 年的数字低了很多，但甚至到那时耕地面积仍然在下降。见《近年河北省三十五县之人口状况》，《冀察调查统计丛刊》，第 1 卷第 1 期第 19 页（1936 年 9 月）。

② "惯调"，第 3 卷第 5 页。

店、酒馆和棉花经纪人提供本钱,也贷放货币。

1840 年该县的人口是 8.5 万人,到 1933 年达到 9.7 万人,到 1942 年增加到了 12.1 万人。[①] 人口迅速增长完全是由于战争引起的混乱,战时大批大批的城市难民逃到了农村,很多县的人口都异乎寻常的膨胀。

寺北柴的村民最初是在明末清初从山西省洪洞县迁来。[②] 该村最初命名为"柴",但随着人口增加,附近又形成了两个同名的村庄。农民为了区分它们,按照方位给每个村庄命名。第一个村庄坐落在北面,靠近一座寺庙,所以把寺庙和北这两个特征合在一起,给这个村子命名为寺北柴。

寺北柴位于县城以北 2 英里,总耕地面积 2 000 亩。1928 年该村有 125 户人家,约 680 人,到 1942 年户数增加到 140,共 719 人。[③] 地图 5 显示出该村的位置与两条大河、县城和铁路的关系。

由于降雨量变化无常和经常的干旱,农业产量年与年之间有剧烈的上下波动。井水用来灌溉和饮用,但打井花费很大,1940 年打一口 20~30 英尺深的井要花 300 元左右。一个有 40 亩地的富裕农民一年的收益约为 600 元,这笔收益的 3/4 通常要用在日常消费上。[④] 大部分农民拥有的土地和得到的收益远远低于上面的数字,财力限制了该村井的数量。有 42 口井用于灌溉,12 口用于饮用;一口标准的井可以浇 20 亩地,因而,只有 840 亩地可以得到灌溉,还有 1 200 亩地没有可靠的水源。[⑤]

要为打井得到大笔贷款特别困难,该村最近十分幸运地从新民会获得了打井的贷款,并由日本人建立了一个协会。[⑥] 一口井打成后,每十年至少要维修一次,否则就无法再使用。没有租水用或几户共用井的制度。

[①]《栾城县志》,1873 年版,第 4 卷第 2~26 页,1840 年的人口数据。

[②] "惯调",第 3 卷第 27 页。

[③] "惯调",第 3 卷第 38 页。男性超过女性的比率为 1.08。这一数字是根据附录第 525~533 页中的分户资料计算的。

[④] "惯调",第 3 卷第 257 页,提供了富裕农民刘家的家庭收支。

[⑤] "惯调",第 3 卷第 27 页。

[⑥] "惯调",第 3 卷第 365 页。

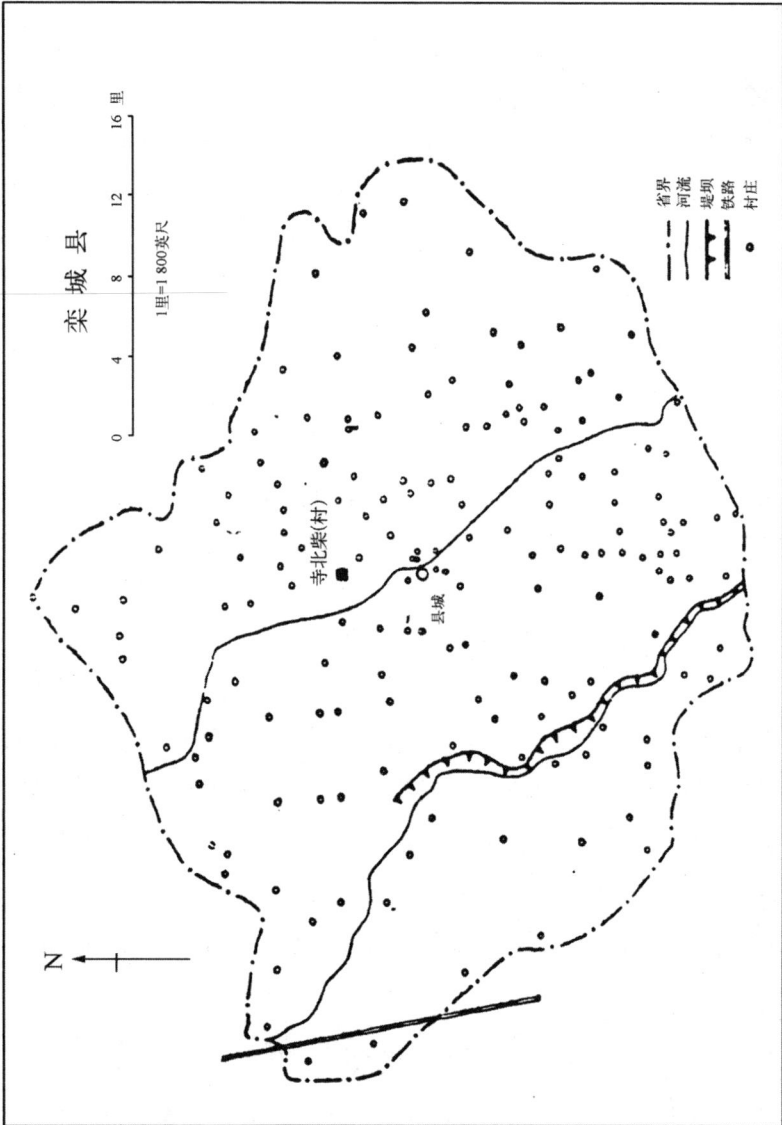

地图 5 栾城县:寺北柴村

有井的农户只是把他们的水分给朋友和邻居。该村主要靠雨水,发生干旱时,村里所有的井都会很快干涸,所以没有农户能够通过自己的井控制供水。

雨季通常在春末和夏初。如果春播的月份少雨,村民就会预料收获只有正常年景的一半。如果1~6月之间没有下雨,这是经常的事,干旱就会毁掉棉花和粮食的收成。另一方面,如果6月下雨太多,棉花和粮食作物就会被冲走。1917年夏天,6天的大雨引起了洪水,收成完全被毁灭;那年晚些时候政府从山西运进了粮食。1921年,1—7月间的干旱造成了旱灾,毁掉了当年的收成。1928年春天,几场冰雹砸坏了棉苗,使很多农民遭受损失,1931和1932年,虫害袭击并毁坏了棉花作物。

土　地

春天,人们在预定的地里播种棉花,豆类、蔬菜和某些中草药种在垄间和其余的地里。这些作物在8月底和9月收获。这时,原来种棉花的耕地改为种小麦,小麦在下一年春天收获。到春天,棉花种在另一块地里,已经收获过棉花和小麦的那块地用来种玉米或豆类。在接下来的一年里,棉花再度种在以前种它的地里,重复这一循环过程。[①] 这就是每三年收获两次的制度,这种作物轮作制从宋元时期起就沿用下来。(这种轮作制实际是两年三熟,即一块地春种棉花,秋种小麦,次年春种谷子或豆类。书中所写有误——译注)

土地所有制

寺北柴是一个自耕农怎样变成佃农、在外地主怎样逐步控制村里的耕地的令人迷惑的实例。表10中的数据是1941年自耕农和佃农耕地的数量和村民及本村以外的人拥有的耕地的数量。

---

① "惯调",第3卷第2、36页。

表 10　寺北柴村土地按占有方式的分配,1941

占有方式	数量(亩)	百分比
自耕农所有	682.2	32
佃农经营	1 392.2	68
合　计	2 074.4	100
典当给村外人	599.3	95
典当给村民	28.0	5
合　计	627.3	100
外方人出租的耕地	1 325.9	91
村民出租的耕地	66.1	9
合　计	1 392.0	100
典当给外方人并作为租佃的耕地	599.3	46
外方人拥有	726.6	54
合　计	1 325.9	100
外方人拥有的本村土地	1 325.9	67
本村人拥有的外村土地	682.2	33
合　计	2 008.1	100

资料来源:"惯调",第 3 卷第 5 页。

20 世纪 20 年代和 30 年代初连年歉收的一个结果是,很多村民被迫向县城里的有钱人借钱。[1] 这意味着典当土地,如果借的钱不能在五年内归还,土地就要卖掉。作为歉收和这种借贷制度造成的一个后果,该村约 2/3 的耕地转移到了村外人手中,但这些土地中将近一半是典当的,还可以赎回来。然而,即使他们能够赎回原有的土地,全村仍有约一半的土地还要属于村外人所有。由于农户急需现金,有大量土地直接卖掉了。

为获得贷款而典当出去的土地在原主交地租的条件下仍由原主使用。当农民不得不出卖土地时,村外的新所有者会继续把土地出租给村里别的什么人。很少有农民会把土地典当给本村其他农民,因为没有人

---

[1] "惯调",第 3 卷第 163 页。

有充足的现金可以出借。也很少有人把土地出租给别的村民,因为他们需要经营他们的全部土地以维生。

寺北柴的例子肯定不能用来推断栾城县的地主数量和势力都有普遍增长。这类例子经常被引用来证明全中国都在发生这样一种趋势。事实上,这个县的大地主数量是下降的,拥有的土地也比以前少。1920年以前,拥有500亩以上土地的地主有20多个,而到1940年这个层次的地主只有12个。500亩以下的地主通过贷放现金并接受债务人的土地作担保品而致富,当债务人拖欠归还贷款时,借出贷币者就得到土地,然后又把土地租出去,用地租纳税并经营他在集镇上的小买卖。① 表11列举了拥有和掌握寺北柴村典当出去的土地的14户最大的不在地主,按照他们的主要职业、拥有该村土地的数量、与佃农订立的地租形式和租佃期限的长度排列。只有一户地主实际经营土地,其他人都经商或在县里的行政部门工作。这些掌握着典当土地的人允许他们的债务人使用土地并交纳一定数量的地租。租期从相当短到10年不等甚至更长,但大多数是规定为典当土地应该回赎的时间。只有一小部分地租以新的信贷的方式回到该村。这些不在地主的租佃契约中没有帮助他们的佃农改良土地的条款,他们也不关心土地怎样使用。

经营土地20亩以上的有38户人家,占总户数的36%,将近一半的农户经营土地不到10亩,约20%的农户共25家完全不经营土地。②

有两种地租制度。第一种是"捎种地",无论收成如何变化,佃农都按收成一定的百分比交纳实物地租。③ 更普遍的纳租方式叫"包种地",不管收成是好是坏,都要按规定的数量交纳实物地租,10户佃农中有8户是实行这种方式。④ 后一种纳租方式本是那些把典当给他们的土地出

⁷³

---

① "惯调",第3卷第295页。地主王赞周1920年开了一家粮店,成功地阻止了家庭财富在儿子们之间分割。王的父亲也是一个高利贷者兼不在地主。这是一个家庭财产连续三代不断增加的特殊例子。

② "惯调",第3卷第5~6页。

③ "惯调",第3卷第197页。

④ "惯调",第3卷第9、161页。

表11 寺北柴村14家地主的土地数量、租佃契约形式、租佃期限和主要职业

地主姓名 和住址	土地数量 (亩)	租佃契约形式	租佃期限 (年)	主要职业
王赞周 北关	390	租佃和典当租佃 (定额租)	1~14	放 债
王洛耀 北关	244	租佃和典当租佃 (定额租)	1~10	卖棺材
王洛魁 北关	89	租佃和典当租佃 (定额租)	4~20	粮 栈
王连贵 北关(王洛魁之子)	27	租佃和典当租佃 (定额租)	4~6	
王殿贵 北关(王洛魁之子)	9	典当租佃 (定额租)	1	粮 栈
王连子 北关	27	典当租佃 (定额租)	2	农场主
李冠正 北关	77	租佃和典当租佃 (定额租)	3~10	地 主
林凤栖 西关	30	租佃 (定额租)	1	酒 店
张黑旦 西关(已死,家人尚存)	30	租佃 (定额租)	1	
李洛耿 西街(已死,有2孙)	52	租佃 (定额租)	5~15	酒 店
李菊廷 县城	40	租佃 (定额租)	15~20	酒 店
李陪子 西街	32	租佃 (定额租)	12	县政府职员
? 县城	62 (不完整)	租佃和典当租佃 (定额租)	1~8	
? 寺北柴	59	租佃和典当租佃 (定额租)	1~8	?

资料来源:"惯调",第3卷第177~186页。

租的地主使用的。1911 年以后,农民从掮种地转向了包种地,因为这样作对地主和佃农双方都有利。① 在寺北柴村出租土地的最大的不在地主王赞周,对于这种转变发生在什么时间这一问题的回答如下:

> 问:从前你出租的大部分耕地,佃户是把收成按百分比交租的吗?
>
> 答:民国初年我出租的地有 80% 是这样的。
>
> 问:什么时候出租地上的佃农改成交定额地租的?
>
> 答:最近。
>
> 问:是坏天气造成连年歉收以后改的吗?
>
> 答:不一定。我和农民以为这样规定地租大家都有好处,所以有越来越多的土地按这种方式出租和租入。②

地租从分成向定额转化有两种可能的解释。首先,1911 年后棉花价格迅速提高,交纳定额地租给农民自己使用留下了一个不断扩大的剩余部分。其次,1917 年之后有多次歉收,这种制度成为地主能够及时全部收到其地租的保障。

地主顽固拒绝减租,除非所有的作物都没有收成。对于任何个人遇到的经济困难,地主都认为完全没有减租的可能性。当不在地主林凤栖说"我本人和柴村人之间没有任何约束。除了按照我们当初的租约规定,得到我的实物地租或钱租外,我对他们没有任何约束"③这句话时,他无疑是在为他那个社会阶级辩护。这是所有不在地主对他们的佃农的态度。他们仅仅是把他们通过放债得到的土地租出去,指望佃农自己供给自己的资本。他们既不指导佃农怎样改进农业经营,也不鼓励他们采用新技术。④

---

① "惯调",第 3 卷第 235～237 页。
② "惯调",第 3 卷第 162～163 页。
③ "惯调",第 3 卷第 172 页。
④ "惯调",第 3 卷第 164 页。

74   在很少的情况下,一个村民把耕地典当给另一个村民,受典人自己
经营这块耕地。由于大多数农民都是把耕地典当给放债人,只要他们交
纳地租就可以继续经营土地。不在地主有权力把土地租给别人,但这种
情况很少发生。① 按照习惯,接受典当土地的人给债务人一个双方认可
的时间回赎土地,并在同一时间内把土地出租给后者。把这类耕地出租
给其他农民只是一种惩罚手段,在某个佃农想要用劣质棉花或玉米交
租,或者没有及时交纳地租时用来惩罚他。②

    物价上涨时这种制度对债务人有利。20 世纪 30 年代后期,物价迅
速上涨,农民能够再典当或出售一些面积较小的田块来归还债务,并赎
回较大面积的土地。③ 1940 年和 1941 年有很多农民打算这样作,使地
主和农民之间的感情变得相当坏。原因是在 1937 年和 1938 年,气候和
战争引起的歉收使很多佃农无法交纳全部地租。事实上,这些地租在随
后的几年中一直没有交,除非交纳这些拖欠的地租,地主拒绝归还典当
的土地,即使债务已经还清。佃农坚持认为在那些年的实际情况下交纳
那些地租是不可能的,他们要求把土地还给他们。惟恐在其社会阶级内
丢面子,没有一个地主愿意在这一点上违背惯例,怜悯佃农。④ 日本人从
来没有看到这场争端的结果,完全可能在 1940 年的某个时候,共产党游
击队出现在该村以后,佃农对不在地主的反抗和敌意上升了。这个例子
清楚地说明了交纳拖欠地租的事情怎样加强了佃农和不在地主之间的
怨恨。

---

① "惯调",第 3 卷第 162 页。
② "惯调",第 3 卷第 185 页。
③ "惯调",第 3 卷第 283 页。1938 年以后,由于典地价格上升的如此之快(见第 300 页),典出一亩
地赎回两亩地也成为可能。1911 年以后,上升的地价使所有在这一时期典当土地的农民到
1926 年都能够赎回他们的土地(见第 299 页)。1937 年很多农民也开始回赎 20 世纪 30 年代初
典当出去的土地,但 1938 和 1939 年的坏收成迫使很多农民再度典当土地(见第 291 页)。
④ "惯调",第 3 卷第 174 页。当林凤栖被问到地主改变习惯是否是件错事时,他回答:"我不能
说别人怎样,但如果我这样做的话,事情不会有什么不同,因为这只会对一个佃户有利。但
我肯定别的地主会对我生气。在中国,'习惯'是一种传统,如果有人背离古老的规矩,少数
人可能会赞同,而大多数人会坚决反对。"

资 本

农民生产大部分肥料,只从县城里买少量的人粪尿。[①] 牲畜,特别是猪的粪尿,是主要的肥料,这种肥料在施放之前要与土混合起来,在露天堆放一个月左右。农民拥有的资本包括大车、犁、纺车、织布机、水车、骡子和驴。只有几户农民拥有上述所有的东西。没有证据表明该村资本储备由于偷盗、损坏或大量购买而发生剧烈的上下波动。只有一些手工工具而没有役畜的农民向他们的朋友或亲戚借,方法类似于沙井村的"搭套"制。

劳动力

农民在晚秋和初冬空闲,但在 2 月份男人们赶着骡子下地,从井里抽水上来浇灌打算种棉花的地。[②] 3 月份预示了农忙季节的开始。棉花和玉米要播种,而到 4 月份它们发芽时,要给它们除草和间苗。小麦也要收割,对劳动力的需求如此之大,妇女们也下地给男人帮忙。割下来的麦穗要立刻垛在空场上。麦子收获完毕后要送到市场上去卖掉。5 月和 6 月继续给棉花和玉米除草,只有在种蔬菜时暂时停下来。男人们在地里工作时,就由孩子们照料这些事。棉花在 8 月收获,小麦在 9 月播种。由于需要所有的人手确保庄稼完全收获,妇女们再次来到地里帮助男人摘棉花。10 月份要收获并储藏马铃薯和大白菜。男人们现在开始制作堆肥,12 月和 1 月他们又开始为春播平整土地。

种植棉花比种植谷物需要有更多的劳动力用于灌溉、施肥和中耕,劳动力在全年的使用能够更均衡,使农户的空闲时间较少。1913 年美国

[①] "惯调",第 3 卷第 37 页。有时棉花会在同一块地上连续种植两年,但除非使用大量的肥料,收成不会好(见第 213 页)。

[②] "惯调",第 3 卷第 130~132 页。

棉种开始出现在市场上,两年以后每 10 亩棉田中有 2 亩用来种美棉。要让这些棉田获得预期的收成需要更多的劳动力。1939 年成立了一个棉花改良协会,到 1940 年每 10 亩棉田中有 3 亩种美棉。1941 年该协会向每个村庄派出了一位指导者,教一户农民更好的生产方法,希望他以后会把这些方法传给其他农民。[①] 当时,农民为了多生产粮食已经开始削减棉花生产。地方政府为增加产量而引进新技术的这种过时的努力,让人联想到一个有效率、有生气的行政人员群体可能会给农民什么样的帮助。可能取得了进步,从一切迹象看,农民很容易对外来人提出的忠告作出反应。这是 50 年中惟一一次改变该地区传统耕作模式的努力。

在寺北柴村,对于大多数经营土地不到 10 亩的农户来说,有一个男性强劳力就足够了,但有较大农场的农民在春秋两季必须雇佣工人。受雇佣的农民来自本村,按照季节工资率获得工资。农业短工的工资自 1 月以后开始上升,到 6 月为一个高峰,7 月份略有下降,然后,8 月和 9 月,在农田工作的需求最密集时上升到全年的最高点。[②] 该村的劳动力供给足以满足需求,使农田得到适当照料,庄稼适时收获。但春天和夏末的几个月中工资突然上升则暗示出该村劳动力的短缺。

不足 5 亩或没有土地的农户,家中的劳动力要为别的农民工作,或到集镇上寻找临时的工作。[③] 收获以后,据知有 20 个村民在该县的各个集镇上作长期的雇工[④];其他人到石门或更远的地方去赶车、作店铺伙计、为警察或县政府官员作仆人。[⑤] 有些农民作小贩,到县城去进货,然后到其他集镇上去卖掉货物。他们能够挣到每天的生活费,还能存上一两块钱。[⑥] 有几个农民合伙向别的村民买棉花,赚了钱大家平分。

说也奇怪,1937 年以后,由于战争使很多村民进入军队成为士兵或

---

① "惯调",第 3 卷第 65 页。
② "惯调",第 3 卷第 194 页。
③ "惯调",第 3 卷第 194 页。
④ "惯调",第 3 卷第 37 页。
⑤ "惯调",第 3 卷第 37 页。
⑥ "惯调",第 3 卷第 38 页。

夫役,到村外工作的农民减少了。① 由于通货膨胀和局势不稳定,土地买卖更为频繁。结果很多农民发现他们自己的境遇反常,他们比战前有更多的土地可以经营。

没有什么历史证据表明,随着农场面积变小,更多的农民不得不在寺北柴村之外寻找工作。清代有很多人在别的农场上工作或在集镇上找工作。地权分配已经极不平均,一个只有极少土地的农民阶级也已经存在。或许严重的土地稀缺并没有像在沙井村那样迫使更多的农民寻求外部的工作,因为寺北柴的植棉已经专业化,这是一种高收益的作物。尽管很多农民把土地典当出去,自己作为佃农经营土地,卖棉花得到的钱几乎足够让一家人生活一年。当一个农户缺钱时,可以在村外作几周能挣到货币工资的工作,但这并不是农民收入的一个重要来源。

相当多的家庭分割了他们的土地,形成的新户的耕地比以前更零细;然而这个村庄和栾城县其他这类村庄的人口增长看来极为缓慢。华北的人口变化各地有极大的不同。由于这一原因,寺北柴村人口对土地的压力并没有严重到迫使所有的农民在农业领域之外寻找工作。尽管如此,极有理由相信,人口增长早晚会迫使越来越多的农户依赖非农业工作收入,这仅仅是一个时间问题。

借 贷

获得信贷的方式与沙井村相似。小笔钱向朋友借,很快归还,不付利息。大笔钱不得不从集镇上的放债人手中得到。粮栈发放贷款,但农民宁愿私下向放债人借钱,因为利率较低。② 农民通常在春天借钱,因为直到秋收前他都缺乏买口粮所必须的钱。③ 如果一个农民在 4 月借了100 元钱,他要在 9 月初还 110 元,这意味着月息约为 2%。小额借款通

---

① "惯调",第 3 卷第 189 页。
② "惯调",第 3 卷第 309 页。
③ "惯调",第 3 卷第 307 页。这叫做"春借秋还",见第 308 页。

过一个中间人安排,他向借债人介绍放债人并协商借款条件。借债人起草一份证明,说明他提供作为担保品的耕地的面积和价值。大部分农民用这种方式借钱[1],他们一般安排在 6 个月内归还这些借款。[2]

如果要借 400～600 元,农民就必须典当耕地。典当土地的价值按照这块地现时价格的百分比计算。然后计算归还借款所需的土地数量,当双方都同意后,就签订一份典当契约,由中间人作见证。如果债权人不在该村居住,他会优先让债务人使用土地,交纳实物定额地租。[3] 农民如果逐年交租,可以在 2～3 年内赎回他的耕地。在回赎期限之内,典当的土地不能转移给第三方。

最后,可以出卖土地以获得现金。农民只有在用尽上述方法而仍然需要现金时才会这样作。由于 30 年代初的歉收,很多村民卖掉了耕地。一个农民评论说,"1937 年前后,土地只卖给外边人,没有一个人能从外边人手里买地,因为大家都太穷了。"[4]卖主首先测量土地以确定其面积和价值,然后起草一份卖契,交纳一笔契税。[5] 还要有一个中间人把买主和卖主召到一起,帮助确定出卖条件,在签订卖契时作见证。卖主在要价时有充分的权力讨价还价,买主要么同意要么拒绝。[6] 过去 50 年中,有些农民成了测量土地的专家,人们常常要求他们提供这种服务,付给他们一笔小费。[7] 在签订卖契时,必须得到村长的承认,他把地权的所有改变都记在他记录全村土地持有状况的档案里。买主把契税交给村长,后者把契税和契约的抄件送到县税务局去。

78 没有迹象表明该县的土地出售在 1938 年前有所增加。土地出售和典当的数量确实是随着收成波动,但证据太少,不能够显示出存在某种

---

[1] "惯调",第 3 卷第 352 页。
[2] "惯调",第 3 卷第 319 页。
[3] "惯调",第 3 卷第 316 页。
[4] "惯调",第 3 卷第 260 页。
[5] "惯调",第 3 卷第 243 页。
[6] "惯调",第 3 卷第 244 页。
[7] "惯调",第 3 卷第 280～281、299 页。

趋势。1939—1940 年间,由于富人逃离了这一地区,很少有人愿意购买土地,几乎没有土地出卖。[①] 1940 年以后局势恢复平静,由于地价迅速上涨,土地出售再度增加。负债的农民只要卖一小块地就能赎回典当出去的耕地。

下面的例子是从问答中随意拣出来说明什么样的情况迫使村民出卖他们的耕地。郝老开 1927 年典当了一些耕地,由于以后几年物价下降,他没有存下足够的钱回赎他的地。他的家境更坏了,他决定卖掉典当的土地。[②] 郝二泥把土地典当给了不在地主王赞周。他的儿子结婚时,没有足够的钱举行婚礼,于是把典当出去的地卖给了地主王赞周。郝毛旦特别的穷,他必须借钱买口粮。他典当了几亩地,但后来无法赎回来,不得不卖掉。郝老际必须供养他的老母、妻子和孩子们,他没有成年的儿子帮他干地里的农活。他的妻子去世时,他为埋葬她借了钱,为还债他卖掉了以前典当给地主王连贵的一些土地。张乐卿的大儿子 1924 年想要在县城开一家饭馆,他向地主林凤栖借了一大笔钱。[③] 这一冒险失败了,他无法还债。1930 年 12 月张把 48 亩地作价 1 750 元典当给了林凤栖。他可以有 5 年时间还债和赎地。5 年以后张还是还不起债。因此,他成为他自己土地上的一个佃农,每年秋收后每亩地要交一份实物定额地租,他的儿子帮他耕种土地。到 1941 年张还没有还债,但他希望上升的地价能让他把典当的 48 亩地卖掉一小部分,赎回其余部分。地主林说张可以这样做,只要他付清五年中拖欠的地租。张与其他村民比是个富人,但他也要为获得借款而典当土地。

这种借贷制度使农户能够购买他们所需的商品。借贷资金的供给由生活在集镇上的一小部分人掌握,他们得到土地代替还债。他们无法经营这些土地,也不会注意改良土地。

---

① "惯调",第 3 卷第 286～287 页。
② "惯调",第 3 卷第 260 页。
③ "惯调",第 3 卷第 170 页。

市　场

栾城县有 6 个集镇,县城里的大集为寺北柴村和其他 80 个村庄服务。[1] 农民在规定的集日到离他们村庄最近的农村市场上去买粮食、布匹和燃料。在这样的日子里,有五六十个村民从寺北柴出发去赶集,在集市上他们融入了从别的村庄来的七八百个农民中。

农民出售的最重要的商品是棉花。在出发去市场前,村长指定几个农民按村民们卖出去的所有棉花价格的1‰收一笔费用,用来交纳该村在集市上的摊位税。在这笔税交纳之后,其余的人要把农民收税人垫付的钱归还他们。为了征收这笔税,这些农民还要在市场上计算价格并和棉花经纪人谈条件。[2] 当村民们聚集到他们的摊位上时,他们就开始和在集市上转来转去的棉花经纪人讨价还价。要价和杀价决定了当天的棉花价格。棉花经纪人彼此之间必须竭尽全力地竞争,因为他们只有很少的流动资本,他们的利润率由市价和他们预期把棉花卖给石门的批发商时的价格来决定。[3] 这些小经纪人把棉花轧去棉子,打包,然后运到批发商那里,后者再把棉花运到天津的纺织厂去。

县城集市上的棉花经纪人用的是 30 年以前从日本买来的轧花机;这些机械每天可轧 100 斤棉花。在引进这些机械之前,使用的是传统的木制手工操作的轧花机,一天只能轧出 15 斤棉花。这些经纪人从石门的银号中获得一些流动资本贷款,在秋季开始时约有 3 万～5 万元钱从这些银号送到县城里,以使经纪人能够收购棉花。[4] 很多经纪人也从大

---

[1] "惯调",第 3 卷第 325 页。我能够确定 5 个市场的位置,它们呈五边形分布(假定第 6 个集镇适于这一模式),北关最大的市场位于县城外面其他 5 个市场的中心。最大的市场,东关,每个阴历旬有 4 个集期,其他 5 个通过每天总有一个或一个以上的市场开市的方式与之协调。一旬为 10 天。

[2] "惯调",第 3 卷第 326 页。

[3] "惯调",第 3 卷第 323 页。

[4] "惯调",第 3 卷第 347 页。

批发商那里获得预付款。就需求来说,棉花经纪人没有单独决定棉花价格的足够的市场实力;他们的人数太多,他们的作用只是农民和大批发商之间的中间人。

在供给方面来说,不在地主也在市场上出售棉花,但他们在市场供给总量中所占的百分比可能相当小。他们当然比较喜欢在收获较长时间后棉花价格恢复上涨时再出售。寺北柴是一个地主控制全村产品相当大份额的极端实例,该村的收成中可能有 1/3 到一半作为地租落入他们手中。别的村庄并不是这种情况。棉花价格在冬季的几个月中比较高而在收获季节比较低。由于地主把他们的棉花留起来到初春再卖,他们的投机活动就阻止了收获季节的价格压得过低,也阻止了初春的价格抬得过高。他们的收入变成了可以借给农民的储蓄。

农民在收获之后还债、买布匹和燃料,并为来年储存粮食。这时的交易量相当高,财富由乡村向集镇的流动非常可观。在春天,乡村常常会欠下集镇的债务,出现借贷资金向乡村的流动。在这种商品和现金的季节性流动中,单个的农民、放债人和商人的得失取决于他们的经营头脑和运气。商品和借贷市场的组织建立在众多买主和一大批供给者之间高度竞争性出价的基础上。在短期内,价格和利息率会由于收成的波动而升降。好收成意味着低价和低利息率,收成坏时则一切相反。

在第九章,我将说明 1911 年之后农产品和消费品的价格同时相当迅速地上涨。只要农民在其中销售和购买商品的市场在供求两方面都是公平竞争,农村的物价就主要由通商口岸的需求来决定,只是要受收获状况的制约。利息率在前面的 50 年中没有变化,但 1938 年以后通货膨胀引起了利息率的急剧上升。农村利息率的长期稳定只意味着借贷资金供求的相应调整并未迟缓,收入的分配一直保持不变,以至集镇上的有产阶级能够提供大量借贷资金。植棉专业化早在清初已经发生,那时农民为维生而出售其产品的比重与 1911 年之后同样高。该县生产和销售结构看来没有发生什么值得注意的基本变化。

集镇和乡村之间的关系在于，由于收成和农产品价格的变动趋势，村民和放债人随时间而变化着对土地的追求。在寺北柴村，价格的连续上涨使农民更容易回赎典当出去的土地。价格下降是灾难性的，农户花的很快就比挣得多，他们不得不为此而典当土地。农村借贷制度、收成好坏和农产品价格变动趋势，是理解租佃土地的数量在村与村之间变化无常之原因的三个基本要素。

土地继承

村民把他们的忠诚、情爱和支持都给予了家庭而不是家族或村庄。家庭把个人及其祖先联系在一起，鼓励儿子们获得土地，给家庭带来好名声。保持家庭完整的任务落到家长头上，他决定家庭事务的权威是至高无上的。他控制着家庭的财权，他的儿子们在村外工作挣得的钱也要交给他。他去赶集中享受与其他农民社交的珍贵机会。要求他运用全部的智慧、经验和远见来计划生产以保证全家有足够的收入为来年购买粮食。他的主要目标是为全家积累财富，增加家庭的声望，使全家人平平安安。在男性继承人之间平分土地的方式被家长视为一种保证所有的儿子都有机会靠土地为生的手段。离开土地的机会很少，保证家庭单位一代一代延续下去的最可靠的方法是使每个儿子都能够在一部分家庭土地上开始独立耕作。

根据 1942 年春天完成的一个调查，140 户人家里只有 39 户没有在儿子们之间分割过财产，这其中 19 户没有土地，并且穷到了完全不可能分割财产的地步。其余的人家中包括最近形成的新户，即已经分割过土地的老家庭中分出去的户。在 40 年时间中，大部分农户至少分割过一次土地，有时有两次。表 12 是农户以十年为一个阶段的分家频率，根据每户对 1942 年调查所作的回答。

每 20 年有一大批农户分家，并形成新户。20 世纪 20 年代和 30 年代，出现了分家率上升的迹象。分割土地的理由与沙井村相同：关系紧

表 12 寺北柴村农户土地分割的频率,19 世纪末—1942

事例分类	户 数	％
有分家记录		
1890 以前	11	7.3
1890—1909	26	17.3
1910—1919	7	4.7
1920—1929	23	15.3
1930—1941	30	20.2
记录不明的事例	13	8.7
无分家记录	40	26.7
合 计	150	100.0

资料来源:"惯调",第 3 卷附录。

一旦引起家庭成员间的争吵,必须通过让喜欢争吵的小家庭分居出去来解决。从同一家族中请来一位中间人安排分家事宜,在他的帮助下起草一份文书说明土地和财产将会怎样分割。[①] 当家长去世时,要提出一小部分叫做"养老地"的土地供他的寡妇生养死葬。[②] 寡妇可以轮流和每个儿子一起生活而由一个儿子经营养老地。分割土地并不意味着家庭的剧变,因为家庭成员们可以继续在一起生活一段时间。当一个新家建成时,这个儿子和他的妻子就离家另过。儿子们在 15~18 岁的年龄就早早结婚的习惯意味着儿子一到达成人年龄,就有一个儿媳妇来到这同一个家庭中生活。在这种情况下,儿子们之间和儿子们与他们的父亲之间很容易产生争端,引起更多的脱离父母独立生活的要求。

栾城县的村庄里有很多血缘群体,但通常由 1~2 个同姓的家族凭借他们的人数和财富主导村庄事务。在寺北柴村有 53 户姓郝,23 户姓刘,23 户姓徐,19 户姓赵,9 户姓张,8 户姓王,4 户姓李,1 户姓郭,1 户姓

---

① "惯调",第 3 卷第 70 页。
② "惯调",第 3 卷第 79 页。

于,还有 1 户姓董。① 在有些村庄中所有家庭都用一个姓。② 郝姓宗族约在 500 年前从洪洞县移民来寻找新的土地。这个血缘群体由 5 个家族组成,各有自己的族长。③ 宗族成员在婚礼、葬礼、新年庆典和家庭财产分割时聚会。郝姓宗族是该村惟一有过记载其世系的家谱的宗族,但家谱不知什么原因中断了。尽管这一宗族又有地位又团结,这 5 个家族却从来没有一次聚集在一起过。家庭互相提供援助,合用资本,帮助盖新房,但合作到此为止。尽管寺北柴村还保留有宗族组织的痕迹,这一社会单位已极为软弱,在村庄中没有重要作用。

村的领导权和组织

1938 年以前,一个由四五个男人组成的委员会,叫做"董事",决定村庄事务并挑选一位村长。④ 这一机构的成员是拥有土地又会读书写字的杰出的村民。除了董事会扩大、增加了新的成员外,村庄领导权在这一时期很少变动。这一扩大发生在 1938 年,当时建立了保甲制,组成 14 个甲。每个甲的甲长负责报告人口变动、组织村庄防卫和夜间巡逻、确定赋税负担的分摊,并决定哪一个家庭应该出人服向该村强迫征派的劳役。⑤ 这些甲长也进入了村董事会,与村长合作管理村庄行政。

83　　1930 年各户投票选举了村长。他由一名副手和董事们协助,1938 年以后再加上 14 个甲长。村长必须拥有足够的土地,使他能够专心于村庄事务。他也必须调停村中的争端,有效地应付县里的官员。他的大部分时间要花在村庄事务上,他惟一的报酬是在土地出售时按价格征收 1%的费用,其中一部分是他的薪金,一部分要交纳土地买卖的契税。⑥

---

① "惯调",第 3 卷第 21 页。看来这里与第 89 页有个矛盾,后者说郝姓家族只有 42 户。
② "惯调",第 3 卷第 5 页。
③ "惯调",第 3 卷第 90 页有 5 个郝姓家长的名单。
④ "惯调",第 3 卷第 41 页。
⑤ "惯调",第 3 卷第 49 页。担任家长的农民的姓名也列在名单上。
⑥ "惯调",第 3 卷第 29 页。

副村长必须是一个有信用有能力的人,可以在村长不在时代理他。①

1920 年起村长的责任增加了,村庄的组织也成倍扩大。② 1940 年以前守护庄稼一直是一种独立行为,农民自己守护他们的庄稼或付实物工资给别人为他们看守庄稼。③ 1940 年成立了一个正式的叫做"看青"的守护庄稼的组织;它由 10 人组成,在夏天和秋天的夜里巡视庄稼地和菜园。这些夜间的警卫没有报酬,"看青"会也不收任何钱。村长决定了一个轮流制度,每天夜里由不同的村民轮班直到庄稼收获完毕。④ 有些村民继续自己守护庄稼,或雇私人警卫。

在清末,村董事会挑选了几个农民管理村里的粮仓,叫做"积谷会"。⑤ 这个组织负责收集每年每户每亩地交的一升玉米,并把它们储存在仓里。⑥ 计划是在歉收的年份农民可以借口粮,只要打一个借条,写上他们想借的数量和他们打算什么时候还。1917 年县政府下令所有村子都要创办粮仓。很多村子拒绝这样做,用向官员行贿或欺骗他们的办法逃避执行这一命令。在寺北柴村粮仓制度延续下来,20 年代中期它给很多农民提供了足够的口粮使他们活到了下一季收获时。1936 年粮仓制度中断了,它的消失可以归之于下列事实:由于拥有耕地的农民减少,征集捐谷更为困难;租佃土地的农民不能也不愿捐献。此外,增加的税收可能使农民更难继续支持这一组织。

1928 年建立了一种类似保甲制的制度,5 户人家组成一"邻",5 邻即 25 户组成一"闾"。有 5 名闾长加入了原有的董事会中。⑦ 1938 年春天保甲制取代了这一制度。栾城县超过 160 户的村子有两个保长,但寺北

---

① "惯调",第 3 卷第 48 页。

② "惯调",第 3 卷第 59 页。寺北柴村的村长说,对他来说最困难的任务是收警察要求的摊款。

③ "惯调",第 3 卷第 64 页。当与农民李洛高交谈时(他自有 2 亩地,租入 8 亩,是个佃农),他声称他在夜间到地里去是由于凉快和孩子们的吵闹。但在进一步提问如果地里没人看守,是否会有人偷庄稼时,他承认有人警卫会阻挡住小偷。他说没有遇到过小偷。

④ "惯调",第 3 卷第 66 页。

⑤ "惯调",第 3 卷第 41 页。

⑥ "惯调",第 3 卷第 41 页。

⑦ "惯调",第 3 卷第 41 页。

柴村只有一个,他同时担任自卫队长和村长。① 1928 年以后,村里组建了一支自卫队,由 10 名男子组成,他们在秋天和冬天每夜在村里巡逻。②

1939 年按照县城来的命令建立了一支新的自卫队,所有 20～40 岁之间的男子组成 4 个组,每组 40 人,从事村庄防卫。他们的任务包括维持该村的治安和在村里巡逻。③

1938 年以后,栾城县的很多村庄接到命令要提供劳动力挖壕沟和修公路。④ 寺北柴村幸运地避免了这一负担⑤,而在日本军队想要保卫的战略要地附近的村庄则不得不提供大批劳动力修筑壕沟。这些壕沟一般深 4 米,宽 5 米,通常要延伸 20 英里,要占用约 200 英亩的耕地。修壕沟的目的是阻挡游击队进攻市镇和据点。县政府对其土地为此被占用的农民没有任何补偿。当需要劳工时,就要求当地的村庄提供一定数量的劳动力,在指定的时间派到指定的地点。

对村长来说最讨厌的任务是征收不定期的摊派,即"摊款",然后交给县税务局。摊款在清代就有,但只在偶然情况下征收。1920 年以后,这些摊派变成经常性的,到 30 年代,它们变成了一种惯常的税收。当县政府急需较多的收入时就征收摊款。数额分配到每个区,区又按照纳税能力分摊到每个村。村长的任务是把该村的摊款分摊到每户并收齐款项。村董事会采用的征收方法是按照每户使用的耕地面积摊派:给自耕农每亩确定一个税额;佃农租种的耕地每 5 亩中有 1 亩付同样多的税额;耕种自己典当出去的土地的佃农每 3 亩中有 1 亩付同样的一笔费。⑥ 使用寺北柴村土地的外村人付给该村同样的税额,但耕种这种土地的佃农不必交税。使用外村土地的寺北柴农民按照那些村子的规定交纳

---

① "惯调",第 3 卷第 30 页。

② "惯调",第 3 卷第 36 页。

③ "惯调",第 3 卷第 39 页。

④ "惯调",第 3 卷第 60 页的一个表格显示出为满足全县劳役需求,栾城县的 25 个村庄共提供了 2 191 个民夫进行强迫劳动。

⑤ "惯调",第 3 卷第 30 页。

⑥ "惯调",第 3 卷第 557 页。

摊款。

1940 年据村长郝国梁的报告,该村共交纳了 10 次摊款。每次通常 40~50 元,所以该村摊款总数达到了近 500 元。[①] 1937 年以前,该村的摊款要少得多。当郝接到该村必须在规定时间内交纳的摊款数量的通知时,他就召开董事会决定每户分摊多少。一旦决定了分摊数额并通过甲长通知到全体村民,就为每户指定一个时间把应交的摊款交给它的甲长。郝不喜欢这个工作,因为每一笔新的摊款都意味着税收的增加,说服村民们除了交款别无选择耗尽了他的时间、精力和耐心。

从对税收的这一概述中可以得出的结论是,寺北柴村的赋税负担只在 20 年代和 1938 年后才变得严重。除了该村的粮仓外,保甲、"看青"会和村自卫队都是在县政府的命令下成立。地方政府最初开始迫切要求与村民建立更紧密的行政联系是在 1928 年,但只是在 1938 年之后我们才在寺北柴村看到这些组织的创办。这些组织实际上给了村庄领袖们一个更有效地管理村庄事务的工具。

该村的富裕程度足以纳税,而不必借助于一个"看青"会来敛取资金,赋税仅向那些有土地的人摊派。1938 年以前没有迹象显示该村有很多正式的组织。寺北柴村没有村庄边界,没有以公文形式阐明的该村合法权力和义务的正式规定。[②] 这并不能证明村民们从来没有一种对他们村庄的归属感,不能够组织社团并管理它们的事务。寺北柴村与沙井村一样,只是在 1900 年之后,才逐渐创办起各种组织,给村民们一个促进经济发展的机会,如果他们有这样的愿望的话。这是否暗示着从历史角度看,村庄是未定形的没有实质内容的社会经济单位? 对于一个未指明的时期来说,是这样。但在一个新王朝的初期,如 17 世纪的清代,官僚可能极成功的控制了村庄。后来,官僚的控制可能被削弱,如沙井村和寺北柴村见到的那些情形可能会日益普遍。

① "惯调",第 3 卷第 29 页。
② "惯调",第 3 卷第 51、27、29 页。

村和县的财政

县政府由总务科、财政科、教育科和公安科组成。[1] 在财务科内有一个专门的处在 5 月和 12 月征收田赋和摊款。[2] 该县有 5 个区,每区有一个 100 人左右的警察分所和一支 180 人的宪兵分队,他们构成了一支有 1 500 人的全县公安武装力量。[3] 警察负责征收摊款,为建筑工作动员各村的劳力。他们直接与村庄接触,经常召集村长们报告和讨论税收、防卫和摊派劳役等事务[4];到 1928 年他们已成为县政府强有力的臂膀。

1870 年以后赋税结构发生了很大改变。清代后期县级收入中有 95% 来自田赋;县收入中有很大一部分上交省财政厅。但在 1940 年,县里留下了 90%,其中近一半用于供养公安武装。表 13 显示了该县税收来源的百分比和支出项目。

表 13　栾城县赋税岁入和支出,1940

岁入	%	支出	%
摊款	49	公安武装	45
田赋及附加	24	行政费用	23
各种货物税	14	上交省财政	10
上年节余、罚款和公产出售	23	其他支出	22
合　计	100*		100

资料来源:"惯调",第 3 卷,第 459～470 页。

＊原文如此——译者注。

赋税负担充分落到了农民头上。除了在每亩原有税额上增加了少

---

[1] "惯调",第 3 卷第 417 页。

[2] "惯调",第 3 卷第 403 页。

[3] 这些数字引自村松佑次:《栾城县与寺北柴村》,《一桥论丛》,第 22 卷第 1 期第 183 页(1949 年 7 月)。村松教授利用了华北经济所调查员编写的 123 份农村调查的原稿,他亲口告诉我原稿和岩波书店印行的六卷本的《中国农村惯行调查》之间没有什么不同。

[4] "惯调",第 3 卷第 431 页。

量附加外,田赋自1900年以来没有增长。当警察、县学校和保卫团等项目计划的预算支出证明不够用时,县政府即征收附加税用来给它们提供经费。[①] 该县的耕地没有为了征收田赋而分成三个等级,而是每亩征收一个平均税率。户主按照他拥有的土地数量于3月和10月把田赋交到县公署。[②]

征税的部门叫做"经征处",保存有各村耕地的记录,记录资料由各村村长提供,他们要把一年中发生的土地转移情况报告上去。[③] 通过这些记录,工作人员可以知道哪些村子交了田赋,哪些村子没有交。[④] 发生歉收时田赋不会削减。[⑤] 在收成极坏时,县公署不收田赋,但在下一年会紧跟着几次摊款,通常摊款收入足以抵消上一年田赋损失有余。

有一批半官方的收税人叫做"地方",从每个村子内挑选出来负责督促村民交纳赋税。[⑥] "地方"不由县政府正式任命,他们的职位似乎是世袭的。[⑦] 他们没有任何固定的报酬,而是依靠小费和贿赂生活;他们常常作中间人,调停农民之间的争端。当一个农民没有交他的田赋时,"地方"就会到他家去催促他交税,或是常常使用体力的说服手段要他交税。"地方"还用其他方法挣钱。当一个佃农生病无法交地租时,他可以雇请"地方"与地主大声吵架,引发公众支持他减租。从前有很多"地方"长时间把持他们的职位,但1940年县城只住有一个"地方",他具备这一资格已有20年了。近些年来,随着警察在督促村民纳税方面越来越有效,

87

---

① "惯调",第3卷第371页。

② "惯调",第3卷第372页。

③ "惯调",第3卷第367页。

④ "惯调",第3卷第411~413页,有一份没有交纳田赋的28个村庄的名单。警察经常来到这样一个村庄,抓走村长,宣称只有当该村交齐田赋时才能释放他(见第372页)。

⑤ 按规定田赋每28亩地交一两银子,在把银子换算成20世纪30年代使用的流通货币时,每两折2元30文钱(见第420页)。如果1元等于100文钱,就意味着一亩地的田赋是8文钱,这是一个相当低的数字。然而,当这一数字上增加了附加税时,赋税对农民来说就可能非常沉重,特别是在他只有很少的收获时。

⑥ "惯调",第3卷第405~406页。

⑦ "惯调",第3卷第406页。

"地方"的角色已经不重要了，他们只是为村长作一些小事，帮助村长收摊款。[①] 有些人也给警察帮忙，在区警察分所和村子之间跑跑腿。

摊款的征收方式与顺义县相同。警察根据各村的纳税能力确定它们负担的税款。然后村长和董事会向所有耕种土地的农民征收，对耕种典当出去的土地的佃农和租种土地的佃农制订不同的税率。

1940 年 4 月，县政府下令进行一次土地清查，测量占有和耕作的土地面积，以使田赋可以适当地调整。[②] 这是在日本占领区的政府要求下进行的。8 个官员被派到各区与村长们商讨了几个月，以了解各村耕地的实际面积。然而，这些官员并没有住到村里，也没有不辞劳苦地清查村里的耕地。这次清查失败了，因为它没有产生足够的证据可以作为田赋制度改革的根据。田赋结构直到战争结束一直原封未动。

商品交易税由经纪人和商人交给县公署。征税的货物有棉花、粮食、蔬菜和家禽，税额不断增长。县商会不用交摊款。商会由 755 个商人组成，涵盖了所有零售和批发业务。[③] 从事棉花贸易的商人只需要交一笔棉花税，和一笔叫做"牙杂税"的经纪人税。[④]

各村还要交几车草给县公安武装养的牲畜和马作饲料。还要交几车木柴作燃料。要求村长们负责让他们的村子供应这些物品，通常没有补偿。

1928 年以后，地方官员加强了对村庄的控制，施加了更大的压力要村庄提供更多的赋税、劳动力和物资。县预算不是被当作促进经济发展的一个方法，而是当作维持官僚结构，有效地征税和维护治安的手段。村庄要为建设计划纳更多的赋税，提供更多的劳动力。要创办新的组织，以便可以在村民之间按其纳税能力公平分摊这些负担。伴随着这些变化的是永恒不变的传统技术和古老的耕作方法及组织的应用。

---

① "惯调"，第 3 卷第 432 页。
② "惯调"，第 3 卷第 367 页。
③ "惯调"，第 3 卷第 504 页。
④ "惯调"，第 3 卷第 492～499 页是各种商品交易税的数额和征收这些税的方法。

6. 历城县：冷水沟村

山东历城县和恩县的农村调查是在 1941 年以后困难的环境下进行的，所以不可能收集到说明该县 1938 年后情况如何变化的丰富的资料。[①] 尽管如此，对于 1910 年后发生的变化作出一般性的评论还是可能的。

历城县位于济南以东的胶济铁路线上。1924 年的县志记载，其人口为 38.5 万，但 1933 年发表的全国土地调查结果中该县人口略低于 70 万。[②] 很难说哪一个数字是对的，但更可能的是 1924 年的记载对实际数字打了折扣。

[①] "惯调"，第 4 卷第 9 页。1941 年以后，当中国人对日本军队的抵抗加强，日本人被迫转入防御时，冷水沟村民的态度也突然转变。农民在回答日本调查人员向他们提出的问题时变得更为含混，更不肯合作。由于这一原因，对该村的调查没有继续下去，选择了同一县的刘家庄村进行调查。然而，这一卷中只有一小部分内容涉及刘家庄，一半的篇幅给了冷水沟。尽管缺乏定量分析的依据，但制度和乡村生活方面丰富的资料还是吸引了我进行考察。

[②] 1924 年的人口数据来自《历城县志》，1924 年版，第 10 卷第 12 册。1931 年的数据来自天野元之助：《山东省经济调查资料：山东农业经济论》，大连，1936 年版，第 309 页。

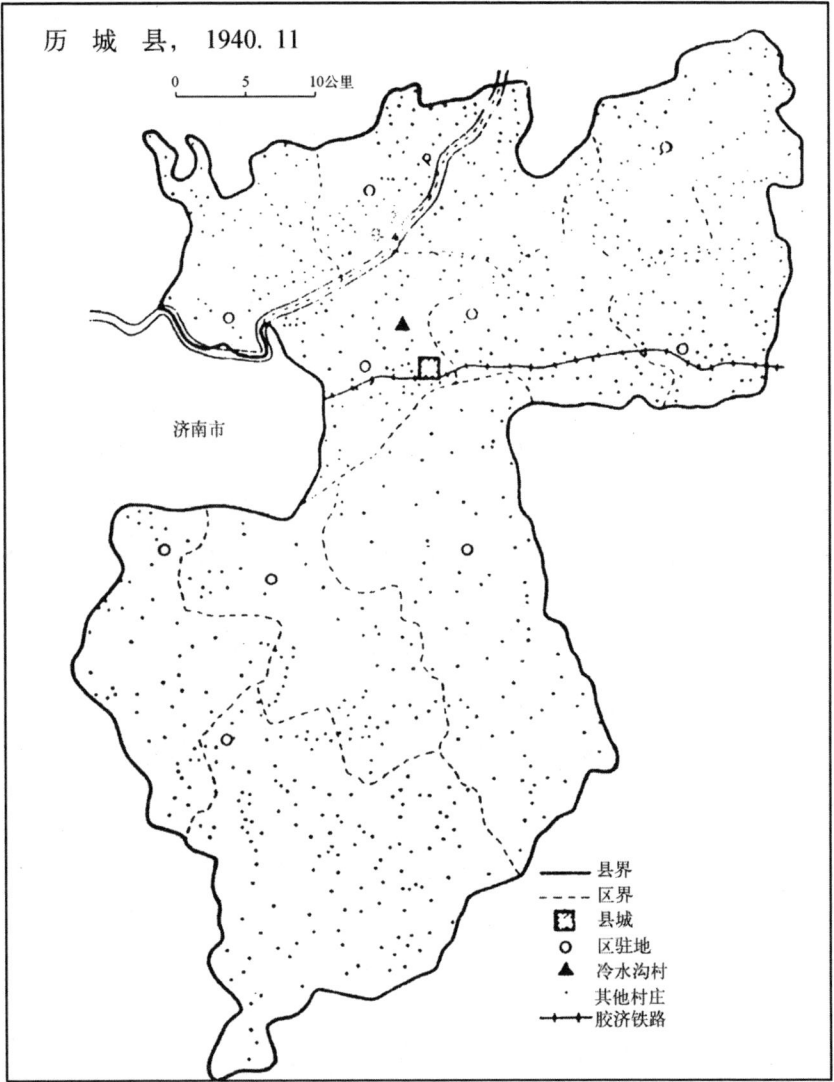

历 城 县， 1940.11

0   5   10公里

济南市

县界
区界
县城
区驻地
冷水沟村
其他村庄
胶济铁路

地图 6　历城县

历城是一个人口密集的农业县,没有工业和粮食生产的专业比。1910—1911 年的主要农作物按种植面积排列是:高粱、豆类、小麦和谷子,但 1930 年这一顺序颠倒为小麦、谷子、豆类和高粱。[①] 历城小麦种植面积在山东省排在第 41 位,但小麦总产量排在第 25 位。[②] 小麦产量高于其他县是由于可以从济南购买肥料,土地灌溉条件较好,土壤较为肥沃。

如地图 6 所见,冷水沟村在县城西北几英里,距黄河不远。前些年这一地区频繁的洪水使土壤多沙而肥沃。土地平坦湿润,适合于种植水稻。

该村得到冷水沟这个名字已有 70 多年,但村民们无法解释这个名字的来历。[③] 山东省的这一地区居住着约 1 500 个来自河北省的姓李的家庭,他们希望获得土地和更好的生活。县城和两个大的集镇都在该村步行可以方便到达的距离内。4 小时步行就可以到达只有 12 英里远的济南市。20 世纪 20 年代后期修筑的一条公路经过该村与济南连接起来。这条路通客车,但村民们宁愿步行,因为步行更便宜。有 6 个农民甚至拥有自行车。县城有电话和通济南的电报,有一个邮局。历城比顺义和栾城有更为近代的设施。

土　地

该村占据着一个约半英里长,1/4 英里宽的地域,农田总数为 4 200 亩。该村没有固定的村界,土地不断的在村与村之间变化。[④] 1928 年冷

[①] 1924 年的人口数据来自《历城县志》,1924 年版,第 10 卷第 12 册。1931 年的数据来自天野元之助:《山东省经济调查资料:山东农业经济论》,大连,1936 年版,第 319 页。
[②] 见天野元之助:《山东农业经济论》,附录 1,1931 年 107 县的作物面积和产量。
[③] "惯调",第 4 卷第 1 页。
[④] "惯调",第 1 卷第 48 页。

89 水沟村约育 350 户人家，1941 年增加到 360 户，人口为 1 800 人。① 据村长说，1941 年的人口与过去 10 年比几乎没有增加。1911—1941 年间，由于把土地卖给其他村子和住在济南的有钱人，该村的土地减少了约 500 亩。② 3 500 亩地种谷类和蔬菜，其余的用来种水稻。1941 年的农作物产量比该县 1931 年的收成记录要低得多。③ 该村的土壤碱性很大，春天长时间无雨之后，风刮走地面的浮土，就会露出一层白花花的碱性物质，使土地表面好像刚刚下过一场小雪。

该村每两年收获三季。谷物和蔬菜在 9 月收获之后，在同一块耕地
90 上种小麦。冬小麦在 4 月或 5 月收获，然后在种小麦的地里种水稻、谷子、高粱和豆类。这些作物都收获之后，土地休耕到下一年春播时。谷子和高粱是主要的粮食作物。小麦和水稻供出售；有些小麦留下来过节时吃，但所有的稻谷都卖掉。

大多数农民有自己的土地，但农场面积小至 1 亩大到 100 亩以上不等。3/5 的农户只有 10 亩或不到 10 亩土地。大部分农民的土地不足以让他们只靠农业生活，如果他们不想在春天负债，就必须挣到额外的收入。约 300 户农民需要非农业收入的补充④，所以只有 60 户农民有足够

---

① 1928 年农户数据同上书，第 25 页，1941 年的数据见第 325 页。后一个数字是由 4 个村庄组成的乡行政单位提供。

② "惯调"，第 1 卷第 327 页。

③ 从下面的数字中可以看出这种差异。

作物	冷水沟 1941 年亩产量	历城县 1931 年亩产量
水稻	150 斤	
高粱	100 斤	169 斤
谷子	90 斤	194 斤
黄豆	100 斤	114 斤
小麦	120 斤	169 斤

　　资料来源：冷水沟村数据见"惯调"，第 4 卷；历城县 1931 年数据来自天野元之助，《山东农业经济论》附录 1。

④ "惯调"，第 1 卷第 250、254 页。

的土地生产家庭所需。地权分配也极为不均①,但大部分农民都能够在村中相当舒适地生活,因为他们很容易在集镇和济南找到工作。

资　本

肥料有豆饼和用猪粪与人粪及土混合制成的堆肥,堆肥要发酵几个月,然后在冬天运到地里去。重要农具有简单的木犁、锄、镰刀、碌碡和大车。② 有几口井,但打井和维修花费都很大,大部分耕地依靠降雨。③ 井水集中在春末还没有下过雨时使用,但这些井很快就会干涸。当出现春旱威胁时,村长就向所有的田主收一小笔钱,向当地的龙王献上一些祭品。④

劳动力

不足 10 亩地的农民在播种和收获的农忙季节管理他们的农场没有困难,但对那些有 20 亩或更多土地的农民来说,需要的劳动力比家庭能够供给的要多。就村民记忆所及,有过一些专门的地点,人们可以在那

---

① 我根据 1940 年村寺庙中抄录的一份村民名单估计了地权分配状况("惯调",第 4 卷第 386~ 389 页)。这份名单记录的耕地总数是 4 063 亩,比村长报告的 4 200 亩低一点。我用这些数据制作了一个频率分配表,证实了所有受调查者关于无地村民极少的说法。在村民名单和村庄总户数间存在着差异,寺庙的名单中可能包括了来自其他村庄的农民。

冷水沟村地权分配状况,1940

拥有耕地数量(亩)	名单上的户数	百分比
无地	20	4
0~10	302	61
10~20	135	27
20~50	42	8
合计	499	100

② "惯调",第 4 卷第 14 页。
③ "惯调",第 4 卷第 284 页。
④ "惯调",第 4 卷第 30 页。

里雇农民做几天工。这些可以雇到短工的劳动力市场位于寺庙附近和集镇里。在距冷水沟几英里的杨家村寺庙附近有一个这样的市场,农民凌晨两点就聚集在那里,等待那些需要劳动力在水田或谷地干活的人雇用。另一个劳动力市场在邻近的王舍人镇,农民在那儿能够找到在集镇上做几天工的机会。

妇女和孩子从来不到这些劳动力市场上出雇自己。在农民家庭中,所有能够劳动的儿子都要到这些市场上找工作,在到村外工作方面,长 91 子和幼子之间没有差异。[1] 由于土地要在儿子们之间平均分配,长子的地位不像习惯规定长子继承制时那样有好处。儿子们把他们的工资交给家长,他把这些钱与农业收入合在一起。[2]

很多村民在农闲时到济南去工作几个月。有 6 个人在一家水泥厂工作,20 人在商店里作伙计,作普通的拉车苦力工作的人数目不详。[3] 1938 年以后有较多的农民离家到东北去找工作。1940 年据说历城有 3 000 人去东北在阜顺的矿山做工、修公路和筑铁路。[4]

1940 年冷水沟村有 17 个从外村来的农民受雇作长工,他们的雇用期以年为单位。[5] 有一个富裕农户雇了 3 人,另一户雇了 2 人,其余的分散在全村。只有 3 个村民在外村做长工,这说明该村的生活水平高于沙井村和寺北柴村。一个想要做长工的农民需要一个朋友作中间人,把他介绍给一个雇主。[6] 中间人不为此收费,只提供介绍和个人的推荐。

长工通常在秋收后开始在雇主家中工作。他照料牲畜并下地干活。他和牲畜住在一起,但他的伙食和雇主家人一样。他要自备被褥和衣服,雇主供应他烟草和火柴,到年底付工资。[7] 他有一个月的休息时间可

---

① "惯调",第 4 卷第 240 页。
② "惯调",第 4 卷第 61 页。
③ "惯调",第 4 卷第 2 页。
④ "惯调",第 4 卷第 188 页。
⑤ "惯调",第 4 卷第 178 页。
⑥ "惯调",第 4 卷第 4 页。
⑦ "惯调",第 4 卷第 152 页。

以回家去,如果他住在附近,也可以每个月休几天假。如果他工作努力,表现可靠,雇主全家会把他当作自家人对待,但在讨论家庭事务时永远不会允许他参加进来。长工既是仆人又是工人。这些工人依据他们的年龄和能力分成几个等级。① 最高一级,工作努力又有经验,1940 年时一年可以挣 120 元之多;第二级工作工资在 40~80 元之间;上年纪的农民只能挣到 20~60 元。② 这些工资约为 1931 年各等级工资的两倍。

农民通过各种各样的副业工作补充他们的农田收入。有一些兼营农业的手工业者在村里工作:育 10 个人在一家小铁匠工场打制农具;12 个人在一家小陶器作坊做工。③ 3 户人家经营小商店,出售从济南买来的纸、火柴和油等。他们的资本很小,挣的钱只够勉强度日。

村里主要的手工业生产是编草帽辫。④ 稻草来自收割后的水稻。一户人家收集稻草,加工成制辫的原料。另外 15 户人家专门制造运草帽辫用的包装。其余各户在冬季的几个月中编草帽辫,几个农民在济南卖草帽辫。这种劳动分工建立在不同家庭从事专门工作的能力的基础上。有一个村子买了一架制造草帽辫的机器,但冷水沟的农民担心,如果他们买这样一架机器,草帽辫就会生产得太多,价格就会下降。

农民用从集镇上买来的棉纱织他们穿衣用的布。从前他们自己纺线,但 1900 年以后机纱变得又多又便宜,他们就改为买纱。1938 年以后,棉纱逐渐变贵,以至大多数农户不得不减少织布。⑤

农户在农忙季节把他们的农具、牲畜和劳动力合在一起统一安排,叫做“合犋”。⑥ 一个有土地但没有资本的家长找到另一个有农具或牲畜的农民⑦,两人安排合用农具和牲畜,在地里互相帮助。有地 10~15 亩

①“惯调”,第 4 卷第 188 页。
②“惯调”,第 4 卷第 189 页。
③“惯调”,第 4 卷第 232、234 页。
④“惯调”,第 4 卷第 3 页。
⑤“惯调”,第 4 卷第 232 页。
⑥“惯调”,第 4 卷第 26 页。
⑦“惯调”,第 4 卷第 26 页。

的农户是这种安排中常见的合伙人。这种合作只在很少的情况下依血缘关系形成，大部分是在朋友和邻居之间合作。这些合作的时间持续2～3年，在某些情况下长达10年之久。该村据说有80～90例农户的合作。[①] 这一习俗在鲁中广泛实行，看来已存在了一个世纪以上。

土地所有制

尽管土地所有制与沙井村相近，其主要职能是使土地的使用均等，该县各村佃农掌握的土地面积还是非常小，也只有一小部分农民是佃农。

10户住在济南的不在地主在冷水沟村有耕地，但他们拥有的土地极少——拥有土地最多者只有22亩——他们主要从事商业。[②] 这些地主的土地有些是继承来的，但主要的是通过放债获得。[③]

在历城县的村庄里，土地太多或其土地太远而无法经营的农民把土地出租给那些只有两三亩地的农民。[④] 冷水沟村只有10～20户农民租入土地。[⑤] 一个打算出租土地的农民会请一个朋友或亲戚作中间人，找到一个合适的佃农并协助制订契约条款。在商定土地面积、地租和纳租方式后，就起草一份租约，由佃农、田主和中间人签字。[⑥]

93　　　有两种地租制度。一种叫做"分种"，收获物在地主和佃农之间按比

---

① "惯调"，第4卷第26页。

② "惯调"，第4卷第176页。不在地主任福增有地50亩，其中22亩在冷水沟村，均出租。

③ "惯调"，第4卷第3页。有一个令人感兴趣的寡妇的例子，名叫王氏，她在冷水沟有12亩耕地。她住在济南。这块地原属她丈夫的兄弟所有，当她丈夫的家庭在儿子们之间分割财产时，这位兄弟把他的一份卖给了她丈夫。她丈夫死后土地归她所有。由于她的这位姻兄弟住在冷水沟村，她可以把这块地留在他的名下，只交纳该村的赋税。如果土地用她的名字登记，她就必须交纳高得多的城市税。

④ "惯调"，第4卷第154、176、181页。

⑤ "惯调"，第4卷第165页。在杨家屯附近，一个210户人家的村庄里，约有30户租入土地。那里的自耕农像冷水沟村一样占主导地位。

⑥ "惯调"，第4卷第158页。

例分配。① 双方分配的比例是固定的,不管收成如何变化。另一种叫做
"租地",收获之后每亩地交纳固定数量的实物地租。数量依作物品种而
不同。② 分种用于贫瘠的土地,佃农只得收成的 20%～30%。③ 租地制
度用在较肥沃的土地上,使佃农和地主都能得到较好的收入,由于农作
物产量在整个村子里有极大的变化,租地的地租一块地和一块地都不一
样。1911—1938 年间,租地的地租似乎一直保持不变④,但 1938 年之后
它们开始上升。就村民记忆所及,这两种地租制度一直共同存在,看来
很少有农户从一种制度向另一种转化。

　　佃农从地主那里得不到任何帮助,地主和佃农一旦确定了租约,他
们之间的关系不带任何个人感情。租佃期限通常只有 3～5 年。⑤ 地主
继续把土地租给一户佃农或是另一户佃农,不需要交押租。⑥ 只有在颗
粒无收时才会免租。地主不提供资本,也不过问怎样经营或改良土地。
他可以在秋收后卖掉出租的土地,即使原来的租约还有一年或两年才到
期。⑦ 佃农没有权力只有义务:及时交纳地租。田赋由地主交纳。

借　贷

　　对借贷的需求由于收成的变动而年与年不一样⑧,即使是在一个农
业年中,借贷也有周期性的变化。春耕之前,农民一般需要小额短期借
款,在秋收后即归还。为了举行婚礼和葬礼或买大牲畜、农具及肥料,农

---

① "惯调",第 4 卷第 160 页。
② "惯调",第 4 卷第 177、170～173 页。列出了 15 户人家经营和租入的土地数量,地租和产量
　都有极大的不同。
③④ "惯调",第 4 卷第 158 页。
⑤ "惯调",第 4 卷第 159 页。
⑥ "惯调",第 4 卷第 161 页。
⑦ "惯调",第 4 卷第 147 页。
⑧ "惯调",第 4 卷第 206 页。1921 年一次严重的旱灾引起土地出售增加,达到了 40 亩。1937
　年的洪水毁坏了庄稼,再度造成更多的土地出售。在最近几年中,该村收成较好,能够多购
　买一些土地。

民通常要借 30～50 元钱,偶然也会借 200 元的大笔款项。① 20 元的小额借款向朋友借,几个月内归还。50 元一笔的借款是一个农民年收入的 1/6 到 1/5,要向较富有的村民借。② 下面所述是一般的借款手续,也即十之八九的农民在典当他们的耕地之前所采取的借贷方式。③

借债人找一个朋友或亲戚把他介绍给一个放债人,指定一块耕地作为担保,确定借款条件时不需要书面文件。小额借款不付利息,但大笔借款要有一份借约,写明利息的数量、提供的抵押品和还债期限。④ 利息负担是每月 1％～3％之间,1937 年以前利息率一直保持相当稳定。只是在 1937 年之后,它们才开始急剧上升,到 1941 年达到了 5％～6％。⑤

农民不知道冷水沟到底有多少耕地被典当出去,但可以相信典当土地的数量依地价和收成而每年不同。⑥ 如果一个农户需要比较大的一笔钱,就要典当土地;在归还债款时土地由原主赎回。所有条件都由一个中间人安排。要起草一份典当契约即"典契",注明土地面积、典价和还债的期限,但有时典当期限会延长,给借债人更多的时间还债。双方加上中间人在这份契约上签字后,这笔交易就成立了。⑦ 典当土地的接受者在借出的款项归还前按照他认为合适的方式使用土地。在冷水沟村有些农民作为佃农继续耕种他们典出的土地。

典主可以把典入土地转给别人。⑧ 正如土地被视为钱的近似物,典入的土地也是同样。举例来说,如果第三个农民付出的价格比最初的典价高,典主就可以把土地脱手,在原来的债务交易基础上实现一笔资本利润。然而,要在较长的时间之后,在典主看来显然借债人不会归还他

---

① "惯调",第 4 卷第 217 页。
② "惯调",第 4 卷第 217 页。农民不可能从其他村民手中借到 50 元以上的钱,因为大部分农民的耕地数量不够为这样一笔借款作担保。
③ "惯调",第 4 卷第 221 页。
④ "惯调",第 4 卷第 244、251 页。
⑤ "惯调",第 4 卷第 238 页。
⑥ "惯调",第 4 卷第 204 页。
⑦ "惯调",第 4 卷第 260 页。
⑧ "惯调",第 4 卷第 205 页。

的钱时才能这样作。尽管如此,当最初的借债人要赎回他的土地时,差价要由第一个典主支付,他必须作出某种安排,把土地交还原来的主人。这种情况极为少见,通常发生在典主发现他自己急需现金时。在缺乏现金而土地又被视为钱的近似物的地方,对土地的权力就被用来获取现金。对典当土地征收的田赋或摊款由原主交纳。[①] 典当期限通常为 3～4 年,但有时长达 6～10 年。[②]

无法回赎的土地会被卖掉。[③] 在坏收成之后出卖土地的往往较多。如果一个农户的土地较多,种不过来,有时会为了举办葬礼或婚礼卖掉 5～10 亩。有大笔现金需求的农民也会卖掉他们仅有的土地。

地权转移的方式在清代没有什么变化:尽管济南作为一个内陆商品集散中心发展很快,地权转移的各种安排却保持不变。想要出售土地的农民找一位知道如何进行这些安排的中间人,这个农民告诉他打算出卖土地的理由,起草一份契约,写上土地的数量和它的现价。[④] 中间人带着这份契约去寻找一个有兴趣的买主。

一旦找到一个买主,随即就卖价进行交涉。对卖价达成一致后,要请一个人来丈量要出售的耕地的面积。有五六个农民被公认能够熟练的丈量土地,他们从他们的父亲那里继承了这门技术。[⑤] 土地丈量以后,起草第二份契约,写明土地的数量、长宽尺寸和位置。这叫做"白契",由卖主、丈量人和中间人签字,然后中间人招待大家在卖地的农民家里吃饭。[⑥] 这份契约是起草一份最终的卖地契约——称作"实契"——的基础,实契上要写明土地的数量及其价格。实契也要由买主、卖主和中间

95

---

① "惯调",第 4 卷第 246 页。

② "惯调",第 4 卷第 253 页。

③ "惯调",第 4 卷第 200 页。大部分土地在典当之后,由于出典主不能及时归还债务赎回他的土地而被卖掉。

④ "惯调",第 4 卷第 191 页。这种契约叫做"草契",由中间人用来寻找可能的买主。

⑤ "惯调",第 4 卷第 193 页。

⑥ "惯调",第 4 卷第 200 页。

人签字。① 在买卖成交后要在这份契约上加一个附件，写明买主付给卖主的钱数。② 买主把这份契约送到当地的税务机关，交纳一笔契税，这笔交易被登记下来，并在契约上加盖一枚红色印章，表示这笔交易是合法的，并已纳过了契税。此后由新的田主交纳这块土地所有的田赋。

我用很大的篇幅讨论了这种借贷制度的复杂性和中间人在其中所起的作用。在一个个人私有财产不受保护的社会中，利用第三者进行介绍、安排、仲裁和担保，对于把风险降到最低程度，保证交易过程的诚实，使契约得到遵守都是有益的。当然，这种方法不能百分之百地保证没有欺诈行为，但它可以在发生财产交换和转移时通过适当的担保提供最低程度的安全。

最后，还有一种由农民自己建立的借贷协会，叫做"钱会"。该村有 8 个小型的钱会，每个钱会有 12 个农民，他们定期存入一小笔钱由该会保管。③ 每个存钱者可以借走所有的存款，还钱时不用付利息。借贷权用轮班的方式得到，每个农民都轮到一次。村里的三家店铺不能提供借贷，因为它们的流动资本太小了。

冷水沟村的特点是没有大笔的放款或还款流入流出。这是一个比较大的富裕村庄，实际上所有的借贷都发生在村民之间。只在很少的情况下，一个农民会到济南去向一个高利贷者借 200 元以上的钱。冷水沟的借贷方式在村民记忆所及的年代里就一直存在。④ 这个村庄既没有经受过歉收的痛苦，也没有受到战争的负面影响。佃农的人数没有增加，也没有更多的农民负债。⑤ 该村没有高利贷者，农民一有余钱就立刻买地。

---

① "惯调"，第 4 卷第 201 页。

② "惯调"，第 4 卷第 198～199 页。民国时期起草地权转移契约的方式与 18 世纪中期乾隆朝的方式没有不同。

③ "惯调"，第 4 卷第 219 页。

④ "惯调"，第 4 卷第 218 页。

⑤ "惯调"，第 4 卷第 217 页。也没有任何趋势表明近年来负债者的人数和高利贷者的人数有所增加（见第 217 页）。

市　场

村民可以到 5 个市场上作买卖：这些市场在不同的日期开市，以便农民可以经常赶集。[1]尽管农民每月都要赶几次集去买必需品，农产品从村庄流入市场却是季节性的。豆饼和牲畜专在某些市场上买卖，但一般说来，每个市场都经营所有通常在农村中交换的商品。农民在 5 月出售小麦，8 月出售蔬菜，9 月出售稻子和谷子。秋末冬初，他们出售稻草、谷草和鸭子。[2]济南的商人到历城的集市上来购买粮食和蔬菜，卖给城里的商店或直接卖给消费者。全县的集镇上价格是一致的[3]，因为有如此多的城市购买者在以一个相当标准的行情购买。

这些集镇上没有小银号或当铺开业，但济南有一些。每个集镇上都能找到高利贷者。看来很少有借款从济南向周边的农村集镇流动，然而集镇的确向乡村提供借贷。商人收购商品当场付款，农民也迅速把借贷花在购买消费品上。

土地继承

分家的习俗影响了土地的使用和分配，而两个补充性的惯例又增加了家庭土地的不断分裂。这些惯例不限于这一地区，而是华北的典型做法。当家庭财产在儿子们之间平均分配时，要提出一部分土地用来供养上了年纪的双亲。这种习惯叫"养老地"。[4]如果家长已死，只有他的妻子还活着，通常有 2～5 亩，有的时候多至 10 亩的土地如此使用。这块地可以出租给别的农民，但地租要用来供养年老的双亲。在双亲都去世

---

[1] "惯调"，第 4 卷第 230 页。所有市场都在距冷水沟村 3～6 公里的范围内，王舍人庄是最近的市场（见第 227 页）。

[2] "惯调"，第 4 卷第 227 页。

[3] "惯调"，第 4 卷第 228 页。

[4] "惯调"，第 4 卷第 105 页。

前,这块地不能典当或出卖,只有到双亲去世时,才可以卖掉它付丧葬费。剩下的所有土地要在儿子们之间分割。如果双亲在世时土地不出租的话,就由一个儿子耕种它,产品在照料年老双亲的儿子们之间分配。

除了一种例外,家长掌握所有的土地交易并经营土地。当一个儿子成亲时,他的妻子有时带来一小笔她称为"私房地"的钱,这笔钱用来买地。[1] 这块地买来后不交给家长,而是由儿子和儿媳出租并储存收入。只要他们继续和父母住在一起,他们就不能自己经营这块土地。

冷水沟只有几户农民连续五六代没有分割过土地。[2] 一些村民会周期性地分家,在相当短的时间内村里的新户就会增加,土地进一步分割为小块。由于村里的耕地面积 1910 年以来没有变化,周期性地分割土地肯定会使农场的面积缩小。家长有很强烈的动机要在他的一生中尽可能多的获得土地。他能够留给儿子们的土地越多,他的后裔对他的尊重就会越高。家长自然而然要顶住任何分家的压力以使家庭更为兴盛。只要家里有土地,家庭成员就会安心,村民们也会高度尊重这个家庭。但这一努力通常会弄巧成拙,最后的结果是,家庭人口会多到家长很难调停个人之间的关系,使其保持和睦。当紧张与摩擦达到无法忍受的程度时,就会小心翼翼地进行分家的准备。请一位朋友或亲戚来协助起草把全部财产分给儿子们所必需的文书。

村的领导权和组织

19 世纪时该村没有村长。全村分为 8 段,每段有一个段长,叫做"首事"。[3] 首事组成了村公会,负责交纳田赋并调停村民间的争端。村公会没有控制任何村庄组织。1900 年后的某个时候开始选举村长,首事——拥有 20～80 亩地的富裕农民——继续协助村长征收田赋,分派摊款,调

---

[1] "惯调",第 4 卷第 110 页。
[2] "惯调",第 4 卷第 68～69 页。
[3] "惯调",第 4 卷第 49 页。

停村民间的争端。1928年,县政府命令每25户组成一个间,选举一名间长。① 当时建立了14个间,各间的间长与以前的首事负同样的责任。他们的工作没有薪金,他们只是向村长提出意见和建议,并把村公会的决议转达给各间的全体农户。1939年县政府命令用保甲制取代了间邻制。10户组成一甲,选出一个甲长。10甲组成一保,由甲长们投票选出一个保长来。② 甲长执行保长的命令,协助他统计村里的户口,分派摊款负担,指派劳工修公路,解决农户间的争端。他们没有薪金,任期也不确定。

表14收集了村公会成员的资料。这些资料列出了每人拥有的土地数量、土地所有权的变化,村庄上层社会内部变动的程度。

表14 前村公会成员及其拥有的土地 98

村庄组织制度和村公会成员	土地数量(亩)
19世纪末的首事(无村长)	
李相龄	—
李玉中	—
李凤鸣	—
任福增	—
杨孝增	—
杨义升	—
王立亭	—
1925年前的首事和村长	
李相龄	80
李凤贵	20
李凤节	70
李文汉	50
杨立德	30
任德轩	50
王维善	40

----

① "惯调",第4卷第25页。
② "惯调",第4卷第9页。

续 表

村庄组织制度和村公会成员	土地数量(亩)
杨翰卿	80
间邻,1928—1939 年	
任福增	40
李永祥	26
李喜池	40
李兴长	40
李凤辈	18
李长海	8
李凤坤	20
杨立权	10
李忠浦	20
王起贵	60
谢长增	18
张增俊	35
杜延年	20 亩余
程振声	6
1939 年后的保甲	
李凤坤	—
张增俊	—
刘喜彻	—
任福裕	27

资料来源:"惯调",第 4 卷第 25 页。

晚清以来最重要的变化是村公会成员的财富减少了。1900—1925年和 1928—1939 年间,一个村公会成员的平均农场面积从 52 亩下降至了 29 亩。在 1939 年保甲制建立以前村公会成员的人数是上升的。1925 年前,一个村公会成员拥有的最少耕地是 20 亩,1928 年以后仅有16 亩。19 世纪的首事们拥有的土地标志着他们的富裕,而 1930 年以后,村庄领袖中很少有人拥有的土地数量能成为这种标志。

1928—1940 年间,只有一个农民当过村长。① 杜凤山不是一个富裕

①"惯调",第 4 卷第 24 页。

农民,他只有几亩地,在他的妻子、弟弟和 16 岁的儿子的帮助下耕种。他主要的收入来源是几百只鸭子。杜看来是个很有能力的人,与人打交道时极有耐心和聪明。杜和他的弟弟认为他们没有必要分家。在发生争端时,他做出公正评判,找到所有当事人都能接受的解决方法,使不同的小集团达成妥协的能力,说明了他为什么能得到村民的高度尊重,长期呆在村长这一位置上。

对杜说来,没有正式的报酬担任这一职务是很困难的。为此,每年 4 个保长给他一小笔钱表示他们对他的工作的尊敬和感谢。此外,他从村子每年的收入中得到 100 元补偿他到县城开会的花费。使杜村长赢得村民信任从而能够决定村庄事务的是他卓越的领导能力而不是他拥有的土地数量。

表 14 显示出村庄领导人中同姓者很多,但在一个大部分农户都同姓的村庄中这是可以预料到的。令人奇怪的倒是发现别的姓中有人担任村领导。此外,在每个阶段中村领袖都有变化,有不同姓氏的新的个人出现。1925 年以前的首事中只有一个农民在 1925 年后的间邻制中出现。1928—1939 年之间,只有两个农民既在间邻制又在保甲制中工作。在过去 50 年中没有一个特殊的家庭或家族占据村庄领导地位。

该村的家族势力也较弱。有些家族有坟地,但它们既不收费也没有共同财产。家族成员只在婚礼、葬礼或儿子们分家时聚会。家长在做出重要决定前并不需要先与族长商议。家庭一直是村庄的基本单位。

村长有一个副手叫做"地方"或"地保"。[①] 地保的报酬由村里每年的收入中支付,他的工作是负责村长和县里管登记地权变动的征收处之间的联络。地保通知征收处它从该村预期可以征到的田赋数量。他也督促农户纳赋,还作各种临时性的工作,为村长送信跑腿。

村长杜凤山是由拥有耕地、交纳田赋并出摊款的农户投票选出来 *100*

---

① "惯调",第 4 卷第 288 页。

的。① 这种作法排除了村里的穷人、长工和佃农在村政权中的发言权。村长没有规定的任期,只要村民们默认他的行为,他就会一直担任这一职务。杜凤山既不会读也不会写,但他在与官府打交道和为村民仲裁方面都很出色。更重要的是,他有做事的能力。

正如1928年后村领导权成为正式的,并有一个更为精致的组织结构为特征一样,各种组织也如此这般的开始出现。1920年,地方政府命令各村成立一个守卫庄稼、减少田地里庄稼损失的组织。② 做出这一决定的时间正是县政府打算增加税收时。在此之前,冷水沟村守护庄稼一直是以私人为基础组织起来的,夏季的几个月中,农民或是雇佣他人或是自己看守庄稼。新的制度叫"看坡",与其他地区的"看青"制略有不同。③ "看青"是对庄稼从种到收的看护;"看坡"则是有规律的分时期守护庄稼,即4月份小麦收割时守护两周,8月底9月初谷物和水稻收割时守护3~4周。该村雇了8个农民警卫全村的每个段。必须是冷水沟村的居民才有资格做这一工作,他们还必须能够在守护庄稼的季节工作。因而,看庄稼的人都是没有土地的贫农。有几个人做这一工作做了四五年,有一个作了20年。他们所守护的庄稼的主人,按照自己拥有的耕地面积拿出一定数量的粮食来,秋收以后把这些粮食付给看庄稼的人。

不知道从什么时候起村领袖们做出了更大的征收村费的努力,但很可能是在1911年以后摊款变得更为频繁时。村费不是固定的、定期的征收④,而是在需要资金时收取;村长和村公会开会决定每个有地的农户应交的数量⑤,然后通知各户在指定的时间交费。这笔收入不仅用来交纳摊款,也用于村长、村里的学校和庙宇的开支。

由于要把摊款负担按照支付能力公平地分摊给每个农户,对村长和

---

① "惯调",第4卷第24页。
② "惯调",第4卷第29页。
③ "惯调",第4卷第28~29页。
④⑤ "惯调",第4卷第13页。

村公会来说征收摊款变得越来越难了。1937 年前该村每年平均摊款是 4 000 元左右①,而日本军队占领这一地区之后,摊款增长了。到 1940 年,该村一年交纳了 1.2 万元,村费也从 15 钱涨到了每亩地 1 元 60 钱。那一年的摊款是田赋额的 4 倍。该村每年都有警察或县里的官员来要求交纳摊款,来的次数取决于摊款的次数。村长和村公会把摊款摊给每个田主。在别的村子有地的农户要交摊款给那个村子。②佃农不必交田赋和摊款。③

另一种又频繁又令农民讨厌的负担是无偿征用农民的劳动力修铁路和挖战壕。当县政府要求各村派出若干数量的劳动力时,警察就通知各区的区长开会决定每个村应该出多少人。村长然后与村公会商量怎么样指派农民满足该村的配额。在冷水沟村,每户农民每 3 亩地出 1 个劳动力,这个人在村民出劳工时每 10 天工作 1 天。不过,一个农户可以另外雇一个农民代替家中被指定的人。村长负责集合劳工并把他们带到指定的地点去工作。一般情况下一个村子征用三四个人,但有一些实例表明有时会征用几十个农民。冷水沟村是组成一个有 995 户人家的乡的 4 个村子之一,有一次这个乡被迫出了 300 个人进行为期一周的无偿劳动。④

1938 年以后,按照县政府的命令,该村成立了几个准军事组织。12～25 岁的青少年组成少年团警卫铁路。⑤ 18～25 岁的青年男子组成了村自卫团。这个组织从来没有一起训练过,只是准备紧急时使用。1939 年,为了保护收割后的庄稼,建立了一个叫做"打更"的夜间巡逻队:"打更"的人都是男子,由农户按其拥有的土地数量出人。⑥ 拥有 5 亩地

----

① "惯调",第 4 卷第 35 页。
② "惯调",第 4 卷第 22 页。
③ "惯调",第 4 卷第 51 页。
④ "惯调",第 4 卷第 325～326 页。
⑤ "惯调",第 4 卷第 53 页。
⑥ "惯调",第 4 卷第 52 页。

的农户要出一个强壮的男人每 10 天巡逻 8 个小时。[1] 在生病或外出使得某人不能执行他的任务时，这家人可以雇别的农民代替。全村有 8 组人在该村的每一段巡逻，注意着火灾、小偷和歹徒。每组有 10 个人，每次有 5 个人巡逻，其他人睡觉，这些农民随身只带着大木棍。

1928 年冷水沟还与另外几个村合作组成了一个共同的自卫组织，叫做"联庄会"，目的是保护这些村子不受盗贼侵犯。[2] 军阀部队的败兵经常闯入村子抢食物，国民党政府一直没有重建对全县的统治。1937 年各村建立起打更时联庄会解散。

1913 年建立了一所初级小学[3]；它后来扩大到包括了高小各年级的学生在内。村子为这所学校的教学活动提供资金和管理，任命了一名校长，有三个教师和一个校工协助他。教师们来自本村，但他们都在济南接受过高等教育。学生们要交书本费，但教师的工资和其他花费来自村里的收入。女孩子不能上学，学生总数约为 150 个男孩。这个村子的读写能力相当高，10 个人里有 8~9 个人会写自己的名字[4]，约 1/3 的人能够读报纸。学校订了新民报，农民们常到学校来看报。

1911 年以来，县政府为了征收更多的税，不断加强它对村庄的控制。旁观者看不到为增加县财源、推动经济发展而来自地方政府的税收压力，但这种压力的确使村民产生了明显的反应，他们组织起来，策划了他们自己增加税收的方法。在清代，地方官僚加税的压力并不严重，1928 年之后逐渐成为村庄特征的形形色色的组织，在 19 世纪末没有发现。

村和县的财政

自 1911 年起，县政府试图通过区和乡加强它对村的控制，并最终通

---

[1] "惯调"，第 4 卷第 52 页。
[2] "惯调"，第 4 卷第 34 页。
[3] "惯调"，第 4 卷第 15 页。
[4] "惯调"，第 4 卷第 16 页。

过邻间和保甲制控制到户。1911 年全县建立了 8 个区。

20 年代初建立了许多个乡,每乡有十几个村庄。1928 年实行了邻间制,1939 年废除,代之以保甲制。同时,增加了县警察武装的人数,1930 年以后创办了一个县自卫团。这些新的组织自然而然需要资金,这意味着要增加新的税种。

主管历城县的县公署下设宣传科、教育科、经济建设科和财政科。[①] 经济建设科负责通讯和农村发展事业。1928 年以后它还负责新的道路和电话线的铺设,教育科在创办新学校和发展已有的机构方面做出了很大成绩。这两个部门没有来得及对村庄经济施加进步性的影响,因为 1937 年以后,它们不是停止行使职能就是受到该县给日本军队为虎作伥的伪政府的破坏。

县警察武装有 60 个人,分成 4 队,每队有一个队长。他们和财政科密切配合确保税务征收。[②] 县自卫团警卫铁路,在公路上设关卡巡逻,准备应付任何紧急情况。县征税机构"征收处"征收土地交易契税、田赋,并对集镇上买卖的商品征收杂税。[③] 1940 年,该县各个行政机构所做的工作仅仅是从农民手中榨取更多的税,为日本军队提供劳动力和维持治安。

田赋征收的管理机制自清代以来没有发生过根本变化。田赋征收需要记录所有的私有土地、明确土地所有者,注意他的土地面积,记录所有的地权转移。每个区有一个叫做"总房"的机构,由一个下级官员负责记录该区各村的土地。这些机构位于征收处之下,官员称作"里书"。历城县有 105 个里书,一个里书负责 2～10 个村庄不等。[④] 冷水沟的里书住在县城里,他是个年青人,高小毕业,能够读和写。他的报酬是一年

---

① "惯调",第 4 卷第 310 页。
② "惯调",第 4 卷第 274、302 页。
③ "惯调",第 4 卷第 275 页。
④ "惯调",第 4 卷第 287～288 页。

300 元,再加上各村以"谢金"名义给他的额外收入。[1] 里书的权力是记录各村地权的变动,他每年向县征收处汇报从他所在的区预期能够征收到的田赋的数量。当农户和村庄纳税迟缓时,把这一情况告知警察,他们很快就会进入所说的村庄。这样一个行动意味着村民的额外负担,因为必需宴请官员,并向他们保证很快就把田赋送去。农户一年三次把田赋交到叫做"柜"的机构去。1930 年历城县有 10 个柜。清代在这些柜工作的人员的职位是世袭的,但这一职位可以通过出售转让给他人。[2]

里书的工作是为征收田赋进行计算和记录,但他们也负责征收契税。第一种契税称为"过拨",由买主在登记土地购买时交给"总房"。另一种叫做"税契",由买主交给县征收处,以登记他的土地所有权。土地出售的登记最早是在清前期的康熙朝,当局把它看作把土地所有权给予新的所有者的一种手段。[3] 1911 年以后,地方政府根据省财政厅的法令要求土地交易契约必须在县征收处登记并交纳一笔契税。[4] 这一立法并不是要使田赋清册更明晰更有条理,它的目的只是要使地方政府获得更多的税收。

最初规定的田赋定额没有增加,但附加税一直在增加,以至到 1940 年税率达到了每 13 亩地 4 元钱或每亩地 1.5 升谷。[5] 在地方政府寻找其他增税方法之前,这对农民并不是一个沉重的负担。在保持旧的田赋征收机制原封不动的同时,摊款和对集镇上买卖的商品征收的各种交易税开始加重。这些交易税称为"包税",包括对粮食征收的交易税、对家禽和猪征收的屠宰税和对家畜征收的一种税。这些税由派到每个集镇

104

---

[1] "惯调",第 4 卷第 288 页。村长和甲长们从拥有土地的各户收集粮食,把这些棺食送给里书作为该村的礼物。

[2] "惯调",第 4 卷第 274 页。

[3] "惯调",第 4 卷第 278~279 页。

[4] "惯调",第 4 卷第 280 页。对于河北省实行这种契税和农民逃避交纳契税的努力的一个令人感兴趣的评论见《直隶的田赋》,《北华捷报》,1915 年 1 月 30 日,第 307~308 页。

[5] "惯调",第 4 卷第 273 页。

去巡视的一名官员向商人征收。[1] 这个官员在王舍人庄的集镇上有 16 个办事员帮助他每月征收这些税。[2] 屠宰税是所屠宰的动物价值的 2%[3]，屠户把他们的税直接交给办事员。[4] 县城有一个商会，但还没有交过税。或许是因为商会只是在最近才成立，并且由于很多成员在各村拥有土地，向这些村子交纳摊款，政府认为他们交的税已经足够了。

历城县几乎没有像顺义和栾城那样能够用来说明县财政状况的收支方面的资料，但有可靠的证据显示它们极为相似。1940 年，岁入的最大来源是摊款。最大的支出约占 41%，用于宪兵、县警备队和县警察[5]；官员薪金和行政费用仅占 15%；用于通讯设施的建设费占 21%；约 23% 用于教育，这是一个异乎寻常大的比重。收支中用于官员薪金和日常开支的比重看来在 20 世纪 30 年代一直相当稳定。[6]

---

[1] "惯调"，第 4 卷第 274 页。

[2] "惯调"，第 4 卷第 328 页。

[3] "惯调"，第 4 卷第 343、330 页。每屠宰一头猪要纳 30 文钱税。

[4] "惯调"，第 4 卷第 272 页。1940 年 12 月冷水沟村附近市场上对出售的家畜征收的税额见第 349 页。

[5] "惯调"，第 4 卷第 315 页。

[6] 20 世纪 20 年代中期总收入中用于行政人员薪金的百分比与 1940 年收入中用于政府官员薪金的百分比大致相同。见《历城县志》，第 4 卷第 1—4 册(1924 年版)。

7. 恩县：后夏寨村

　　恩县位于山东西北靠近河北省的地方，在平坦的褐色的华北平原中心地带。东面是津浦铁路，西面在河北、山东的交界线上有古老的帝国时期修筑的大运河，这条河经常决口，有漫长的河堤需要维护。沙质碱性土壤除了种花生外，其他作物产量都不高。10户人家中有9户住在乡村中。[①] 耕地多于历城县，但农民拥有的农田仍然极少。

　　约有60％的农户拥有30～50亩耕地，14％的农户耕种的土地不足10亩[②]，只有4％的农户租入土地。[③] 根据1910年清政府的作物调查，恩县农作物按耕地面积排列依次为高粱、大豆、谷子、小麦、玉米和少量棉花。到1930年作物的排列顺序是小麦、高粱、谷子、花生、玉米、大豆和部分棉花。[④] 1930年棉花仅种植了7.7万亩，而花生种了18万亩。恩县花生种植面积在山东省排在第7位。20年之内农户就实现了小麦、花生之类现金作物种植的专业化。该县有6个行政区，几条公路，若干集镇。这些集镇上有一些榨花生油和轧棉花的小工厂。小麦、花生油和

---

① 天野元之助：《山东农业经济论》，第305页。
② 天野元之助：《山东农业经济论》，第323页。
③ 天野元之助：《山东农业经济论》，第316页。
④ 天野元之助：《山东农业经济论》，附录图1。

皮棉通过铁路运往天津或济南。

后夏寨村距县城西南几英里。地图 7 显示了村庄的密度和该县与大运河的距离。后夏寨最初建立时是一座兵营,又叫"屯",但 15 世纪初随着山西来的移民在这一地区定居,它变成了一个村庄。[①] 1911 年衬里

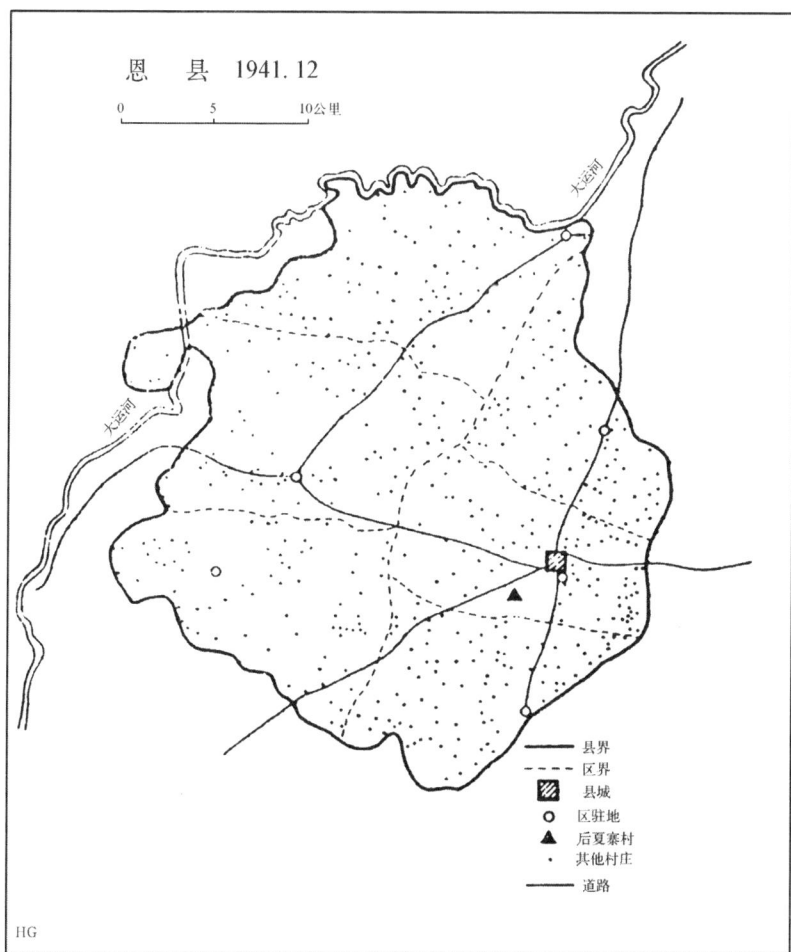

恩 县 1941.12

0	5	10公里

大运河

大运河

县界
区界
县城
区驻地
后夏寨村
其他村庄
道路

HG

地图 7 恩 县

---

① "惯调",第 4 卷第 397 页。

约有100户人家,到1941年增加到了130户。如果我们假定每户平均有5口人,这30年间的人口年平均增长率约为1%。[1] 据村民们说,1911年全村的耕地比1941年要多,因为这些年有些耕地卖给了邻村。[2] 自然灾害可能是典当的土地经常被出卖和村民耕地减少的原因。1933年蝗虫侵袭了农田,农民不得不在地边挖沟阻止它们吞食庄稼。1937年一场大洪水冲毁了庄稼。1940年另一场虫害几乎毁灭了棉花收成,1941年这一地区暴雨成灾。

土 地

村民们认为他们的耕地不如附近村子的耕地肥沃。在全村3 100亩地中,有400亩太坏不能耕种。初夏的大雨会淹没低洼地,把沙子冲到106地表,并使土壤含盐量增高。[3] 尽管如此,该村的农作物产量略高于全县的平均产量。[4] 高粱、谷子、小麦、花生和棉花是该村的主要作物。高粱和棉花3月份播种,8月底收获;小麦9月播种,5月收割。然后在种过

---

① "惯调",第4卷第397页。

② "惯调",第4卷第398页。

③ 这种情况可以在下面的村县产量统计比较中看到。

后夏寨和恩县产量(每亩斤)

作　　物	恩县平均产量 1931年	后夏寨好地产量 1941年	后夏寨坏地产量 1941年
高　粱	98	120	100
谷　子	132	160	150
棉　花	30	100	60
玉　米	99	100	40
黄　豆	73	80	50
小　麦	62	80	150
花　生	218	200	150

资料来源:1931年数据引自天野元之助,《山东农业经济论》,图1;1941年数据引自"惯调",第4卷第460页。

④ "惯调",第4卷第459页。

小麦的地里种植高粱、谷子和大豆。[1]　花生 3 月播种，8 月底收获，收获后卖给县城里榨花生油的工厂。有 10 亩土地的农户用 2～3 亩地种花生，或用 1 亩地种棉花。所以，约 15％～20％的耕地用来种这两种现金作物，其余的种口粮和小麦。1910 年以前，农民用种植罂粟代替棉花和花生。

土地所有制

107

　　该村没有一户人家仅靠出租土地收取地租生活。[2]　只有 12 户从其他农民手中租入土地，后者拥有的土地超过了他们能够有效耕种的面积。[3]　家庭农场相当小，17％的农户耕地在 30 亩以上，他们共占全村土地的 30％。60％的农户耕地在 10～30 亩之间，他们的耕地总数占全村耕地的 64％。20％的农户耕地不足 10 亩，仅占全村土地的 6％。3％的农户没有土地。[4]　尽管土地分配并不平均，大部分农户拥有 10～30 亩的土地。

　　租入土地的户数每年极少变化。1942 年有 13 户租入土地。[5]　其中 10 户拥有的土地不到 10 亩，另外 3 户各拥有 17 亩土地。这些佃农户一共只拥有 6 头耕畜。有两户为借债典当了一部分土地，除了一户之外，所有佃农都是从其他村民那里租入土地。大部分佃农租佃土地在 2～4 年之间，只有一户已租了 15 年。没有任何证据表明租入土地的农户百分比在过去半个世纪中有较大变化。

　　该村土地所有制与受调查的其他村庄一样。有几块地分布在村庄不同地段的农户发觉有些地块成本太高，耕作起来不合算，把这些土地出租给邻近的缺地的农户能够得到更大的利益。有地下到 20 亩的农户

---

① "惯调"，第 4 卷第 398 页。
② "惯调"，第 4 卷第 401 页。
③ "惯调"，第 4 卷第 10 页。
④ "惯调"，第 4 卷第 416、463 页。
⑤ "惯调"，第 4 卷第 475 页有一个表列有 13 户佃农；另见第 402 页。

有能力再多耕种一些与他的土地相邻的土地，并得到某种利益。因此，双方一致同意的租佃条件、出租土地的数量和租佃期限是使两户人家都能获利的。

有三种地租制度。最普遍的一种，13户佃农中有7户，采用的是"租地"制，在这种制度中，每亩地佃农向田主交纳固定数量的实物地租，通常约占正常年景收成的3/5。[①] 租地的佃农自己出资本，每亩地还要交2～3元的押租。[②] 只要佃农承认原来的租佃契约上规定的条件，他就可以自由地按他认为合适的方式使用土地。例如，如果他答应用谷子或小麦交地租，却种了棉花或花生，他就卖掉这些产品，买回谷子来交地租。租地契约由一个第三者进行安排，在收获后立约；契约上包括合同期限（通常每年重订一次）、交租时间、每亩地交纳的庄稼品种和数量。在这份契约上签字后，直到下一年收获后交租时，田主和佃农才会再见面。

如果收成太坏以至每亩地产量的价值低于应该交的地租数量，佃农和田主就把收成平分。当谷子的产量每亩地只有100斤，而不是平常的140斤时，田主通常得到80斤作地租，佃农得到其余的。也就是说，当产量低于正常收成30%时，田主仍有权得到80斤，其余的归佃农。但如果每亩地的产量低于80斤，田主和佃农就要平分收成。[③] 这种地租制度在歉收时是很苛刻的，但在丰收时佃农保留下来的收获物要比他在分成地租制下留下的多。在这种制度下，佃农多少有一些改良土地的动力。田主交纳全部田赋和摊款。

第二种地租制度叫做"分种"。地租是把收成在田主和佃农之间平均分配[④]，佃农不必付任何押租。如果一块地上种两种或更多的庄稼，地租是把所有的收获物按照它们的市价合起来计算价值，再折算成平均份

---

① "惯调"，第4卷第461～462页。
② "惯调"，第4卷第468页。
③ "惯调"，第4卷第463页。
④ "惯调"，第4卷第402页。

额的实物；然后佃农和田主在一起分割他们的收成。以前这种地租制度占主导地位；万一遇到歉收的年头，佃农和田主会从租地制转为分种制。分种制的租佃期限一般是 3 年；耕地仅出租给与田主属于同一血缘集团的农民。田主不向佃农提供任何资本，但给他按照他的愿望使用土地的完全的自由。

　　第三种地租制度叫做"大分子"或"二八分子"，1910 年以前没有出现过。佃户得到收获物的 20％，其余的全归田主。[①] 一些拥有土地不到 10 亩的穷人按照这种条件租入土地。田主向佃农提供包括肥料在内的全部资本。据说有几户别的村的富裕农民有兴趣寻找愿意按这种条件租佃土地的佃农。显然，这些农户有一些资本可以交给佃农投资，他们认为让佃农种植现金作物可以获利。他们由此获得收获物的最大份额，并以高价出售。在这种地租制度中不使用中间人，田主很认真地挑选他认为信得过的佃农。田主告诉佃农他打算在地里种哪一种庄稼，佃农要在田主家中帮忙做修理工作、积肥和其他零活。[②] 如果佃农需要借钱，他可以从田主手里得到。

　　在这个村子里土地租佃制并不重要，因为只有很少的农户出租或租入土地。在十二三户租入土地的人家中，看来发生过同样的由分成地租向定额地租的转化过程。我们甚至注意到，有两户人家租入土地并从田主那里得到帮助的方式与日本的佃农和地主彼此合作的方式一模一样。 *109* 还不能说这一地区是否正在开始产生这样一种新的发展，因为以这种方式出租和租入土地的农户太少了。租地和分种这两种地租制像一个世纪以前一样一直占统治地位，主要是由于对于那些拥有不同土地数量的农户来说，这是一种很方便的制度。农户采用分种地租制是由于当农产品价格持续上升时佃农和田主都可以自然的获利。

---

① "惯调"，第 4 卷第 462 页。
② "惯调"，第 4 卷第 469 页。

资　本

只要使用足够的农家肥，庄稼就可以高产。这种肥料是由土和牲畜粪便混合起来制成堆肥，在 1 月施到地里。好地每亩约需要 500 斤堆肥，坏地需要的肥料双倍于此。每户农民都自己制堆肥，只有少数农户有余钱从县城买人粪尿。此外，只有 6 户农民拥有的耕畜和农具能够充分满足耕种他们的土地所需。[①] 130 户人家共有 8 头骡子、3 头驴、38 头牛、19 辆大车、34 张犁和 13 副耙。这样可怜的资本储备近几年来只是缓慢的增加。有 5 口公用的井，其中只有两口供饮用。尽管 1941 年县政府下令要求打 12 口新井，但打井工作还没有开始。

村民们共同使用他们可怜的资本。有些农户把钱合在一起购买农具和耕畜并共同使用它们，有些农户在农忙季节用劳动力交换其他农户的农具使用。两三户农民合伙购买耕畜的作法叫做"伙买"。[②] 如果只有两户人家出资购买耕畜，第三户就负责饲养。在春耕或秋收季节，耕畜每 10 天在三户人家之间轮流一圈以完成农田工作。如果农户仅是由于缺乏劳动力而在农田工作中互相协助，这种作法叫做"伙种"。[③] 在另一种情况下，三户人家可能只有一户有耙或犁，为了有效地利用这些农具，两户人家帮助第三户使用耙或犁。在另外两户耕作时重复这种作法，从而使三户人家都有机会使用农具春耕。这一习惯叫做"家伙"。[④] 最后，一些农户集资购买一件农具，大家共同使用，这种方式叫做"搭伙买"。[⑤] 农户使用多种不同的合作方式以补偿资本的稀缺和购买资本的货币的稀缺。用上述方式合作的农户之间不订立契约，也没有金钱交易。这些资本共享的安排只说明农户认为合作对他们有利，并且确实存在着一种程度相当高的互相帮助。

110

---

① "惯调"，第 4 卷第 399、401 页。这些农民拥有的耕地超过 100 亩。

②③④ "惯调"，第 4 卷第 460 页。

⑤ "惯调"，第 4 卷第 461 页。

农户还用其他方式合作。当盖房子或参加葬礼或婚礼时,同一血缘家族的农民聚在一起,以一种叫做"帮忙"的习惯互相帮助,[1]然而,当某种自然灾害袭击村庄时,没有任何安排能让一些农户成为其他农户的援助。他们显然认为用不着建立任何正式的组织来保卫村庄——比方说,免干蝗虫的袭击——或许是由于这类自然灾害极少严重的发生。

劳动力

恩县的集镇里没有劳动力市场,但春秋农忙季节村子里有农民在他人的地里工作。小麦收获时春季作物也正要播种,由于需要很多劳力,只拥有 10~30 亩地的穷人家连妇女和小孩都要下地干活。有 30~50 亩地的农户必须雇佣一些工人做几天以至一周的工才能完成应做的农活。

据村民说,1937 年之后,打短工的工人人数一直在增加。[2] 对这种趋势有两种可能的解释,一是,1920—1941 年之间有 37 例农户分家。分家的结果是出现新的家庭农场并使农田分割成更多更小的块。少于 30 亩地的农户需要用非农业收入补充农业收入,如果 1920 年后形成了更多的这一规模的农户,农户中就会有更高的百分比开始发现他们仅靠农业收入无法维生。

第二种可能性是生活费用的上涨。1941 年据农民说粮食价格是 1937 年的 4~6 倍,花生价格提高了 9 倍,棉花价格提高了 12 倍。1937 年一个六口之家全年生活只需要 600 元,而 1942 年需要 1 000 元。[3] 尽管现金作物价格上涨的比粮价快,棉纱、布匹、火柴和煤油的价格却比现金作物价格上涨更快。农民发现不花更多的钱或出卖更多的产品,很难在集镇上买到与以前同样多的消费品。如果不买更多的种子、肥料和农

---

[1] "惯调",第 4 卷第 411 页。

[2] "惯调",第 4 卷第 403 页。

[3] "惯调",第 4 卷第 401 页。

具之类生产资料，要增加农业收入是困难的，而这些商品的价格也在迅速上升。由于集镇和城市中的货币工资上升，农户转向了获取更多的非农业收入。

111　　有些农户一直有劳动力在村外做一年或一年以上的长期工作。1937 年以前有 12 个农民去东北作苦力。有些人甚至在那里工作长达 10 年之久。① 他们每年通常给他们在村里的亲人寄回 50～60 元钱。② 村里只有 4 个长工，其中 3 个来自外村。他们一年挣 100 元左右工钱，再加上饭食和春节时一周的假期。一个穷苦农民可以请求同家族的另一户农民雇佣他，出于同情，那户人家向他提供饭食和住处，作为一个没有确定工作期限的仆人的报酬。1942 年在村外工作的农民总数，长、短期工作都包括在内，在 20～30 人之间。有的人在外县做小贩③，有的人在商店里做临时工或伙计，有些人一直在东北。

　　农村手工业是家庭收入的另一个来源。约有 12 户农民编篮筐在县城的集市上出售。编篮筐用的柳条来自县城东面一条小河边的一个村子。④ 一个编工在冬天编整整 3 个月的篮筐只能挣到 10 元钱。这项手工业生产要求相当熟练的技术，仅为这一原因就只有几家人能够从事。另一项手工业是制豆饼，有几家人生产豆饼在村里出售。

　　直到 20 世纪 30 年代末，该村的主要收入来自农业，并由农闲季节的工资和手工业收入来补充。1937 年以后，有更多的家庭把劳动力派到集镇上去，乘货币工资上涨的机会获益。引起这种新变化的原因还不能肯定是商品价格的上涨还是农场面积下降，亦或是这两者的共同作用。

借　贷

　　1942 年，每 10 户农民中就有 8 户负债。⑤ 对于债务的大小、期限长

---

①②③"惯调"，第 4 卷第 403 页。

④"惯调"，第 4 卷第 400 页。

⑤"惯调"，第 4 卷第 510 页。

短以及债务总额在近几年中是上升还是下降,我们一无所知。尽管农民不断地或多或少地彼此借钱或向集镇里的高利贷者借钱,该村的债务只是在大量土地典当给村外的高利贷者或卖出村时才变得严重起来。当债务保持在村内并能够偿还时,借贷的需求并不大。村民们认为大部分农户是在收成不好,到春天现金已用完时借钱。① 在丰收时农民的收入比较高,春天借钱的就会减少。因而,每年的借贷需求主要取决于这一年的收成。

尽管如此,借贷的需求也取决于礼仪和突发事件的次数。每户人家都可能在某个时间为了一个葬礼或婚礼一次就花掉 150～300 元钱,或者说是它全年收入的 1/5～1/4②,购买种地用的耕畜和农具,或家里有人生病时买药的必须的支出,都迫使农户去借钱。

后夏寨获得贷款的程序与前述三个村庄相似。10～20 元的小笔款项向朋友或亲戚借,几周内归还,不付利息。50～100 元的大笔款项可以向一个较富裕的村民、县里的一家银号或一个高利贷者借。以土地作为这些贷款的担保品,贷款必须在一年内归还,利息率为每月 2％或 3％。③这种制度简单地称作"借钱"。④（根据《中国农村惯行调查》这种方式的名称应该是"指地借钱"——译注。)需要一个中间人或保证人作介绍,并协商贷款条件。

1937 年以前,农民能够从集镇上的银号贷款,但 1937 年之后这些银号都由于战争而破产。农民不得不比从前更多地依靠商人和高利贷者的贷款。1937 年前,月息在 2％～3％之间变动,而到 1942 年通货膨胀使利率升到了 5％,有时高达 8％。⑤ 如果农民在秋后没有归还贷款,债

---

① "惯调",第 4 卷第 485 页。
② "惯调",第 4 卷第 479 页。见一个农民为了支付其父母的丧葬费用,把 8 亩地以 800 元的价格卖给了邻村前夏寨的另一个农民的例子。
③ "惯调",第 4 卷第 506 页。如果一笔借款在 100～200 元之间,当秋收后一年内归还时,利息为 50～60 元。这类借款的期限可以长达 3 年,但 1 年是常见的期限。
④ "惯调",第 4 卷第 478 页。
⑤ "惯调",第 4 卷第 479 页。

权人就找到中间人提醒债务人尽快还债。如果农民拖欠债务，债权人就要拿走先前指定作为担保品的土地。即使是 70～80 元的小笔债款没有归还，债权人也有权拿走土地。

一旦一个农民把土地用作担保品，他就不应该用同一块地担保另一笔贷款。如果高利贷者不认识这个农民，就很难防止这种违约行为。因而，高利贷者坚持由中间人安排贷款，以减少债务人把他的土地卖掉、私吞贷款后跑掉或否认曾经借过钱的风险。高利贷者很少能在县城得到法律的保护，对他来说，如果不求助于第三者对债务人施加间接的压力，迫使债务人还债是极为困难的。请求一个朋友或亲戚为代表借钱的农民对这种压力特别敏感，感到自己必须归还贷款。债权人把中间人视为一种对拖欠债务的制约力量，为他们借出的钱提供了必要的保证。

如果指地借钱的贷款不能如期归还或需要借更多的钱，农民就会典当一些土地；在恩县这种作法称为"当地"。[1] 1942 年，在全村 3 100 亩耕地中，约 500 亩典当给了别的 5 个村子。[2] 外村农民当给后夏寨村民的耕地只有 10 亩。土地大量外流发生在最近几年中。或许是由坏天气和虫灾造成的频繁的歉收迫使农户借入比他们在正常年景通常会借的更多的钱。村民们声称，1937 年以后典当土地的农户数没有任何大的增加[3]，所以农民一定是在 1911—1937 年间的某个时候已经负了债。另一方面，由于典当契约通常以 3～5 年为期，上述典当土地的面积完全可能并不代表 20 世纪 20 年代借钱的农户状况。实际上，农户可能十分经常地周期性地向外村人借贷，在不同农户典当和回赎土地的过程中，典当土地的数量长时期保持了稳定。

当一个农民决定要典当土地时，他请一位中间人作介绍，提供经济

---

① "惯调"，第 4 卷第 478、488 页。
②③ "惯调"，第 4 卷第 485 页。

担保,协助起草典当契约,有些契约规定的期限长达 10 年之久。[1] 如果借债人不想使用土地并交纳地租,放债人就把土地收走。为了计算借到所需要的钱应该典当的土地的数量,首先必须确定土地的价值。土地的当价约为这块地卖价的 50%～60%。好地可以高至 70%,坏地则为 20%～30%。[2] 典当土地的当价和数量确定以后,就起草一份契约注明贷款的数量和归还的时间。三方在这份契约上签字画押,土地就转到了放债人手里。田赋由耕种这块土地的农民交纳。

　　恩县的农民较多的典当土地而不把土地作为贷款担保。[3] 这样做的理由还不清楚。或许是由于银号贷出的钱较多,它们坚持要农民典当土地作为归还贷款的更好的保证。另一方面,农户拥有的耕地比已经讨论过的三个村子要多——大部分农户拥有 10～30 亩地——对他们来说,通过典当土地获得贷款可能更容易。对于 100 元以上的贷款,农户要在别的村子或集镇上找一位富裕户或高利贷者。即使有第三者作为中介,高利贷者也会认为风险太大,拒绝接受指定的土地作为担保品,而是坚持要借债者典当土地。1940 年后夏寨由于虫灾而歉收,但别的村子没有遭受虫灾。1941 年春天有很多农户需要钱帮助他们渡过秋收之前的困难时期。他们获得贷款的惟一方法是向其他村庄或集镇上的高利贷者借钱,这些人坚持要求典当土地。

　　在借不到钱时,就要出售土地。卖地是件很令人生厌的事,要冒很大风险。该县没有一个能够让土地交易更容易,给买主和卖主适当的保护,对土地做出正确估价的土地市场。当一个农民决定卖地时,他找一个可信赖的朋友去寻找买主,并安排能够获利的出售。中间人首先在亲戚朋友中寻找,如果他没有能找到买主,就要到村外去找。中间人一旦　114

---

① "惯调",第 4 卷第 485 页。在山东省的一些地方,如威海卫,土地典当出去好几代人,一个家庭的后代仍有权赎回他的高祖父典当出去的土地。这样的情况见 R. F. 约翰斯顿《华北的狮子和龙》中描述的实例,伦敦,1910 年版第 140～141 页。

② "惯调",第 4 卷第 511 页。

③ "惯调",第 4 卷第 511 页。借贷的村民中约有 60%到 70%这样作时是通过典当他们的耕地,而不是把耕地作为担保。

找到一个买主,他就要从这个有意要买地的人手中得到一小笔保证金。在丈量了土地并且双方对价格达成一致后,就要起草一份契约,写明土地的数量、位置和卖价。中间人得到一笔费用,通常是土地卖价的 2%,但他经常只接受买主和卖主送的一点小礼物。买主留下一个能够说明所有权的契约副本,以防日后发生争端。然后他到县城的税务部门去交纳契税,得到一份新的地契,表明已经交纳过契税并登记了土地。很多农民从来没有登记过他们的土地,据估计每 5 个买主中有 3~4 个拒绝登记土地以逃避交纳契税。[①]

借贷的最后一个来源是"请会",即由 12 个农民组成的小型的轮流储蓄协会。[②] 当会员聚会时,每个农民存一小笔钱,积累起一小笔共50~100 元的基金。当一个成员想要借钱交税、支付婚丧费用或者买些货物做小买卖时,他可以借走全部存款,每月付 2%或 3%的利息。每个成员轮流借钱,只有拥有土地并交纳村费的农民才可以参加。这种作法不需要中间人,为农民节省了大量时间。

市　场

1937 年以前,村民们在几英里以外的一个大村子赶集,但 1937 年以后,县城外面离后夏寨更近的地方建立了一个新市场。布匹、煤油、火柴和茶叶是村民购买的主要商品。农民赶集时带着几斤棉花或花生去出售,然后用卖得的钱买回他需要的消费品。有时用棉籽换花生油,所以有些商品还是实行物物交换的。

有五六个村民合伙向其他农户收买棉花然后卖给县城里的轧花店。共有 20~30 家这样的轧花店加工棉花,然后把棉花卖给 6 个大经纪人,后者把棉花打包运往天津或济南。农民出售的其余的棉花直接落入代表天津和济南的批发商的经纪人之手。花生的情况也是同样,

---

① "惯调",第 4 卷第 481 页。
② "惯调",第 4 卷第 414~415 页。

远至青岛的经纪人到山东省的这一地区来收购花生。价格通过讨价还价的竞争来决定,经纪人们也互相竞争,尽可能用最低的价格买到最多的商品。

土地继承

家长首先考虑的是维持家庭的连续性。中国农民相信获得土地是改善家庭命运、为后代提供生活保障的最可靠的方法。家长能够留给他的儿子们的土地越多,儿子们经营和继续获得土地就越容易。家长将会通过祖先崇拜得到极大的尊敬。用这样的方法而不是用保持土地完整的方法家庭就会以某个家庭成员的名字永恒存在。分家的另一个理由是避免成为盗贼的目标或者不得不交更多的税。下面是与农民王庆昌的一段对话;王在 1936 年把土地分给了他的儿子和父母。

问:为什么你们的土地一代又一代的平均分配?

答:这是从前留下来的习惯。

问:如果土地不这样分配,生活条件不会更好些吗?

答:有可能,但如果一家人积累了很多土地还不分家,土匪就会来抢劫你,你还需要交更多的税。这种情况同样的坏。[1]

这里揭示的情况显示出,大土地所有者,王以前就是一个,害怕长时期明显地表现出富裕带来的后果。如果一个人的富有变得引人注目,盗贼和税收的风险就会加大。换句话说,实际上不存在法律对私有财产的保护。

当儿子们提出要求时,家庭就会分割土地,或者由家长决定把土地传给他的儿子们的适当的时间,分家的方法与前面三个村子已经提到过的相似。立一份契约,叫做“分单”,详细载明每人的分配状况,证明全家一致同意财产的分割。全家人还可能在一起生活一个短时

---

[1] “惯调”,第 4 卷第 424 页。

期,但儿子们很快就会带着他们的家庭成员搬走建立自己的家,并独立耕种。

村民也有分一部分土地给年老的双亲留作丧葬费用的习惯。为此目的提出来的养老地的数量通常是分给儿子们的全部土地的1/3。[①] 当儿子们分家之后单过时,父母就轮流短时期地到他们家中生活。父母都去世后,就把养老地卖掉付丧葬费,如果还有多余的土地,也要卖掉或在儿子们之间平分。养老地的习惯自然使土地进一步零细化。

过去60年中,该村大约有一半农户在其男性继承人中至少分割过一次家庭财产。这可以在表15中看到,表15依据的资料来自1942年5月和6月进行的一次分户调查。每户都被问到什么时间分的家,分过多少次。我计算了已知分家事例占应答者总数的百分比,把它们按时间段排列。新形成还设有来得及分家的户归在第三类里。

表 15　后夏寨村农户分家的频率,19世纪末—1942

事例类型	户　数	百分比
有分家记录		
1880年前	4	3.4
1890—1909	14	11.9
1910—1919	7	5.9
1920—1929	17	14.4
1930—1941	20	16.9
分家状况不详	13	11.1
无分家记录	43	36.4
合　　计	118	100.0

资料来源:"惯调",第4卷第557～563页。

不同的时间段分家的农户数变动相当大,但很明显,20世纪20年代和30年代的数字是上升的。这一模式与沙井村和寺北柴村相似。这些对话中没有任何东西能说明1920年以后和1930年以后分家的户数为

---

① "惯调",第4卷第445页。

什么会上升。这一趋势可能是由于内战和日本入侵引起了更大的不安全感。它还有可能是由于人口发展的一般规律,可能在 19 世纪末的某个时期建立的一大批家庭,此时恰好到了儿子们想要建立自己的家庭农场的时候。

村的领导权和组织

在清代,后夏寨的居民按照他们在村子里住的远近分为三牌,每牌 117 的户数不固定,有一个牌长。牌长与村的首领——"庄长"和副庄长一起讨论村里的事务。[①] 1900 年以后,牌长的主要任务是在有摊派时帮助庄长向村民收取摊款。1938 年取消了牌制,几年以后建立了保甲制。该村分为 13 个甲,每甲 10 户人家:甲长每月与保长和他的副手一起商量村庄事务,布置摊款的征收。这些人组成了村公会。

1942 年的保长是一个 37 岁的农民,那年 2 月当选。以前的庄长有人当了 8 年多才不再当,他们都是相当富裕的农民,拥有的土地都在 30～50 亩之间。[②] 表 16 列出了前任和现任的 6 个庄长或保长,他们的任职期和他们拥有的土地数量。

表 16 后夏寨村庄长、保长任职期和土地所有

庄长或保长	当选时间	任职年限	土地数量(亩)
吴玉衡	1942 年 2 月	—	30
王庆龙	1940 年 7 月	1.5	30
王文庆	1938 年中	2	—
吴玉林	1937 年	1	30
王保垣	1929 年	8	50
李 仆	1922 年	7	30

资料来源:"惯调",第 4 卷第 404 页。

[①] "惯调",第 4 卷第 424、432 页。

[②] 应该指出,1937 年以前后夏寨的三个牌长都有可观的财产和土地,但到 20 世纪 30 年代末,他们只有极少的土地。同上书,第 408 页。这个例子说明了家庭命运能够多么迅速地改变。

庄长们当选是由于他们公正的作风、调停争端的能力和与地方官员打交道的才能。他们出自该村最大的家族,但这并不意味着某一个家族把持了村里的领导权。从表 16 可明显看出,由拥有土地的家长们投票选举出来的庄长并不都是王姓家族的人。庄长没有明确规定的任职期限,如果生病或太忙不能继续当庄保长时就辞职。王庆龙辞职是由于他没有时间处理村庄事务,王文庆为了同一理由辞职。吴玉林和王保垣由于生病而失去任职资格。庄长没有薪金,但每年村民们会凑集一小笔钱给他表示对他的工作的感谢。

118　　庄长由"地方"或"地保"协助,后者是住在该村的半脱产的农民。在清代,他们由该村的三个牌支付一笔工资,他们的主要工作是收税。民国时期他们的工作变得不重要,他们对庄长负责,在他和甲长们之间跑腿。1942 年该村的"地方"以前是个小学教师,能读会写。每年秋收后 13 个甲付给他一小笔实物工资,他的主要工作是负责庄长和甲长们之间的联络。

1911 年以前,由于摊款是一种极少见的税收,庄长的工作较容易,他也没有任何村庄组织需要管理。对他最大的要求是调停争端和督促农户交纳田赋。随着地方政府需要更多的税收,并企图使其控制深入到村庄事务中,保长的责任加重了。现在他必须经常性地收田赋和摊款;指派农民到村外去服劳役;管理村里的学校;统计村里的户数;组织村里的自卫团体;管理保甲组织。此外,他还要继续调停农户间的争端,在受到干旱威胁时指挥传统的求雨仪式。[①]

当地方政府需要更多的赋税收入时,就通知每个区必须交纳的数额。区政府召集保长们把税收负担按照交税能力分摊到各村。每个保长回到自己的村子里召集甲长们开会,讨论为了完成全村的摊派份额每个有地的农户必须分摊多少。佃农不必交摊款。甲长们和保长就每户应交的费用达成一致后,他们就通知他们各自所在的甲中的农户,所有

---

① "惯调",第 4 卷第 419 页。

的农户在指定的时间把摊款交给甲长。甲长把摊款再交给保长,保长然后报告给县里的官员。如果一个村里有某些农户拒绝服从,这一消息必然会传到县警察局。警察很快就会到村里来,家长就会遭受毒打,直到他答应交摊款为止。[1]

为县里的工程动员村里的劳动力时用同样的程序。当县里的官员确定了为完成某项工作需要的劳动力数量后,他们就要求附近的一些村子提供劳力。各村的保长和甲长们开会决定哪些农户应该为村里出劳工,每户按其拥有的土地数量轮流出一个强劳动力,负担再次落在有能力支付的农户头上。

20世纪20年代初,军阀张宗昌的部队进入恩县。很多村民逃离这一地区,牲畜和农业资本损失严重。1926—1927年,军阀部队的败兵袭击了该县南部的村庄,拼命想要弄到粮食和大车,农村局势再度陷入混乱。[2] 尽管村庄并没有在这些时不时的动乱中遭受很大伤害,农民还是被迫组织起了称为"红枪会"的自卫团体以保卫他们的村庄。到1930年由于外部的威胁减少,这些组织解散了。但在1939年,县政府下令各村组建同类的自卫团体,由18～45岁之间的青壮年男子组成,以甲为基础分组。每组以甲长为首,他接受指挥官,即保长的命令。后夏寨的自卫团已经组建,但还没有见到实际行动;无论如何,村民们把这一组织仍叫做红枪会而不是自卫团。

1920年以前,该村实行一种称作"义坡"的守护庄稼的制度,农民非正式地组织起来夜间守护他们的庄稼。从5月中旬到8月底,个体农民和他们的朋友及亲戚一起到地里守护庄稼。[3] 如果一个农民雇佣另一个农民看守他的庄稼,这种作法则称作"看青"。20世纪20年代的某个时候,该村组织过一支夜间巡逻队,称作"打更",专门为了守护村里的庄

---

[1] "惯调",第4卷第420页。
[2] "惯调",第4卷第410页。
[3] "惯调",第4卷第422～423、411页。

稼。每天晚上有 30 个人在村里巡逻。[①] 这支队伍分为 4 班,每班有 7 个农民和一个头目。两班分别在村东和村西巡逻时,另外两班休息,到半夜再换班巡逻。20～40 岁之间的男子符合夜间警戒的条件。何人入选依据的是农户拥有的土地数量。有地 10 亩的农户出一个人,20 亩的出两个人,不足 10 亩地的农户不必出人。[②]

该村 1910 年建立了一所小学,学生在 20～30 名之间,全是男孩。有孩子上学的每户交一小笔书本费。如果学校还需要更多的经费,由村公会在征收摊款的时候提供。村公会征收摊款时直接对每户加征一笔钱用于村的额外开支。村公会用同样的方法为村里的庙宇提供资金,维修公共水井。[③] 学生们学习中国古典著作,他们通过跟在先生后面反复朗读的方法背诵这些著作的片断。学校不教给他们哪怕是最简单的算术、美术和科学课程。只有少数村民会读写,村里没有报纸传阅。

家族势力极为薄弱,除了有埋葬家族成员的坟地外,家族不拥有土地。村民称家族坟地为"祖茔地",在家族成员把土地传给儿子们时,祖茔地不能出卖也不能分割。[④] 每年清明节,家族成员聚集在坟地向他们的祖先表示尊敬,并挑选一个成员来年耕种坟墓周围的几亩地。他有责任照料坟墓,从仅有的几亩坟地上获得的收成用来补偿他的辛劳。他必须报告收成的数量、交纳的田赋和他自己留下了多少。他不能为获得贷款而典当土地。[⑤]

村和县的财政

恩县一直分为几个区,直到 1937 年以前,区里的官员也一直直接与村长们打交道,后者再通过牌管理村庄事务。1937 年后的某个时候,区

---

①② "惯调",第 4 卷第 412 页。

③ "惯调",第 4 卷第 420～421 页。

④ "惯调",第 4 卷第 477 页。

⑤ "惯调",第 4 卷第 478 页。

进一步细分为"联保"——由 15～17 个村庄组成——它们成为区与村之间的中介。

根据该县税务资料,我们知道在 1920—1930 年之间,6 个区中每一个都建立了警察机构,它们的主要作用是维持秩序和强迫纳税。随着县里的支出增长,为平衡预算有必要增加税收,所以警察武装也不断扩大,1942 年前,警察总数达到了 180 人。[①]

1908—1942 年之间,县预算有了很大的改变。1908 年,为抵消开支而征收的全部赋税中约 25％用于官员的薪金,另外 25％用于一般性的行政费用。[②] 其余的 50％分别用于县教育和公共救济事业及上交省财政。1941 年,仅行政、县防卫和警察这三项就用去了总收入的 90％。另外 8％用于县教育事业和经济建设;其余的上交省财政。[③]

在 1908 年的预算收入中,县的主要收入是田赋,而 1941 年,尽管总收入中 90％来自田赋和摊款,后者却占了最大的份额。[④] 估计 1942 年的预算支出将达到 77 万元,而 1941 年的预算支出为 34.4 万元,其中约 72 万元将通过村摊款征收。[⑤]

1941 年的收入和支出双倍于 1932 年。收支增长的主要原因是支出方面的物价上涨了 3～4 倍。尽管如此,县政府不是借钱弥补赤字,而是通过增加税收和把盈亏都转入下一财政年度的方法极为成功地平衡了每年的预算。

没有足够的预算数据可以用来制表说明 1937—1941 年间年度收支的变化,但可以通过分析一些零星的资料来提示岁入的主要来源和它们是如何征收的。有两类重要的税种:对农村地区征的税和对集镇及县城中的商人征的税。最大的负担,可能占税收的 80％～90％,落到农村地区。

121

---

① "惯调",第 4 卷第 524 页。
② 据《恩县志》(山东,1908 年版)第 10 卷的赋税资料计算。
③ "惯调",第 4 卷第 548～553 页。
④⑤ "惯调",第 4 卷第 523 页。

农村的税收有两类:田赋和摊款。每亩地田赋的税率是固定的,村民一年三次把田赋交给县里的田赋征收处。这种税一直没有增长,由于农产品价格上涨和货币收入的增加,田赋只占农民全年收入中一个很小的比例。当一个农民把地卖给另一个农民时,田赋也转移给新的田主,后者也要交一笔契税,相当于土地买价的5%。在交过这笔税之后,新田主得到一张官方印制的地契,叫做"红契",盖有官方印鉴,证明这次出售已经登记并交纳过契税。[①] 这份文件是所有权的证明,也是田赋征收处的记录。很多农民为了逃避交纳契税,不愿意登记土地交易。由于村里的田赋通常是通过村长上交,新的田主可以交纳田赋而不会被田赋征收处查出他是新田主。结果是,县城里的田赋记录与实际耕种的土地数量、拥有和耕种这块土地的农户的姓名都不一致。

关于摊款如何征收已经引用了大量的细节。它落在村民身上,村公会按照每户人家的纳税能力分配负担。1930年以后征收的次数更多;为了强迫征收摊款,更经常地使用警察队伍并扩大了警察队伍。

商人交纳两类税:一种是对每个商人都征收的税,叫做"营业税"[②],一种是对商品征收的货物税。前一种税直接落到商人头上,只有一部分被转移给消费者,或是商人向其购买或雇佣劳务的团体。由于激烈的竞争,这些团体存在于每个市场上。然而,营业税是按照总收入中一个固定的百分比交纳的,商人很容易逃税,只要他报告的总收入比实际所得更低。警察和税务局要核查每个商人的收入来确定他们是否交够了税是很困难的。

自20世纪30年代初开始征收多种交易税,商人一方面通过提高价格把这些税转嫁给消费者,一方面压低价格转嫁给供应商品和劳务的人。一项对花生油征收的税由榨油作坊交给一个定期巡回的收税员。

---

① "惯调",第4卷第517页。
② "惯调",第4卷第515页。

油坊通过压低花生收购价格把这笔税转嫁到了农民头上。尽管如果花
生价格不提高的话,农民可以转而出售另一种现金作物,但他们还是继
续卖花生,因为花生价格比其他粮食作物和现金作物的价格更高。

在集市上屠宰家畜和家禽也要交税,家畜出售时要以售价的10%交
税。恩县有50名经纪人购买家畜,然后宰杀卖肉。有两名征收这种税
的官员定期巡视他们。① 还有一种烟酒税,有33个商人出售这些商品;
这些商人被授与出售这些商品的特许权,只要他们把规定的税款交给按
期核查其库存的警察。② 这些经纪人和商人都可以把大部分税务通过提
高价格转嫁给消费者。

据说恩县的商人比邻近各县要少③,他们组织在一个商会里,商会设
在县城。资产价值超过500元的商人有资格加入商会④,这一规定把大
量在集镇间流动的农民小贩排除在外。没有向商会征收过摊款,但有很
多人认为1943年要交摊款。

---

① "惯调",第4卷第515页。
② "惯调",第4卷第537页。
③ "惯调",第4卷第516页。
④ "惯调",第4卷第515页。

8. 华北的村庄：概述

尽管会有若干重复,看来有必要把这 4 个村庄调查中发现的东西进行概述,并对某些一致之处加以注意,这对进一步分析农民经济是有用的。这 4 个村庄之间在生活水平、农场平均面积、依赖非农业收入的农户百分比和农民负债方面都存在差异,但这些差异都是程度上的。沙井是 4 个村子中最穷的,尽管该村至少到 1938 年以后生活水平都没有明显恶化,农户几乎不拥有耐用消费品,不得不让劳动力离村工作的农户百分比相当大,全村近 1/4 的收入来自非农业收入。农民大量欠村庄以外的人的债务,半自耕农很多。

冷水沟村的情况完全相反,这个村子大概是 4 个村中生活水平最高的。在这个村子里有商店和手艺人;只有一小部分农户有人外出寻求非农业收入;大部分债务关系发生在村内;很多农户拥有自行车之类的耐用消费品。

尽管各村的生活水平不同,这种不同却不能用它们处于同一个地区内构成一种经济变革模式的不同阶段这样一种假设解释。村庄当然受到了同类经济因素的影响,但这些村庄还存在地理位置、地方资源状况、一些无序干扰如战争和自然灾害的频率及持续时间等等差异。因而,各种经济因素又反过来受到这些变量的影响,形成了村庄经济发展的不同形式,而不是同一模式中发展、成熟和衰退等不同的阶段。

1880—1940 年间所有村庄共有的经济因素看来是按下述方式发生作用的。人口以年平均 1%左右的增长率持续增长。到 20 世纪 20 年代或 30 年代村里所有可耕地都得到耕种,以至自 19 世纪末以来耕地面积只有最低限度的增长,农场平均面积下降。农业技术只有轻微的改良,如美棉和新作物品种的引进之类。打了新的水井,传统的农家肥的供给增加了。每个家庭农场的资本储备保持不变。由于户数增加,村庄的资本储备略有增长。以每个村庄的自然资源、村庄对于发展中的城市中心的位置、自然灾害或战争之类的无序干扰——这些干扰对村庄造成了最低程度的损害——为基础,这些经济因素互相作用并影响生产力。

没有任何证据表明 1937 年以前农民的生活水平在下降,所以,为了供养增长的人口,农业总产量是上升的。即使家庭农场的规模在逐渐缩减,农场的平均生产能力仍保持不变。此外,农村手工业生产、工业原料作物的引进和在附近城市中非农业就业的机会,使农民能够增加他们从粮食和蔬菜生产中得到的收入。如果村庄足够幸运,能享受到这些好处,就能够维持收入水平,或许还可以提高,农民的生活水平就不会下降。

如果村庄由于坏天气、洪水和虫灾造成了连年歉收,或由于军队的掠夺使大车、牲畜和强劳力严重减少,财产的损失就会使农民很难恢复到原有的生活水平。不可避免的后果是增加负债,佃农和无地的农户增多,甚至移民增多。村庄遭受某种重大灾害——自然的或人为的——损失比任何其他经济因素的结合造成的损失都要大。

从这 4 个村庄的研究中可以推论出 5 种村庄经济发展形式。这些分类可以说明在农民经济条件下村庄变化的复杂性,以及把这些变化概括为一种趋势的危险性。第一种,有一种现金作物、一种手工业和一个非农业就业机会的村庄,能够挣到的收入超过了弥补村庄收入中任何暂时损失所需要的。冷水沟村属于这一类,它的生活水平高于大多数村庄。第二种,拥有上述三个收入来源中两个以上,可能发生过连续歉收,但最终恢复了原有生活水平的村庄。此外,佃农和无地农户的数量没有发生变化。恩县的后夏寨属于这一类型。第三种,有上述补充性收入来源中两个以上,但由于歉收,生活水平略有下降,佃农和无地农户的数量增加,村庄欠村外人的债务上升,村庄的耕地大量转移到村外人手中。这是寺北柴村的情形。第四种,只有一种补充性收入来源,即非农业工作的工资,可能极少遇到无序干扰。尽管它们的生活水平低于前面几种村庄类型,但在过去 50 年中生活水平并没有下降。沙井村就是一个实例。第五种,只有非农业工作的工资补充农业收入,可能遇到过多次无序干扰。生活水平下降,佃农和无地农户增加,有些农户被迫迁走。在我使用的村庄调查资料中,没有这样一个村庄的实例。然而,20 世纪 30 年代初进行的其他农村调查表明华北存在这类村庄。20 世纪 20 年代由于军阀对农村的蹂躏,迫使农民流入通商口岸或移民东北,这种情形相当普遍。

很难说哪一种类型更接近于华北村庄的普遍状况。各种类型同时共存,甚至在同一个县中都能发现每个类型的村庄。时间因素也很重要。20 世纪 40 年代的农村状况与 1900 年时有很大不同,1940 年在村庄中观察到的变化看来更像是第三、四、五种村庄类型。对村庄经济变化的这种分类显示出一个村庄内的经济状况可能恶化、改善或是保持不变。

村落的主要共同点

村与村之间有很多共同点,正如在这些调查结果中可以看到的。这些共同点说明,尽管村庄发展存在不同类型,但农村的变化在根本上是相同的。

除沙井之外,所有的村庄都发生了同样的由分成地租向定额地租的转化。在沙井村,由于该村的土地以前都是旗地,货币地租早在 19 世纪及 19 世纪以前就已存在。旗人拥有的土地出租给交纳货币地租的汉族农民。交纳货币地租的习惯直到本世纪仍在沿用。在其他地区,地租从分成制向定额制的转化是渐进的,在同一个村庄里可以同时发现这两种制度。

土地继承制度使得大农场不可能经两代到三代以上仍保持原封不动。农场的土地越来越零细,越来越难以有效地耕作。当村庄在同一时间有较多农户分家时,就会形成很多只有极少土地的农户。因而,有更多的农民不得不短时期离开农场寻求非农业收入。

直到守护庄稼的组织于本世纪初或那以后建立起时起,村庄才有了明确的村界,村庄不断由于收成的波动和村庄的债务而获得或失去土地,农民缺乏强烈的村庄认同观念。在守护庄稼的组织建立之后,农民逐渐习惯于把这些组织守护的土地所在区域看作就是这个村庄本身。

表现为摊款形式的农村赋税 1920 年之后有很大增加,到 20 世纪 30 年代末,它成为地方政府的重要税收来源。分派这些赋税负担并监督其交纳对村领袖们来说是一项困难的、不愉快的任务。他们用对每单位面积耕地征收一笔费用的方法把赋税负担摊派给农户,然后通过村里的户口组织——保甲制——收集摊款。用按照每一户的纳税能力——它耕种的土地数量——分摊赋税负担的办法,村领袖们得以使赋税负担平等,保证村庄能交纳更多的赋税,使社会对交纳更高赋税的怨恨降到最低。

不存在从事打井、灌溉农田、生产肥料和增加耕畜供给等以农业进步为目的的村组织。这些事情都留待各个农户去做。然而,农户个人互相合作购买农场资本、共用耕畜和劳力或租佃土地。这些作法通过同一家族、朋友或邻居之间家长的非正式协商而实现,显然是为了克服资本、劳力和土地的稀缺。

家族对村庄事务管理及农场经营的影响很小。村领导权由卓越干练的自耕农户的家长组成,他们有能力与地方官员打交道,解决村里的问题。这一精英团体的成分一代又一代不断地变化,不是根据世袭的继承。村领导权的变化与该村农户的上升和下降极为接近。

某些一般的调查结果

必须把户看作基本的经济社会单位。家族在村庄生活中是一些薄弱的组织,村领袖们的主要精力用于收税、村庄防卫和解决农户间的争端。农户对农产品价格的变化极为敏感,尽可能把他们的土地投向最好的经济用途。他们衡量出租或租入土地的利益和成本。他们理性地考虑各种可以替代农业的收入,考虑在不同的工作之间怎样配置劳动力才能使家庭收入最大化。家庭有获得更高的收入并购买土地的强烈动机。

所有 4 个村庄的土地所有权都起到了使拥有不同土地的家庭更有效地经营,并获得更多农业收入的作用。纯佃农只占村民中一个很小的比例,尽管很多拥有土地的农户经常短期租入一些土地。在这种地权制度中,地主既不指挥生产,也不给他的佃农以物质帮助,没有新技术经地主之手向佃农转移。很少有大地主经营土地,住在集镇上的不在地主通常通过农村借贷制度获得他们的土地。

借贷制度的基础是农户把土地用作担保品和钱的近似物。农户在借小笔钱时把他们的部分土地指定为担保品,如果需要大笔款项,就典当土地甚至出卖土地。大量的村庄借贷是农户互相出借,有些贷款从集镇流入村庄,农户用他们的土地担保以获得这些贷款。如果还不起欠债,农户就典当抵押土地。债权人不是自己经营典当给他们的土地,而是让欠债的农户租佃并经营这块地,直到当初所借的债归还,土地被赎回。在这种借贷制度中,风险是个很大的困难,但通过求助于一个第三者提供个人的介绍、以其名望作担保并提供经济保证,确保其债务将会归还,就使风险大大降低下。这使债权人和债务人之间产生了更高的信任和约束。除了 1938 年以后通货膨胀日益严重时以外,这一时期利息率一直稳定在月息 2％和 3％。

技术进步和农村基本建设如学校、水利控制系统和公路等的改善非常缓慢甚或不存在。地方官员对收税和维护秩序以便维持行政权力的兴趣远高于建设农村的兴趣。官员们利用更多的警察武装把经常性的摊款强加于村庄,成功地从农村收到了更多的税。赋税收入在省政府和地方政府之间分配,后者主要用来支付官员的薪金和扩大警察武装。在这一阶段,尽管税收加重,并且任何政府都没有投资以推动农村发展,但农民没有表现出明显的贫困。

每一种迹象都显示出,地权分配在较长时期中没有变化,已经很严重的土地占有不均并没有变得更不平均。地权分配保持稳定的原因在于男性继承人之间平均分配土地的继承制度。

没有证据显示商人、不在地主和高利贷者阻碍了农村的进步,造成了农民的贫困。他们对村庄的影响看来极为薄弱。另一方面,随着地方官员成功地征到了更高的税,由于警察武装被用于向村庄征税,地方政府对村庄的控制更为强大。税收负担的摊派由村长和村公会负责。

这些各种各样的调查结果当然还需要用从其他农村调查中搜集到的经验证据来证实,然后才能断定它们适合于华北各地。在本书余下的几章里,将提出证据证明这 4 个村庄中的一般状况正是华北农村的典型。到目前为止所观察到的一致性和规律性可以作为一个基础,用来推论 19 世纪末之后的农民经济是如何演变的。

第三篇

华北的农民经济

9. 农民农场结构：劳动力

在我以微观经济，即户和村庄开始的对农村经济的分析中，已经描述过 4 个村庄在 50 年的时间中一些重要的变化和重要的制度。这种方法和费孝通的理论是一致的，即小范围的彻底调查可以作为实例说明在分析不同问题时区域性要素的重要性，并提供实证的描述。[①] 但到此为止，从一批资料中抽出来的事实和据此得出的任何结论都更像是在把只代表农村经济一个碎片的薄弱的证据上升为理论。必须找到更多的证据回答 4 个基本问题。随着农场面积的缩小，农户的劳动力是如何利用的？为什么农民避免对超出一定规模的农场投入更多的农业资本？为什么农民经营的农场面积大小如此不同？19 世纪 90 年代之后，当商业和工业在城市中迅速发展时，农民是如何使用他们的土地的？

现在把田野调查资料围绕着一个广泛的框架组织起来，以说明农户对劳动力、资本和土地的利用和配置。讨论的起点是户这个单位。对农民的行为提出一些假定可以更好地理解农民家庭农场的活动。这些假定涉及到农户认为重要的需求和满足程度，还有制约农户为达到其目标所作努力的因素。它们将作为分析家庭农场劳动力结构和村庄中劳动

---

① 费孝通：《中国农民生活》，第 1 页。

力利用的基础。

农户的规模

典型的家庭农场包括丈夫和妻子、一两个子女和一个老人。很多农户由于三代同堂而越变越大。每个家庭的人数和农场面积之间有一种相当密切的关系[1],因为一个有较多儿子的家庭有较多的劳动力可以得到更多的收入购买土地。如果一个农户没有任何严重的家庭灾难,几乎没有老人需要照顾,勤奋和俭朴就能使其农场面积扩大。随着儿子们结婚和生儿育女,家庭农场可能会达到一个特定的规模,在这个规模上,农场提供的收入可以让所有的人在一起生活。我把卜凯对河北和山东省一些地方的调查所得资料进行了整理,以说明每种规模的家庭农场的人数。表 17 显示出随着农场规模扩大,每个农户的人数也在增加。

132

表 17　农场面积和每户人口数之关系,按地方分组

河 北 省							
昌　黎		正　定		沧　县		通　县	
农场面积	每户人口	农场面积	每户人口	农场面积	每户人口	农场面积	每户人口
1.02～1.22	6.0	0.27～0.92	4.1	0.29～1.07	5.3	0.25～0.91	4.4
1.23～2.45	6.5	0.93～1.84	5.6	1.08～2.14	6.0	0.92～1.83	4.8
2.46～3.68	8.1	1.85～2.77	6.8	2.15～3.22	7.4	1.84～2.75	5.6
3.69～4.91	8.0	2.78～9.73	10.4	3.23～4.30	8.9	2.76～3.68	6.1
4.92～6.13	9.9			4.31～14.36	10.4	3.69～7.77	7.8
6.14～9.82	9.9			14.37～128.58	13.6	12.55～31.64	12.0
9.83～14.81	10.5						
平　　均	8.6	平　　均	6.4	平　　均	7.7	平　　均	5.9

---

[1] 见冯和法编:《中国农村经济资料》,上海,1935 年版,第 1 卷第 639 页上的数据。

山　东　省							
宁　阳		寿　光		泰　安		峄　县	
农场面积	每户人口	农场面积	每户人口	农场面积	每户人口	农场面积	每户人口
0.14～0.42	4.4	0.02～0.15	2.8	0.16～0.49	6.5	0.56～1.20	4.7
0.43～0.86	5.0	0.16～0.32	4.3	0.50～1.01	7.3	1.21～2.40	5.8
0.87～1.30	7.8	0.33～0.48	5.3	1.02～1.53	7.0	2.14～3.61	6.9
1.31～1.74	9.5	0.49～0.64	8.3	1.54～2.05	9.6	3.62～4.81	8.5
1.75～2.18	7.3	0.65～0.80	8.7	2.06～2.57	9.8	4.82～13.18	9.0
2.19～2.62	7.0	0.81～1.72	12.3	2.58～13.33	7.8	15.92～24.59	11.5
平　　均	7.0	平　　均	6.1	平　　均	7.6	平　　均	7.2

资料来源：卜凯，"统计资料"，农场面积分组，第283页；每农场人口，第300页。

　　一个家庭可以说既包括生产者又包括消费者。生产者的定义是15～60岁之间的男性，可以为家庭获取收入，同年龄段的女性被认为是半劳力。这是一个硬性规定的年龄界限，因为在中国农村，八九岁的男孩子在农忙季节就要下地帮助他们的父母干活。为使我们的结论简单化，这个年龄段之外的男性和女性将被算作不能为家庭增加收入的消费者，结果其实不会有很大的不同。尽管每户的人数可以在最低1人、最高20人、平均每户约5.2人之间变动[1]，每户的生产者人数却有极大的不同。在一个极小的农户样本中，比方说10户或20户，性别分布、年龄分布、老人的寿命长短和妻子们的生育率的差异造成了一些不规则变化，使人们无法弄清生产者-消费者分布与每户人口之间存在的任何关系。只有当样本足够大，涵盖了一个村庄内的所有家庭时，重要的关系才会浮现出来。

---

[1] 见冯和法编：《中国农村经济资料》，上海，1935年版，第1卷第12页。乔启明：《中国农村人口之结构及其消长》，《东方杂志》，第32卷第1期第29页(1935年1月)；卜凯：《中国土地利用》第370页；西德尼·D·甘布尔：《华北的村庄：1933年前的社会、政治和经济活动》，伯克利和洛杉矶，1963年版，第17页；天野元之助：《中国农业诸问题》，第1卷第150页；李景汉：《北平郊外之乡村家庭》，上海，1929年版，第15～16页。

表 18 安丘县翟山村农户中生产者和消费者的数量,1940

农场面积	户数	人口	每户人口	每户生产者数	每户消费者数	生产者与消费者之比	每生产者土地面积（亩）
6 亩及 6 亩以上	4	45	11.2	3.9	5.7	0.68	1.9
4～6 亩	22	158	7.1	2.7	3.2	0.84	1.8
2～4 亩	79	405	5.1	2.2	2.1	1.04	1.4
不足 2 亩	41	165	3.5	1.5	1.6	0.93	1.1
合　　计	146	773	5.2	2.2	2.2	1.00	1.3

资料来源:华北交通株式会社总裁室资业局,《铁路爱护村实态调查报告书》,1940 年版,统计附录 1。

在表 18 中,1940 年收集的资料出自山东省安丘县翟山村,包括了146 户务农家庭。该村的地权分配极不平均,农户耕种的土地很少。我们观察到每户的人口随着土地面积的增加而增加。每户的生产者人数和每个生产者的土地面积也随着农场面积的扩大而增加。最后,由于消费者人数极大地超出了有劳动能力的年龄段的人数,生产者-消费者比例随着家庭人口增加和拥有土地的增加而下降。这种模式是华北大部分村庄中的典型状况吗? 或许是,但很难获得能够证明这一情况的较多村庄的资料。

在一个农户形成过程中,随着孩子们逐渐长大,生产者-消费者之比缓慢上升。如果这个农户积累了一些土地,每个生产者耕种的土地面积也会增加。在一个农户建立时,它通常包括一个成年男子,他的妻子和儿女和一个上了年纪的父亲或母亲。假定该农户有 4 口人,在最初的几年中,家长有时加上老父亲的帮忙,提供在农田工作的劳动力,但在农忙季节得到他的妻子的帮助。[①] 第一个儿子七八岁时开始在地里帮助他的父亲,第二个孩子很可能在此时出生。当两个孩子都长大以后,他们为

134

[①] 赛珍珠的《大地》(纽约,1931 年版)一书第 3～4 章所讲述的农民王龙和阿兰一家的故事是一个很好的例子。

家庭贡献了更多的劳动力,当儿子们全天下地劳动时,生产者-消费者之比缓慢上升到顶峰。女儿帮助母亲缝纫、做饭、洗衣、在地里帮忙,可能还做一些家庭手工业工作。女儿结婚后就离开家庭,但她的位置很快就由儿子的妻子填补上。年老的父母必须得到照料,并越来越被算作消费者。

一个农户中的生产者人数约在这个家庭建立后 10～15 年达到最多。同时,家庭收入逐渐增加,并买进土地。这个农户至少可以在今后的 10 年或更长的时间中,在儿子们分家前,有稳定的劳动力供给。在儿子们结婚,儿媳妇们的劳动力与全家劳动力合在一起之后,土地逐渐转入男性继承人手中,新的家庭农场形成了。这是典型的家庭再生产周期,但它在户与户之间有很大的变化,发生在农户样本中的事情也会在村庄样本中出现。当考察一个村庄范围的农户样本时,每户的生产者人数和户的大小之间的关系,及生产者-消费者比例与户的大小之间的关系自始至终都是清楚一致的。

农户劳动力利用

应该把在男性家长指挥下的农户视为基本的经济决策单位。仁井田升认为"农村家庭是一个集体消费和生产的实体"[1],的确,我们正是应该这样看待这一实体。家庭的首要目标是通过农业劳动和其他资源,或者通过手工业、商业和其他职业获得尽可能多的收入。农民打算用收入来使子孙后代保持他们对祖先的崇敬,在节日、结婚和丧葬时举行规定的礼仪,为家庭获得地位。祖先崇拜提出了一系列的行事原则,农村家庭要按照这些原则规范其生活方式、选择追求的目标、形成基本的价值观和生活态度。在过去时代缓慢展开并修正的有关养育儿童、婚姻、家庭经济、财产继承和宗教仪式方面的习惯和制度,反映了家庭作为一个

---

[1] 仁井田升,《中国农村家族》,东京,1952 年版,第 145 页。

共同的、和睦的生产单位生活在一起,努力扩大它的财产以保证其后代安全的强烈愿望。

135   孩子们很小的时侯就教给他们,"如果(他们)不拼命干活,全家人就吃不饱"。[1] 他们竭力仿效村里富裕户的行为,这些富裕户拼命工作节省下钱来买地和牲畜。杨懋春回忆在山东老家他还是一个孩子时,家里人就告诉他,"如果他希望他家像潘家一样有一条大牛、一头健骡、两条毛驴、三四间好房子和很多大片的好地",他就必须拼命干活并节省他的钱。[2] 人们教育孩子们勤劳和俭朴与财富的积累紧密相关[3],培养他们不要接受命运,安于贫困,而是要竞争,获得与村里的富户同样的地位和财富。

家长负责决定谁在地里干活,哪些劳动力去为别的农户工作,或是离开村庄寻找就业机会。只拥有很少土地的农户自然渴望获得更多的土地。为了挣到钱买更多的地,农户可以租入土地利用家庭劳动经营它,也可以把劳动力派到集镇上去挣非农业收入,或者两种方法结合运用。在决策过程中,有一些原则指导着家长决定实行哪一种方法或如何结合使用这两种方法,在家庭劳动力的有效供给一定时,某些考虑会即刻出现在脑子里。家长会把从租入的土地上得到的收入与在村外工作得到的收入进行比较。为了估算出采用任意一种方式潜在的收入或两者结合时潜在的收入,还有必要考虑所需要的艰苦劳动的总量。经营土地需要长时间的辛勤劳动,必须把很高的风险——特别是租入土地通常

---

[1] 杨懋春:《一个中国乡村:山东台头》,纽约,1945年版,第72页。

[2] 杨懋春:《一个中国乡村:山东台头》,纽约,1945年版,第73页。

[3] 这种观点与最近一些人类学家在他们研究拉丁美洲和地中海区域农民社会的著作中所作的描述相反。例子见乔治·M·福斯特:《农民社会和有限利益的写照》,《美国人类学家》,第67卷第2期第293~316页(1965年4月)。福斯特提出的范例说明,农民用这样一种方式评价他们的环境:生活中的好事总是不能充分供给,对这种稀缺性的了解导致某种可以见到的个人和社会的行为模式。例如,"村民们用同样的眼光看待财富与土地:现有的,由绝对的限制规定了的,与工作无关的东西。"(第298页)这个例子非常清楚地说明了,农民社会经历了两个决定性的阶段;在第一个阶段,农民没有把土地的稀缺看得严重或危急,土地的获得直接与俭朴和勤奋联系在一起;第二个阶段,资源的稀缺引起了广泛的焦虑,农民不得不以福斯特所描述的方式适应环境。

意味着耕种别人的较差的土地——与获得一季收成所需的极为单调的艰苦工作的总量放在一起权衡轻重。而离村工作既不轻松,也不是没有风险。一个农民离开家庭独自生活几周或几个月,在一个陌生的环境中,没有朋友或亲戚可以请求帮助,他面临的是孤独和工作中数不清的困难。因而,对任何就业方式所得收入的比较都必须考虑工作本身的困难。

如果能够把各种农村调查拼凑在一起,就有可能小心谨慎地推算出在这一地区有多少农村劳动力用于农业或非农业劳动。要确定的第一个条件是,在决定农户是把劳动力留下来务农还是派出村工作时,农场面积和地权分配是两个重要因素。例如,山东省济宁县的石家海村在1941年受到调查。[①] 这个村子位于大运河附近,大豆和冬小麦的种植形成了专业化,全村有186户人家耕种着约1 000亩土地。全村约4/5农产耕种土地不足20亩。如果把农户如表19那样按照不同的农场面积分为4组排列,依次为0~2.2亩、5.3~10亩、15~24亩和45~85亩;如果把农业资本的数量、农村劳动力就业和这4组中每一组的样本农户中劳动力非农业就业的方式展示出来,可以做出几种观察。

表19　山东济宁县石家海村农户劳动力就业、资本储备和非农业就业的形式,按农场大小分组,1941

受调查农户号码[*]	经营耕地亩数	雇佣农业工人数	大车小车数量	犁耙数	耕牛头数	骡驴头数	村外就业方式
A组							
1	85	1	1	2	—	2	—
2	70	1	1	2	—	1	—
3	64	1	1	2	—	1	—
4	59	1	2	2	1	1	—
5	55	1	1	2	1	—	—
6	49	1	1	2	1	1	—
7	45	—	1	2	1	—	短工
8	40	1	1	2	—	1	小贩

[①] 国立北京大学附设农村经济研究所:《山东省济宁县城农产品流通之考察》,北京,1942年版。

续 表

受调查农户号码*	经营耕地亩数	雇佣农业工人数	大车小车数量	犁耙数	耕牛头数	骡驴头数	村外就业方式
B组							
15	24	—	—	2	1	—	
16	20	—	—	3	1	1	短工
17	16	—	—	2	1	—	—
18	16	—	—	4	1	—	小贩
19	16	—	—	5	—	1	榨油工
20	15	—	1	3	—	1	榨油工
21	15	—	—	1	—	—	
22	15	—	0.5	3	1	—	短工
C组							
31	10	—	—	—	—	—	短工
32	10	—	—	—	—	—	—
33	7.5	—	—	—	—	—	短工
34	7.5	—	1	—	—	—	短工
35	7.4	—	—	—	—	—	短工
36	7.0	—	—	—	—	—	短工
37	6.5	—	—	—	—	—	短工
38	5.3	—	—	—	—	—	短工
D组							
44	2	—	—	—	—	—	短工
45	2	—	—	—	—	—	小贩
46	2	—	—	—	—	—	短工
47	2	—	—	—	—	—	短工
48	1	—	—	—	—	—	短工
49	—	—	—	—	—	—	短工
50	—	—	—	—	—	—	短工
51	—	—	—	—	—	—	短工

资料来源:国立北京大学附设农村经济研究所,《山东省济宁县城农产品流通之考察》,北京,1942年版,第83~88页。

* 农场按耕地面积分组。A组农场在40~85亩之间;B组农场在15~40亩之间;C组农场在5~10亩之间;D组农场在0~5亩之间。

137　　在15~24亩地和40~85亩地组别中的农场拥有资本、雇佣农业工人,只有很少或者没有劳动者离村工作。这些家庭农场与大多数农户比较是相当大的,但它们在全村所占的百分比并不大。拥有较少土地的农场很少或者没有资本,每户都有人离村外出工作。在该村很少有农户向较富裕的农户租佃土地。看来是由于工资收入在一些年中一直迅速上升、在所用劳动力和所冒的风险都同样多时,从租入土地中获得的农业收入比起在村外工作挣到的要少。

　　假定农户主要考虑的是使收入最大化以购买更多的土地,从 19 世纪末到 20 世纪 30 年代家庭农场的平均面积是变得更大、更小,还是保持不变?如果有这一时期地价、地租和农产品价格的可靠资料,是否能够显示出农业和非农业工资是如何迅速上涨,又是什么因素引起了它们更快的上涨?通过解答这些问题,对于村庄劳动力寻求非农业就业的趋势和土地出租的数量就可以多少说明白一点了。

家庭农场面积的下降

　　根据全国土地委员会 20 世纪 30 年代中期所做农村调查的结论,河北省农场的平均面积为 17.5 亩,山东 14.3 亩。[1] 从零星的资料中我们知道,农民在 18 世纪和 19 世纪经营的农场要比 20 世纪 30 年代的更大。一部中国农业问题著作评论 19 世纪中叶的农村状况时提到,华南的农民平均耕种的土地不超过 10 亩,最多 20 亩。而在华北,一个农民耕种的土地在 70～80 亩之间,通常不超过 100 亩。[2]《北华捷报》报道说,在华北,19 世纪 80 年代,"大部分农民一家耕种的土地不超过 30 亩"。[3]亚历山大·威森在华北旅行时注意到,在山西,农民通常"耕种 5～20 英亩的土地",即 30～120 亩左右,但当时该省的人口密度比河北和山东要小。[4]卜凯提供的河北省 4 个县和山东省 8 个县的资料显示出,农场面积在 1870—1930 年间下降了 20％～30％。农场面积下降的百分比与 1870

---

① 土地委员会:《全国土地调查报告纲要》,南京,1937 年版,第 23 页。

② 天野元之助:《清代农业及其结构》,《亚洲研究》,第 3 卷第 2 期第 50 页(1957 年 2 月)。

③《华北的经营农民》,《北华捷报》(1883 年 8 月 3 日),第 136 页。

④ 亚历山大·威廉森:《在华北、满洲与东蒙的旅行》,伦敦,1870 年版,第 1 卷第 168 页。

年的农场面积全然无关。峄县下降了 65％,该县 1870 年的农场面积极大;
而宁阳县下降了 50％,尽管它在 1870 年的农场面积比峄县要小得多。

138   在总共 237 个县中抽取 12 个县的样本当然不能提供有代表性的范围。可以使用另一种方法估测出农场面积缩小的合理限度。我根据地方志和农村调查的资料推论出一些合理的假设,在此基础上对 1890—1940 年间的农场面积可能的变化做出了三种估测。这些估测显示出农场面积下降了,但变化的程度是在一个相当狭隘的限度之内。

表 20 农场面积的变化,1870—1930

县　名	每农场种植面积(公顷)				下降百分比(％)
	1870	1890	1910	1930	1870—1930
河北					
昌黎	2.17	2.06	1.95	1.73	20
南宫	—	—	1.12	1.00	—
徐水	—	—	1.12	1.04	—
通县	1.88	1.76	1.62	1.49	20
山东					
福山	0.94	0.85	0.71	0.58	38
沂水	1.28	1.05	0.88	0.90	29
临朐	—	—	0.30	0.29	—
宁阳	1.45	0.97	0.90	0.73	50
泰安	1.94	1.69	1.32	1.06	45
堂邑	—	4.82	2.37	1.70	—
即墨	0.30	0.27	0.23	0.22	26
峄县	5.48	4.94	2.50	1.91	65

资料来源:卜凯,"统计资料",第 288 页。

如果在一个虚拟的农村县内,假设人口在 50 年中增长了 70％,即年平均增长率 1.07％。农村人口的增长率是一个已由人口统计资料和地方志中的户口资料证实的因素。[1] 让我们还假定城市人口增长得更快,

---

[1] 乔启明:《中国农村人口之结构及其消长》,载《中国历代人口问题论集》,亚东学社编(香港,1965 年版),第 203 页。另见我在《地方志在中国近代经济史研究中的用途:清代和民国时期的四川省》一文中,根据地方志中户口志资料对四川省 1710 年到 1930 年间农村人口增长的估算,载《清华中国研究杂志》,新第 6 卷第 1 期。

因而它在全县人口中所占的百分比略有上升,这一时期约上升了 1/10。
这个假定是符合城市人口增长的现有资料的,可能事实上低估了城市人
口的增长和迁移。让我们进一步假设村庄增长率在 8%～16%之间,或
者说是增加了 10～20 个。这些变动的范围也符合地方志中的地图所展
示的清代村庄的增长状况。① 将考虑耕地面积的三种可能的变化:第一, 139
村庄土地保持不变;第二,增加了 12%;第三,增加了 25%。我们现在可
以根据这些假设估算家庭农场面积的变化。

　　20 世纪 30 年代的农村调查显示出,一个农户要有 25 亩耕地才能完
全靠农业收入维持一家五口的生活。这一农场面积当然依不同的土壤
条件而变化,但让我们把它用作一个粗略的基点,来比较我们对 1940 和
1890 年农场面积的估算。表 21 显示出为这一虚拟县所作的结论。

表 21　华北一个虚拟县农场面积的变化,1890—1940

村庄和人口	1890	1940
A. 全县人口(假设 1.07%的年增长率或 50 年共增长 70%)	100 000 人	170 000 人
农村人口(假设居住在农村地区的人口从 9/10 变为 8/10)	90 000 人	136 000 人
城市人口(假设居住在城市中的人口从 1/10 变为 2/10)	10 000 人	33 000 人
B. 村庄数(假设每村 150 户并增加了 10 个村庄)	120 村	130 村
1. 每村平均人口	750 人	1 040 人
2. 平均户数(假设每户 5 人)	150 户	208 户
3. 每户平均拥有耕地(假设全村共有 4 000 亩地)	每户 28 亩	每户 19 亩
4. 每户平均拥有耕地(假设全村耕地从 4 000 亩增加到 4 480 亩)	每户 28 亩	每户 21 亩

① 见百濑弘根据地方志中的地图观察到的村庄和户口增加状况的讨论:《清末直隶省村图三
　种》,《加藤博士六十寿辰东洋史论文集》,东京,1941 年版,第 841～860 页。19 世纪 80 年代
　河北省的村庄平均约有 100 户人家(见第 858 页)。

续　表

村庄和人口	1890	1940
5. 每户平均拥有耕地(假设全村耕地从 4 000 亩增加到 5 000 亩)	每户 28 亩	每户 24 亩
6. 5 口之家仅靠农业生活所必需的土地	每户 25 亩	每户 25 亩
C. 村庄数(假设增加了 20 个村庄)	120 村	140 村
1. 每村平均人口	750 人	971 人
2. 平均户数(假设每户 5 人)	150 户	196 户
3. 每户平均拥有耕地(假设全村共有 4 000 亩地)	每户 28 亩	每户 20.5 亩
4. 每户平均拥有耕地(假设全村耕地从 4 000 亩增加到 4 480 亩)	每户 28 亩	每户 22.9 亩
5. 每户平均拥有耕地(假设全村耕地从 4 000 亩增加到 5 000 亩)	每户 28 亩	每户 25.5 亩

1940 年,一个平均大小的家庭农场所拥有的土地数量,除下村庄和耕地都有较大增长的情况外,都没有达到仅靠农业收入维持一家人生活所必需的程度。现在不得不通过农业之外的工作获得一些收入。要使农户有足够的土地耕种,耕地面积就必须从 48 万亩增加到 70 万亩。对于这一时期的任何县来说,这都是一个不可能取得的成就,因为不大可能有足够的可开垦的土地使耕地面积成倍增长。更为现实的假定是耕地增长率在 20％～40％之间。我们只能猜测农场面积实际发生变化的范围。农场面积百分比的下降幅度在 10％～32％之间,这是一个与卜凯所作调查相似的百分比(表 20)。户数的增长率在 30％～40％之间,B(2) 中户数从 150 上升到 208,C(2) 中从 150 上升到 196。这个增长范围看来接近这一时期村庄中农户的实际增长。

从日本人 1941 年在山东省五里堡镇所作的一个田野调查中收集到的证据显示出,构成这个镇的村庄之一,陈集村,1900 年有 80 户人家,1941 年有 195 户。[①] 表 22 中的数据来自 5 个村庄的调查,显示出仅仅 5

---

① 国立北京大学附设农村经济研究所:《山东一个集镇之社会结构》,北京,1942 年版,第 47 页。

年间(1931—1936)户数增长了 2%～16%。如果这一时间段扩展至 50年,30%的增长率会是相当合适的。

表 22　河北村庄户数的变化,1931—1936

县和村庄	户 数		户数的变化	百分比(%)
	1931	1936		
枣强县杜雅科村 a	84	98	+14	16
南皮县大宁村 b	138	156	+18	13
沧县太家园村 c	108	125	+17	15
沧县白土庄村 d	401	412	+11	2
广宗县北神碑厂 e	86	92	+6	7

资料来源:天津事务所调查课,《河北省农村实志调查资料》,天津,1937 年版。a第 46～50 页;b 第 117 页;c 第 181 页;d 第 168 页;e 第 149～150 页。(表中村庄名除杜雅科村外均为译音)

　　没有更多的关于村庄人口之年龄结构、性别分布和生产者与消费者之比的资料,很难估价农村人口过剩的严重性。众多新户的形成是使农场面积缩小的相关因素。

商品价格、农业工资和土地价格,1900—1930

　　如果农村人口在 1880—1930 年间增长了 70%,户数增加了 20%～30%,农场面积有所下降,是否能够从商品价格、农业工资和土地价格的趋势中得出农村总的来说是在发展的重要结论? 这主要取决于城市和商业的发展趋势。让我们首先考察几乎没有城市和商业发展,农村劳动力无法在城市中找到工作的假设,推断一下农村各种价格可能的趋势。然后让我们考察城市商业发展为农村劳动力提供大量就业机会的情况,从中推断农村各种价格的可能趋势。在叙述了这两种不同的状况后,再列出已在一种或另一种情况下得到确认的各种农村价格。

　　在没有城市商业发展的情况下,农村人口高达 70%的增长会使农村劳动力急剧膨胀,农业长工的年工资可能看不出增长来,或许保持不变甚至下降。由于更多的农户加入买地的竞争,地价与其他价格成比例上升。地租也会上升,好地和坏地的地租之间的差异会加大。农产品价格会迅速上升,上升速度取决于农场成本分为地租和工资的比例,以及这两个构成要素中哪一个上升得更快。没有交通运输的发展,村庄将不能很快的实现农作物专业化生产,而随着人口的增加,更多的土地将会仅用于提供粮食。如果我们进一步假定,农业资本储备和技术在这一阶段没有改变,农场平均面积的缩减和农村劳动力的进一步增加会迫使农户更加集约地经营他们的土地,以抵消生活水平的下降。

假设城市商业和工业缓慢地发展,此时,除了收成发生波动的短时期外,对外贸易和城市的扩张将决定农村商品价格的发展趋势。城市需求的增加会鼓励更多的农民在城市中寻求就业,农户将能够通过工资收入使其农场收入增加。城市对粮食和工业用作物的需求增长将使价格提高,使农户的收入增加,交通运输的改良将会鼓励农村中粮食和工业用作物之间更大的分工。对土地的渴望极大地减轻了,因为通过农作物生产分工和交换的扩大,通过更多的非农业收入,尽管农场资本和技术没有很大改变,农村人口也可以更容易地避免生活水平下降。地价不一定与其他农村价格以同样速度上涨。与前一种情况相反,工资将会上升,或许与物价的上升同样快。

这两种情况都可以用卜凯和他的同事们收集的 1900—1930 年的历史上的价格资料来检验。没有可利用的关于地租的长期资料,但田野调查文献中没有提到过货币地租比其他农村价格上升得更快。表 23 把这一地区的价格资料用指数的形式表达出来,以 1926 年为基准年。表 24 列出了河北省的 4 个县和山东省 6 个县的地价、农业工资和农场资本的价格指数,以便与这些县农场面积的下降程度联系起来考察。

包括河北和山东在内的冬麦-高粱区的价格趋势,直到 20 世纪 20 年代后期,一直表现出极为和缓的上升趋势,然后在 1928—1930 年间内战激烈时期急剧上升。那之后价格下降。1906—1926 年间农场主出售

表 23　冬麦-高粱轮作区价格、工资、农场成本和地价指数，1901—1933a

年份	(1) 农场主 所得价格	(2) 农场主 所付价格	(3) 商业条件 b	(4) 农业长工 工资	(5) 役畜价格	(6) 地价
1901	—	—	—	34	—	32
1902	—	—	—	34	—	29
1903	—	—	—	33	—	29
1904	—	—	—	34	—	31
1905	—	—	—	33	—	32
1906	37	71	52	37	37	33
1907	40	67	60	52	41	37
1908	41	57	72	53	42	38
1909	48	50	96	56	45	41
1910	52	50	104	56	47	44
1911	54	56	96	58	49	46
1912	53	63	84	73	60	49
1913	62	60	103	76	67	54
1914	60	60	100	79	68	56
1915	64	64	100	81	73	61
1916	73	65	112	84	78	64
1917	81	72	113	88	81	65
1918	79	78	101	89	79	68
1919	74	79	94	92	75	72
1920	89	81	110	87	71	74
1921	98	85	115	89	81	78
1922	104	88	118	90	85	80
1923	111	98	113	95	88	84
1924	107	110	97	92	90	88
1925	107	109	98	96	95	94
1926	100	100	100	100	100	100
1927	95	99	96	109	108	100
1928	118	114	104	118	112	105
1929	154	132	117	124	121	115
1930	150	141	106	131	124	114
1931	126	141	86	133	123	113
1932	114	120	95	132	—	—
1933	76	—	—	—	—	—

资料来源：卜凯，"统计资料"。(1) 第 149 页；(2) 第 150 页；(3) —；(4) 第 151 页；(5) 第 153 页；(6) 第 168 页。

　　a　以 1926 年为基准年，所有指数均据此计算，所以 1926 年的指数为 100。

　　b　用农场主所得价格除以农场主所付价格等于商业条件。

商品所得价格大约增长了一倍半,而从城镇购买商品所付价格则只增长了一半。在长达25年的一个时期中,农业工人的年工资约与商品价格同幅度增长。然而,20世纪20年代末可以看到工资急剧上升,这肯定是由于内战造成了劳动力的缺乏。役畜的价格趋势与工资趋势相同。最后,我们注意到,地价差不多与农村一般价格以同样的趋势和同样的速度上升。应该把地价这种稳健的上升解释为对土地的需求并没有变得更为急切,如果可以把农场面积的下降视为土地日益稀缺的反映,土地的短缺也并没有严重到使地价急剧上升的程度。

144

表24　10县地价、役畜价格和农业长工工资指数

县　名	年份	(1)地价	(2)役畜价格	(3)长工工资
	1905	—	—	17
	1906	38	50	17
	1907	41	51	17
	1908	41	55	20
	1909	44	55	20
	1910	44	59	20
	1911	47	56	25
	1912	51	63	25
河北省	1913	54	68	25
昌黎(1870—1930年	1914	54	69	26
农场面积下降20%)	1915	58	67	32
	1916	59	68	33
	1917	60	69	35
	1918	64	71	37
	1919	65	71	38
	1920	67	72	45
	1921	69	75	49
	1922	76	80	49
	1923	82	76	64

续　表

县　　名	年份	(1)地价	(2)役畜价格	(3)长工工资
昌黎	1924	90	108	69
	1925	92	83	79
	1926	100	100	100
	1927	102	88	108
	1928	105	88	126
	1929	111	90	131
	1930	114	—	—
南宫(1910—1930 年农场面积下降 5％)	1901	30	—	28
	1902	30	—	28
	1903	30	—	28
	1904	30	—	29
	1905	30	—	29
	1906	30	38	31
	1907	30	41	33
	1908	34	41	34
	1909	34	45	34
	1910	35	45	36
	1911	36	51	36
	1912	41	51	40
	1913	41	57	42
	1914	42	61	47
	1915	43	66	48
	1916	45	68	51
	1917	17	37	55
	1918	30	50	60
南宫	1919	32	50	64
	1920	20	35	43
	1921	40	74	71
	1922	78	81	75

145

县　名	年份	（1）地价	（2）役畜价格	（3）长工工资
南宫	1923	78	86	87
	1924	78	87	87
	1925	95	98	98
	1926	100	100	100
	1927	116	109	109
	1928	121	116	117
	1929	136	130	122
	1930	136	145	131
徐水（1910—1930年农场面积下降7％）	1901	28	—	31
	1902	28	—	31
	1903	28	—	31
	1904	29	—	32
	1905	31	—	33
	1906	32	40	35
	1907	32	40	36
	1908	33	64	37
	1909	35	43	40
	1910	35	46	40
	1911	37	52	43
	1912	39	53	45
	1913	41	54	45
徐水	1914	41	58	53
	1915	46	59	53
	1916	47	61	54
	1917	47	66	59
	1918	47	67	63
	1919	47	70	69
	1920	53	31	86
	1921	74	69	78

146

178

县　　名	年份	（1） 地价	（2） 役畜价格	（3） 长工工资
	1922	74	77	80
	1923	82	81	85
	1924	95	86	90
	1925	95	93	97
	1926	100	100	100
	1927	111	103	100
	1928	121	112	108
	1929	126	107	110
	1930	133	114	117
通县(1870—1930年 农场面积下降20%)	1901	28	—	33
	1902	30	—	33
	1903	31	—	33
	1904	32	—	33
	1905	36	—	36
	1906	36	33	36
	1907	36	33	38
	1908	41	35	39
通县	1909	43	38	39
	1910	45	42	41
	1911	48	43	44
	1912	53	48	44
	1913	58	51	44
	1914	45	30	47
	1915	64	52	48
	1916	68	57	48
	1917	68	67	50
	1918	76	69	56
	1919	64	44	56
	1920	85	49	56

县 名	年份	(1) 地价	(2) 役畜价格	(3) 长工工资
	1921	86	73	66
	1922	93	75	66
	1923	93	81	66
	1924	100	88	84
	1925	100	95	84
	1926	100	100	100
	1927	113	105	100
	1928	115	112	109
	1929	110	107	125
	1930	—	114	—
山东省 沂水(1870—1930年 农场面积下降29%)	1906	31	29	50
	1907	31	31	67
	1908	22	23	62
沂水	1909	52	32	73
	1910	53	32	77
	1911	60	33	81
	1912	72	34	82
	1913	74	35	84
	1914	79	36	85
	1915	77	36	87
	1916	74	40	103
	1917	75	39	92
	1918	106	40	110
	1919	110	43	120
	1920	108	44	120
	1921	98	42	120
	1922	85	81	111
	1923	88	84	108
	1924	92	91	96

147

续　表

县　名	年份	（1）地价	（2）役畜价格	（3）长工工资
	1925	97	95	95
	1926	100	100	100
	1927	97	106	105
	1928	92	87	128
	1929	110	108	115
	1930	112	111	123
宁阳（1870—1930 年农场面积下降50％）	1912	75	112	153
	1913	92	135	170
	1914	97	138	174
宁阳	1915	103	145	180
	1916	112	149	188
	1917	120	151	194
	1918	114	138	190
	1919	126	150	198
	1920	116	134	177
	1921	109	123	161
	1922	106	117	154
	1923	106	117	150
	1924	94	86	130
	1925	97	93	112
	1926	100	100	100
	1927	105	108	93
	1928	107	108	91
	1929	122	133	93
	1930	122	133	93
泰安（1870—1930 年农场面积下降45％）	1912	72	75	133
	1913	81	81	148
	1914	84	84	156

148

续　表

县　　名	年份	（1）地价	（2）役畜价格	（3）长工工资
	1915	92	90	167
	1916	97	95	179
	1917	98	98	183
	1918	102	101	187
	1919	101	100	181
	1920	93	92	165
泰安	1921	110	108	195
	1922	88	88	154
	1923	84	86	153
	1924	85	89	119
	1925	92	95	121
	1926	100	100	100
	1927	108	101	92
	1928	108	112	96
	1929	127	128	100
	1930	133	132	104
堂邑（1890—1930年农场面积下降65％）	1901	57	—	38
	1902	57	—	38
	1903	57	—	39
	1904	57	—	40
	1905	57	—	44
	1906	59	34	45
	1907	61	34	47
	1908	61	35	51
	1909	61	39	51
	1910	63	40	52
	1911	65	44	55
	1912	65	45	59
	1913	65	48	59

149

县　　　名	年份	（1）地价	（2）役畜价格	（3）长工工资
	1914	74	50	63
	1915	74	53	65
堂邑	1916	74	55	66
	1917	77	61	73
	1918	77	62	76
	1919	77	66	77
	1920	87	69	79
	1921	87	76	80
	1922	89	83	86
	1923	89	88	88
	1924	97	90	94
	1925	100	91	97
	1926	100	100	100
	1927	108	101	106
	1928	108	100	109
	1929	115	102	109
	1930	116	103	114
	1906	—	55	—
	1907	42	57	127
	1908	47	59	125
	1909	46	66	132
即墨(1870—1930年农场面积下降26％)	1910	58	62	137
	1911	57	58	134
	1912	66	58	141
	1913	71	61	147
	1914	70	62	146
	1915	69	66	142
即墨	1916	67	70	145
	1917	44	70	144
	1918	53	70	146
	1919	54	70	144

县　　名	年份	（1）地价	（2）役畜价格	（3）长工工资
	1920	60	75	71
	1921	67	75	76
	1922	79	80	81
	1923	79	83	86
	1924	87	89	89
	1925	100	94	97
	1926	100	100	100
	1927	115	108	104
	1928	142	110	115
	1929	142	115	118
	1930	142	128	123
	1931	162	—	133
峄县(1870—1930年农场面积下降65%)	1912	38	128	134
	1913	38	155	149
	1914	49	161	152
	1915	54	166	158
	1916	59	169	165
	1917	61	168	163
	1918	49	152	149
	1919	61	160	150
	1920	57	139	131
峄县	1921	61	128	118
	1922	71	118	110
	1923	76	115	107
	1924	76	100	95
	1925	88	106	97
	1926	100	100	100
	1927	100	95	107
	1928	100	96	107
	1929	145	133	109
	1930	161	—	112

150

资料来源:卜凯,"统计资料"。(1) 第 168 页;(2) 第 153 页;(3)第 151 页。

从许多县的考察中可以看到类似的情形,但也有一些需要解释的例外。昌黎县在其他农村价格平稳上升的同时,农村工资增长了5倍,可以通过下面的事实来解释,即这一区域与东北邻近,农村劳动力不断地向东北迁移。尽管农场面积下降而劳动力供给增加,但更多的农民移居城市和东北,因而出现了在过去几年形成的工资水平上供不应求的状况。

在南宫、徐水和通县,农村价格和工资随着农场平均面积逐渐下降而平稳地上升。山东省的沂水县是一个农场平均面积下降得相当快的地方,我们注意到农村工资只上升了100%;可能人口增长的幅度和进入劳动力年龄的人数使农村劳动力的供给增长,并使其规模相当迅速地扩大。然而,地价没有表现出急剧地上升,购买和租佃土地的压力或许很轻微。 *150*

在宁阳和泰安县,工资水平从一开始就相当高,并连续多年上升,然后逐渐下降。19世纪末,战争使人口减少,引起了劳动力的短缺,以至工资水平比其他县都高。随着人口的恢复和逐渐增长,更多的年轻人加入 *151* 了劳动大军,工资的趋势是略有下降。或许农村需求强大到足以把劳动力留在村庄中,使他们不去寻求在城市中就业。堂邑县的农场平均面积下降了65%,然而农村工资仅提高了150%,地价仅上升了100%。即墨县和峄县可以识别出类似的发展趋势。

通过上面的描述,我们可以对我们的经验性的调查做出下面的结论:看来在县城、城市和通商口岸的工业和商业有足够的发展,可以向农民提供非农业就业。很多人被吸引到这些中心去短时期工作,或者加入城市劳动大军,做工厂工人或从事不熟练劳动。大量农民向东北迁移,特别是在20世纪20年代的战乱时期,造成了很多县中劳动力短缺。农业工人的工资出现了上升势头,役畜的价格也出现了同样的上升趋势。役畜价格上升的理由是供给没有迅速增长,20世纪20年代末期很多役畜被杀。

我们的最重要的发现是,没有任何证据证明地租比其他价格上升得更快,地价也只是平稳地上升,我们可以得出结论说,对租入土地的需求一定仅有适度的增长。尽管农村人口有实质性的增长,但佃农或无地而想要租入土地的农户的百分比没有发生任何大的增加。在所住村庄之外寻求工作的农民人数有较大的增加,是由于城市工作的新机会增多了,并且有更多的农户追求扩大他们的农场面积。农民认为从非农业来源获得收入比租入土地对他们更有利,由于这一原因,我们也没有看到租佃土地的增长。这些结论,以我们刚刚对农村价格进行的分析为基础,证明了这一节开始时提到的第二种假设情况是合理的。

农场产量的增加

看来1890—1937年间这一地区的经济发生过轻微的结构性的变化。农村人口以年平均1%左右的增长率增加,城市人口则以年平均3%左右或更高的增长率增加(见表41)。非农业人口增长到多大数量还不知道,但它在总人口中所占的份额在这一时期中肯定是扩大的,或许扩大了5%~10%。在这种情况下,或是农场的产量必须提高,或是粮食输入增加,或者出现这两者的结合。在第11章将证明粮食输入仅仅是在20世纪20年代和30年代有所波动,没有任何重要的发展趋势。正是农场产量的逐渐增长使得这种轻微的结构性变化得以发生。

尽管每户农场的资本储备好像保持不变,传统的农业技术可能像过去一样继续渐进地改良。经营较少土地的农户能够更有效地利用他们的劳动力,更集约地经营。尽管耕地面积只有轻微地增长,可以想像,劳动效率的增长加上改良了的传统技术,把产量提高到每个农业劳动者的平均产量没有下降的程度。

在表25中,我试着测算1910—1911年和1930—1931年高粱和小麦的产量,以确定粮食产量有可能提高到什么程度。由于农户对某些作物比另一些作物给予了更多的关注,不同作物产量的变化自然而然会有很大的差异。此外,在计算粮食产量时,我们还要冒使用不正确的土地面积数据的风险,因为农民为了逃避交纳田赋,向地方政府报告的土地面积比实际面积要低得多。由于我们是对一个土地面积没有发生很大变

化的相当短的时期中的产量进行比较,这并不一定会造成对事实的严重
偏离。由低报土地面积引起的偏离程度在这两个年度中会是同样的。

表 25 作物产量和增长率比较,1910—1930

省名	作物	1910—1911		1930—1931		产量增长率（%）
		比较县数	平均产量（斤/亩）	比较县数	平均产量（斤/亩）	
山东	小麦	40	77.8	107	117.9	51
山东	高粱	103	109.7	105	156.7	43
河北	小麦	108	64.8	128	103.3	60

资料来源:1910—1911,《支那生产事业统计表》,第1卷,山东和直隶省有关章节;
1930—1931,东亚研究所,《支那农业基础统计资料》,东京,1940年版,第1、41、43页。

　　由于重量和面积计量单位的不统一,在尝试比较1910和1930年的资
料时我们还遇到一个重大的困难。必须计算出一个换算率,使一年的计量
单位可以通过换算与另一年的计量单位统一起来。本书把1910年中国计
量单位换算成当时日本的计量单位,后者在这一整个时期都是保持标准
的。然后把这些换算的数据变成1930年中国重量和面积计量单位的等价
物。这一程序被用于山东107县和河北108县的小麦和高粱。首先用各
县的土地面积去除总产量,得到县的平均产量,然后再求出全省的平均产
量。有这两种作物数据的县的数量和统计结果都列在表25中。

　　结果显示出,在这20年间,小麦产量增长了50%～60%,高粱增长
了43%。如果我们还假定由于农户把新增加的土地用于种植工业用作
物,小麦、高粱的种植面积不变,则山东省小麦产量年平均增长率应该是
2.1%,高粱产量的年平均增长率为1.8%,河北省小麦产量年平均增长
率是2.4%。这些增长率超过了人口的增长率。然而完全可以想像得
到,严重的误差造成了这些增长率偏高。这种误差可以归之于被用作标
准计量单位的换算系数、产量的估算和据说是不变的耕地面积。即使是
为了纠正这些偏差,把增长率降低0.5%,修正后的粮食生产增长率仍然
足以供养增长了的非农业人口,因为非农业人口增长的百分比更小。

村庄劳动利用

农业是一种季节性工作，农家劳动力在一年中的某几个月要比其他月份使用得更密集。村庄内部对劳动力的需求主要由所种植的作物和所采用的作物轮作制度决定。尽管作物轮作制度多种多样，极为复杂[①]，但可以观察到三种基本模式：第一种是果菜轮作制；第二种是多种谷物轮作制；第三种是粮食和工业用作物轮作制。

城市附近的村庄专业种植水果和蔬菜，如果气候允许的话，通常能够收获 3 次。[②] 在很多地方，蔬菜的种植最早在 2 月份就可以开始，最迟可以到 10 月份，产品很容易卖出去。作物的栽植、除草、收获和销售对劳动力的需求在全年都相当连续，农民很少有空闲的日子。卜凯观察到在河北省平乡县，"一种集约性的作物，例如蔬菜，规定了每个农场要有更大数量的劳动力，同时，这种劳动力与其说是和其他作物的需求发生冲突，不如说是与后者互补。"[③]

[①] 天野元之助：《山东农业经济论》，第 61～65 页。

[②] 萧鸿麟：《华北农业劳动研究》，《农业经济研究》，第 18 卷第 3 期第 65～107 页（1942 年 12 月）。王敬亭：《农业经营的组织及劳动力的分配》，《农业经济研究》，第 19 卷第 2 期第 54～55 页（1943 年 9 月）。这一详细的研究比较了不同作物种植区的劳动力需求。用图表说明了不同土地利用区域劳动力的全年分布模式。在一年两熟的地区，对劳动力的需求在春秋两季最高。在以蔬菜为主要作物的地区，劳动力需求倾向于在全年均匀分布，只在秋季有平缓的增加。

[③] 卜凯：《中国农家经济》，第 274 页。另见前引书，第 252～253 页，一些图表显示出有两个劳动力需求密集时期。卜凯报告说，"较大的短缺发生在收获时，在较小的程度上发生在小麦区域的播种期，那里的农场"比水稻区域要大。由于稻田的插秧和灌溉，使水稻种植区域劳动力短缺很明显。见卜凯：《中国土地利用》，第 299 页。其他观察家也注意到了农业工人工资在收获季节的波动。下面一段话引自龙口（山东）海关一位官员的报告："人们会看到一个不熟练工人的工资变化很大。原因在于在收获期他可以挣到（仅仅是在劳动力需求最高的几天中）每天 1.10 元的相当高的工资再加上饭食；而在冬天的几个月中，只要有人雇用他，就是他的运气了，因为这里没有大工厂能够保持劳动力的全年需求。在这样的需求淡季，他的工资会降到不熟练工人工资的最低水平，据说由于一个身强力壮的体力劳动者一天需要价值 30 个铜元的食物，所以 40 个铜元或 40 分钱的最低工资不能说是低得过分。这一地区的生活程度较低，食品的高价格很可能比其他任何因素起的作用都大。"见《海关十年报告，1912—1921》，第 1、190 页（1924 年版）。

在冬小麦、谷子和高粱为主要作物的县里,农民把他们的土地在不同的谷物之间轮换使用,以防止肥力过度消耗。秋收之后,在一部分土地上播种冬小麦,其余的土地则休耕。当春天小麦收获时,其余的农田已经播种下了高粱、谷子、大豆和蔬菜。小麦收获以后,麦地可以休耕,也可以种植大豆,因为农民知道豆类有固氮的能力,可以使土壤恢复到以前的肥沃程度。对劳动力的需求在早春和晚秋较为密集,因为这是冬小麦播种和收获的季节。

在专业化种棉花和花生而不是小麦的县,农田工作比仅仅种植谷物的地方需要更多的劳动力。采用作物轮作制使农民每两年能够收获三季。第一年在不同的地块上种植谷物和棉花,秋收后可以在先前用于谷物的耕地上播种小麦,用于现金作物的耕地休耕一季。到春天,在休耕的土地上播种谷物和现金作物,大豆和蔬菜则种在冬小麦地里。第二年秋收后,在种过谷物和现金作物的地上播种小麦,其余的地休耕。土地根据季节轮流种植不同的作物。种棉花所需的劳力比种谷物所需的要多得多。土地必须更好地翻耕,中耕次数必须更多,灌溉必须得到保持,收获时要求更多的人手。在种植棉花的村庄中,播种和收获时所需劳动力都比仅种植谷物时要多。20世纪20年代和30年代马铃薯作为一种粮食作物取代谷子和小麦时,发生了同样的情况,尽管种植马铃薯需要的耕地少得多。

村庄为非农业工作提供劳动力的数量取决于地权分配、农场面积和资本总额、作物种类和作物轮作制度。山东临清县石寨村是1941年11月进行的调查。[1] 地权分配极不平均,11％的农户拥有41％的耕地,而70％的农户仅拥有和使用38％的耕地。这个有115户人家的村庄,农场平均面积约为20亩,大部分人能够靠农业生活。自1925年起,有更多的耕地用来种棉花,到1937年全村有2/3的耕地用于植棉。[2] 尽管对劳

① 北支那开发株式会社调查局:《鲁西棉作地带一个村庄农村劳动力使用之调查报告》,北京,1942年版,第1～135页。

② 北支那开发株式会社调查局:《鲁西棉作地带一个村庄农村劳动力使用之调查报告》,北京,1942年版,第111页。

动力的需求较强,并且在整个农业年中相当连续,但地权分配不均使得只有很少耕地和资本的农户必须派出劳动力离村出外挣工资。

155　　1937 年抗日战争爆发后,由于村庄从植棉转向种植谷子和高粱供食用,离开村庄寻找暂时性工作的劳动力数量有很大增长。销售体系瓦解了,农户无法卖掉他们的棉花买他们所需要的谷物。种植谷物需要的劳动力较少,有更多的人力离村工作。战争也减少了牲畜的供给,损失了一头骡子或驴的农户不能够为春播准备和以前一样多的耕地。现在很多农户没有能力经营他们的土地,他们出租一部分土地,并派出劳动力到集镇上去挣工资。① 农场资本的损失和改为新的作物轮作制度意味着

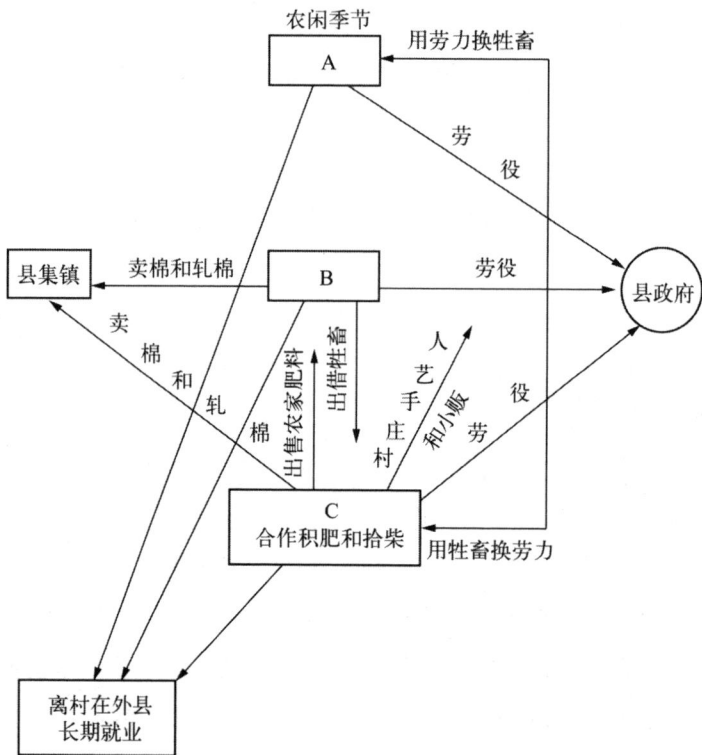

图表 3　石寨村劳动力的使用和分配,1941

---

① 北支那开发株式会社调查局:《鲁西棉作地带一个村庄农村劳动力使用之调查报告》,北京,1942 年版,第 116 页。

村庄需要的劳动力减少，城市工作的劳动力供给增加。图表 3 根据村庄的资料制作，目的是显示劳动力在农忙季节和农闲季节是如何分配的。农户按照拥有的农场面积、每户人口和农场资本的数量分为三组排列，A组农户拥有较多的土地和资本，依次是 B 组和 C 组，拥有较少的土地和资本。

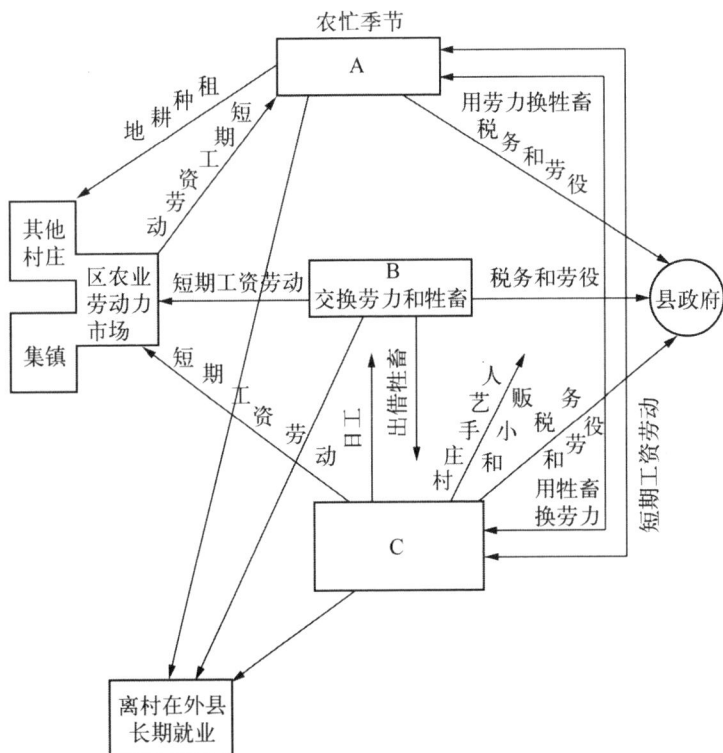

A. 4 个农户每户拥有 2 头牲畜和 69 官亩耕地。
B. 34 个农户每户拥有 1 头牲畜，拥有 19～65 官亩耕地。
C. 72 个农户没有牲畜，每户拥有的耕地不足 9 官亩，还有 5 户既无耕地也无牲畜。

我们看到，在农闲季节，C 组农户把劳动力派到集镇上寻找工作，或者把农场劳动力用于积肥以便卖给其他农户。在农忙季节，他们用劳动力交换较富裕农户的资本。B 组的农户也派一些劳动力到集镇上去，但有较多土地的 A 组农户认为自己没有必要让劳动力离开村庄。在农忙季节,劳动力的交换和使用变得较为复杂。集镇上的劳动力市场容纳并分配农民劳动力到不同的村庄工作或是在城镇工作,农户为了播种和收获庄稼,用劳务与农场资本进行交换。所有的农户都必须交纳摊款,当政府需要时要派出劳动力在该县的某个地方服劳役。然而除了 20 世纪 20 年代末的内战时期外,这类劳动力的使用在 1937 年前并不存在。

失去土地的农户,或是刚刚形成、只拥有很少土地的农户依靠非农业收入在村庄中生活。当这些农户随着时间的推移成功地获得了一些土地时,他们派出村去工作的劳动力就会减少。如果一个村庄的地权分配变得更不平均,或者家庭农场面积下降,村庄就会为城镇和城市中的暂时性工作提供更多的劳动力。这些情况在不同的时间和地点有着极大的差异,以至充分就业和半就业农户的百分比变化极大。对劳动力需求最强烈的农忙高峰时期是 4～5 月和 8～10 月,而在 1、2、11 和 12 月这

₁₅₆几个月中,农户发现很难找到强劳力做的工作。按照卜凯的说法,在受调查的村庄中,强劳动力完全就业的百分比是从最低的 0～75%。①　仅

₁₅₈能半就业的劳动力异乎寻常高的百分比意味着大部分农户要在村外寻找工作,特别是在农闲季节更是如此。

20 世纪 30 年代的田野调查显示出,一个五口之家必须有至少 25 亩较好的地,才能完全靠农业生活。②　20 世纪 30 年代中期,看来大部分农户都没有或租不到足够的土地,能让他们在没有非农业工作所得的补充收入的情况下生存。③　像村中的农户成倍增加一样,城市也在扩大,城市对于熟练及非熟练工人的需求迅速增长。海关官员评论说,在天津"普通生活必需品的成本在 1911—1921 年间翻了一番,工资则随之增长了

---

① 卜凯:"统计资料",第 306 页。

② 卜凯:"统计资料",统计附录 1,表 57。

③ 在沙井村的例子中,农场变得如此之小,以至绝大多数农户不能仅靠农业收入养活自己,全村收入中约 1/4 来自村庄以外的地方。安丘县的翟山村有同样的情形,该村约一半的收入来自村庄以外的地方。对于很多其农场面积缩小到不足两英亩即 13 亩地的村庄来说,无疑存在着这同样的情况。

约 50%"。[1]　然而,工资的增长依技术的不同而不同。泥瓦匠和木匠的工资在 1911—1921 年间几乎翻了一番,而同时"普通熟练工人的日工资不论行业大致是一样的。"[2]《胶澳志》记载,农业工人的日工资是 0.2 元,而泥瓦匠和木匠的日工资分别是 0.45 和 0.5 元。[3]　1912 年农业工人每天挣 0.27 元,木匠则为每天 0.80 元。1924 年,在一次币制改革之后,工资略高于农业工人的苦力搬运工人一天挣 0.36 元,而木匠一天挣一个银元。熟练和非熟练工人之间工资的差距在这一时期很可能逐渐加大。

事实上,这样一种工资差距也反映了城市与乡村的平均工资之间存在很大差异。卜凯关于这一地区农村工资的资料显示出,从 1901—1926 年,农村短工的工资共增长了 150%,亦即每年平均增长 3.7%。这一增长大致与价格水平的上升一致,并暗示出有大量强劳动力离开乡村到城市中寻找工作。他们流入城市劳动力市场,使非熟练工人的工资持续落后于熟练工人的工资。1911 年以后移居东北的人数大量增长也意味着年轻劳动力长时期地离开村庄。随着农村人口的增加,由于大量人口移居城镇和东北,这一时期 15～60 岁之间的强劳动力在农村人口中所占的百分比,可能保持不变或轻微的下降。他们得到的收入和给乡村的汇款主要用于消费和赋税。

我们没有办法知道在 19 世纪 80 年代和 90 年代之后,在多大程度上有更多的农户让劳动力离村寻找工作,但即使没有可靠的统计数字,在地方志、目击者的报告和农村调查中也没有证据能证明村庄中租佃土地有较大的增长,反之,所有迹象都表明有更多的农户认识到获取非农业收入的好处,并尽一切努力把他们的劳动用于这一目的。

①《海关十年报告,1912—1921》,第 165 页。
②《海关十年报告,1912—1921》,《海关十年报告,1902—1911》,第 232 页;另见《海关十年报告,1922—1931》,第 446 页。
③《胶澳志》,第 3 卷第 82、85、87 页(青岛,1928 年版)。

10. 农民农场结构：资本和技术

华北的家庭农场不是一个使农户能够容易和有效地经营其土地的统一的空间单位。一个农场由许多零散的一条一块的耕地组成，分布在村庄及村庄附近不同的位置上。当一个农户增加其土地时，是在其已经拥有的条条块块土地上增加几小块土地，而不是把零散的田块连接起来形成一个完整的农场。当一个农户需要钱时，它就典当或出售这些零散的田块之一。

为了照料农田，从一块地走到另一块地所花的时间相当多，特别是在有十多块土地分布在离家很远的地方时。卜凯估计，在华北，田块之间的平均距离约为半英里，农户向地里运送肥料，把收获的庄稼运回农场，都必须使用大车。田块的数量和面积都是不同的，富裕农户可以拥有多达20块或更多的大小不等的田块。表26显示出，河北滦县一个富裕农场拥有23块大小不等的土地，分布在距住宅1/4英里到一英里半的地方。

随着农场的扩大，田块的平均面积也在扩大。有一些例外，但在卜凯调查的大部分县里，这种情形看来是共同的(见表27)。当农场面积扩大时，农户的经营效率会有某种增进，但考虑到在把劳力和资本从一块地转移到另一块时所花费的时间和消耗的能量，这种增进肯定非常之小。

表 26 河北滦县一个富裕农民的田块数量及其与住宅的距离

田块号码	田块面积（亩）	与住宅距离（里）	田块号码	田块面积（亩）	与住宅距离（里）
1	9.00	0.5	13	8.40	3.0
2	7.80	1.5	14	2.00	1.0
3	7.50	1.0	15	7.50	4.5
4	8.77	1.0	16	4.00	4.5
5	3.00	0.5	17	10.47	4.5
6	13.50	0.5	18	16.00	3.0
7	8.40	1.5	19	7.40	1.5
8	19.50	0.5	20	16.00	4.5
9	17.00	1.0	21	24.00	1.5
10	6.50	0.5	22	6.80	0
11	36.58	1.0	23	5.27	0
12	16.00	0.5	合计	261.39	

资料来源：西村甲一，《华北一个大经营农场的现金收支》，《农业经济研究》，第20卷第1期第29页(1948年12月)。一里约等于1 890英尺。

表 27 8县按农场面积分组的田块面积，1930—1933(公顷)

河 北 省

昌　黎		沧　县	
农场面积	每块地平均种植面积	农场面积	每块地平均种植面积
1.01～1.22	0.13	0.35～1.15	0.27
1.23～2.45	0.23	1.08～2.14	0.32
2.46～3.68	0.21	2.15～3.22	0.34
3.69～4.91	0.26	3.23～4.30	0.39
4.92～6.13	0.28	4.31～14.36	0.55
6.14～9.82	0.34	14.37～128.58	1.19
9.83～14.81			

青　县		通　县	
农场面积	每块地平均种植面积	农场面积	每块地平均种植面积
0.35～1.15	0.18	0.25～0.91	0.34
1.16～2.30	0.24	0.92～1.83	0.41
2.31～3.46	0.30	1.84～2.75	0.52
3.47～4.61	0.35	2.76～3.68	0.48
4.62～9.63	0.37	3.69～7.77	0.98
16.42～20.96	0.78	12.55～31.64	1.34

山　东　省

恩　　县		宁　　阳	
农场面积	每块地平均种植面积	农场面积	每块地平均种植面积
0.27~0.90	0.21	0.14~0.42	0.13
0.91~1.81	0.25	0.43~0.86	0.20
1.82~2.72	0.36	0.87~1.30	0.26
2.73~4.54	0.49	1.31~1.74	0.24
4.55~13.58	0.51	1.75~2.18	0.29
		2.19~2.62	0.44
寿　　光		峄　　县	
农场面积	每块地平均种植面积	农场面积	每块地平均种植面积
0.02~0.15	0.04	0.56~1.20	0.31
0.16~0.32	0.06	1.21~2.40	0.38
0.33~0.48	0.07	2.41~3.61	0.45
0.49~0.64	0.07	3.62~4.81	0.51
0.65~0.80	0.08	4.82~13.18	0.62
0.81~1.72	0.10	15.92~24.59	1.02

资料来源：卜凯，"统计资料"，第104、293页。

分家或土地在男性继承人间平均分配的制度

促使家长积累土地的动机不仅是期望得到更多的财富和在村庄中获得更高的地位。当他留给他的儿子们的土地比他从他的父亲手中得到的土地更多时，他从儿子们那里得到的尊敬也强有力地激励着家长工作和节约，并为儿子们的出生而高兴。土地最终要在儿子们之间分配这一事实并没有使父母烦恼。"即使是在一个穷苦家庭，当一个儿子出生时，他并不被看作一个将进一步瓜分家庭土地的人，而是被看作将使土地增加的人。第二个儿子出生时，父母并不担心他们的小块土地将要分成两份，相反，他们开始希望当他们的儿子都长大时，一个会成为雇工，另一个成为泥瓦匠,他们将不仅挣到他们自己的生活费用,而且每年给家庭增加大约 50 元收入。在两三年内,他们就能用他们的积蓄再买一亩地。这样一来,当父母年老时,他们的生活就会比现在更好。这种可能性随着每个儿子的出生而增长。"[1]儿子越多意味着家庭收入越多,收入越多就使家庭能买到更多的土地。由于年老的父母由儿子们照料,当土地被分割,每个儿子都得到家庭财产的一部分,开始其农场主生涯时,情况没有什么不同,只要这一过程成功地在每一代人中重复。

分家不但可能强烈地刺激单个家庭进行的土地积累,还有可能缓慢地破坏富裕农户的土地积累。尽管一个富裕农户可以积累起大量土地,这些土地分割后传入两三个儿子手中,仍存在着接受这些土地的人最终卖掉它们的可能性。一个成功的大土地所有者的子孙后代变成小土地所有者。有一些例子可以说明这种情形是如何在拥有大量土地的家庭中发生的。

162

1906 年,山东省章丘县的东矾硫村有 7 家大地主,其中最大的一家,太和堂,拥有 472 亩土地。[2] 拥有 30～60 亩土地的共 4 家,拥有 15～30 亩地的有 63 家,还有 46 户的耕地不足 15 亩。太和堂的祖父在 18 世纪末缓慢地积累起了 351 亩地,1793 年他把土地平均分给了他的两个儿子,每个儿子分到 175.5 亩。1870 年,太和堂从他的父亲那里继承了 164 亩地,到 1905 年他把他的土地增加到了 515 亩,他所拥有的土地大部分在东矾硫村。太和堂为经营土地雇佣了 13 名长工,并在农忙季节雇佣 20～40 名短工。他有 4 头骡子和 4 头驴,2 张犁,3 架大车,8 辆小车,一大群鸭子和猪。除了农场财产外,他在集镇上还有一批小店铺。1907 年他把他的土地和商业财产分给了他的儿子们。这些财产逐渐被他的儿子们卖掉,到 1928 年,太和堂的后代都已经变成了只有 20 亩土地的小土地所有者。(太和堂是山东省章丘县东矾硫村一家李姓地主的

---

[1] 杨懋春,前引书,第 84 页。
[2] 藤田敬一:《清代山东经营地主底社会性质》,《为了新的史学》,第 111 期第 14～15 页(1966 年 2 月)。

堂号,1870—1907 年的太和堂主人名叫李方彩,作者将太和堂理解为一个姓"太"的人,有误。另外,1870 年李方彩从其父手中继承的土地不是 164 亩,而是 340 亩,164 亩是李家在 1793—1870 年间积累起来的耕地,参看景苏、罗仑:《清代山东经营地主底社会性质》,山东,1957 年版,第 50~54 页——译注。)

另外一个例子是河北省平谷县属于同一家族的 6 代农民,他们的分家过程说明了分家如何引起地权分配。资料列在图表 4 中。张福的儿子,万仓,成功地把他继承来的 16 亩土地增加到了 800 亩,他后来把这 800 亩地平均分给了他的 4 个儿子。两个儿子增加了他们的土地,但另两个儿子林和雍的土地减少了。当轮到这 4 个儿子分家时,他们的土地分给了 9 户,每户经营着很多零散的小块土地。在这 9 户人家分家后,产生了 19 个家庭农场,每个平均拥有 48 亩地。随着越来越多的家庭分裂,我们看到逐渐产生了很多土地不足 10 亩的家庭——这是典型的农村景象。到第 6 代结束时,这个张姓家族的耕地增加了很多,但只有几个家庭拥有较大的农场,大部分家庭只有很小的农场。我们不知道大北关村其他家族的地权变化,但肯定也发生过类似的得与失。

有些家长有运气、有远见、有勤俭节约的能力,增加了家里的耕地,但他们的子孙常常会失去土地。例如,德谦一家(图表 4)在把农场分配给 4 个儿子之前使其土地增加了 100%。其中一个儿子,凤楼,使他的农场面积翻了两番,但在他把土地分给 3 个儿子之后,没有一个人能够使土地增加。事实上,一个儿子失去了土地。

164 　　或许更为重要的是,由于分家,大土地所有者消失了。矶田进叙述了沙井村李注源的情况。李的祖父在清末拥有 200 亩土地,但在土地平均分给他的两个儿子后,李的父亲竭尽全力才保住他那一份原封不动地分给了他的 5 个儿子①。李注源在这一过程中得到了 20 亩土地,使他得

① 矶田进:《华北的租佃:性质及其法律关系》,《法学协会杂志》,第 61 卷第 7 期第 39 页(1943 年)。

以成为一个农场主。杨懋春观察了他的家乡——青岛附近的台头村中家庭命运的上升与下降。"一个农村家庭的上升主要通过购买土地来实现,其衰退则由于突然的事故而不得不出售土地。值得注意的是,我村没有一家人能够连续三四代保持同样多的土地。"[1]满铁调查员 1941 年调查了正定县的罗信村,发现 259 户人家中只有 6 户耕种的土地超过 50 亩,大部分农户只耕种几亩地,并且不租佃土地。[2] 1900 年前后,该村王姓家族的 10 户人家耕种土地在 50～60 亩之间。"由于分家,土地一再地分割,到 1941 年全村只有 6 户人家的耕地超过 50 亩,其中只有 3 户是王姓家族的成员。"[3]

　　同样重要的事实是,分家后建立的新的家庭农场经营的土地更少。在青岛附近的西韩口村,1900 年前后,全村有 170 户,其中有几户经营 50 亩地,但平均农场面积只有 6～7 亩。[4] 1938 年该村有 262 户人家,没有一户经营土地超过 30 亩,平均农场面积只有 4 亩。人口每年约增长 1.5%,形成了更多的家庭,每个农场的资本储备几乎没有增加,农业技术保持不变。由于有更多的劳动力离开村子到外面工作,该村的农户能够保持与 40 或 50 年前同样的生活水平。

　　在表 28 中能够看出 1931—1936 年间,分家是如何使家庭增多的。在河北省望都县和沧县的两个村庄中,最大的增长发生在农场面积 10～30 亩的组别中,100～150 亩地的大农场分成了一些小农场。

---

① 杨懋春:前引书,第 132 页。

② 相良典夫:《粮食产区农村之农业生产关系与农产品商品化》,《满铁调查月报》,第 23 卷第 10 期第 137 页(1943 年 10 月)。

③ 相良典夫:《粮食产区农村之农业生产关系与农产品商品化》,《满铁调查月报》,第 142 页。

④ 满铁北支事务局调查部:《青岛近郊农村实态调查报告》,北京,1939 年版,第 121 页。

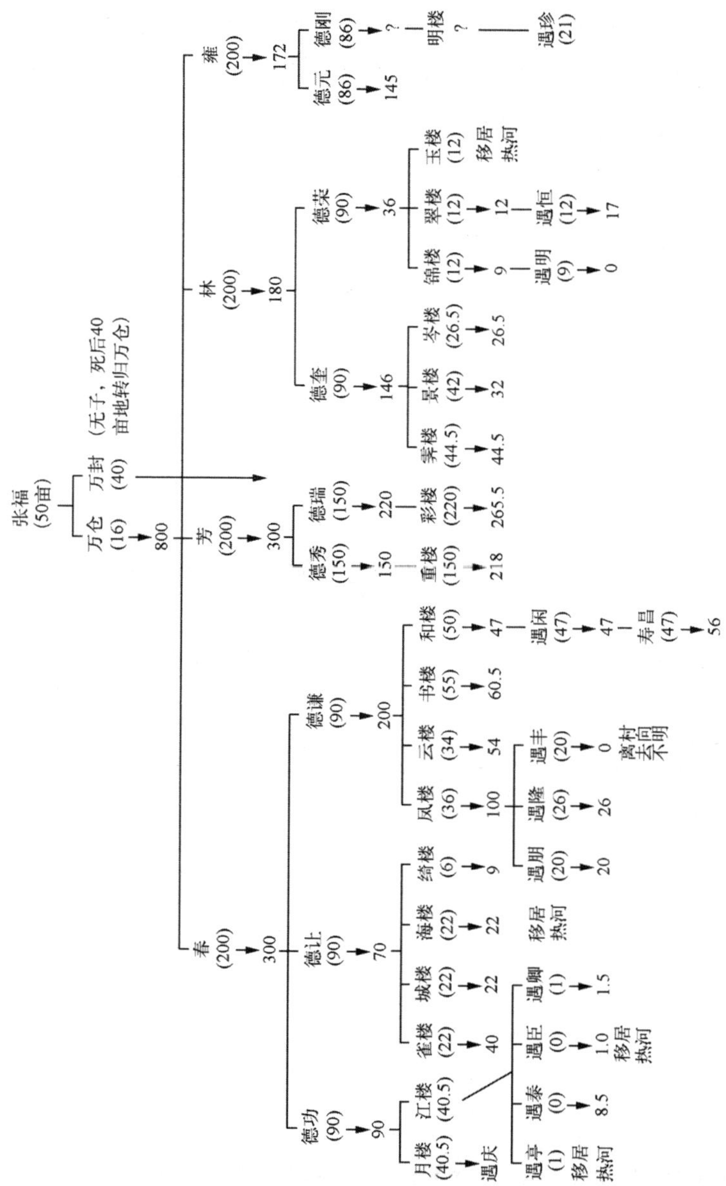
张福 (50亩)
万仓 (16)
800
万封 (40)
(无子，死后40亩地转归万仓)
春 (200)
300
芳 (200)
300
林 (200)
180
雍 (200)
172
德功 (90)
90
德让 (90)
70
德谦 (90)
200
德秀 (150)
150
德瑞 (150)
220
德奎 (90)
146
德荣 (90)
36
德元 (86)
145
德刚 (86)
?
月楼 (40.5)
遇庆
江楼 (40.5)
遇亭 (1) 移居热河
遇泰 (0)
8.5
遇臣 (0)
1.0 移居热河
遇卿 (1)
1.5
雀楼 (22)
40
城楼 (22)
22
海楼 (22)
22
移居热河
绮楼 (6)
9
凤楼 (36)
100
遇朋 (20)
20
遇隆 (26)
26
遇丰 (20)
0 离村去向不明
云楼 (34)
54
书楼 (55)
60.5
和楼 (50)
47
遇闲 (47)
47
寿昌 (47)
56
重楼 (150)
218
彩楼 (220)
265.5
霁楼 (44.5)
44.5
景楼 (42)
32
岑楼 (26.5)
26.5
锦楼 (12)
9
遇明 (9)
0
翠楼 (12)
12
遇恒 (12)
17
玉楼 (12)
移居热河
明楼
?
遇珍 (21)

图表 4　河北省平谷县大北关村张姓家族 6 代人的土地分割，1936

资料来源：村松佑次，《中国经济之社会结构》，东京 1949 年版，第 305～306 页。

表28　河北两个村庄的地权分配,1926—1936

县和村	农场面积（亩）	1926		1931		1936	
		户数	百分比（％）	户数	百分比（％）	户数	百分比（％）
望都县 a 东阳丘	0～5	—	—	15	10	13	8
	5～10	—	—	29	20	30	19
	10～20	—	—	54	38	58	38
	20～30	—	—	20	14	24	16
	30～50	—	—	18	13	21	14
	50～100	—	—	4	3	6	4
	100～150	—	—	3	2	2	1
	合　计			143*	100	154*	100*
沧县 b 小徐庄	1～4.9	0	—	0	—	5	9
	5～9.9	1	3	2	5	10	18
	10～19.9	3	8	4	10	15	27
	20～49.9	15	38	18	45	13	23
	50～99.9	15	38	14	35	13	23
	100～200.0	4	10	2	5	0	—
	100 以上～300	1	3	0	—	0	—
	合　计	39	100		100		100

资料来源:天津事务所调查课,《河北省农村实态调查资料》。a 第 2 页;b 第
197 页。

* 原文如此——译者注。

　　耕地在儿子们中间平均分配的原固是一个与本书研究内容独立的
问题。对华北土地继承问题最好的一个研究认为,兄弟争吵是农户最终
分割他们的土地的主要原因。[1] 家庭其他成员之间的争吵也会造成不可
忍受的紧张,日益激烈的争吵最终迫使农户为了恢复安宁而分割土地。
一个没有不和与争吵的家庭可能在很长时期内,或许是两代人的时间,
保持家庭财产的完整,但最终会有一个有雄心又聪明的儿子设下计谋使 ₁₆₅

─────────

[1] 内田智雄:《中国农村的分家制度》,东京,1956 年版,第 36 页。另见莫里斯·弗里德曼:《中
　国的血缘与社会:福建和广东》,伦敦,1966 年版,第 53～54 页。

家庭财产分割。① 与中国人的家庭是一个稳定耐久的团体这样一种一般观念相反，看来典型的家庭中随时存在着成为分家预兆的紧张情绪。中国人的家庭在经济和社会两方面所依靠的基础都是极不安全的，它随时都可能崩溃或分裂。② 随着家庭越来越难以靠农业维持生活，儿子们不定期地出外寻求收入以补充土地上的所得，家庭也就越来越难保持和谐。矛盾在于，当一个家庭共同工作以积蓄财富，仅仅是为了把它们传给儿子们时，积累财富的每个行为都播下了未来家庭内部不和的种子，每个儿子都要求得到共同财富中他那一份。

分家不是有规律地定期发生而是波动的。我在村庄研究部分曾指出，20 世纪 20 年代末和 30 年代，分家发生过突然的增加。仁井田升指出，在共产党控制的西北地区，20 世纪 30 年代和 40 年代，农村家庭比以前正常时期更早更快地分割他们的财产。③ 有些西方观察家相信，比较穷的农民分家要比富裕农民频繁。④ 当一个家长意识到家庭的好运气很快就要消失时，他可能急于在失去一切之前把所有的东西分给儿子们。陈家村的农民们认为，"必须要逃避地方政府的贪婪压榨，希望能让强盗漏掉自己，这些显然是造成该村近年来分家情况增加的新的因素。"⑤

村庄的人口结构也使某些地区的农户比另一些地区的农户更快地分割他们的土地。一个 15 岁以下的人在人口中所占百分比较大的村庄可能在 10 年或 20 年之内经历一次爆发性的分家热潮，老年人百分比较大而年轻人百分比较小的村庄则不同。在可怕的自然灾害造成庄稼减产的地区和遭受军阀部队蹂躏的地区，村庄的出生率在几年内会有很大

166

---

① 赛珍珠的《大地》一书中可以看到一个很好的例子，王龙的长子强烈要求他的父亲分割家庭财产，并在王龙死后玩弄诡计使他的弟弟们把土地卖出。

② 仁井田升：《中国农村家族》，第 88～90 页。

③ 仁井田升：《中国农村家族》，第 106 页。

④ 明恩溥：《中国乡村生活：一个社会学研究》，纽约，1899 年版，第 321 页。

⑤ 国立北京大学附设农村经济研究所：《山东一个集镇之社会结构》，第 47 页；中国学者杨懋春也非常强调这种制度的重要性。见杨懋春《一个中国村庄》，第 2 章。

下降。20 年代北京周围很多村庄发生过这种情况。① 有很多村庄年轻人较少,过了很长时间,年轻人在村庄人口中的百分比才再度变大。尽管人口在缓慢地增长,在一个较长的阶段中没有出现分家和新家庭的形成。在长时期的人口增长和分家造成家庭增加之后,战争与灾害可能会使出生率下降得如此剧烈,以至于实际户数会在一个短时期内减少。② 在这些地区,分家在较长时期中不会对地权分配和农场面积造成影响。

资本积累和投资

不花在消费和农场日常需求上面的收入用来买地。如果一个家庭积累了更多土地,通常会使其农业收入增加,并且能够购买更多的土地。农户的问题是要确定它能够有效地耕种多少土地,以及它应该租给别的农户多少土地。与这一问题紧密相关的另一个问题是,收入中有多大比例应该用于买地、投资于农场资本和满足家庭消费需求。随着农户收入的增加,必须定期作出决策,决定有多少收入在这些项目间分配。

我们的任务是检验田野调查的资料以确定在农场资本总额、农场面积和农场总产量之间是否存在任何看得见的关系。如果能观察到某种关系,将有可能就现有农户如何决定使用他们的收入,有多少种因素决定他们经营的土地数量等内容提出某些命题。

在本书中,农户使用土地的方法决定了土地具有两种意义。首先,由于现存的借贷制度形式,土地对于农户来说,代表一种储蓄或钱的近似物(见第 15 章)。其次,已经开垦、灌溉和耕种的土地代表着农户的资本。我把土地加上这些限制性定语后定义为资本,是因为土地是一种中间形态的商品,生产着供给农户福利所需和照料维持土地本身所需的各

167

① 甘布尔:《华北的村庄》,第 26~27 页。
② 百濑弘:前引书,第 859 页。河北省青县的地方志显示出在 1790—1890 年之间,户数从 60 063 户减少到 27 363 户,人口从 260 017 人减少到 145 810 人。一个县人口的这种下降是由于 19 世纪 60 年代和 70 年代的战争的破坏。

种各样的商品。我把土地列为一种固定资本,因为它的价值和面积在每年的生产性使用周期中不会改变。生产性使用周期可能有很大不同,但为了我们的目的,我们将把它看作是一年。其他固定资本种类有房屋和果树,它们在整个生产周期中保持固定供给。其他资本种类如种子、耕畜、肥料、灌溉设备和农具等,我把它们定义为可变资本。这些资本种类在生产周期中可以按照农户决定把多少收入投入它们的购买和维修而改变。

这些定义是武断的,我作出这些定义仅仅是为了进行分类和比较,从而说明不同种类的资本依农场面积大小在数量上的变化。把农场的土地定义为资本,并对作为资本的农场土地与在农业生产的不同阶段使用的不同数量的生产资料加以区分,可以观察到两种重要的关系:每个农场的总资本随着农场面积的扩大在价值上增加;当农场面积扩大、固定资本的比重上升时,总资本中可变资本的比重开始下降。

前一种关系可以从下面的田野调查成果中看出来。在大铁路枢纽石门附近获鹿县的马村,有地 20 亩以上的农民拥有的房屋、土地、树木和可变资本等资本比不足 20 亩地的农民的资本要多。[1] 对山东省惠民县的和平乡和孙家庙这两个村庄的调查显示出,有地 20 亩以上的农民比经营土地不足 20 亩的农民拥有更多的可变资本。[2] 山东省中南部泰安县涝洼庄村的一个调查显示出类似的发现。[3] 在冀东丰润县的孙庄镇和米厂村,有地 40 亩和 40 亩以上的农民比有地 15～30 亩的农民有更多的资本。[4] 在鲁东南临城县的大三里村,有地 30 亩以上的农户能够雇佣较多的农业工人,因为他们比耕地不足 20 亩的农户有更多的可变

[1] 东亚研究所:《支那经济关系惯行调查报告书:华北租佃制度》,东京,1943 年版,第 31～35 页。

[2] 东亚研究所:《支那经济关系惯行调查报告书:华北租佃制度》,东京,1943 年版,第 39 页。

[3] 东亚研究所:《支那经济关系惯行调查报告书:华北租佃制度》,东京,1943 年版,第 40～42 页。

[4] 东亚研究所:《支那经济关系惯行调查报告书:华北租佃制度》,东京,1943 年版,第 26～29 页。

资本。①

在表 29 中可以看到可变资本和农场面积之间的第二种关系的一个 168
实例。该资料来自 20 世纪 30 年代初期河北省深泽县南营村的一个调
查。固定资本占农场总资本的百分比最初较大,然后下降,然后又上升
至保持不变。可变资本占农场总资本的百分比先上升,后下降,然后保
持不变。当农民获得更多的土地时,显然农户并没有为了耕种增加的土
地而投入更多的可变资本。当农场面积超过一定的数量时,土地就会出
租给其他农民,土地也就不再能够被视为农户的资本了。对可变资本和
农场面积之间关系的另一个说明可以在表 30 中见到,该表据河北丰润 169
县两个村庄中收集的资料制作。结果显示出农场用在可变资本上的数
量开始时随着农场面积的扩大而上升,但在某一点之后——在这里是 50
亩地的农场——每亩耕地的可变资本数量迅速下降。

表 29　深泽县南营村按农场面积分组的农场资本价值,1933

农场面积（亩）	总资本（元）	占总资本百分比							
		固定资本				可变资本			
		土地	房屋	果树	总固定资本	耕畜	农具	种子和肥料	总可变资本
9.9 以下	619.94	73.0	22.6	1.0	96.6	1.0	2.7	0.7	3.4
10～9.9	919.40	73.8	18.4	1.0	93.2	1.5	3.6	1.4	6.8
20～29.9	1 541.00	74.9	14.3	1.0	90.2	2.4	4.7	1.9	9.8
30～59.9	2 701.85	73.6	16.9	1.1	91.6	2.4	3.8	2.2	8.4
60 以上	5 964.90	73.4	16.7	1.5	91.6	2.7	3.9	1.8	8.4

资料来源:满铁调查部,《华北农业和经济》,第 2 卷第 603 页。引自这一资料的
数据在本表中作了不同的排列,是为了说明按农场面积分组时固定资本与流动资本
之间的差异。

---

① 岸本光男:《山东省临清县农村实态调查报告》,《满铁调查月报》,第 23 卷第 6 期第 153 页
(1943 年 6 月);《满铁调查月报》,第 23 卷第 8 期第 146 页(1943 年 8 月)。

表30 丰润县2村按农场面积分组每亩耕地可变资本投资数额(银),1938(元)

农场面积(亩)	肥料	饲料	种子	耕畜	农具	其他	合计
10 以下	1.04	1.28	0.19	0.08	0.15	—	2.74
11~20	1.72	0.06	0.30	—	0.26	—	2.34
21~30	—	—	—	—	—	—	—
31~50	4.15	0.75	0.07	—	0.19	0.14	5.30
51 以上	2.27	0.30	0.23	0.54	0.16	0.01	3.51

资料来源:满铁调查部,《华北农业和经济》,第2卷第606页。一个50亩地的农场并不是所有各县每亩地可变资本投资开始下降的上限。这主要取决于农场经营的技巧、土壤质量和可变资本的有效使用。每亩耕地可变资本投资在农场面积多大时下降,是随着地区的不同而变化的。

　　看来无可怀疑,农户的投资模式是:农场越大,总收入中用于可变资本的百分比就越小,如同表31中可以见到的,该表据1938年丰润县一个村庄调查中的农户收支资料制作。农户投资和资本积累行为似乎遵循着一个共同的模式。一个农户每年花在维持其家庭成员的物质和精神消费上面的收入数量是一定的,其余部分用于经营农场。必须提出部分收入用于纳税、还债和应付家中有人生病或其他事故。设想一下,一个农户发了一笔横财——或是由于大丰收和农产品价格上涨,或是由于离村工作的儿子们挣到了更多的工资收入,这笔钱最大的可能就是用来买地,消费支出则保持不变。为了经营新增加的土地,这个农户还必须再花一笔钱购买可变资本,因而下一年用于农场经营的支出就会有所增加。这笔资金可能来自于借贷、储蓄或这笔横财。当新的土地产生了额外的农业收入时,其中一部分可能被储存起来预备投入可变资本,但在农场达到一定的面积之后,农户决定把家庭收入中较小的百分比花在可变资本上。卜凯的田野调查资料可以解释,为什么农户能够有效地经营一定面积的农场,超出这一面积后他们就会出租土地并投资于非农业活动。

表 31　农户按农场面积分组的收入和可变资本投资,据河北丰润县
米厂村的农户样本(银),1938(元)

农场面积(亩)	抽样农户的全年收入	投　　资	占总收入百分比
13 以下	124.77	83.96	67
14～40	360.07	239.52	66
41 以上	1 172.74	644.41	55

资料来源:满铁北支经济调查所,《1937年家庭农场经济调查报告》,天津,1940年,第26～34页。

不同农场面积农业的产出、收入和投资

当卜凯 1921—1925 年间调查华北和华中东部一些地方时,他尝试着确定多大的农场面积能够最有效地经营并得到最高的收入。他的研究做出的一个重要结论是,面积自 21 亩以上至 201 亩以上不等的大农场比较小的农场更有利,能够得到更多的收入。[1] 根据卜凯 1930—1933 年的研究和其他农村调查,这一结论必须作重大修正。1921—1925 年调查的主要缺点是,农场面积限制为 5 个级别,这 5 个级别本身太小了。[2] 这一缺陷在卜凯后来的研究中得到了改正,后来的分组包括 8 个级别。卜凯因而被他先前的调查资料误导,推断出大农场更有利的结论,如果他计算更多的等级,他就会发现超过一定的面积后——具体数量由地区决定——每单位面积耕地的农业产出和收入是下降的。尽管卜凯在其早期的调查中没有发现这方面的实例,他却感到必须用当地存在的异常条件来解释这种情况,总之他没有把这种情况当作农场的一个重要趋势。[3]

我找到了 3 个村庄的资料可以说明农场超过一定的面积后,每单位面积耕地的收入就开始下降。每亩地的收入或是随着农场面积的上升

[1] 卜凯:《中国农家经济》,第 106 页。
[2] 卜凯:《中国农家经济》,第 182 页。
[3] 卜凯:《中国农家经济》,第 119～124 页。

而上升,然后再下降,或是农场面积最小的一组收入最高,然后随着农场面积的上升而下降。这可以在表 32 中看到。在每组面积都较小、同时面积的变化由一个地区具体的农村状况决定时,农业收入首先增加,然后下降。尽管可能有更多的劳动力用于播种、灌溉、中耕和收获,单位面积耕地上能够使用的人工数量还是有一定的限制。就这一点来说,如果要使土地生产得更多,一个补充因素——资本,必须要发生某些变化。水、种子和肥料都是要增加产量所必须的重要资源。水的供给取决于村庄中井的数量和降雨的可能性。种子的数量和质量取决于上一年的收成或集镇上出现新品种。肥料的供给依赖耕畜、其他牲畜如猪之类和人的排泄物。很难说在超过某一点之后,哪一种因素在阻止每单位面积耕

表 32　华北 3 村按农场面积分组的每亩农田收入,20 世纪 30 年代

河北深泽县		
农场面积	梨园村	南营村
（亩）	每亩收入（银元）	
9.0 以下	13.30	15.41
10～10.9	12.44	11.38
20～29.9	11.47	10.49
30～59.9	11.60	9.53
60.0 以上	11.27	9.56
山东安丘县		
农场面积	翟山村	
（亩）	每亩收入（元）	
2 以下	95	
2.1～4	106	
4.1～6	109	
6.1 以上	105	

　　资料来源:深泽县,阿尔弗雷德·凯明·丘,《中国农村经济最近之调查统计,1912—1932:中国农业统计资料研究》,哈佛大学博士论文,1933 年,第 403 页;安丘县,华北交通株式会社总裁室资业局,《铁路爱护村实态调查报告书》,第 130 页及统计附录第二部分。

地的收入下降方面更重要。尽管如此,在 20 世纪 30 年代的调查资料中,有某种迹象显示,在较大的农场中,如果每亩地使用较多的肥料,产量就会与较小的农场产量保持相等。这一观察依据的资料引自卜凯 1930—1933 年的调查。我把河北省 4 县和山东省 4 县的资料按照每作物公顷产生的肥料数量、每作物公顷家畜单位和按照农场面积用指数表示的作物产量分组。这些资料列在表 33 中。

表 33　8 县农场肥料数量、每公顷作物畜力单位和不同农场面积的作物产量　　*172*

县　名	（1） 农场面积 （公顷）	（2） 每作物公顷 肥料（公斤）	（3） 每作物公顷 家畜单位	（4） 作物产量 指数 a
河北昌黎	1.01～1.22	14 811	1.09	58.7
	1.23～2.45	6 510	0.60	91.6
	2.46～3.68	4 036	0.35	83.0
	3.69～4.91	4 850	0.48	131.2
	4.92～6.13	2 832	0.26	103.4
	6.14～9.82	2 376	0.25	97.2
	9.83～14.81	1 888	0.19	95.5
沧县	0.29～1.07	4 065	0.56	110.4
	1.08～2.14	4 037	0.38	81.5
	2.15～3.22	3 105	0.28	98.5
	3.23～4.30	3 146	0.29	94.7
	4.31～14.36	2 297	0.11	92.7
	14.37～128.56	1 002	0.26	88.4
青县	0.35～1.15	8 213	0.76	88.5
	1.16～2.30	5 878	0.56	97.8
	2.31～3.46	4 814	0.50	96.0
	3.47～4.61	4 165	0.46	102.4
	4.62～9.63	3 607	0.41	99.1
	16.42～20.96	2 595	0.30	104.6
通县	0.25～0.91	2 132	0.44	93.9
	0.92～1.83	2 539	0.28	98.0
	1.84～2.75	2 116	0.19	99.8

县 名	（1） 农场面积 （公顷）	（2） 每作物公顷 肥料(公斤)	（3） 每作物公顷 家畜单位	（4） 作物产量 指数 a
	2.76～3.68	1 676	0.17	99.3
	3.69～7.77	1 530	0.16	97.4
	12.55～31.64	1 286	0.12	99.2
山东惠民	0.61～1.38	3 763	0.47	99.7
	1.39～2.76	3 244	0.35	99.3
	2.77～4.15	3 258	0.33	99.6
	4.16～5.54	2 710	0.29	102.3
	5.55～8.76	3 648	0.36	98.9
宁阳	0.14～0.42	3 834	1.19	99.9
	0.43～0.86	3 262	0.56	101.7
	0.87～1.30	3 521	0.35	95.2
	1.31～1.74	3 153	0.24	92.5
	1.75～2.18	2 300	0.22	108.2
	2.19～2.62	2 777	0.29	80.8
	2.63～8.57	2 641	0.24	107.5
济宁	0.17～0.77	4 925	0.62	114.9
	0.78～1.55	4 424	0.41	91.1
	1.56～2.32	5 170	0.46	108.6
	2.33～4.66	3 318	0.34	101.7
	4.67～10.34	1 968	0.20	87.8
峄县	0.56～1.20	2 366	0.39	110.4
	1.21～2.40	3 344	0.32	110.8
	2.41～3.61	2 775	0.28	113.9
	3.62～4.81	3 022	0.29	110.9
	4.82～13.18	1 932	0.22	95.2
	15.92～24.5	1 870	0.23	88.1

173

资料来源:(1)卜凯,"统计资料",第 293 页;(2)卜凯,"统计资料",第 137 页;(3)卜凯,"统计资料",第 299 页;(4)卜凯,"统计资料",第 295 页。

a 在(4)中,作物产量指数是卜凯按下述方法算出。他把该地区所有的作物产量进行平均后当做100。然后用指数形式比较所调查的每个地方的产量。这些指数只能显示一个已知地方的产量是高于还是低于该地区的平均产量。指数变动的幅度对我们的目的来说并不重要。然而,其趋势依农场面积向上或向下对于计量不同农场面积的土地生产率却是极为有用。

　　一些令人感兴趣的关系进一步凸现出来。首先,每作物公顷的肥料数量随着农场面积扩大而迅速减少。每作物公顷家畜单位的数量亦是同样。[①] 生产的肥料数量与家畜数量有密切关系。这一地区的耕作条件暗示出,当农场变大时,可以提供肥料的每作物公顷家畜单位就会变少,每作物公顷的肥料供给因此而下降。尽管肥料中一部分是人粪尿和泥土的混合物,但人粪尿在施在地里的肥料中所占的百分比一直很小。沙井村的调查证明了这一点。

　　与农场面积相关的作物产量发展趋势各县不同。在某些县,产量随着农场面积的扩大而上升,保持水平状态,然后随着农场面积进一步扩大而突然地下降。在另一些县中,产量在农场面积最小时已经相当高,它会随着农场面积的扩大而缓慢下降。有几个县产量随着农场面积的扩大缓慢上升,然后保持水平,轻微地上下波动(通县和宁阳)。无论如何,我们没有看到一例产量随着农场面积的扩大持续上升。[②]

　　毫无疑问,作物产量受到了肥料使用的影响,但其他方面的考虑也无疑进入了我们的视野,如经营较大的农场时获得的更大的效率。这一因素显然强大到足以使作物产量提高得超过了由每作物公顷家畜单位和肥料数量下降引起的产量下降。但是在最后的分析中,肥料的缺乏肯定是一个解释产量下降原因的关键因素。尽管很少有数据能说明这一点,但这一地区肥料对于农业的重要性多次被有资格的观察家们提起。[③]家畜和肥料生产是提高单位面积耕地的产量和收入所必须的可变资本,

---

① 支持同一观点的证据见阿尔弗雷德·凯明·丘《中国农村经济最近统计调查,1912—1932年:对中国农业统计资料、收集资料的方法和农村经济状况之结论的研究》,博士论文,哈佛大学,1933年,第430页。丘注意到"农场越大牲畜的能力就越下降"。

② 支持同一观点的证据见赵才彪(译音),《中国十二省粮食产量统计研究》,博士论文,康奈尔大学,1933年,第210页。

③ 见美国土壤专家 F. H. 金对这种影响的评论,F. H. 金 1910 年访问了中国,他说:"这里的人们不但极为认真仔细地侍弄他们的土地和菜园以获得收成,他们甚至更为一丝不苟地注意把一切可能的东西都用作肥料上到地里去,或是当做庄稼的营养:灰、粪尿、泥和草制成的堆肥等等。"F. H. 金:《中国、朝鲜和日本四千年的农民或永久性农业》,纽约,1927年版,第67页。

对于农户来说,要使农业成为一种更为有利的事业,增加这方面的投资就是必要的。

175　　另一件令人感兴趣的事是,作物产量开始下降的农场面积由于各县的情况不同而有很大差距。在表34中,我把产量开始下降的平均农场面积从低到高排列,然后把它与该农场面积组每户的人口和人口密度进行比较,计量每平方英里耕作面积的人数。可以看到的第一个要点是,作物产量开始下降的平均农场面积范围在各县之间变化极大,并与人口密度间存在着某种关联。换句话说,在农场面积较小的地方,人口密度明显较大,在农场面积大的地方,人口密度则较小。在山东有一些明显的例外,但这种一般的关系显然适用于河北。这一点值得强调,因为这一地区土壤肥力不大可能有极端的变化,因为存在相似的气候和地形条件。第二个要点是,每户人口随着作物产量开始下降时的农场面积变大而增加。把这两个结论合在一起,暗示出人口密度和每耕作面积的人口对于决定农场能够达到多人的面积并能够有效地经营是极为重要的。

174

表34　作物产量下降时的人口密度和平均农场面积,
按河北和山东两省24县农场面积计算

县　名	农场面积 (亩)	(1) 平均农场 面积(亩)	(2) 产量开始下降 时平均农场面 积每户人口 a	(3) 每平方英里种 植面积的人数
河北				
徐水	36.90～94.50	65.70	8.3	1 329
正定	41.70～145.95	93.82	10.4	873
蓟县	22.80～165.60	94.20	8.4	976
阜平	70.04～130.05	100.05	8.5	1 300
昌黎(1)	92.10～147.30	119.70	9.9	539
交河	91.20～172.35	131.78	9.8	578
南宫	58.50～256.05	157.28	11.5	764
昌黎(2)	92.10～390.75	241.43	12.8	733
青县	246.30～314.40	280.35	17.5	622

县　名	农场面积（亩）	（1）平均农场面积（亩）	（2）产量开始下降时平均农场面积每户人口 a	（3）每平方英里种植面积的人数
通县	188.25～474.60	231.43	12.0	505
沧县	215.55～1 928.69	1 072.12	13.6	352
山东				
安丘	9.75～26.40	18.08	7.1	3 235
寿光	12.15～25.80	18.96	12.3	3 867
即墨	12.45～24.90	18.68	11.9	4 610
福山	29.40～59.25	44.33	9.5	1 813
莱阳	41.40～79.80	60.60	9.7	1 339
潍县	39.15～83.55	61.35	9.4	979
沂水	37.35～102.30	69.83	8.0	212
恩县(2)	27.30～127.80	77.55	7.8	1 233
堂邑	62.85～95.85	79.35	8.7	645
宁阳	39.45～128.55	84.00	12.0	1 090
惠民	83.25～131.40	107.33	11.9	552
济宁	70.05～155.10	112.58	11.8	1 212
泰安	38.70～196.95	117.83	7.8	2 132
恩县(1)	68.25～203.70	135.98	11.7	715
峄县	238.80～368.85	303.83	11.5	443

资料来源：(1) 卜凯，"统计资料"，第293页；(2) 卜凯，"统计资料"，第295页；(1) 卜凯，"统计资料"，第423页。

a 用来比较平均农场面积下每户人口的作物指数据卜凯，"统计资料"第211页最常见的产量平均计算。

把表34中列出的产量下降时这一横断面的平均农场面积数据与家畜密度、生产的肥料数量和重要作物的平均产量进行比较，可以显示出，土地较多的农户比土地较少的农户可变资本（家畜和肥料）投资更少。在表35中我们看到，各县主要作物的平均产量与耕畜和肥料的数量密切相关：每作物公顷家畜单位和每作物公顷生产肥料数量较多的县平均产量倾向于更高，反之亦是同样。以一个县为基础不同截面上的平均农场面积产量、肥料和家畜之间的这种紧密联系，再一次表现出农场面积和农户对农场可变资本投资的重要性。它也暗示出如果畜牧业得到较大改良,就会使农民能够从他们的土地上得到更大的收获。

表35　家畜密度、生产的肥料数量和作物指数,根据作物产量开始下降时的农场面积按县排列

县　名 按产量下降时农场面积排列	(1) 农场面积 (公顷)	(2) 每作物公顷 家畜单位	(3) 肥料数量 (公斤/ 每作物公顷)	(4) 作物指数按重要作物最常见产量计算
河北				
徐水	2.46～6.30	0.62	2 686	123.2
正定	2.78～9.73	0.57	4 100	154.7
蓟县	1.52～11.04	—	—	75.4
阜平	4.68～8.67	1.41	13 953	111.7
昌黎(1)	6.14～9.82	0.34	1 888	118.3
交河	6.08～11.49	0.64	3 235	100.9
南宫	3.90～17.07	0.55	3 665	119.7
昌黎(2)	6.14～26.05	1.15	7 878	90.6
青县	16.42～20.96	0.53	2 595	116.7
通县	12.55～31.64	0.31	1 285	85.6
沧县	14.37～128.58	0.24	1 002	74.0
山东				
安丘	0.65～1.76	1.28	9 038	343.0
寿光	0.81～1.92	1.64	11 938	289.1
即墨	0.83～1.66	1.75	10 340	146.2
福山	1.96～3.95	0.55	3 704	92.3
莱阳	2.76～5.32	0.70	3 733	76.5
潍县	2.61～5.57	0.53	3 238	135.1
沂水	2.49～6.82	—	—	111.4
恩县(2)	1.82～8.52	0.60	3 150	117.3
堂邑	4.19～6.39	0.31	2 377	82.1
宁阳	2.63～8.57	0.41	2 641	68.2
惠民	5.55～8.76	0.55	3 648	117.7
济宁	4.67～10.34	0.61	1 968	84.8
泰安	2.58～13.13	1.27	10 196	42.6
恩县(1)	4.55～13.58	0.33	3 150	79.1
峄县	15.92～24.59	0.35	1 870	78.0

资料来源:卜凯,"统计资料"。(1)第 293 页;(2)第 136 页;(3)第 137 页;(4)第 211 页。

由于农户劳动力数量增加、适当的计划和节约而获得的收入越多，能够购买的土地也就越多。产量也可能由于畜牧业投资、肥料供给和水的利用而提高，但农场面积最终会达到一点，在这点上每亩地的产量和收入开始下降。我们可以看到，在卜凯的 26 个产量开始下降的不同农场面积实例中，50％的农场面积低于 100 亩，77％的农场面积低于 150 亩。由于人口密度有很大的不同，以及在一定的资源利用条件下农场经营的效率有大有小，产量开始下降时的农场面积范围相当的大。面积超过 150 亩，即约 23 英亩的农场很少，因为这是经营上能够获利的最合适的面积。当达到这一理想面积时，农户把农场收入投在可变资本上的百分比就会降低。

为什么农户不进行这种投资？一个原因是农民有效地经营大农场 177 的知识有限。农场越大，农户就越难按最有利的方式运用其土地和资本。当一个农户发现它无法对付经营一个较大面积的农场会遇到的技术和管理问题时，它就简单地把较贫瘠的土地和来往不方便的土地出租给别的农户。农户不是投入追加资本，而是把收入投资于城市商业和手工业，或是把钱贷放给其他农民。

在景苏和罗仑对 19 世纪 90 年代山东省 131 个大农场的研究中可以见到这方面一个出色的实例。他们的研究结果表明，这些农户中大部分是拥有 100～500 亩地的大经营农场主；有几户经营的农场面积甚至超过 500 亩，即 75 英亩。[①] 这 131 个农场共拥有 231 878 亩地，但它们只经营 46 772 亩，即 21％，其余约 4/5 土地则出租给其他农户。[②] 同时它们还投资于集镇上的手工业和商业企业。

无疑农户权衡了各种投资项目和预期的回报率。当这种土地制度达到其技术上的极限时，经营更多土地就变得没有吸引力了。必须除去

---

① 景苏、罗仑：《清代山东经营地主底社会性质》，山东，1957 年版，附录，第 106～110 页。据统计附录中的数据计算。

② 景苏、罗仑：《清代山东经营地主底社会性质》，山东，1957 年版，统计附录第 2 部分显示了这 131 户富裕农户经营的非农业企业的类型。

这一障碍产量才能提高,才能经营更大的农场。

农场资本和技术

20 世纪 40 年代初期使用的农具与 14、15 世纪在县官们之间流传的那本农村指南书籍《农政全书》中所画的农具是同样的。农具"简单而粗糙,其构造极为粗劣"[1],然而它们适合于这一地区的旱地种植条件,也适合于劳动密集的耕作方式。有 15 种不同的农具用于翻耕土地,30 种用于作物播种后收获前的中耕管理,7 种用于作物收割,20 种用于粮食加工,还有 30 种杂七杂八的农具。[2]

这些农具已经存在了几百年,然而为什么耕畜的供给从来没有增加到能使手工农具受到限制,并部分地为畜力驱动的农具所取代? 在中国早期农业史的某个时候,人口增长到了如果不削减牲畜的供给,现有耕地就无法养育更多人口的地步。由土地引起的人和牲畜之间的竞争日益激烈,然而维持着一种平衡。当时已经知道并采用的耕作技术能把牲畜的数量限制在能与人共存的水平。战争经常改变这种平衡,或是有利于一方或是有利于另一方,这取决于耕畜的供给量和人口剧烈减少的程度,但不久以后又会恢复平衡。农户成倍增长,新的村庄诞生,农村再度变得人口密集。然而,农场继续主要靠人力经营。什么样的农业技术和土壤利用体制限制了家庭农场牲畜的增长呢?

翻耕土壤以保持水分的方式更适合使用小型的手工农具而不适合使用大型的畜力推挽的农具。这一地区的耕作方法最早是在一部叫做《齐民要术》的杰出的农书中得到系统描述的,这部著作由北魏时期的贾

178

---

① 华北产业科学研究所:《华北的农具调查》,北京,1941 年版,第 1 页。关于犁的发展,见天野元之助:《中国农业史研究》,东京,1962 年版,第 756～810 页。

② 华北产业科学研究所:《华北的农具调查》,第 2～22 页。在满铁调查部《华北的农业与经济》第 2 卷第 771～806 页上可以看到对于中国家畜供给为什么没有增长的众多原因的一个较好的讨论。另见中支建设资料整备委员会:《支那的工具问题》,上海,1940 年版,第 62 页。

思勰在 6 世纪上半叶写成。① 贾不仅用清楚明了的词汇有条理地叙述了他那个时代很多众所周知的技术，而且提出了一些怎样改进已有的方法的新奇的建议。当时，与现在一样，关键的问题在于如何使土壤能够在全年都保持住它的水分。有限的降水量和冬季寒冷的气候使土壤很快变干成为粉状，旱季的大风把肥沃的表土吹走。贾提出秋季播种小麦时耕地要深，而春天种谷子、大豆和高粱的地要浅耕。直到本世纪仍为农民所遵守的这种规则是为了防止"水分从地表蒸发"并"把肥料翻入土内"。② 然后农民会用耙地的农具把地里的大土块弄碎，以阻止进一步的蒸发，"克服华北早春的不利因素，促进作物的成熟。"③要锄地和耙地以保持土壤的水分和养分，要拔掉杂草，这样庄稼才能生长得更快。浅耕需要一头耕畜，彻底地把地和锄地用不着畜力，只需要连续使用大量的劳动。

另一个影响家畜供给的因素是经济作物经常性地引进和推广，这限制了能够为家畜生产的食物数量。当小麦和棉花被引进到土地轮作制度中时，它们所用的土地本来可能是用来养家畜的。由于这些作物能够使用当时已有的手工农具种植，所需要的仅仅是随时有充足的劳动供给。对家畜的需求再度受到严格限制。

学者们对小麦何时成为华北主要作物没有一致意见。米田贤次郎认为，在《齐民要术》中能够找到或推断出证据说明在魏朝和隋朝小麦已广泛地用于作物轮作制度。④ 按照米田的说法，小麦在秋天播种，次年春天收获，然后播种豆类如大豆等，下一年轮种谷子和高粱。这一循环不断重复，所以唐代以前两年三熟的轮作制已经为人所熟知。

西岛定生极力主张，尽管小麦可能已为人所知甚至已经开始种植，

179

---

① 天野元之助：《旱地农业和〈齐民要术〉》，《东方学报》，第 25 期第 456 页(1956 年)。这篇文章由利昂·赫维茨为《东方学报》京都大学五十周年纪念专刊翻译。

② 天野元之助：《旱地农业和〈齐民要术〉》，《东方学报》，第 25 期第 456 页(1956 年)。第 457 页。

③ 天野元之助：《旱地农业和〈齐民要术〉》，《东方学报》，第 25 期第 456 页(1956 年)。第 460 页。

④ 米田贤次郎：《齐民要术与两年三熟制》，《东洋史研究》，第 16 卷第 4 期第 1～25 页(1959 年3 月)。

但直到唐代中期它还没有取代谷子成为这一地区的基本作物。[1] 这一争论不是集中于小麦是否在很早时即已存在，而是集中于小麦什么时候得到广泛种植。西岛相信唐代以前没有能够把小麦磨成粉的适当的方法。在供应城市消费的面粉能有较大增长，小麦能够广泛种植之前，手工磨面的高成本是首先需要克服的一个障碍。[2] 只有在政府解除了使用水力磨坊的管制性规定，大庄园得到允许可以使用这些水磨磨面之后，城市市场上面粉的供给才迅速增长。鼓励大庄园增加面粉供给是由于出现了长安这样的大都会中心，用来制作面条和其他食物的面粉的需求极大地增加。影响供求之间自由作用的一个重大的工艺瓶颈现在被消除了，到盛唐中期，小麦开始取代水稻并与其他谷物激烈地争夺种植空间。

棉花引进华北的时间约在 12 世纪及其之后，但是直到 15、16 世纪它才迅速地推广到很多县，成为一种重要的经济作物。[3] 天野元之助通过地方志发现的证据，把这种作物在一些重要省份各县的普及上溯到明清两代。16 世纪初，河北南部各县已经产棉，山东则有 6 个府广泛种植棉花。[4] 到 18 世纪中期，据官方统计，河北省的植棉面积占到了全省耕地的 20%～30%。[5] 在某些县，如栾城，棉花占到了 60% 的农田，农民从其他地区购入粮食。这种作物也推广到了南宫、赵县和邢台等县，这些地方后来成为主要棉产区。在山东省，棉花在恩县、齐东、利津、蒲台和大运河向西南方沿岸一些县成为一种重要的经济作物。[6] 植棉的推广缓慢地伴随着新肥料、良种和较好的灌溉工具的发展，这些发展使农民可以保持土壤的肥力；在棉花与谷物轮作的地区，这些新的方法使产量保持相当稳定。[7]

---

① 西岛定生：《中国经济史研究》，东京，1966 年版，第 235～253 页。
② 西岛定生：《中国经济史研究》，东京，1966 年版，第 250～253 页。
③ 西岛定生：《中国经济史研究》，东京，1966 年版，第 753～804 页。
④ 天野元之助：《中国农业史研究》，第 510～513 页。
⑤ 天野元之助：《中国农业史研究》，第 539 页。
⑥ 天野元之助：《中国农业史研究》，第 544 页。
⑦ 天野元之助：《中国农业史研究》，第 631～642 页。

农民热心种植新的经济作物能使农户增加额外收入。然而,为使这些新的作物不会夺走土壤肥力,必须修正耕作方法和工作安排。以棉花为例,农民必须在秋季认真翻耕土地,给土地施更多的肥,比种粮食作物时在冬初施的肥料要多,播种时灌溉次数要更多,在春夏的几个月中要特别注意锄草。[1]　结果是,农民花掉的劳力和时间都比他们种植粮食时常用的要多。专业种植这种经济作物的农户无法考虑增加他们的家畜数量。

但更重要的是,正如日本调查员 1940 年调查山东省惠民县孙家庙村时所注意到的,用于经济作物的土地不能再用来种植通常为家畜提供饲料的谷物。他们报告说,在农民转为种植更多的棉花和马铃薯之后,家畜主要饲料高粱和谷子的供给下降了。[2]　1930 年该村有 36 头牛,但 1940 年只有 19 头。由于无法喂养,很多牲畜被出卖或屠宰。然而,目前农民并不需要增加他们的家畜供给,因为棉花和马铃薯给该村提供了足够的收入和食品。

影响家畜供给的另一个因素是土地和农场资本在儿子们之间平均分配以形成新的家庭农场的作法。当一些更小的农场建立时,家畜和土地之间的平衡有了轻微的改变。必须形成不同的工作安排和土地经营方式,这些情况有可能严重影响耕畜的饲养。在新农场极小的情况下,仍然可以用工资收入购买粮食,但农户可能会认为很难使家畜成倍地增加。因此,对于农户来说,当农场不断地分裂成为更小的农场时,要照管并增加家畜的供给通常是极为困难的。在表 36 关于河北 3 村的资料中可以看到这方面的一些证据,这 3 村 10 年之间家畜供给的变化可以与分家情况进行比较。

[1] 天野元之助:《中国农业史研究》,第 651~657 页。
[2] 村上拾己:《华北农业经营中的土地利用及商品化:山东省惠民县孙家庙村》,《满铁调查月报》,第 21 卷第 6 期第 20~22 页(1941 年 6 月)。村上的论文集《华北农业经济论》(东京,1942 年版)重复了同样的观点,另见满铁调查部:《华北的农业与经济》,第 2 卷第 824 页。

表36　河北3村当农民分家时农户耕畜数量和分布的变化,1937

县和村	每户耕畜		户　　数			耕畜数		
	耕畜数	户数	1926	1931	1936	1926	1931	1936
南皮县 大宁村 a	0	0	23	29	35	0	0	0
	1	2	24	24	32	12	12	16
	1	3	0	3	6	0	1	2
	1	1	50	45	54	50	45	54
	2	1	27	30	25	54	60	50
	3	1	5	4	3	15	12	9
	4	1	3	3	1	12	12	4
合　计			132	138	156	143	142	135
广宗县 北丝帕 厂村 b (译音)	0	0		30	34		0	0
	1	2		4	2		2	1
	1	3		3	0		1	0
	1	1		30	36		30	36
	2	1		10	14		20	28
	3	1		3	2		9	6
	4	1		5	4		20	16
	5	1		1	0		5	0
合　计				86	92		87	87
沧　县 小徐村 c	0	0	2	2	8	0	0	0
	1	2	2	4	2	1	2	1
	1	1	10	19	36	10	19	36
	2	1	13	10	5	26	20	10
	3	1	12	15	0	36	45	0
沧　县 小徐村	4	1	5	0	0	20	0	0
合　计			44	50	51	93	86	47

资料来源:见天津事务所调查课,《河北省农村实态调查资料》。a 第119～120页;b 第149～150页;c 第198页。

1926—1936 年间大宁村农户从 132 户增加到了 156 户,而耕畜数从143 下降到了 135。1926 年拥有一头以上耕畜的农户数由于分家到1936 年减少了。小徐村的农户在 1926—1936 年间从 44 户增加到 51户,耕畜则出现了同样的下降。此外,没有耕畜的农户多了很多,有一头以上耕畜的农户数也减少了。在北丝帕厂村,1931—1936 年间耕畜数量保持不变,户数从 86 户增加到了 92 户。有 4～5 头耕畜的农户减少,而没有耕畜的农户增加了。这 3 个村子中都有一些农户肯定卖掉了耕畜。还有一点值得注意的是,在这 3 个村子中的每一个,1926—1936 年间都有一种经济作物——棉花或花生——的种植面积扩大,因而用于高粱和谷子的耕地减少了,种植了更多马铃薯作为一种辅助性的作物。我们可以作出结论:经济作物的种植减少了谷物的收获量,农户分家产生了更多的面积较小的家庭农场,畜力的发展受到阻碍,在很多情况下甚至下降。

在西方农业发展中,一次与家畜供给的增长、土壤肥力的上升和粮食作物产量的提高有共同联系的重大的革新,是把豆类作物如苜蓿、红豆草、紫花苜蓿、扁豆等引入了作物轮作制度。[①] 这些豆类作物 15、16 世纪首次出现在欧洲的低地国家,然后推广到英国,随后推广到后来的法国,在法国它们从根本上改变了耕作方式。它们使土壤肥力很快得到恢复,增加了冬季喂养家畜用的饲料,可以养活更多的耕畜,耕畜数量增加得更快。农场使用更多的畜力翻耕土地、收获和运输。农具逐渐得到改进。一种进步引起另一种,这种渐进发展的结果是在一个半世纪中发生了一场农业革命。

我们在中国没有看到类似的豆类作物的引进和广泛种植。还不能肯定这些豆类作物是否为人所知,或者它们是否已经被引进,但是被认为不适合中国的土质。这个问题有待更多的研究。地方志的植物志中

182

---

① E. L. 琼斯:《英国农业和经济的发展,1660—1750:农业的变革》,《经济史杂志》,第 5 卷第 1期第 4～8 页(1965 年 3 月)。

有关于各种植物的种植和它们在某个地区已生长了多长时间的资料。可以通过分析这些信息来确定豆类作物什么时候开始种植,并加入了哪一种轮作制度。可以把结论绘成地图或制成图表,以显示某种植物在全国的普及程度,以及什么因素刺激或迟滞了它们的普及。

新品种和耕作方式引进到农村社会看来一直是地方官员的责任。在明初和清初,地方政府必须对付稀少的农村人口,并更为有效地发挥职能,官员们指导农民使用新种子并开垦土地。[①] 这同一批官员研究农书,在学会了合适的方法之后,鼓励农民采用这些方法。看来,在半个世纪或更长一些时间之后,放松了这些努力。同时,农村人口成倍增长,政府费用增加,使税收占据了地方官员的头脑。随着腐败在各个级别的下层官吏中泛滥,官僚制度开始把越来越少的财力物力用于促进农村发展。

城镇和市场的扩大无疑增加了对农产品的需求,为农户寻找更好的生产方式提供了必要的刺激。迄今为止,几乎没有人研究新的农业技术是通过什么方法在农村市场上传播并被村庄采用的。在我们目前这一研究阶段,还不能总结出农村交易体系是妨碍还是加速了新的耕作方法在全中国的普及。然而,根据我们前面对村庄的研究,显然很少有新的耕作方法和新品种是通过地方市场使农民知道的。尽管农民一个月几次出入集镇,在集镇上了解外部世界,但农村市场却可能是一种把新的农业知识从这个国家的一处传播到另一处的极迟缓的工具。当然,它不会像地方官员把新的耕作方式引入村庄那样快。

大农场可能会需要能提高产量的新的耕作方法,但根据我们在我们以前的村庄研究中所看到的土地租佃制度,显然土地所有者没有作出真正的努力来指导佃农使用合适的方式经营他们的土地。除了采用一些从国外来的新品种的种子外,新的耕作技术由以展开的主要方法是反复

[①] 全汉升和王业键:《清朝的人口变化》,《制度史和文献杂志》,第 32 期(1961 年);另见何炳棣,《中国历史上的早熟稻》,《经济史评论》,第 9 卷第 2 期第 206～207 页。

实验和摸索。农民选择最好的种子,看来有抗旱性能,有较高的产量,能够更快地成熟。他们尝试使用不同种类不同数量的肥料,了解最合适的播种时间和种子发芽时怎么样照料幼苗。

在一种农业知识是由父亲传给儿子的文化中,新农业技术的诞生必然要经历缓慢的阵痛。这不是一个能够迅速产生新作物品种并为有效地种植这些新品种提供追加资本的制度或环境,完成这种技术变革所需要的是一个农业科研和实验制度。

终于建立了一些实验站,如山东李村的实验站,它们在选育和改良本地品种并把这些种子分发给周围各县的农民方面作出了引人注目的成绩。但是这些实验站从省政府那里几乎得不到支持,它们的研究经常被战争打断,它们与村庄没有联系,所以新的发现不能传到农民手中。①

如果存在某种促进农业调查和指导的方法,农场分裂越变越小的趋势不一定会削弱农民有效经营他们的土地并提高产量的能力。例如在台湾,由于在与大陆有相似的习俗和耕作方法的村庄,经济之上加添了一个农业调查和农场扩建制度,日本人能够使农场的产量迅速增长。②华北极为缺乏的是某种传播农业知识和消化新的技术的方法。然而,考虑到正是农民承担起推动农村发展的责任,为此目的而确实存在的制度可以说运转的相当好。

---

① 中国最早的农学会建于 1916 年。到 1936 年成员仅有 72 911 人,技术人员中最多的,约占1/3,是在江苏、浙江和安徽。山东和河北仅各有 66 和 44 人(尽管北京市有 72 人)。见陈山荣:《中华农学会成立二十周年概观》,载《中华农学会报》,第 155 期第 1～22 页(1936 年 12 月)。
② 日本的情况见罗纳德·多尔:《日本的农业改革,1870—1900》,《经济发展和文化变革》第 9 卷第 1 期第 2 部分(1960 年 10 月),第 69～93 页。台湾的情况见马若孟和阿德里安娜·钦:《日本殖民统治时期台湾的农业发展》,《亚洲研究杂志》,第 23 卷第 4 期第 555～570 页(1964 年 8 月)。

11. 农民农场结构：土地利用和商业发展

现在的任务是要把农民的家庭经济行为与19世纪70年代到20世纪30年代市场的扩大联系起来,围绕本章所组织的资料论述的基本问题是:农户对于19世纪末对外贸易引起的市场变化是怎样反应的？是什么刺激了农民扩大现金作物的种植,这一地区是否发生了农业商品化的趋势？由于清廷退位,农村发展和城市扩张出现了什么样的趋势？

家庭农场和土地利用

为了尽量增加农场收入,农户必须决定应该采用什么样的作物组合,应该分配给每种作物的土地数量,怎样为新作物的种植提供资金。没有什么资料能够确定农户是如何决定这些事务的,但是看起来就土地利用来说,农户的行为是有理性的,特别是在他们必须活动于其中的物质和经济的强制性环境中更是如此。

农户首先要生产充足的口粮和一定数量的可以出售的收获物,以购买他们自己不能生产的物品。还必须生产足够的剩余用来饲养家畜并为下一个生产周期提供种子。农户必须决定在粮食和现金作物之间如何分配耕地,这样一种决策又取决于可以利用的耕地的数量和质量、现有的灌溉设施、市场发育的程度和不同作物之间的比较价格。

　　由于上述这些条件,各县的土地利用方式有所不同。例如,卜凯的资料显示出,小麦、棉花、高粱、谷子和花生之类主要作物所用土地的百分比在不同地区有很大的变化。不可能说清楚为什么一个县比另一个县用来种植一种主要粮食作物或现金作物的耕地更多。表37中提供的数据仅仅说明了这种差距是很大的。

表37　河北和山东几个县主要作物所用耕地百分比,1929—1933

县　名	冬季作物 耕地百分比	春季作物 耕地百分比		冬季作物收获后播种的 夏季作物耕地百分比	
	小　麦	棉　花	高　粱	谷　子	花　生
河北					
昌黎(1)a	5.4	2.4	46.1	0	0
交河	40.5	0.0	4.6	0	0
正定	23.9	34.7	12.5	12.1	0.4
南宫	19.2	43.8	11.1	0.2	0
山东					
安丘	47.7	0.2	17.2	0	0
济宁	83.9	0.1	9.4	0	0
恩县(1)a	34.1	11.4	14.8	0.6	0.1
堂邑	34.5	36.2	15.7	0	0

資料来源:卜凯,"统计资料",第192、196页。

a　括弧内的数字代表第一次地方调查。

　　农户分配一定数量的土地给不同作物是由他们希望出售的作物数量决定的。他们卖出和保留的不同百分比则取决于市场状况和适合于某种作物组合的耕作条件。表38中河北省4县和山东省4县的数据说明了农场对于3种主要作物出售、保留和储存的百分比。有更多的作物可以列出来,但3种应该足以说明各县之间出售和农场自用的份额存在巨大的差异。

表38 以县为单位3种主要作物用于不同目的的百分比,1929—1933

县 名	大 麦			高 粱			花 生		
	出售	农场自用	储存	出售	农场自用	储存	出售	农场自用	储存
河北									
昌黎(1)a	11	89	0	2	98	0	65	35	0
正定	0	100	0	5	95	0	93	7	0
徐水	57	42	1	11	86	3	—	—	—
通县	82	15	3	22	74	4	86	13	1
山东									
惠民	0	100	0	23	58	19	—	—	—
宁阳	5	95	0	11	89	0	89	11	0
济宁	0	100	0	7	90	3	—	—	—
峰县	4	96	0	17	74	9	92	8	0

资料来源:卜凯,"统计资料",第229、235、236页。

a 括弧中的数字代表第一次地方调查。

有三种主要的依赖市场的模式,尽管也可能有其他模式,或许这三种模式还存在变形。最为典型的模式看来是,农户把大部分耕地用于生产它自己的消费品,只有一两块地用来生产一种现金作物,这种作物一次全卖掉,用来买回生活必需品。例如,小麦是一种主要现金作物,而它完全可以纳入作物轮作制度,不会妨碍春季和夏季的种植。一个较小的冬季作物耕地百分比用来种植小麦,小麦被卖掉换钱购买生活必需品。一个农户可能开始用一点儿耕地种棉花或花生,收获后当需要现金时不时地少量出售。通过这种安排,农民在集镇上或向其他村民购买种子。

第二种,有一些县一百多年来农民一直专业种植一种现金作物,用于这种作物的耕地百分比较高。由于市场发育完善,有中间商从粮食生产盈余的县以低价供应粮食,这些县逐渐依赖出售现金作物以购买粮食。冀中产棉地带的栾城、赵县和藁城是这种县的实例。为了得到下一年用的种子,农户留下足够的产品,所以每一个生产周期都由农户提供资金。这种现金作物专业化的发展用了很长的时间,其最终完成主要是通过农户为更高的专业化生产提供资金。

最后,有些县在1900年以后开始迅速地实现单一现金作物的专业化。铁路发展和出口扩大鼓励了这种趋势。为了推动现金作物的种植,外国和本国商人把新的种子和资金贷放给农民。山东潍县和益都等县可以找到这样的实例,在这些县很多村庄很快地把烟草作为主要作物,以至几乎全部农场收入都来自这种作物。在鲁东北各县花生的种植是另一个这种极端专业化形式的实例。这种模式值得注意,是由于农户突然转向新作物的速度和商人在向作出这种转向的农户提供必要的资本时所起的重要作用。

农民必须考虑种植现金作物所需的水、肥料、劳动时间和劳动强度。例如,棉花和烟草比小麦或谷子和高粱需要更多的资本和劳动。由于有较大面积农场的农户拥有更多的劳动力和资本,能够在需要的时候雇佣劳动力,与较小的农场相比,他们通常能够把较高比例的耕地用来种现金作物,较低比例的耕地种粮食和蔬菜。表39是这种模式的一个实例,它说明了山东省临城县太三里村1941年按农场面积分组的土地利用。在这个例子中,迟至1941年,春季作物的3/4是棉花。较大的农场用于植棉的土地百分比较高,而用于种植粮食和蔬菜的土地百分比较低。仅据这一个例子还不能断言当农场面积扩大时,它们尽力实现现金作物的专业化。另一些村庄调查暗示出,超过一定面积的农场并不打算完全专业生产一种作物。①

市场经济的不断扩大以及对如何种植和出售作物的新知识的获得,决定了农民种植作物的顺序。在19世纪,当农民发现劣等地上种植罂粟极为有利时,他们很快就开始种植罂粟。19世纪90年代在铁路得到发展,出口扩大时,罂粟的种植减少了,代之而起的是种植更多的棉花、花生和大豆。土地利用的这种变化是由农户对价格变化和新的出售机会的反应引起的。

---

① 这方面的实例可以在天野元之助《中国农业诸问题》第2卷第31~47页看到。然而,有些田野调查显示出土地少于10~20亩的小家庭农场耕地中用于现金作物的百分比通常比大农场更高。这方面的一个实例见柏佑贤:《华北农场主的特性》,《东亚人文学报》,第1卷第1期第18页(1941年3月)。

**表 39 太三里村按农场面积分组用于不同
作物的耕地百分比，1941**

农场面积（亩）	户数	占耕地百分比										耕地总面积（亩）
		棉花	谷子	高粱	玉米	大豆	芝麻	马铃薯	洋葱	瓜类	合计	
10 以下	42	76.1	11.0	9.4	2.1	1.1	0.1	0.1	0.0	0.0	100	224.3
11～30	37	79.2	9.8	5.6	0.7	2.0	0.3	0.6	0.3	1.5	100	814.7
31～50	8	91.3	4.1	3.0	1.0	0.6	0	0	0	0	100	296.5
51～100	3	94.7	5.3	0	0	0	0	0	0	0	100	226.2
100 以上	1	100.0	0	0	0	0	0	0	0	0	100	117.0
合　计	91											1 478.7*

资料来源：天野元之助，《中国农业诸问题》，第 2 卷第 47 页。
* 原文如此——译者译。

19 世纪 70 年代到 20 世纪 30 年代间土地利用的变化

到 19 世纪 70 年代，诸如西方的机制棉纱之类新产品已经开始渗透到北方市场。这种新的市场发展对手纺业和手织业的冲击相当大，但商业也
为华北带来了另一种新产品：罂粟。尽管皇帝在 1800、1831、1839 年多次发布禁止种植罂粟的禁令，但农民很快就意识到对这种产品的需求在上升，从种植粮食转向种植罂粟能带来很大利益。估计河北省每亩地产的罂粟价值 4 万～5 万文钱，而每亩地所产小麦仅值 1 万[1]文；在四川省种罂粟获利几乎双倍于小麦。[2] 到 1870 年，罂粟已传播到了福建、广东、浙江、云南、贵州、四川、陕西、山西、河北、山东和东北。1872 年 6 月据报道罂粟在山东广泛种植，尽管它在那里出现才两年时间。1886 年，美国驻烟台领事馆的一位官员评论说，"本地的鸦片产品看来正在迅速地把印度鸦片驱赶出市场；对印度鸦片的需求与前几年相比变得极小。"[3]1880 年

---

[1]《海关十年报告，1882—1891》，第 83 页。
[2]《北华捷报》（1872 年 6 月 7 日），第 494 页。
[3]《致詹姆斯·波特的信》，1886 年 6 月 14 日，《美国驻芝罘领事馆通讯：1863—1906》。

7 月,据说河北省保定府到处都种植罂粟。①

农民转为把罂粟作为一种现金作物的速度震撼了宫廷,并使依靠从印度进口鸦片获利的欧洲商人产生了担心。官府担忧排斥粮食种植而专业种植罂粟会对这个国家的粮食储备系统造成损害。1878 年的《北京京报》声称,"自从罂粟开始大面积种植以来,为准备发生灾荒时救灾用的粮食库存逐渐下降,最坏时储备的粮食几乎不到一年消费量的一半。"②事实上,1878 年华北大灾荒的严重性应归因于罂粟的广泛种植。③　像中国海关的 T. R. 巴尼斯特这样的一些西方观察家一致指出,由于罂粟的普遍推广,"各地的粮仓都不满,无论城市还是乡村都没有为这一次重大的自然灾害所必需的粮食储备。"④

其他西方观察家如冯·李希霍芬反对这一观点,他们认为,"中国人在尝试种植那些对他们没有直接用途、但可以卖掉换到买粮食用的钱的作物之前,宁愿首先自己生产他们吃的稻米和其他粮食。"⑤这一主张证实了前文的一个观点,即典型的农户在把土地用来种植可以出售的作物之前,首先要供应他们的基本需求。然而,很可能在不少县中农户没有种太多的罂粟,在粮食收成正常时情况就不会很严重,因为市场会把粮食从生产有剩余的地区转移。到粮食生产不足的县去。但是一旦长期的干旱也破坏了这些生产有剩余的地区的收成,粮食不可能正常的输入,专业种植罂粟的农户就会陷入困境。

土壤条件可能决定了罂粟种植专业化的区域和程度。在四川,"农业条件越有利,土壤越肥沃,罂粟种植的比率就越低。"⑥因为罂粟在沙质土和不需要许多水的土地上生长得极好,它在山东省西南部,在那些

190

———————

① 《北华捷报》(1880 年 7 月 13 日),第 31 页。
② 《北华捷报》(1878 年 4 月 27 日),第 422 页。
③ 《北华捷报》,这是一份皇帝诏书的译文,该诏书把山西的饥馑归罪于罂粟种植。
④ 《海关十年报告,1922—1931》,第 112 页。皇帝禁止扩大罂粟种植的诏令"最终由于无情的经济压力而失败——农民想要更为有利可图的作物,地主想要更高的地租,官员想要增加赋税"(见第 112 页)。
⑤⑥ 《海关十年报告,1882—1891》,第 83 页。

每五六年就要遭受一次洪水袭击的地区广泛种植。

20世纪头10年初期,宫廷在缩小罂粟的种植范围方面终于取得了一些成功。或许对外贸易又在增长,因而出口商现在为棉花、花生、大豆和烟草提供了有吸引力的价格这一事实使其任务变得更容易。这些产品的价格与粮食作物价格相比是上升的,以前把土地用于种植罂粟的农户现在转向种植这些现金作物中的一种或几种。

为了获得1910到1930年间土地利用方面迅速变化的某些观念,我制作了表40和地图8及地图9。我把棉花、花生、烟草和各种豆类都作为现金作物。根据1910年的调查数据按照其种植面积排列出最重要的4种作物,并把它们与根据1930年的调查数据按种植面积顺序排在最前面的4种作物进行比较。对河北和山东每一个有调查数据的县都这样作。目的是为了说明最前面4种作物序列中的变化和被现金作物取代的作物。我使用了其他一些范畴来显示作物的变化,这些都列在表40中。

表40 山东和河北省各县土地利用的变化,1910—1930

土地利用的变化形式	山东省的县数	河北省的县数
前4种作物中引进了现金作物	40	50
1种现金作物在4种主要作物序列中降级或消失	7	10
4种主要作物中2种或2种以上粮食作物的序列改变	12	28
4种主要作物中1种粮食作物的序列改变	19	6
没有看到变化	1	0
情况不明	18	36
土地利用可能有变化	11	9

资料来源:1910年资料,清国农工商部,《支那生产事业统计表》;1930年:东亚研究所,《中国农业统计》,河北省花生数字来自1924年所作的一个独立调查。我想要把农产品价格标在省的地图上,并把它与种植面积联系起来,但没有足够的价格资料。

山东省108个县中有40个县表现出向现金作物的偏转,31个县粮食作物的序列有轻微变化。有7个县现金作物的重要性下降,更多的土地用于粮食作物。18 个县资料的性质不能够进行比较,还有 11 个县土地利用方式可能发生了某种变化。河北省 129 个县中,有 50 个县显示出向现金作物偏转,34 个县粮食作物的序列有变化。10 个县现金作物的重要性下降,36 个县结果不明,其余的 9 个县土地利用方式可能发生了某种变化。我们可以推断出作物发生了相当大的变化。我们所用的资料的性质无法让我们用经济计量学的方法测算农民对价格变化作出的供给反应,但把作物排序并把两个时间段的资料进行比较却暗示出农民的供给反应相当强。

在地图 8 中,山东省没有一个区域明确的出现了向现金作物种植决定性的转移,这种决定性的转移要能够显示出一个很强的商业化潮流席卷了农村地区。在鲁西大运河沿线各县,在胶济铁路西北、东北和以南各县,农民开始转向现金作物的种植,但这种模式是不规则的,奇怪的。在传统的运输方式被铁路取代的县里,农民转向更能获利的作物,即使这些作物需要运输更远的距离。铁路沿线的某些县种植烟草是由于外国人为引进这种作物进行的强劲的努力。1913 年英美烟公司在鲁中的几个县引种了福吉尼亚烟种,农民很快就接受了它。到 1922 年,青岛附近生产的烟草价值提高了 4 倍。[①] 花生是在 1892 年由一个美国传教士引进的,到 1930 年在该省和河北省南部得到了广泛种植。[②]

河北省发生过类似的事件。从地图 9 中可以看到,在冀东北,由于合适的土壤和有利的运输条件,花生已经为农民所接受。在京汉铁路沿线各县农民也开始种植更多的现金作物。但在冀东的产棉地带,却没有发生超出清代水平的实质性的改变。在这个省没有发现固定的模式能说明大城市附近或交通要道沿线的县出现了现金作物专业化。

---

① 《中国近代农业史资料》,第 2 卷第 202 页。1913 年种植烟草的耕地仅有 39 英亩,而到 1920 年烟草种植面积增加到 23 272 英亩即 153 506 亩。内战期间这一面积略有下降,但 1930 年以后继续种植了更多的烟草。1928—1929 年关税的提高使国外烟草进口减少,1937 年的种植面积增加到 84 370 英亩。见北支事务局调查室:《胶济铁路沿线黄烟生产状况调查》,天津,1938 年版,第 29~30 页。

② 兴亚院政务部:《华北花生、花生油及花生饼之调查》,天津,1940 年版,第 89 页。

192

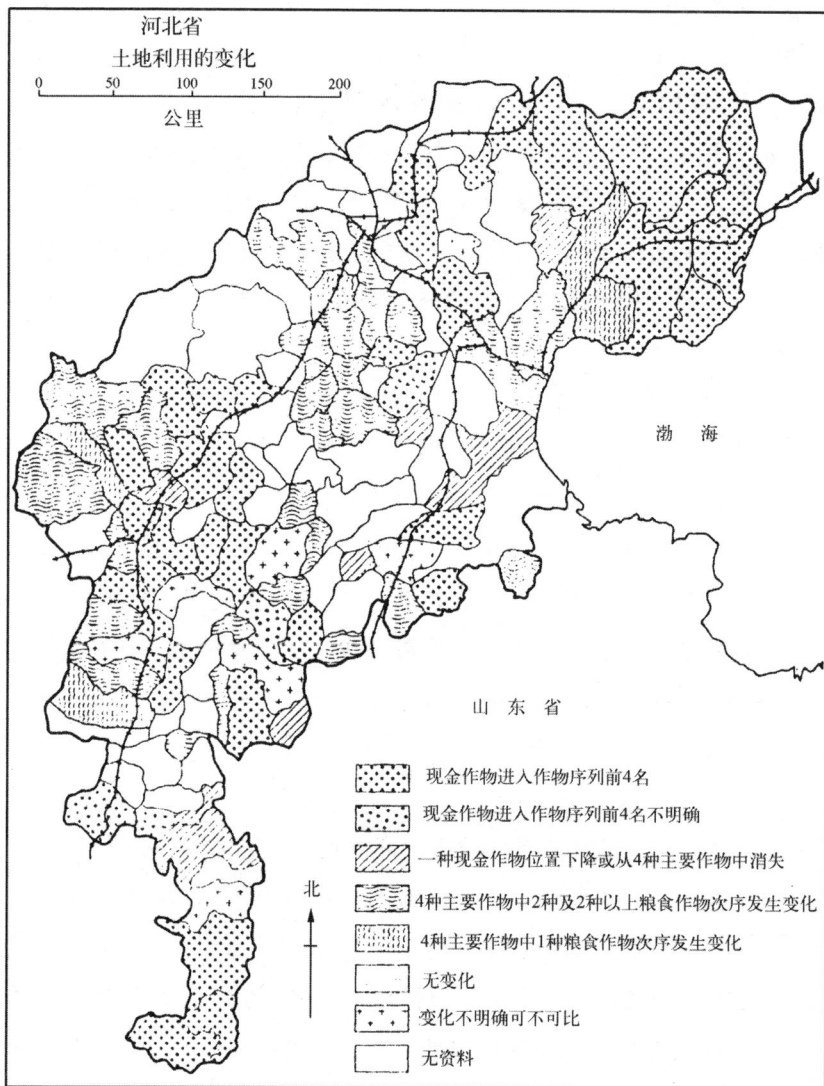

河北省
土地利用的变化

0   50   100   150   200
公里

渤 海

山 东 省

北

現金作物进入作物序列前4名

現金作物进入作物序列前4名不明确

一种現金作物位置下降或从4种主要作物中消失

4种主要作物中2种及2种以上粮食作物次序发生变化

4种主要作物中1种粮食作物次序发生变化

无变化

变化不明确可不可比

无资料

地图 8* 河北省各县按种植面积排列的前 4 种作物比较,1910～1930

———————

* 原书中地图 8 为河北省,地图 9 为山东省,与正文内容不符——译注。

山东省
土地利用的变化

公里

黄海

渤海

黄河

河北省

北

现金作物进入作物序列前4名

现金作物作物位置下降及2种及2种以上粮食作物中消失

一种现金作物进入主要作物序列前4名不明确

4种主要作物中2种及2种以上粮食作物次序发生变化

4种主要作物中1种粮食作物次序发生变化

无变化

变化不明确可不可比

无资料

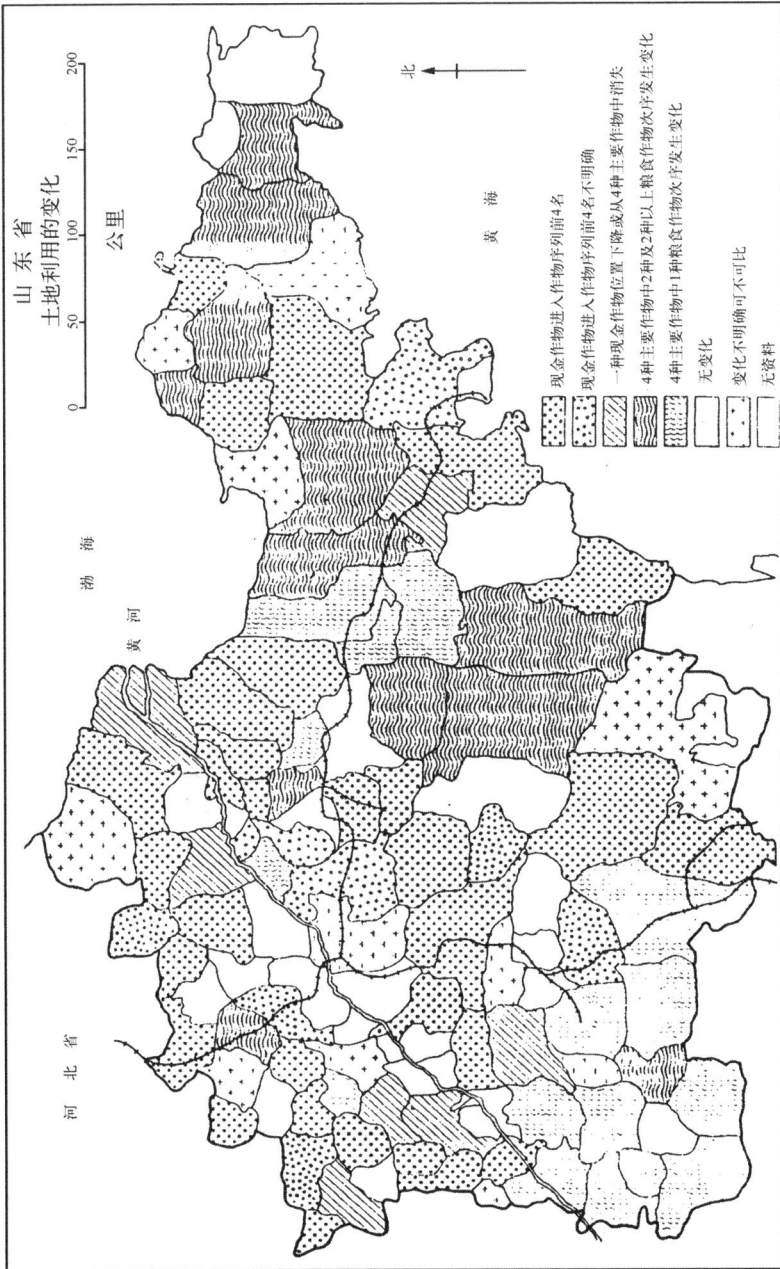

地图 9　山东省各县按种植面积排列的前 4 种作物比较,1910—1930

卜凯列举证据证明 1900 年之后发生了向现金作物的逐渐转化。①唐志毅(译音)也指出 1900 年之后，"以前用来种罂粟的耕地一英亩一英亩的逐渐改为种棉花和烟草。"②这一地区农业史上这一趋势是否有几分新意，它是否意味着农民变得更为适应市场？土地利用方面的这一转变是否引起了耕作结构的变化？几乎看不出有这种事实。我们已经指出唐代小麦的普及和明清两代棉花的种植。我们也知道在 19 世纪后半叶

194农民很快就抓住了罂粟带来的机会开始种植那种植物。农户通常对市场价格和作物收益的变化很快作出反应，理性的选择能够提供更多收入的作物，即使这种作物碰巧需要付出更多的劳动努力。或许对农民来说，新的事物正是运输条件的改善、贸易的扩大和城市的发展。当所有村庄都已变得过度拥挤这一事实正在越来越明显时，这些新的发展向农户提供了增加农业收入的更大的机会。

运输改良、贸易扩大和城市发展

清代交通运输一直是一个阻碍国内贸易发展的瓶颈。到 19 世纪末，对西方人来说很明显，铁路的建筑和维修远远落后于内地的贸易结构。有三位作者评论说，"由于北部各省水路路程短、不稳定的特点，由于居民从很早的时候起就习惯于使用装有轮子的车，可以设想，道路作为这里互相来往的惟一手段，本应得到某种关注。然而它们却受到了最大程度的忽视。"③确实，道路，如他们所说，极为可怜。1908 年英国驻北京公使馆的三等秘书在去察哈尔旅行时抱怨说，"村庄很多，但都是泥土建筑，尽管各地庄稼都长得很好，看起来却是很穷的样子。道路极坏。"④

---

① 卜凯：《中国土地利用》，第 217 页。另见天野元之助：《中国农业诸问题》，第 2 卷第 3～28 页；天野元之助：《山东农业经济论》。

② 唐志毅(译音)，《中国农业经济研究》，1924 年，第 114 页。

③ T. W. 金斯米尔、詹姆斯·斯科特和 W. 克拉克牧师：《中国内陆的交通》，《皇家亚细亚文会北中国报》，第 28 卷第 145 页(1893—1894 年)。

④ 英国外交部：《加尼特先生华北山区旅行报告》，秘密出版物，第 9235 号第 2 页。

恶劣的运输条件使仅仅相隔很短距离的地区之间的商品价格上升，一位美国领事馆官员注意到，"在磁州（河北省）的矿山随时都可以以每吨不到 1 美元的价格买到数量合理的煤，但是这个国家的运输手段如此不完善，以至其结果是每运输 20 英里，价格就要翻上一番。所以当煤运到最近的市场天津时，每吨卖价若在 13 美元以下就不可能赢利。"①

在那些有种植可以获利的现金作物传统的县，地方官员没有作出任何鼓励它们的生产和输出的尝试，所以在山东省青州府的蚕丝产区，运输"与该省其他地方一样由于受到忽视而迅速衰落"。② 即使是在山东的通商口岸对外开放，贸易引起的繁荣对所有人都很明显之后，地方官员也没有利用这些新的机会，通过改良的道路或运河把内地市场与港口连接起来，从而使贸易得以增长。1901 年，烟台海关委员詹姆斯·Ｖ 卡罗尔预言说，"烟台未来的前途完全要看地方官员是否鼓励百姓拼命争取进步。"③因而，当胶济铁路筑成后，正是青岛港繁荣起来，而烟台失去了活力。或许运输条件的落后从来没有像在 1875—1876 年的饥荒时期那样表现出是如此鲜明的缺陷，这次饥荒席卷了 5 个省，夺走了约 1 200 万生命。为了减轻人民的痛苦，宫廷购买了大批粮食，用船完整无损地运到了天津，但是"由于运输手段的迟缓低劣"，粮食只是堆积在天津码头上直到腐烂。④

1898—1912 年间，欧洲工程人员修筑了 5 733 公里铁路把北京与"南满"和汉口、青岛与济南、天津与浦口连接起来。⑤ 这些干线穿越冀鲁

195

---

① 《美国驻天津领事馆通讯》，第 101 件。

② 约翰·马克海姆：《山东省笔记：从芝罘到孟子故里邹县的旅行》，《1869—1870 年皇家亚细亚文会北中国报》，第 7 页。

③ 《海关十年报告，1892—1901》，第 85 页。

④ 《北华捷报》（1875 年 7 月 22 日），第 69 页。另见 1878 年 6 月 22 日出版的该报，第 62 页报道了大批粮食由于缺乏运往内地的设施和道路而在码头上腐烂。

⑤ 严中平：《中国近代经济史统计资料选辑》，北京，1955 年版，第 184～185 页。（1912 年津浦铁路线完工并在济南与胶济铁路连通，使青岛在 24 小时内可到达天津，在 36 小时内可到达浦口。）有关早期铁路修筑、车站间的距离、货运量和年收益的出色叙述见东亚同文会：《支那省别全志》（东京，1917—1920 年版），直隶，第 18 卷第 329～400 页。

两省，并把腹地与北京及秦皇岛、天津、青岛等通商口岸比以往用传统运输手段所能做到的更紧密地联系起来。尽管如此，通商口岸与内地仍然没有通过陆路联系在一起，内地的铁路干线也没有通过支线与各县连接。1921年，"天津和北京城区以外的现代道路仍然处于萌芽状态。"[①]烟台的海关官员抱怨该港"既无铁路也无公路"。[②] 青岛的海关官员认为，"山东省的道路状况像华北其他地方一样凄惨"。[③] 在河北省东北部的秦皇岛，"没有作出任何努力改善马车运输用的恶劣的道路状况，这种情况对于把货物运往依靠该港口为其提供进口货物的内陆地区的市场是一种极大的阻碍。"[④]由于没有道路和一个支路体系，铁路对内地贸易的影响被降到了最低程度。

毫无疑问铁路是赢利的，特别是1920年以前，但在20年代，内战和军队经常性的接管铁路线使铁路收益下降，并使铁路的维修昂贵而困难，如果不说是几乎不可能的话。1903—1906年，从北京到山海关的皇家铁路每年客货运赢利在350万～690万两。在偿付了贷款利息之后，纯收益占投资的比例从4.75%上升到了18.25%。[⑤] 胶济铁路1906年每公里收入2881中国银元，到1911年这一数字上升到每公里5549元。赢利最高的线路是北京到南满的铁路，如前所述，这条铁路把东北的原料和矿产运到华北。1920年以后每公里的费用比每公里收入上升得更快。1930年这条路线再度赢利，1933年它运输了700万吨的货物，其中3/5是矿产品、12%是产成品，其余的是农产品。[⑥] 统计附录表58中可以看到几个选定年份华北铁路的收入。

1905年胶济铁路完工后，山东潍县的商人很快意识到会有更多的货

---

① 《海关十年报告，1911—1921》，天津，第161页。

② 《海关十年报告，1911—1921》，第199页。

③ 《海关十年报告，1911—1921》，第225页。

④ 《海关十年报告，1912—1921》，第129页。

⑤ 珀西·H·肯特：《中国的铁路业：起源和发展》，伦敦，1907年版，第71页。增加的数据见统计附录表58。

⑥ PTYS，第3页。（此缩写原书中无说明，不知为何书——译注。）

物直接运往青岛,而不再经由他们之手运往烟台。一个西方旅行者评论
说,"大商人也逐渐认识到,廉价、快速和定期的运输是一种他们从来没
有认真估量过的因素,是一种使'老习惯'无法坚持下去的因素。自从烟
台开放对外贸易以来,该省在这个港口找到了天然出口,它在实际上垄
断了外贸,只留下一小部分给大运河和鲁南的几条短短的水路。然而,
胶济铁路一完工,烟台贸易中很大一部分就转向了这一新的通道。"①在
河北省,由于交通从河运转向铁路,铁路货运的份额很快就得到了增长。
1912年铁路运输了全部货物的53%,大运河与西河、北河和东河运了
44%。到1921年铁路运了70.5%,这些河流仅运了25.5%。② 通商口
岸的海关官员敏锐地指出,铁路已经开始刺激农村地区向城市市场出售
比以前更多的商品。1911年青岛的官员注意到,"以前对大车长途运输
到海边所造成的损失无法承受的产品,现在发现了一个容易达到的市
场,这些产品的数量逐年增长。铁路沿线和更远的地方各县到处可以见
到繁荣景象,最初遭到强烈反对的铁路,现在被认为是一种福气,人们正
在热切地期待着铁路向其他方向扩展。"③

　　铁路对农村经济一个很重要的影响是使贸易由地方市场中心和港
口转向了有铁路为之服务的通商口岸,因而明显地刺激粮食和现金作物
从内地向大的集镇和通商口岸的流动日益增长。很难说清楚到达通商
口岸的增长了的货物中有多少是农户为扩大出售而生产的产品,有多少
是由内地市场中心转向通商口岸的产品。另一方面,明显的是,由于铁
路使交通从河流运输转向了铁路,因而河流运输收缩了。

　　由于1900年之后发生的土地利用方面的变化,我们或许可以推测
市场上出售的农产品有某些增长,尽管我们在判断是否出现了根本的转
变时必须十分慎重。然而,地区性贸易的资料暗示出,国内交通条件的
改良极为有助于把农民生产的剩余产品运送到通商口岸供出口。记录

① 英国外交部。秘密出版物,第8517号第3页。
②《海关十年报告,1911—1921》,第160页。
③《海关十年报告,1902—1911》,第242页。

显示，1890 年以后贸易增长率是加速提高的。1890 年以前，只有很少货物零零星星地经天津和烟台进入内地。它们的数量如此之少，以至国内阻碍贸易的因素如歉收和饥荒等几乎对进口没有影响。T. A. 班尼斯特在描述 1875—1876 年的饥荒与外贸的关系时说，1890 年以前中国没有对外贸易也能很容易地生存。"这次可怕的饥荒对洋货进口量的直接影响仍然比人们预期的要小。布匹的纯进口在数量和价值两方面都只下降了 6％左右。这种情况应该可以说明外国布匹不在普通中国人——那些受到饥荒打击的人——的需求之内，而仅仅为城镇居民和没有受到直接影响的富人所需要。考虑到中国的庞大人口，甚至这种说法也未必真实。在这个国家对布匹的庞大需求中，国外的进口只不过是水桶里的一滴水而已。外国布匹仅仅是为了某种特殊目的而不是普通目的而需要；如果中国的全部对外贸易在 1877 年突然中止，这个国家的经济生活可能会受到影响，但是非常之小。"①

当我们计算贸易的扩大时，我们看到年出口、净进口和全部贸易净值的指数在 19 世纪 70 年代突然上升，到 1900 年它们的指数值是 19 世纪 80 年代水平的两倍。② 我把这些指数标在图表 5 的坐标上，以说明 1890—1936 年间华北贸易的扩大。批发物价水平的同期增长也标在上面。

19 世纪 90 年代出口极大地超过进口，但进口比出口增加得更快。日俄战争期间贸易有所下降，但到 1911 年即恢复到其原有的水平上，虽然此时进口的增长率超过了出口。1910—1920 年间，贸易继续扩大，出口开始超过进口，使这一地区出现了贸易顺差。出口价值的迅速上升部分是由于价格的提高。世界性的萧条使出口和进口都下降，但到 1936 年它们的趋势再度上升。

贸易扩大的部分原因必须归之于国外对半加工或充分加工过的原料的强烈需求。很多产品如棉花、大豆、皮毛、草帽辫和花生受到工业国

---

① 《海关十年报告，1922—1931》，第 101～102 页。

② 国立中央研究院社会科学研究所：《最近 65 年来之中国对外贸易统计》，专题论文第 4 号，上海，1931 年版。见引言部分图 1、2、3。

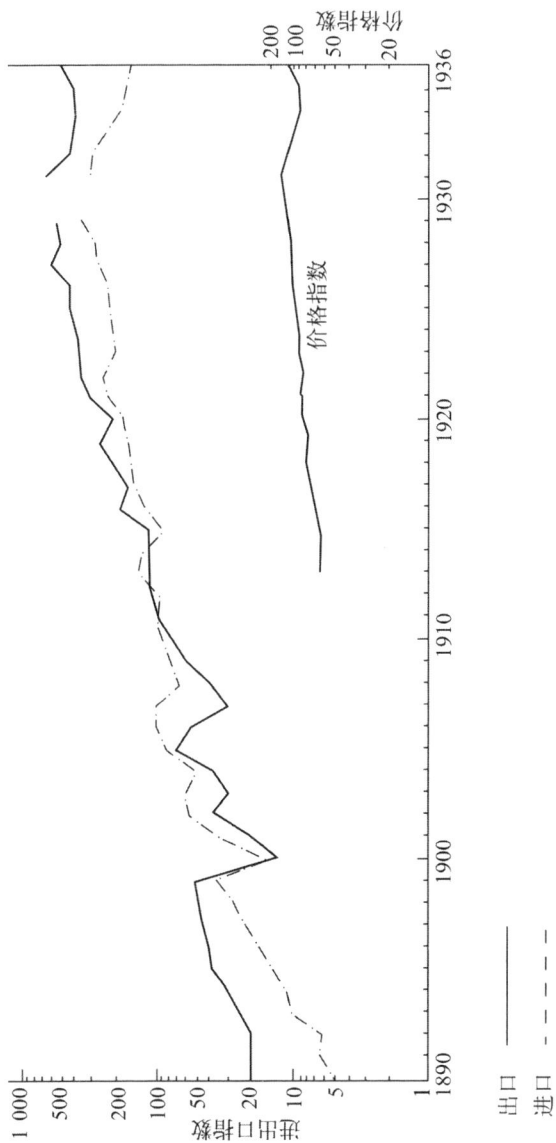

图表 5　华北的出口、进口和零售物价，1890—1936

出口　————

进口　— — —

家的大量需求。汇率下降也使这些产品能以低廉的有吸引力的价格出售。出口和进口以一种称作"海关两"的货币单位计算价值。1890年1海关两兑换五先令六又二分之一便士英国货币和1.38美元,而1900年1海关两兑换二先令五又三分之一便士和0.66美元。[1] 在其他国家采用金本位制时中国仍然采用银本位制,由于白银供给持续增加,中国货币与西方国家货币相比自动地不断贬值。尽管外国买主认为购买华北的出口货物更为廉价,由于进口商要花更多的钱购买进口货,贬值本应该使进口停顿。在这一地区或中国其他任何地区看来并没有发生这样的事。[2] 对此一个可能的解释是,由于预料可以获得巨大利润,这一时期通商口岸出现了大量投资和许多新建筑。对原料和商品的需求如此强烈,以至进口价格的稳定上升无论如何也不能阻挠这种兴旺势头。

19世纪90年代以后,大豆及其制品、花生及花生油、皮革及肉类、棉花和烟草成为从华北各港口输出的重要物资。这些货物的供给在1900年前并没有实际的增长,1900年以后建立起了一批加工企业,形成了一个商业网络,收购这些货物并把它们从内地运往通商口岸。同一时期草帽辫、粉丝和土布之类手工业产品的产量和输出量也在增长。1892—1901年间,烟台的贸易总额从1330万两增加到了3760万两,进口商品主要有棉纱和布匹,出口商品主要是丝、豆类、豆饼和粉丝。[3] 1898年德国人占领青岛后,该港的贸易额从1900年的390万两上升到了1901年的870万两。这提供了使人信服的证据,"证明一个有系统的、诚实的行政机构,不必征收重税就能够把地方海关的岁入提高到在旧的体制下不可能达到的高度。"[4] 1902—1911年间出口从850万两增加到了2550万两。[5] 天津同一时期的出口从1470万两增加到了23930万两,这一增

---

[1]《海关十年报告,1922—1931》,第171页。

[2] 这是C.F.雷默在《金本位制和银本位制国家间的国际贸易:中国,1885—1913》一文中得出的结论,载《经济学季刊》,第40卷第597~643页(1926年8月)。雷默认为由于价格机制的封闭和不完善,汇率贬值不会影响国内物价。

[3][4]《海关十年报告,1892—1910》,第96页。

[5]《海关十年报告,1902—1911》,第242页。

长主要依靠向日本输出原棉。[1]

从 1912—1921 年,贸易的增长忽冷忽热。高额运费、战争期间船舶的缺乏和内地政治不安宁使货物从内陆运到通商口岸再装船运往海外十分困难。1920 年以后,贸易的发展较为迅速。秦皇岛 1922—1931 年间的贸易净值从 1 620 万两增长到了 3 670 万两。[2] 大批的煤、花生和豆类把出口值推向了一个高水平。天津的贸易也持续增长,从 1922 年的 24 450 万两增加到了 1931 年的 35 020 万两,尽管华北的商业由于陕西的灾荒(1928—1930)、外蒙被苏联控制(1927)和内战(1927—1928)等原因受到过破坏,但"几乎每一项重要货物"如原棉、麻、蛋、花生、猪肠、羊肠、草帽辫、胡桃和马鬃都有所增长。[3] 在山东,"货物倾向于经过把省会与青岛港连接起来的铁路下行至青岛,而不再通过漫长的陆路上行到山东北部的港口"烟台、龙口和威海卫。[4] 1922—1931 年间通过青岛的贸易增长了 120%。

贸易额的增长和最近内陆运输的改良吸引了很多农民迁往大城市和通商口岸。我们没有多少可靠的数据能说明 5 万人以上的内陆城市人口增长得有多快,但是,在表 41 中列出了华北通商口岸和北京的一些较可靠的统计资料,显示出 19 世纪 90 年代到 1931 年间的人口增长率确实相当快。北京人口最多,但增长得要比通商口岸的人口增长慢。这些城市中心的增长率在每年 4.8%～9.3%之间。按照弗里德里希·奥特的计算,设有海关的 31 个通商口岸 1913—1928 年间的人口从 750 万增长到了 1 280 万,共增长了 70%,平均每年增长 3.6%。[5] 增长的人口中肯定有很大一部分是由于寻找兼职工作的农民的流入。让·谢诺用地

---

① 《海关十年报告,1902—1911》,第 200 页。
② 《海关十年报告,1921—1931》,第 325 页。
③ 《海关十年报告,1921—1931》,第 337 页。
④ 《海关十年报告,1921—1931》,第 425 页。
⑤ 弗里德里希·奥特:《中国谷物收成与进口之相互关系》,《中国经济月刊》,第 15 卷第 4 期第 391 页(1934 年 10 月)。

图说明了 20 年代城市劳动大军中最大的比例来自于农民。[1] 1917 年"秦皇岛人口中约 10％是本地人,其余的都是由外县和外省来的移民。"[2]在北京,年龄在 16～40 岁之间的男性占到了这个城市人口的48％,男性对女性的比例极高,达到了 1：1.7。[3]

表 41　华北 8 个大城市的人口增长

年份	山东通商口岸				
	烟台	青岛及其自治区	青岛市	龙口及其自治区	龙口市
1891	32 500	—	—	—	—
1901	57 120	—	14 000	—	—
1911	—	—	54 459	—	—
1921	—	240 200	83 272	65 000	5 603
1931	—	400 025	—	130 000	11 524
人口增长百分比(％)	5.8	5.2	9.3	7.3	7.5

年份	北京及河北两个通商口岸		
	天津	秦皇岛	北京
1900	320 000		
1912	—	5 849	725 235
1921	837 000	12 829	863 209
1931	1 388 747	20 000	1 419 099
人口增长百分比(％)	4.8	6.6	3.6

　　资料来源:北京:H.O.宫,《中国六城市之人口增长》,《中国经济周刊》,第 20 卷第 3 期(1937 年 3 月)。其他城市:各通商口岸十年海关报告中有可用数据的年份。

---

① 让·谢诺:《1919—1927 年的中国工人运动》,巴黎,1962 年版,第 86～87 页。见第 3 章,关于工业劳动者的社会根源。

② 《海关十年报告,1912—1921》,第 133 页。

③ 社会调查所编制:《北平社会概况统计图》,北京,1931 年版,第 5 页。华北不同城市的城市人口显示出男性约占全市人口的 3/5。1932 年男性占到了北京人口的 61％、天津人口的 61％、青岛人口的 61％、济南人口的 59％。见《华北经济统计季报》,1939 年 7 月,第 90 页。

村庄经济作物的种植

我们假设农户尽力想要增加其收入,为了能花费最小的劳动时间和劳动强度而使总收入最大化,它们把劳动力、土地和资本用来完成各种不同的工作。农户的收入要分为消费、投资、纳税、还债等用途,还可能要储存一部分。主要收入来自农业。一部分农场收入就在农场上消费,其余的卖掉换成钱。19世纪农场收入中农户出售的部分与20世纪30年代相比是更大还是更小? 卜凯认为,依作物品种不同,粮食作物和现金作物中出售的部分在30%～55%之间。[①] 由于1900年之后现金作物的迅速发展,卜凯的资料可以解释为农民正在越来越适应市场。但我们通过加藤繁和施坚雅的研究知道,在历史上,一定数量的村庄总是有一个农村市场为之服务,农民每个月要赶集三四次。在商业于19世纪90年代起开始发展之前,农民就已经依赖市场很长时间了。问题并不在于农民是更多还是更少地适应市场依赖市场,而是为什么村庄会在1900年之后如此迅速地种植现金作物?

我的解释实际上是一个假设,在它能够被接受之前还需要有更多的研究,我把它引进这里的惟一理由是一些村庄资料暗示出它可能是正确的。用于现金作物的耕地必须大量施肥,进行集约劳动,才能防止土壤肥力和作物产量的下降。农户必须作出的决策是,这些作物所获得的追加收入对于种植这些作物伴随的增加的花费、额外的劳动和土质退化的危险是否值得。尽管工业原料作物的卖价比小麦之类的食品作物要高,但它们与食品类的现金作物相比也需要更多劳动和资本的投入,这一事实使情况变得更为复杂。农户不仅要决定现金作物和农家消费作物之间的资源分配,还必须决定种植哪一种作物最好。

种植现金作物的决策不止取决于农场面积和农户收入,刺激也是重

[①] 卜凯:"统计资料",第227页。

要的。农户受到强烈刺激要获得更多的收入以购买棉纱、棉布、火柴和煤油之类,19世纪90年代之后开始在地方市场上流行的商品。但是,对这些商品更大的需求只能部分地解释为什么某些农户转向种植现金作物。另一个原因可能是由于分家,新的家庭农场不断形成,平均农场面积下降。

在耕地分割之后,很多新的小农场可能太小,以至无法获得全家生活所需的足够的农业收入,这种情况迫使某些农户派出劳力离开村庄不定期地工作一段时间。尽管农户认为这种工作很辛苦,但还是会把这种选择与种植一种现金作物的前途放在一起权衡比较,后者意味着全家人要艰苦劳动、土壤肥力可能下降和作物价格下降时资金方面会遇到的风险。在事实上农户的劳动力能够用在这两个方面的情况下,有小农场的农户通常会把两种方式结合起来,利用一些耕地种植现金作物,在农闲季节派出一些劳动力到城市中去。

在某些村庄资料中,看来似乎在转向现金作物种植和由于分家而形成新的家庭农场之间存在着紧密联系。在日本调查员1936年调查的两个村庄中,可以清楚地看到这种关系。在东阳邱(译音)村1932—1936年间形成了13个新户,同一时期棉花和马铃薯的种植有明确的增长。在北东屯(译音)村1931—1936年间增加了17户人家,棉花的种植也有稳定的增长。然而,由于30年代初期花生价格下降,花生的种植减少了。这两个变化暗示出,当人口对有限的土地的压力变尖锐时,新形成的农户和已有的农户就开始种植能带来更高收入的作物,而不管这种作物要花费农户更多的劳动力。这两个村庄调查的结果可在表42中看到。

我们的资料很难令人信服地说明人口压力像新户的形成作出的反应一样,迫使农民种植现金作物。一些村庄已经长时间存在人口过剩的迹象,但很少种植现金作物,可能是由于土壤条件不合适,或是由于很容易获得手工业和非农业收入,或是由于农民缺乏如何种植新的现金作物的知识。

表 42　河北 2 村土地利用的变化，1913—1936　　

县和村	作物品种	引进年代	种植面积 1927 年（亩）	种植面积 1932 年（亩）	种植面积 1936 年（亩）
望都县 东阳邱 a	马铃薯 本地棉 美棉	1913 1930 1934	90 0 0	210 12 0	300 46 316
			1926 年	1931 年	1936 年
沧县 北东屯 b	谷子 美棉 玉米 花生	— — — —	300 0 150 80	350 10 100 40	550 50 50 15

资料来源：天津事务所调查课，《河北省农村实态调查资料》，a　第 8 页，农户数在 1932—1936 年间从 143 户增加到 154 户；b　第 197 页，农户数在 1931—1936 年间从 108 户增加到 125 户。

华北的粮食供给

从元代和明代以来，皇家政府就从其他各省调运大量谷物供应它主要的城市中心。清代宫廷指定了 8 个省份向首都供应粮食，法律规定的数量不少于 350 万担，即约 28 万吨。[1]　山东和河南都包括在纳粮省份中，负担最重的是江苏和浙江。华中各省是当时粮食生产有余的中心区。[2]　当华北发生歉收，谷物价格上涨时，允许私商从南满运粮到河北和山东。[3]　到清末，宫廷放弃了使用大运河运输漕粮，支持按照商业原则经由海路输入谷物。我们没有办法计量清代粮食的需求是否发生过变化，以及从其他省份输入的粮食在多大程度上随着华北收成的波动而变化。

除了首都和一些大城市外，农村能够供应它自己所需的粮食。1900
年以后，由于城市人口增长引起了对粮食的需求上升，这一地区人口中

---

[1] 哈罗德·C·欣顿：《中国的漕粮制度，1845—1911》，马萨诸塞，剑桥，1956 年版，第 2 页。
[2] 安部健夫：《雍正朝粮食供求研究》，《东洋史研究》，第 15 卷第 4 期第 157～175 页（1957 年 3 月）。
[3] 周藤吉之：《清代满洲漕粮的运输》，《东亚论丛》，第 3 期（1940 年 9 月）第 143～167 页。

必须由农村供应粮食的百分比也更大。但是,当歉收在这一地区引起大范围的饥荒,内战使交通运输中断时,城镇的粮食就不能按照前几年的价格充分供应。粮食价格上升,进口商和商人从国外购买粮食出售并获利。表43列出了1913—1931年间华北进口的大米、小麦和面粉。当把这些进口与这一地区粮价联系起来时,可以看到粮食输入中近4/5的变化是由当地的粮价变化引起的。[①] 1922年和1923年由于华北的饥荒使进口有巨大的增长,1927—1929年间,由于内战使粮食的生产和分配部分中断,进口再度上升。

表43　华北各港粮食进口的数量和粮价指数,1913—1931

年　份	进口量(担)				粮价指数 (1926＝100)
	大米	小麦	面粉	合计	
1913	372 044	20	203 186	575 250	64.27
1914	404 536	7	76 446	480 989	63.86
1915	325 366	21	4 536	329 923	64.20
1916	281 871	74	8 193	290 138	66.36
1917	535 327	7 789	140 855	683 971	71.30
1918	156 223	—	8 040	164 263	68.30
1919	19 139	1	11 292	30 432	66.72
1920	98 187	4 697	39 841	142 725	82.47
1921	882 245	12 973	20 389	915 607	82.24
1922	1 413 374	929	368 236	1 782 539	79.92
1923	1 351 766	354 676	1 451 696	3 158 138	84.96
1924	529 315	110 077	1 167 143	1 806 535	89.24
1925	1 322 155	31 695	599 237	1 953 087	95.89

[①] 1913～1931年间粮食进口与地区性粮价的相关作用可以用下面这个简单的回归方程式 $Y=a+bX$ 表示,其中 Y 代表粮食进口,X 是粮价。把粮食进口和粮价数据用最小平方方法代入这个方程式时,就得到相关系数为0.871 5,有效位数为5%,测定系数为0.76。这些结果表示,粮食进口的变化主要由国内粮价波动的变化来解释。经济学家巫宝三首次彻底研究了中国的粮食进口,发现1930和1931年,"全国出口价值中几乎有一半……用来进口"大米、小麦和面粉。见巫宝三:《中国粮食对外贸易及地位趋势及变迁之原因》,上海,1934年版。特别注意统计附录中的表格,本书表43中的数字即引自这些表格。

年　份	进口量(担)				粮价指数 (1926＝100)
	大米	小麦	面粉	合计	
1926	1 224 362	46 486	1 620 606	2 891 454	100.00
1927	2 087 903	43 564	1 802 747	3 934 214	106.95
1928	1 721 398	113 248	3 011 327	4 845 973	113.07
1929	1 315 286	120 616	6 229 163	7 665 065	116.07
1930	1 390 357	34 655	1 980 027	3 405 039	119.72
1931	1 507 164	441 370	2 038 500	3 986 974	114.39

资料来源:粮价指数:《上海解放前后物价资料汇编,1921—1957》,上海,1938年,第175页。这里的指数可能受到了前几年进口的影响,但它是以国内价格为基础的。华北各港进口大米、小麦和面粉的数量;巫宝三,《中国粮食对外贸易之地位趋势的变迁之原因,1913—1931》,上海,1934,统计附录。

华北的实际情况同样适用于其他地区。1911年以后全国的粮食进口都在增长,20世纪20年代后期和整个30年代增长数量相当大。内战、洪水和日本入侵是影响中国国内粮食生产和分配的主要因素。1932年粮食进口价值为32 900万中国银元,但到1936年,由于国内冲突减少,政府花了很大力量改善运输条件,加强了对洪水的控制,这一数字降到了只有4 920万元。[①] 当1937年战争爆发时,进口再度上升:1938年升到了13 000万元,1939年22 360万元,1940年35 860万元。[②]

如果把中国看作一个整体,1912—1930年间收成和粮食进口之间几乎没有什么联系。换句话说,看来没有由进口取代农业生产的倾向。一次大洪水自然而然会使进口增加,但仅是暂时的。如果把价格对应收成状况来表示,例如,1代表大丰收,2代表好收成,3代表正常收成,4代表歉收或无收,当把1918—1933年间的收成变化与粮食进口逐年对应起来时,可以看到这两个变量之间毫无关系(见统计附录表59)。然而,当把国内粮价与粮食进口联系起来时,可以看到互相关连的程度相当高。

① 数据引自中国海关:《中国贸易报告》,1932、1933、1934、1935和1936年,由海关总署收集。

② 《中国贸易报告》,1940年,第1卷第1部分第79页。

如果把小麦进口与世界小麦价格联系起来,可以得出同样的结论,尽管世界大米价格系列与大米进口之间没有很高的关连。威基泽和贝内特对亚洲大米价格和产量趋势的研究表明,1920—1940 年间中国和印度大米的净进口成反比例。[①] 当印度大米有剩余时,它出口大米并减少其进口。在大部分情况下,这正是中国大米购买量上升的时候。充分的供给和压低的价格看来决定了大米在这两个国家之间的流动。

中国进口粮食是出于下列原因:当战争或大洪水破坏了供给和分配时,城市中的粮价就会上升。在一个自由的外汇和外贸市场上彼此竞争的进口商向国外的卖主购买粮食,并把这些粮食分配给大城市中的零售商。国内和国际的粮价调节粮食的流动,但外国粮食的有效供给决定中国能够实际进口的粮食数量。20 年代的内战是造成耕地面积下降和国内贸易混乱的一个重要因素。它"不仅造成了运输手段的混乱,而且驱赶很多农夫离开了他们的土地"。[②] 棉花种植面积的下降伴随着粮食种植面积的缩减。在整个 20 年代河北省都在申诉,"食品生产完全不能满足本地消费,没有剩余可供输出"。[③]

为了这一原因,1927 年进行的全国粮食调查的结果肯定是提出了一个特别的警告。那一年立法院统计局的 C. C. 张指导了一次中国食品生产和消费的年度调查。通过问卷调查的方式,他获得了足够的资料制作一个 14 省的食物平衡表。[④] 结果显示出,只有东北生产的粮食比它消费的多,其他各省消费的粮食都比它们生产的多。华北的山西、河北、山东和河南 4 省粮食不足额占到了 14 省粮食不足总额的 80%。1927 年是内战的一年,农业生产和分配遭到了很大破坏。这些情况无疑证明了张的令人沮丧的结论。

---

① V. D. 威基泽、M. K. 贝内特:《亚洲雨季的水稻经济》,斯坦福大学,1941 年版,第 156 页。

② 朱 T. S 和 T. 金:《河北省的棉花市场》,北京,1929 年版,第 3 页。

③《海关十年报告,1912—1921》,第 154 页。1926 年美国驻天津领事评论说,"近年来由于华北纺织工业的发展和日本对原棉的需求,棉花种植得到了相当大的刺激。由于植棉的利益几乎双倍于种植高粱或小麦的实际利益,棉花种植有了实质的增长,还建立了一些实验站。"阿诺德等:《中国:工商业指南》,华盛顿,1926 年版,第 524 页。

④ C. C. 张:《中国粮食问题》,《中国数据集,1931》,上海,1931 年版,第 29 页。

在收成正常、分配渠道也正常行使职能时,城市得到足够的粮食,粮食进口下降到非常低的水平。1942 年,一个收成正常的年份,日本人为确定农村人口为它自己的需求供应足够粮食的可能性,对京汉铁路和津浦铁路沿线农村进行了一次调查。正如在这次调查的结果中可以看到的那样,在上述条件下,农村生产的粮食足以供应农村和城市。[①] 这一调查估算了京汉铁路沿线 115 个县和津浦铁路沿线 69 个县每年全部粮食供给和每人所需的粮食。表 44 列出的结果显示出所有的县粮食都能自给,它们还有余粮向城市输出。

表 44　京汉铁路和津浦铁路沿线各县粮食的生产和消费,1942a *206*

铁　路	地　区（道）	县　数	每人粮食面积（亩）	每人粮食产量（斤）	每亩产量（斤）
京汉铁路	保定	22	3.3	518	157
	正定	21	3.2	514	162
	顺德	15	3.5	610	174
	冀南	14	4.1	744	181
	豫北	25	3.4	606	177
	豫东	18	3.9	664	169
	合计	115	3.6	605*	170
津浦铁路	武定	13	3.3	622	187
	济南	7	2.3	476	209
	泰安	8	2.4	540	222
	盐池	12	4.3	996	234
	曹州	12	3.9	824	211
	苏北	17	4.1	1 142	276
	合计	69	3.6*	867*	240*

资料来源:国立北京大学附设农村经济研究所,《京汉铁路沿线主要城市中心的粮食市场结构》,第 4、16 页。

a　每人每年必须的粮食数量为 450 斤。

＊原文如此——译者注。

[①] 国立北京大学附设农村经济研究所:《京汉铁路沿线主要城市中心的粮食市场结构》,北京,1942 年版,第 2 章。

村庄能够增加粮食供给,并把更多的工业用作物运往城市。能够作到这一点,不仅由于农场总产量的逐渐增加,还由于用马铃薯和谷子之类粗粮代替了小麦。马铃薯种植的推广是一个明确的迹象,表明为了供养更多的农村人口,土地正在被比过去更为密集地使用。清楚了解华北农村情况的观察家们报道说,1930年以后出现了一种明显的用马铃薯作为农户主食以补充谷物的变化。"应该强调的是,就在最近,马铃薯的种植增加,马铃薯成为华北农民的一种重要食物。马铃薯不需要大量的劳动、也不需要很多肥料,因此其种植有了很大增长,它目前补充了农民的食物供给。"[①]

华北的食物供给问题从来没有出现过危机。偶然的粮食进口仅仅显示出这一地区的经济在战争和自然灾害破坏了本地生产时能够转向外部资源供给。在正常情况下,农民的生产足以满足他们自己和城市的需求。通过改变土地利用的方式,加上农民进行更为集约经营的能力就能作到这一点。如果出现技术变革并保持局势安宁,农场的产量自然而然会更为迅速地增长。

[①] 高须虎六:《华北食料问题》,《农业经济研究》,第16卷第2期第261页(1940年6月);另见《胶州的农业惯例》,《工商经济月刊》,第1卷第11期第993页(1927年11月),这篇文章强调农民倾向于专业种植更多的马铃薯,因为他们的农场只有庭院大小。卜凯在《中国土地利用》第217页也指出了这一种植需要更集约地利用土地的作物的倾向。

12. 农民生活水平的变化

1890—1937 年间,华北城乡发生了多大程度的能够更好或更坏地影响生活水平的变化? 青岛、天津、济南和石门市在人口、商业和新型工业方面都有巨大的发展。这些城市中心的生活水平在食物、住房和服装方面都比农村地区高出很多。19 世纪末一度沉睡的集镇现在已经成为拥有商店、工厂、货栈、火车站和市场的生气勃勃的城市。

像沙井或后夏寨这样的村庄规模更大了,但表面上看情况没有什么变化。农民耕种他们的田地,用大车运送他们的货物,住在与他们的祖先所住一样的草顶泥墙的房屋中。与借贷、抵押、交易、继承、租佃土地和管理村庄事务相关的习惯仍然大致与过去相同。然而,某些微妙的潜移默化的变化开始发生。村庄现有的规模暗示出经营土地的农户比 50 年以前要多,但是他们经营的田块更少也更小。尽管耕作技术几乎没有进步,农民却由于种植新的现金作物而获得更多农场收入。有更多作物出现了专业化种植。最后,有更多的农民为了挣到工资收入以补充农场所得而离开他们的村庄。

这些不同的发展是降低还是提高了农民的生活水平? 只能把现有的零星分散的证据收集在一起,拼出一幅农村生活水平变化的完整画面来。在能够得到更多的证据以前,必须满足于这一点。生活水平变化方面最好的资料是卜凯和他的助手在 1929—1931 年间所收集的。这些资料都浓缩在他那内容丰富的统计资料中,一直被那些断言农村生活水平在 19 世纪之后持续下降的学者们所忽视。到目前为止,我的主要的论点是,在一切情况正常的地方,农村生活水平没有下降。我利用卜凯的资料证明这一观点。

卜凯的资料说明了消费水平、营养标准、饮食变化和生活水平的发展趋势。这些资料是通过与每一个指定进行田野调查的地点所选出的村庄中的样本农户会话收集到的。一系列详细的问题都与"近年来"农户生活水平的变化有关。"近年来"这一术语看来指的是一个几十年的时间段,适合于确定 1910—1930 年间生活水平的变化表。为了显示1910—1930 年间的生活水平是否有所提高、下降亦或保持不变,表 45 列出了河北和山东一些地方的证据。提供这些资料也是为了说明生活水平变化的原因。

208

表 45　农民生活水平的变化,1910—1930

县名 a	生活水平的变化			生活水平提高的标志				生活水平下降的标志
	提高	下降	不变	煤油灯	瓦房	较好的服装	较好的食物	盗匪和赋税
河北								
正定(1)	＋			＋				
正定(2)	＋						＋	
交河	＋			＋			＋	
南宫	＋						＋	
顺义	＋			＋		＋	＋	
定县	＋					＋		
青县	＋					＋	＋	
阜平(1)	＋							
阜平(2)			＋					
阜平(3)			＋					

续　表

县名a	生活水平的变化			生活水平提高的标志				生活水平下降的标志
	提高	下降	不变	煤油灯	瓦房	较好的服装	较好的食物	盗匪和赋税
山东								
沾化	＋			＋			＋	
恩县(1)	＋					＋	＋	
恩县(2)	＋					＋	＋	
福山	＋				＋	＋	＋	
惠民(1)	＋						＋	
惠民(2)	＋					＋	＋	
历城(1)	＋			＋		＋		
历城(2)	＋			＋		＋		
历城(3)	＋				＋	＋	＋	
临清(1)	＋					＋	＋	
临清(2)	＋				＋	＋	＋	
堂邑(1)		＋						＋
堂邑(2)	＋					＋	＋	
德县(1)	＋					＋	＋	
德县(2)	＋					＋	＋	

资料来源：卜凯，"统计资料"，第 400～401 页。
a 括号内的数字表示第一、二、三次调查。

在 25 个受调查的地点中有 22 处农民认为他们的生活水平有所提高。阜平县的两处生活水平没有变化，堂邑县一个地方由于盗匪活动和赋税增加而发生了下降。生活水平改善的标志是：农民抛弃了油灯改用煤油灯；建起了瓦房取代草房顶；购买城市生产的布匹，吃较好的食物。由于 20 年代有如此多的县受到内战和军阀征税的影响，农民还可以说他们的生活水平有所提高真是令人吃惊。尽管如此，构成样本的地方数太小了，样本覆盖的县还不到这两个大省县数的 10%。

卜凯的调查也产生了大量关于食物消费的信息，这与前文讨论过的土地利用的变化有关。有些地方的农民比其他地方的农民吃得更好。我们发现按照每人每天的消费量计量的食物中,包括了各种各样的主食,如山药、甘薯、高粱、麦子、玉米或谷子等。例如,山东省即墨县和莱阳县的农民主要吃甘薯,济宁县主要是小麦,泰安县是高粱和甘薯,寿光县是高粱、小麦和谷子。[①] 河北省定县的主食消费是玉米和谷子,通县是玉米,沧县是高粱和玉米,正定是山药和谷子,昌黎是甘薯和高粱,盐城是小麦、谷子和甘薯。[②]

在农民以甘薯和山药为主食的县,人口密度较高,土地主要用于种植工业用作物。在农民主要吃高粱、玉米或谷子的县,土地一般用来种植作为一种现金作物的小麦。在一些土壤和气候适于小麦的地方,农民消费他们所生产的大部分小麦。可以把一些县按照农民消费的主食排列,以显示不同层次的农民生活水平,但这一排列容易遇到概念上的困难。在一些农民以甘薯、谷子或玉米为主食的县,以房屋、服装和其他消费品的质量衡量的生活水平可能相当高,因为现金作物给这些农民带来的农场收益比种植高质量的粮食作物地区的农民的农场收益要高。

表46是华北冬小麦-高粱区内出32个县构成的一个主要粮食作物1904年以后消费变化的样本,包括了河北和山东。显然,很多县报告了用于小麦、玉米、谷子和甘薯的耕地增加。由于价格上涨,小麦成为某些县一种重要的现金作物。玉米、谷子和甘薯等粗粮的种植使更多的耕地可以用于工业原料作物和小麦。然而,还有很多的县报告说粮食消费没有变化。对粮食消费下降有两个主要的解释,一是农民种植其他作物可以获得高价,他们很快对此作出反应,减少了低价值作物的种植;二是坏收成迫使农民减少种植面积。

农户一般有3～6间房屋,尽管大农场有时有多达8间或8间以上的房屋。[③] 房内的家具包括简单的椅子、桌子、床、柜子和长凳。一些人家甚至有镜子和玻璃窗。家具的数量和质量取决于农场的规模。[④] 我们对

---

① 卜凯:"统计资料",第100～101页。
② 卜凯:"统计资料",第96～98页。
③ 卜凯:"统计资料",第380～386页。
④ 卜凯:"统计资料",第390～392页。

表 46　重要粮食作物的消费趋势,1904—1930
（占 **32 个样本县的百分比**）

粮食作物	增　　长	下　　降	无变化	无资料
大　麦	0	2	98	——
玉　米	43	5	43	9
高　粱	2	43	45	10
谷　子	21	7	62	10
甘　薯	17	0	74	9
小　麦	21	7	62	10

资料来源:卜凯,“统计资料”,第 82 页。

健康状况知之甚少,尽管从公共卫生的角度看,与当时日本和西方国家的健康标准相比,情况远远不能令人满意。肥料就堆在房子旁边,寄生虫很容易被带入房屋中。很少有饮用井,大部分地方的水必须煮沸后饮用。农民从经验中了解了保护他们自己不受疾病侵袭的习惯性的预防措施和照料病人的方法。除了发生灾荒时人体抵抗力极为衰弱、传染病很快四处蔓延的情况外,这些措施看来是有效的。

在卜凯调查过的地方,农民都把农村生活水平下降归罪于盗匪和军阀士兵。[①] 下一章将提出进一步的证据说明影响农业生产的随机因素。看来无可怀疑,内战和无纪律的士兵是农民生活水平降低的两个主要原因。当然,像河北省 1920 年和 1921 年那样由长时期歉收造成的灾荒状况也对生活条件产生了严重影响。但是农民看来很快就从这些不幸中恢复过来,再度开始农业生产。

可以得出结论说,除了长时期的歉收和发生战争时以外,农民在这一阶段的生活水平没有下降。如果我们相信卜凯的资料,我们甚至能够承认这一地区生活水平有轻微的改善。在通商口岸——集镇经济商业和工业扩大的情况下,这是有可能做到的。

---

① 卜凯:“统计资料”,第 413～414 页。

13. 农民经济：概述

华北的农民有理性地、精于算计地利用他的有限的资源,从土地获得生活资料。他对于他周围的外部环境的变化极为敏感,当他对这些变化有足够的了解时,他就会努力调整他利用资源的方法。这种农村经济本质上是一种家庭经济,必须把户看作基本的经济决策单位。农户以最大的能力运用手头的资源和几代人积累起来的农业知识,尽力使其收入最大化。如果没有对农民生活环境的彻底了解,他们的行为在外来人的眼中通常会显得没有理性、缺乏目标。下文将纠正这种印象,并说明什么样的行为准则在指导农民利用他们的资源。

农户的劳动力供给直接与农场面积有关。农户根据获得最高收入所需的劳动量和可能要冒的风险,把可使用的劳动力在田间工作和非农业工作之间进行分配。如果农场缺少土地和资本,农户就派出较多的劳动力到别的村庄和集镇上去工作。如果农场较大也有资本,就留下较多的劳动力经营农业。实际上,农户常常把这两种选择结合起来,提供最大的收入。

农户把农业和非农业收入的储蓄用来购买土地,扩大农场面积。超过一定的农场面积后,农户就把土地出租给别的农民,把自己的财富贷放出去或投资于手工业及商业。把较少的收入投入农业是由农户现有的技术条件和管理技能决定的。当较大的农场资本的回报率与其他投资方式的回报率相比变得缺乏吸引力时,农户财富中就有更多的部分流入非农业领域。农业的回报率主要由技术水平、农户的管理技能和投资数量决定。一个农户决定要经营的耕地数量取决于土地的肥力和位置、农场资本和农户劳动力的供给和农民的技术技能及耕作知识。当一个农户得到的土地比它能够有效经营的更多时,它就为土地安排下一种最好的经济用途,即把土地出租给别的农户。

　　农户经营的土地分为不同的用途。有些土地用来种植可以出售的高收入的作物,其余土地用来种植农户消费必不可少的作物。决定这两类作物各用多少耕地,根据的是农民最善于种植哪种作物、使某种作物比其他作物生长得更好的现有的土壤条件,还有用自己生产的作物交换农场不能低成本生产的货物的机会。结果是,某些地区专业生产工业用作物,其他地区专业生产粮食作物。农户还要决定应该种植哪一种或是哪几种现金作物。这样一种抉择取决于劳动力供给和农户为了防止土壤肥力下降而提供追加资本的能力。

　　上述的决策最终要由有远见的、有经验的、有知识的农民决定。有些农户的决策比其他农户作得更好,能够获得更多的收入并积累土地。在每个村庄中都能发现几个富裕农户。作出坏决策的农户必然会越来越穷。

农业发展的过程

　　1880—1940年间,家庭农场的平均面积下降了。人口增长率和土地周期性地由家长传给男性后代决定了农场日益零细化。继承制度使农场要在一两代人以上的时间中保持原封不动极为困难。传统中国的借贷制度和非农业就业机会的缓慢发展使长子不可能单独继承农场。

　　这一阶段人口增长了60%～80%,到1940年,生活在城市中的人口比重约比1880年多5%～10%。农业产量的提高略快于人口增长率,这使城市能够扩大。尽管 20 年代和 30 年代粮食进口有短时的增加,由于战争和歉收干扰了粮食的生产和分配,使粮食进口量上下波动。

对外贸易的扩大和外国及本国资本家增加对新的农村工业与手工业的投资,促进了城市商业和工业的发展。这些发展使工业对原料和劳动力的需求增加。随着更多的农民移居城市,对粮食的需求增加。城市经济的发展给农民提供了越来越多的就业机会,使农户能够用价值更高的作物替代低价值的作物。由于农户的收入增加,小农场生存下来,生活水平也没有下降。

在对农村工资、土地价格和农业资本价格发展趋势进行比较后,结果显示出土地的稀缺没有达到危机状态,农村劳动大军没有由于失业和无地农民而过分地膨胀。价格上升不应该被解释为农民正在走向繁荣。人口的持续增长和农场产量的逐渐上升可能恰好使农户维持住他们的生活水平。产量增长从来没有迅速到足以使较大的储蓄形成积累。这一地区勉勉强强满足了它的需求。在某些时候,特别是在 20 年代的战乱时期,大量人口被迫逃离这一地区。没有证据显示农村中有较大范围的地区贫困到 20 世纪 30 年代中期的生活水平低于 19 世纪 90 年代的程度。

技术与农业发展

由于农业教育水平低下,官员和学者对农业问题以及推广农业新技术的方法缺乏兴趣,农业技术提高得极慢。当一名学者或官员不辞劳苦收集怎样有效地经营农业的知识并把他的成果出版时,对农业技术产生的影响相当大。因为较为落后的地区了解了先进地区最好的技术,更为系统化的农业知识对今后几代人都有好处。不幸的是,中国农业史上这样的范例太少了。技术进步更常见的方式是,农民用反复试验和失败的方法选择较好的种子和适于当时环境的耕作方式。这是一条非常缓慢而曲折的道路,要连续几代农民才能使知识和教育得到进步。如第 10

章所述,没有从外部把农业新技术引进乡村的渠道和制度。

对于受过教育的阶层和那些有权力建立研究机构的人来说,能够使传统技术出现决定性突破的惟一道路是一种农业发展制度、学校和农学院。如果局势安定,有足够的时间,这些机构能够很快地提高农民的耕作技术水平。对于我们感兴趣的这一时期来说,困难在于华北缺乏稳定的政治秩序。同样重要的是,居于领导地位的城市不认为农业十分重要,应该得到发展。这种领导也不大可能理解提高生产力意味着什么,农业只不过是一种可供剥削的产业。

本节一个重要的发现是,可以从农户投资与农场面积的关系中演绎出某种推理来。可以看到超过一定的农场面积后,每单位面积耕地的产量和收入就会下降。与这一趋势相关的是农户收入中投在可变资本上的百分比下降。农户财富中更多的部分投入非农业活动或者用于消费,农户把多出来的耕地出租给别的农户。家庭农场面积的增长不会改变农户的经济行为,也不会由于提高了单位面积耕地的产量和收入而使农业更能获利。不必改变家庭农场的面积就能改进和提高农业生产力。 *214*

只要通过技术改革就能取得进步,如新的高产良种、化肥、农药、改良工具和稳定的供水。如果不改进这些投入并且增加它们的供给,农户就要被迫使用古老的技术和有限的农业投入。不充分的知识和有限的管理技能把投资限制在只占收入中一个较小的固定的百分比,也限制了能够有效经营的农场面积。没有更为有效的耕作知识,富裕农户会认为投资于农业以外的部门并把土地出租给其他农户更为有利可图。

低收入和储蓄不是农户决定少投资于农业而多投资于非农业活动的关键性因素,农场面积和由分家造成的土地周期性分割也不是这种投资行为和大农场生产效率低的原因。如果农业回报率能够提高的话,农户所运用的投入在技术上的迅速进步,无疑会指导农户把更多的收入用于农业投资。

目前我们只能推测中国农业史上以前某个时候是否引进过新品种的豆类和较好的土壤保护措施,从而可能使耕畜供给增加,并使土壤肥力改良到能够选择新的作物品种。如果这种情况发生,或许中国会经历一场真正的农业革命。为什么没有发生这样一场革命仍然是一个有待继续研究的重要课题。尽管农业方面只有微小的技术进步,农业生产刚刚能够供养日益膨胀的人口,但仅是这些发展就证明了这一农业体系引人注目的活力和能量。

第四篇
华北的农村和集镇

14. 地主和农民

在 20 世纪 30 年代,很多学者相信地权不均和土地出租制度极大地影响了农民的农业生产和收入。他们的著作中有许多实例,说明中国社会中的收入分配由社会经济的阶级关系决定,不仅是地主,还有高利贷者、商人和官吏一起作为一个有强制性权力的集团对小农阶级进行剥削。经济发展缓慢的原因是小农阶级保留的收入不够投资和改进农业技术。此外,农业低收入使农民无法增加他们对城市生产的商品的购买力,因而,农村的需求不足以鼓励城市资本主义的发展。

大地产的分解

17 世纪后期在华北由满族军人和政府控制的土地数量相当多。河北省约 1 400 万亩耕地归满族军人或旗人。政府还颁布法令规定河北和山东各自另有 750 万亩和 290 万亩耕地指定为军营,安置和供养驻在各个要塞指挥所的满族军队。[①] 河北省还另外提出 27 800 亩耕地给保卫

[①]《中国近代农业史资料》,第 1 卷第 32 页。1937 年河北省政府只拥有 604 000 亩土地,山东省政府拥有 470 万亩。见土地委员会:《全国土地调查报告纲要》,南京,1937 年版,第 38 页。

大运河的军队,山东省也有 608 691 亩耕地为了同一用途。[①] 在满族军队住进这些营地之后,他们与汉族通婚,并建立起了村庄。到 19 世纪,这些耕地中大部分已经落入汉人手中。清前期的大地产由三个集团占有:被政府用首都以北的土地置换北京周围土地的汉族地主;旗人官兵;公立和私立学校的学田。

当满族军队横扫华北时,他们采用了他们在东北征服和定居的地区发展起来的同样的组织形式补给和维持其军队。在定都北京后,满族统治者下令首都周围约 175 英里半径内所有的土地都要没收充公,在满族旗人中再分配以供养他们的军队。[②] 这种土地被称为拨补旗地。在这一半径区域内拥有土地的汉族地主、商人和官员被给与距首都较远的其他土地,这些土地就今天所知是在察哈尔南部、热河和河北省的东北部。

一旦安定下来,这些土地被置换的地主就把他们的土地出租给很多 **218** 无地的农民,用收取的地租交纳田赋。这一逐渐形成的新的佃农阶级开垦荒废了的土地,耕种这些土地用的时间和精力比耕种他们租来的土地用的更多。结果是,租入的土地产量没有迅速增长,新的地主发现,当他们由于生活必需品价格上涨而需要更多的现金时,地租却越来越难以增加。很多地主把他们的土地交回地方官,不再继续为其交纳田赋。政府宁愿征收赋税而不愿保管它无法使用的土地。为了阻止地主交回他们的土地,政府允许他们只为他们长期居留地的土地纳税,这意味着大量削减他们的田赋负担。很多地主没有降低佃农的地租,他们坚持佃农甚至应付更高的地租。如果某些佃农负了债,他们必须出售他们私人开垦的仅有的耕地交纳他们的地租。不在地主和他们的佃农之间的关系变

---

①《中国近代农业史资料》第 1 卷第 32 页。1937 年山东只有 4 000 亩学田。

② 周藤吉之:《清初畿辅的拨补地》,《社会经济史学》,第 14 卷第 4 期第 23～24 页(1944 年 7 月);另见马凤真:《清初满汉社会经济冲突之一斑》,《食货》第 4 卷第 6 期第 262～269 页(1936 年 8 月)、第 4 卷第 8 期第 349～356 页(1936 年 9 月)、第 4 卷第 9 期第 384～402 页(1936 年 10 月)。周藤吉之:《清代满洲土地政策研究》,东京,1944 年版,第 30～79、225～235 页;石田兴平:《满洲殖民地经济的历史发展》,东京,1964 年版,第 187～198 页;刘家驹:《清朝初期的八旗圈地》,台北,1964 年版;《中国近代农业史资料》,第 1 卷第 24～27 页。

得苦涩,暴力反抗时有发生。

到18世纪初,政府介入到地主和他们的佃农中间,命令官员以地主的名义收取地租,从这些地租中扣除应交的田赋,把其余的部分交回给地主。地方官在整个18世纪继续这种作法,但到19世纪初,已很少有佃农耕种这类土地。以前的佃农或者得到了私有土地而停止租入土地,或是地主把他们的土地典当及出售。很多地产也在地主家庭成员之间分割,后来又被卖掉。自然而然地,几乎所有土地都落到了在村庄中生活并经营着零零散散的土地的自由的农民阶级手中。

在首都周围地区,拨补旗地被认为仅限于供养一名满族军人和他的全家。这种土地是免税的,给军官和士兵免税土地是作为他们所服军役的部分报酬。分发这些土地也为了在和平时期供养一支大部队,而不必从政府财政中拨出大笔款项。当满族扩展他们在东北的控制区时,他们必须获得农奴管理和耕种他们的土地。在八旗军队得到北京周围的拨补旗地以后,他们把这些土地交给从东北带来的庄头和农奴耕种。

满族人受的是军事训练,他们对于农业一无所知,他们对于自己经营他们的土地也不感兴趣;因此,他们宁愿把管理土地的事情留给他们的庄头。17世纪后期,由于战争和没收土地时很多人被驱赶到其他地方去,华北缺乏劳动力。最初用抓来的俘虏和从东北来的农奴耕种这些土地,但土地上获得的收入不能满足旗人的需求。解决这一问题所采用的方法是把土地出租给佃农。很快就出现了一种局面,"在北京周围的旗地上,向佃农征收的地租供养着旗人,因而很难把这些佃农耕种的土地和旗人家奴耕种的土地区分开来。"①

最近对18世纪旗地租佃契约的一个研究显示出货币地租的数量大得异乎寻常。② 只有1/3的货币地租征收白银,其余的都收铜钱,这是普

---

① 石桥秀雄:《清朝中期的畿辅旗地政策》,《东洋学报》,第39卷第2期第28页(1956年9月);另见《中国近代农业史资料》第1卷第197~198页。

② 村松佑次:《旗地的"取租册档"与"差银册档"》,《东洋学报》,第45卷第2期第57页(1962年9月)。

通人喜欢用的交换媒介。[1] 18 世纪初期,铜钱短缺曾引起银两对铜钱的市场兑换率下降,造成铜的价格过高。[2] 大量的铜钱从流通领域中退出,被制成铜器后出售获利。政府经常发现它无法在规定的时间付给旗人军队铜钱,旗人更为迫切的要出租他们的土地,收取铜钱作为地租。这些租契也显示出出租给佃农的土地面积在 100～1 000 亩之间[3];显然旗人把他们的大部分土地出租。

农业中国在清代逐渐货币化的过程和生活必需品价格上扬的原因,应该得到比现有的研究更多的讨论和分析。生活必需品价格的上扬运动和旗人对货币的不变需求迫使他们出租土地,而通过地租和使用农奴劳动经营庄园土地得到的收入,到年底不能产生足够令他们满意的利润。生活必需品越来越贵,家庭消费不可避免地要超过全年收入。开始时这并不严重,但是由于地租滞后于物价的上涨,很多旗人的后代不得不用他们的土地作担保借钱。到 17 世纪 80 年代及以后,大量土地已经被典当给了汉族高利贷者,由于旗人无力回赎土地,后者逐渐把这些土地据为己有。[4]

到 18 世纪 20 年代,政府决定必须采取行动阻止旗地全面流失。它下令清查所有现存的旗地,对这些土地的数量和位置加以登记。这次清查揭示出,最初的旗地已减少了很多,有大量土地被典当出去。到 18 世纪 40 年代,政府赎回了大量典当出去的旗地,把这种土地重新分类,规定把它转移到私人手中是违法的。这些步骤证明是成功的,到 18 世纪80 年代,旗地在 18 世纪头 10 年尚存的数量上增加了 100 万亩。[5] 旗人

---

[1] 村松佑次:《旗地的"取租册档"与"差银册档"》,《东洋学报》,第 45 卷第 2 期第 57 页(1962 年 9 月)。

[2] 佐伯富:《清雍正朝的通货问题》,《东洋史研究》,第 18 卷第 3 期第 142～212 页(1959 年 12 月)。

[3] 村松佑次:《旗地的"取租册档"与"差银册档"》,《东洋学报》,第 45 卷第 3 期第 53 页(1962 年 12 月)。

[4] 刘家驹:《清朝初期的八旗圈地》,第 147 页。

[5] 石桥秀雄:《清朝中期的畿辅旗地政策》,《东洋学报》,第 39 卷第 2 期第 55 页(1956 年 9 月);天野元之助:《支那农业经济论》,东京,第 1 卷,1940 年版,第 1 卷第 20 页。

得到了短时期的救助,但这些弥补措施没能阻止原先使问题变严重的过程。到 19 世纪初,旗地再度减少,并通过典当落入私人手中,到清朝下台时几乎所有的旗地都落入到私人手中。

私立和公立的学校也拥有大片地产:山东有 4.17 万亩,河北有 14.2 万亩。私立学校的地产发展迅速,到 18 世纪末,在某些地区如山东省的西部,私立学校的土地为公立学校土地的 1.5 倍。[1] 当私立和公立学校发现用增收学费的方法不能满足它们的费用时,它们也把土地出租给农民。地租通常征收货币,因为学校的运转需要现金。征收的地租数量是根据土地的不同类别为每亩规定一个固定的地租额。[2] 大量的学田也被典当,最后被卖掉。尽管私立和公立学校拥有的土地相当少,它们却是大地产随着土地通过典当和出售落入私人手中而最终减少的实例。

地权分配的变化

李景汉在写下他 1930 年在河北定县的田野调查笔记时说,"中国农村经济的难点在于土地短缺"。[3] 李和其他许多亲身调查过村庄经济的学者都对地权分配的严重不均和绝大多数农民耕种的土地太少,不能提供合理的生活水平感到不安。地权分配不均被认为是土地所有权制度的产物。在考察不同的土地租佃制度之前,有必要弄清楚村庄的地权分配在 19 世纪末到 20 世纪 30 年代间是越来越不均,还是越来越平均,或是保持不变。如此处理这一问题的理由是,正是那些认为小农阶级受到了地主和城市权力集团的剥削的人经常声称地权分配越来越不平均。拥有土地的掌权阶级依靠其财产,有足够的能力获取更多的土地,土地又被用作加强他们的社会地位,增加他们的经济力量的手段。这种观点只有通过考察城市经济发展最快时期:即 1880—1937 年的地权分配变

① 中村治兵卫:《清代山东的学田》,《史渊》,第 64 期第 53 页(1955 年 2 月)。
② 中村治兵卫:《清代山东学田上的佃农》,《史渊》,第 71 期第 65～71 页(1956 年 12 月)。
③ 李景汉:《定县土地调查》,《社会科学》,第 1 卷第 2 期第 435 页(1930 年 6 月)。

化才能确认。

在现有的证据基础上,我尽力证明地权分配不是保持相对稳定,就是变得更为均等,无论如何,大部分地区肯定没有变得更不平均。首先,我要列出资料说明 19 世纪末,在铁路得到发展,商业对农村经济产生强大影响之前,地权分配已经极不平均了。其次,我要说明的是,在某些村庄,已有证据显示出地权分配的变化极小。第三,我要把 19 世纪末山东省一些村庄的土地所有制状况与 20 世纪 30 年代的进行比较,以说明佃农与雇农户的比重甚至可能有所下降。

19 世纪 80 年代,《北华捷报》评论说,华北的村庄中"每 300 个家庭中约有 8 户每户可能有地 400 亩,30 户左右每户有地 100 亩以上,有很多户不到 20 亩,相当多的家庭自己完全没有土地,而是从别人手中租入两三英亩土地或做农业工人工作。"①19 世纪 90 年代,一位美国驻天津领事馆官员注意到,"该省的平均农场面积不超过两英亩(约 13 亩地),最富有的农大极少拥有 20 英亩以上的土地(150 亩)。"②1905 年河北省庆都县的 15 个村庄地权分配状况与 20 世纪 30 年代的相似:几户农民拥有 100 亩以上的土地,一小部分拥有 30～80 亩,大部农户耕种 10 亩左右或不足 10 亩。这些结果都列在表 47 中。

西德尼 D. 甘布尔收集的河北省一个村庄的资料说明,1910 年该村有 134 户人家耕种着 3 678 亩地,21 年以后有 173 户耕种着 4 323 亩地。③ 村庄人口以每年 1.2% 的速率增长,而同时村庄土地的增长率为 17%。如果把一条洛伦茨曲线放到这些数据中,我们看到 1910—1931 年间的地权分配变得更为平均。(见图表6)这也符合我们对沙井村的了解,那里的地权分配也极少改变。

---

① 《北华捷报》(1883 年 8 月 3 日)。《北华捷报》接着说,"只有 10 或 20 亩地的农户非常之多。尽管人民看起来很穷,却很少有人由于真正的贫困而受损害,只有在收成极坏时,他们经常沦落到讨饭吃;在残羹剩饭也吃不到时,他们就一批批地死去,如同 1878 年和 1879 年的情况那样。"
② 《美国驻天津领事馆通讯:1868～1906》,第 101 页。
③ 甘布尔:《华北的村庄》,第 336 页。

表 47　河北省庆都县 10 村地权分配，1905

村庄	全村耕地数（亩）	户 数	按拥有土地分组之农户数			
			0～10 亩	30～80 亩	100～150 亩	150～500 亩
北高岭	800	100＋	40	60	1～2	—
野杨	1 000	100＋	100	—	1～2	1
侯陀	900	100＋	100	—	1～2	—
南陶邱	1 400～1 500	70～80＋	50	8～9	3	—
十里铺	1 000	78＋	71	4～5	2	—
水磨	1 000	90＋	？	？	？	—
东关	1 000	100＋	？	？	3	—
唐会	1 000	70＋	？	？	1～2	—
小辛庄	1 000～1 200	90＋	？	？	1～2	—
张庄	4 000	300＋	65	—	1	—
大辛庄	3 000	100＋	大部分	？	1～2	—

　　资料来源：《中国近代农业史资料》，第 1 卷第 196 页；水磨村以下，《中国近代农业史资料》，第 1 卷第 662 页。加号表示农户数只是大致估计。

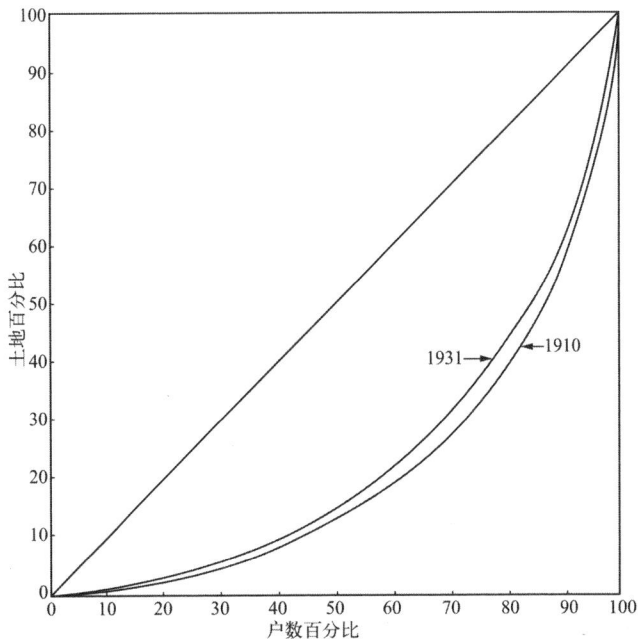

图表 6　河北省束鹿县一个村庄 1910—1931 年土地所有和地权分配的洛伦茨曲线

　　1957 年,两位中国学者出版了他们对 19 世纪 90 年代山东省 42 县 197 村 131 户大土地所有者进行的历史研究的成果。[1] 我把他们 1890 年的资料按照不同村庄受调查的户数分成三个等级,再把其结果与 20 世纪 30 年代一个全省的调查资料进行比较,以说明这两组资料中的土地所有权状况。20 世纪 30 年代的资料按照与 1890 年资料所在的县对等排列。

　　把雇农、佃农、半自耕农和自耕农这三类农场计算出百分比来进行比较。这些百分比是根据从农业和非农业活动中获得收入的户数计算出的。从工资中获得其主要收入的农户被认为是雇农户,租入土地并从农业中获得主要收入的农户是佃农户。拥有土地但还要租入一小部分

224 土地或不租入土地,主要收入来自农业的农户是半自耕农或自耕农。问题在于 20 世纪 30 年代的雇农户的数字可能比较保守,如果他们的数量是以一个固定的土地额为基础估算的话,比方说不到 5 亩或不到 10 亩。在 1890 年的资料中,有 10~15 亩地,从非农业就业中获得收入的农户是被算作雇农户的,完全可能在这两组资料的估算中存在很大的差异。

　　在表 48 中,22 个县中只有 6 个显示出半自耕农和自耕农户数的百分比下降。这 22 个县约占全省县数的 1/5,其中 3/4 的县有较多的农户拥有并租入土地。这可能仅意味着更多的原先拥有土地的农户现在不得不租入一些土地以获得农业收入。我们无法说清更多的农户是获得了土地还是失去了土地。如果农场面积下降,似乎有理由认为有大农场的农户更少了,即使那些相当大的农场拥有的土地面积也有轻微的下降。

　　22 个县中有 13 个佃农户百分比下降,17 个县雇农户百分比下降。由于前面所指出的差异,后者下降较多可能有误。一般认为,在通商口岸商业发展影响最强的农村地区,佃农和雇农户的百分比是上升的。表 48 中所列的县位于山东省胶济铁路附近。或许佃农和雇农户的百分比

---

① 景苏、罗仑:《清代山东经营地主底社会性质》,附录 1 第 1~4 页。这一 19 世纪末农村状况的出色调查考察了在西方工业和商业渗透到中国之前,一个农村资产阶级在多大程度上得到了发展。对这部著作的简明摘要见藤田敬一,前引书第 11~22 页。

表 48　山东一些县土地所有权状况比较,19 世纪
90 年代—20 世纪 30 年代初

县名a	村庄数	19 世纪 90 年代 b				20 世纪 30 年代 c			
		务农户数	雇农户百分比	佃农户百分比	半自耕农和自耕农户百分比	务农户数	雇农户百分比	佃农户百分比	半自耕农和自耕农户百分比
A. 章丘	32	4 164	12	6	82	37 560	10	20	70
泰安	15	2 904	16	12	72	149 355	9	10	81
平度	3	2 122	13	17	70	182 678	3	—	97
夏津	5	1 918	14	8	78	49 317	2	1	97
博兴	8	1 886	33	30	37	37 116	4	1	95
滨县	16	1 613	35	3	62	45 256	2	4	94
诸城	3	1 186	5	48	47	148 870	1	14	85
益都	9	1 178	16	12	72	149 355	9	10	81
B. 平阴	7	790	7	16	77	33 814	1	4	95
肥城	5	768	21	23	56	63 378	12	16	71
东平	9	585	19	28	53	142 954	32	37	41
胶县	7	505	24	21	55	100 000	10	30	60
C. 昌邑	4	498	4	42	54	99 800	7	4	89
历城	3	474	27	7	66	79 800	3	17	80
淄川	4	387	22	—	78	61 695	18	10	73
蓬莱	5	383	5	45	50	58 365	—	—	100
菏泽	2	378	9	10	81	85 664	15	20	65
福山	2	370	23	35	42	29 500	14	7	79
邹县	3	370	8	—	92	74 394	10	10	80
惠民	1	350	43	—	57	63 166	18	1	81
临邑	5	325	39	13	48	17 600	5	2	94
聊城	6	300	6	15	79	24 500	12	14	74

a A 组包括 1 890 个数据,样本户序号在 1 000～1 500 之间;B 组农户序号为 500～999;C 组农户序号为 300～499。300 号以内有很多户本来也可以列入,但其数量太少,能否代表全县还有疑问。

b 同上,景苏、罗仑书,附录 1,第 124 页。

c《中国实业志》,第 3 卷第 1 章,第 53～59 页。

没有上升是由于很多农户转向种植新的能增加农业收入的现金作物，或是由于手工业收入提高了。无论原因何在，都有证据表明佃农和雇农户的百分比没有上升，自耕农中或许有较高的百分比开始租入部分土地。在这种情况下，地权分配完全可能变得更为平均，农场面积变得更小。

为什么地权分配有可能没有变得更不平均的另一个原因是，有100亩（原文如此，但与下文内容不符，疑为500亩之误——译注）以上土地的家庭农场在大土地所有者中所占的比重逐渐下降。当把景和罗的资料中拥有100亩土地以上的121个富户的资料与1937年全国土地调查委员会获得的同类资料进行比较时，下面的事实就浮现出来。尽管我们19世纪90年代的样本仅是20世纪30年代中期调查户数的1/11，让我们假定两批样本都是随机抽取的，每批样本内部的分布相同。我们注意到1936年拥有500亩土地以上农户的百分比变小，而拥有100～200亩土地的农户百分比增加了一倍多。1890年样本农户中约一半经营的土地在200亩以上，近1/5的农户土地超过500亩。1936年最大的土地所有者中有4/5强的农户经营土地在100～200亩之间，经营土地超过500亩的仅有2%多一点。

还有一种检验可以用来支持这一观点。到此为止已经列举了大量证据说明，华北很多地方的地权分配1900年以前已经极不平均；一些村庄地权分配的抽样显示出很少发生变化；最后，两种资料中大土地所有者样本的比较显示出20世纪30年代中期特别大的土地所有者百分比下降。现在应该可以看出来，如果这些条件在1880—1930年间普遍存在，它们就会引起20世纪20年代和20世纪30年代见到的状况，即大多数农户拥有的土地在5～20亩之间。1880和1930年的两个地权分配的样本尽管是随意抽取的，都近似于这两个时期的情况。如果农场平均面积下降，大农场减少，就会出现小农场的较大增长；此外，很可能地权分配并没有更为不均，而是实际上变得更为平均。

让我们假定在一个虚拟的村庄里，1880—1930年间土地面积增加了10%，1880年的地权分配已经极不平均，村庄中20%的农户拥有80%的

表 49 山东省农场面积超过 100 亩的地
权分配及户数,1890—1936

农场面积(户)	(1) 1890 年		(2) 1936 年	
	户 数	百分比	户 数	百分比
100～199	37	31.6	1 234	85.9
200～299	20	17.5	116	8.2
300～499	38	31.4	46	3.2
500～2 000	26	19.5	35	2.7
合 计	121	100.0	1431	100.0

资料来源:(1) 藤田敬一,第 19 页,(2) 土地委员会,第 28 页。

土地,大土地所有者的百分比下降,农场平均面积变小。我们首先将认
为无地农户的百分比不变,然后我们再假定这一百分比到 1930 年翻了
一番。数据列在表 50 中。

表 50 一个华北虚拟村庄的地权分配,1890 和 1930

农场面积（亩）	1880a				无地户百分比不变 1930b				无地户百分比加倍 1930c			
	农 户		耕地总数		农 户		耕地总数		农 户		耕地总数	
	户数	%	亩数	%	户数	%	亩数	%	户数	%	亩数	%
0	7	5	0	0	10	5	0	0	20	10	0	0
0 以上～10	68	45	100	3	100	50	675	20	100	50	675	20
11～30	45	30	500	17	60	30	925	28	56	28	925	28
31～70	15	10	950	22	20	10	825	25	16	8	825	25
71～100	9	6	700	23	10	5	875	27	8	4	875	27
100～150	6	4	750	25	0	0	0	0	0	0	0	0
合 计	150	100	3 000	100	200	100	3 300	100	200	100	3 300	100

a 平均农场面积=21.0 亩;
b 平均农场面积=17.4 亩;
c 平均农场面积=18.3 亩。

1880 年 20％的农户拥有 80％的土地,而在 1930 年,15％的农户拥
有 52％的土地。两种情况下的地权分配状况一直极不平均。尽管 1880

年无地农户的比重不变,却有更多的农户没有土地。令人感兴趣的是农

场面积为 11~30 亩和 10 亩以下这两组的农户数有很大增长。20 世纪
20 年代和 30 年代的调查显示出,大部分农户拥有的土地属于这两个农
场面积组。在这个例子中只有极少的农场大于 100 亩,可以假定这些农
场不存在。与 1890 年相比,1930 年有多得多的农户派出劳动力离开村
庄去工作,因为大多数农户农场面积较小,只有 1~30 亩。

在 1930 年的农户中,无地的户数有很大增加。如果不算这些户,我
们看到 1880 年的地权分配是 21％的农户拥有 80％的土地,而 1930 年是
13％的农户拥有 52％的土地。这与 1880 年的地权分配类似。注意一下
0 亩以上至 10 亩、11~30 亩和 31~70 亩这几组农户,这正是 20 世纪 30
年代农村状况的特征。不可能说清楚无地农户百分比的实际变化,但根
据前文已叙述过的对 4 个村庄的研究和 20 世纪 20 年代及 20 世纪 30 年
代调查文献所得的证据,没有证据表明乡村中无地农户有很大的增长。
所发生的事情是农场面积不足 30 亩的农户有较大增长,100 亩和 200 亩
以上的大农场下降。

如果把 1930 年两种例子中的农户百分比及其拥有的土地都标在洛
伦茨曲线示意图中,就会看到展示 1930 年地权分配状况的两条曲线都
表明地权分配比 1880 年的更为平均。实际上是出现了一种地权分配更
为平均的趋向。大土地所有者的消失和无地农户的微小变化使大批农
户进入中间范畴。

租佃制度种类

1936 年作的一个土地所有权调查显示出,这一地区有三种租佃制度
共存:货币地租、实物定额地租和实物分成地租。[1] 在河北省,租佃土地
的农民中约 3/5 交纳货币地租,而山东省这一比例仅为 1/5;河北省有约

---

[1] 土地委员会:《全国土地调查报告纲要》,第 43 页。

1/5 的租地农民纳定额地租,山东省略高于 1/3;河北省只有 16％的租地农民交纳分成地租,而在山东省有 2/5 的租地农民纳这种地租。20 世纪 30 年代中期河北省的货币地租较普遍,山东省则是分成地租占统治地位。

　　河北省货币地租的存在并不意味着商品化农业比山东省发展得更快。关于商品化农业,我指的是出售其 40％或 40％以上产品的农户、发展中的大型农场、雇用大批农业劳动力协助土地的耕作和在严格的商业意义上出租土地。在河北省,清初被政府征用的土地较多,由于这些土地逐渐被庄园主和各种机构出租,征收货币地租的习惯比较流行。这些土地最终被典当和出售,但当新的田主出租土地时,他们继续征收货币地租。河北省的田赋也较高,这可能刺激地主坚持要他们的佃农付货币地租。①

　　实物分成地租又叫做“分益”。② 佃农和地主一致同意他们之间分配的收成份额,佃农通常交纳收成的 30％～65％给地主,地主极少向他的佃农提供资本和信贷。一旦租佃条件确定下来,地主就不再干扰佃农对土地的经营。日本调查员发现,在土地贫瘠和村庄遇到歉收的地方,通常实行分益制,因为即使土地生产率极为低下,地主仍能保证得到一定份额的作物。③

　　在收成稳定、土质较好的情况下,农民宁愿交纳实物定额地租。这种地租形式普遍称为“物纳定额”,但在不同地区这一制度有许多术语。④地主和佃农一致同意每亩地根据种植的作物种类交纳固定数量的作物。正常的程序是在春天小麦收割后、夏天蔬菜收获后和秋收后交租。

　　如果庄稼完全失收,地主仅是免除交租。如果收成不好,地主可能

---

① 健洋:《河北省土地制度》,载《东亚论丛》,第 1 期第 198 页(1939 年 7 月)。陈正谟强调了一个类似的观点,见《中国各省的地租》,上海,1936 年版第 29 页。

② 东亚研究所:《华北租佃制度》,第 63～127 页;另见八木芳之助:《华北租佃制度》,《东亚经济论丛》,第 2 卷第 3 期第 63～84 页(1942 年 9 月)。

③ 东亚研究所:《华北租佃制度》,第 97 页。

④ 东亚研究所:《华北租佃制度》,第 129 页。

会允许推迟交租到下一年,但这种作法常常在地主和佃农之间引起争议。地主坚持佃农在一年内交纳两年的地租,佃农反驳说要他这样作是不可能的。这种情况下经常使用一种折衷的方法,当收成比正常年景低50%时,佃农和地主就平分产品,但如果收成只是略低,佃农就要交纳地租并忍受损失。

当收成稳定、农产品价格持续上涨时,定额地租制对佃农和地主双方都有利。随着地主逐渐习惯每年价格的上涨,他们能够更准确地估计出他们产品的卖价和农场的收入。征收定额地租消除了地租波动造成的不确定因素,当然除非收成有较大的波动。佃农也有利可图,因为超过规定地租的任何产品都归他所有,农产品价格的上升使他净赚到额外的收入。

1913—1938年间,农产品价格约上升了40%,即每年2.4%。[1] 1931—1935年间,当价格由于经济萧条而下降时,发生过一次较大的价格波动,但1937年以后价格开始急剧上升,到1941年,大城市中的物价比1937年的水平高了4倍。[2] 1913—1920年间的某个时候,很多农民开始转为采用定额租制,这一趋势甚至持续到了20世纪30年代。由于农民得到了增加产量的刺激动力,这一趋势非常可能伴随着农业技术的某种改良。"在实行实物定额地租的土地租佃制度中,佃农倾向于使用更多的肥料。结果是收入增加了,并且任何超额的部分都完全属于佃农。在分成地租制下,即使佃农使用了较多的肥料,增加的收获物中也只有一部分归他所有,其余的都要给地主。佃农没有使用更多肥料的动力,好的经营管理土地的方法发展得较慢。"[3]

---

① 见福兰克林·L·何:《华北的批发物价和物价指数,1913—1928》,天津,1929年版,第7页以及我的统计附录;亦见《中国近代农业史资料》第1卷第562～563页。

②《华北通货与物价的现状》,《调查月报》,第2卷第5期第37～38页,说明了北京、天津、青岛和石门市物价的上涨(1941年5月)。

③ 东亚研究所:《华北租佃制度》,第155页。

任何村庄都不存在统一的一种租佃制度。[1] 例如,在沙井村,佃农耕种土地交货币地租的制度占统治地位,但有些佃农也交纳实物分成地租。在寺北柴村,按照种植的作物种类交纳实物定额地租的农民较多,但也存在分益制。冷水沟村和后夏寨的情况也是同样。山东省各县土地所有权的资料也暗示出不同的地租制度在同一个村庄中共存。[2]

川野重任曾提出,收成提高是地租从分成向定额转化的原因。[3] 由于华北的收成在 1880—1910 年间普遍较差,大部分农民愿意采用分益租制,而 1911 年以后收成提高了,农民逐渐转向定额租制。川野认为在一些收成再度下降的年份,农民回复到以前的分益制。由于川野没有提出证据显示清末发生过一连串的坏收成,其后又是连续的好年景,他的解释很难为人接受。更可能的是,当农产品价格由于城市需求增长而上升较快时,地主和佃农都确信定额地租最符合他们的利益。尽管很多农

---

[1] 一部优秀的研究华北土地租佃制度的著作强调了这一论点。见旗田巍:《中国土地改革的历史特点》,《东洋文化》,第 4 期第 33～60 页(1950 年 11 月)。旗田巍也认为货币地租在以前的旗地上出现不是与那块地上的商品生产发展有关,而是与出租土地的旗人对货币的需要相联系,第 55～56 页。东亚研究所《支那农村惯行调查报告书:华北佃农的法律关系》(东京,1944 年版)提出了同样的论点。

[2] 这一观点是天野元之助教授在他研究山东农村经济的著作中提出的,下表由天野元之助教授编制。

山东省以县为单位的纳租方式,1933

纳 租 方 式	县　　数
实物分成地租	10
实物定额地租	17
货币地租	23
分成和定额地租	2
分成地租和货币地租	12
分成、定额和货币地租	28
定额和货币地租	14
合　　计	106

资料来源:天野元之助,《山东农业经济论》,第 198 页。

[3] 川野重任:《从租佃关系看华北农村之性质》,东亚研究所编:《支那农村惯行调查报告书》,续 1 第 303 页,东京,1943 年 11 月。

民逐渐转向定额租制，但农民经常会在歉收的年份回复到分成租制。[1]
1880 年以后发生的这种土地所有权制度的变化很难说是正在出现向资
本主义农业的发展，地主和佃农进入了一个更为密切合作的时代。

地主的经济行为

我们已经指出佃农和地主的协议既缺乏人情味又是短暂的；除此以
外，地主并不鼓励与其佃农的长期合作，他们经常换佃农。矶田进认为
这种关系在本质上是前现代的。[2] 这可能是对的，但这一归类无助于解释
地主的行为，因为传统的或现代的地主代表的是什么并不清楚。为了我们
的目的，详细说明这两类地主的存在及其想要获得的东西是有用的。

把土地出租给其他农户的富裕农户首先感兴趣的是，它以最少的劳
动消耗，使用尽可能少的资源，每年能够获得多少收入。当这一农户决
定把多少耕地用于来年的耕作时，它还必须计算耕种每块土地所需的劳
动力数量，从每块土地的收成中预期的收益和全家预期的支出。农户认
为成本太高，难以耕种——由于土质贫瘠或位置距农舍太远——的任何
多余的土地都会出租，并计算出每块地预期的地租。家长可能会把出租
这些土地或耕种它们所得的收入进行主观的计算和比较，剩下的问题只
是要寻找一个未来的佃农。

对这个农户来说出租过多的土地并不聪明，因为它永远不会知道什
么时候会需要额外的现金。如果支出突然超过了收入，农户可以为获得
现金而典当或出售一块土地。如果所有的土地都受到长期出租的制约，
就不能够这样做。农户把它们的土地看作钱的近似物，为此它们要留神
不让太多的土地长期出租。

看来值得再次强调下面的观点，只有很少土地但有多余劳动力的农

---

[1] 东亚研究所：《华北租佃制度》，第 97 页。
[2] 矶田进：《华北的租佃：性质及其法律关系》，《法学协会杂志》，第 61 卷第 5 期第 670～672 页
（1943 年 5 月）。

户可以选择是租入土地增加农业收入，还是把更多劳动力派出村去获得非农业收入。农户会努力计算，租入土地在扣除成本和地租之后所得的收入比非农业工作（考虑到这类工作会带来的坏处之后）所能得到的工资是更多还是更少。在做这种决策时会自然而然地考虑很多因素，但最终的选择取决于使预期的报酬符合于劳动力的消耗。

地权分配和农户劳动力之间存在不均衡也是村庄的一个特点。一些农户的土地比他们用自己现有的劳动力能够经营的要多，很多农户的劳动力则比耕种他们的土地所需要的更多。积累起土地来的农户不可避免地会有一些劣等地，这些劣等地最好是出租给别的农民。然而，他们的资本储备可能太少，不能与他们的佃农分享，帮助后者改良土地。此外，地主家庭也可能拨不出多余的劳动力严密地监督他们的佃农。有限的家庭资本和劳力使拥有土地的农户很难与其佃农紧密合作。

富裕农户用三种方法积累土地。首先，努力工作和严格的节约可能 ²³¹使农户能够储存起足够购买更多的土地的钱。如果这同一个家庭，其成员没有生病，家中一直有一些人工作，它就可能使农场面积增加。其次，一位家长可能通过在东北或在远方的城市中工作积蓄起钱来。由于努力工作和小心的存钱，这个人可能会开始在城市或集镇上做点小生意。如果生意兴旺，收益就可以用来在这位一家之主的家乡买地。最后，一个农户可能极为幸运地发了一笔横财，或是从一个亲戚手里得到一笔钱，或是通过某种奇怪的命运。[1]

前两种获得土地的方法最常见。尽管如此，由于城市及其工业的迅速发展，非常可能在 1910 年之后，农户开始从村庄以外获得更多的可以用来购买土地的收入。昌黎县的侯家营村可以看到这方面一个极好的实例。[2] 1900 年该村有几家拥有 200～300 亩土地的大地主，但到 1942 年这些家庭都成为穷人，出现了一个新的拥有 100～180 亩土地的土地

---

[1] 见赛珍珠《大地》中的故事，王龙和他的妻子在一个南方沿海城市发掘到了被埋藏的银子，然后回到他们的家乡买了土地。

[2] "惯调"，第 6 卷第 1～58 页。

232 集团。这些大地主中的大部分是通过在东北做短工或在村庄以外的地方经营店铺获得收入的。在存了一笔钱后，他们回到他们家乡的村子里购买土地。表51是根据村庄调查结果所作，列出了出租土地的主要农户、这些农户财产的来历、拥有财产的时间跨度和他们如何经营自己的地产。

表51　昌黎县侯家营村主要的地主，他们地产的来历、
面积和土地经营方式，1941

地　主	财　产　来　历	拥有财产的时间和拥有土地面积	土地经营方式
刘子馨	开一家瓷器店，逐渐买地	已有多年富裕	把地出租给 6、7 户佃农
侯庆昌	在东北工作，回村买地	以前是只有 10 亩地的贫农；1942 年有 180 亩地，出租 100 亩	把地出租给 15、16 户佃农
侯宝廉	在东北劳动，回村买地	父亲在世时是贫农；1942 年有 117 亩地，出租 6 亩	自耕大部分土地
侯元文	在东北工作，回村买地	以前较穷，但 1942 年有地 30 亩，出租 10 亩	耕种自己的土地
侯全五	过去跟官时存钱，逐渐买地	以前较穷，但 1942 年有地 30 亩，出租 10 亩	把地出租给 2、3 户佃农
侯元宏	在东北多年，存钱并买地	以前较穷，但 1942 年有地 30 亩，出租 10 亩	——
侯元来	在东北工作，回村买地	父亲是贫农兼小贩；但 1942 年户主成为富人	把地出租给 5、6 户佃农
侯允中	父亲在东北工作，存钱买地并通过农业收入增加土地	以前是中等财力的农民	自耕土地
刘斌奎	拥有一家瓷器店，逐渐买地	以前是富户，1942 年有 170 亩地，出租 30 亩	自耕大部分土地

资料来源："惯调"，第 5 卷，第 151、179 页。

　　另一个重要的地主集团是住在集镇和通商口岸，从事商业、工业及高利贷业的不在地主。1941 年山东济宁县的一个农村调查表明，该县共

有 420 户不在地主,10 户有地 3 000 亩以上的最大的地主住在天津、济南或青岛。[1] 他们雇用管家经管他们的土地并负责收租。在其余有土地分散在全县不同村庄的地主中,有 10 户土地在 2 000～3 000 亩之间,100 户有地 1 000～2 000 亩,还有 300 户有地 500～1 000 亩。各县都有类似的情形。

这些地主把他们的收入再投资以扩大他们的生意并使之多样化,偶然情况下也把钱贷放出去。这类地主中大部分人获得土地的方法是通过农村借贷制度。农民经常向住在集镇上的富户借大笔款项而不是向富裕村民借,因为这样他们可以以略低的利息借到更大笔的钱。他们用土地作担保,一旦他们拖欠债务,就把一些土地典当出去。有时这同一块土地必须卖掉。一个高利贷者逐渐地积累起土地,然后把土地出租给其他农民。下面的一些例子清楚地说明了这一点。

只有 50 户人家的吴店村坐落在北京南面的良乡县城附近。[2] 一半村民在村外工作,很多人冬天到北京去找工作。1921—1942 年间的几次歉收迫使许多农民借债,当他们还不起欠下的债时,他们的土地就转到了城市的高利贷者手中。只要农民向不在地主交纳实物地租,他们就继续作为佃农耕种他们以前的土地。这些地主主要关注的是他们在城市中的生意,他们没有时间管理他们的土地并帮助他们的佃农。最富有的不在地主之一是安徽省一个前县长,姓吴,当他退职时他已积累了 3 000亩地。[3] 吴在吴店村有 30 亩地,是他在 20 世纪 20 年代从一个农民手中买的。他用收的地租交纳田赋,但其他赋税如摊款之类由他的佃农交纳。[4] 吴雇佣了一个管家管理他的土地并收租。这个管家陈述说,当一个佃农在允许缓期交租的期限内仍不能交纳地租时,他就用告状威胁这

---

① 国立北京大学附设农村经济研究所:《山东省济宁县城农产品流通之考察》,第 9 页。对于不在地主的类似的讨论见天野元之助:《支那农业经济论》,第 1 卷第 165～166 页。

② "惯调",第 5 卷第 410、520 页。

③ "惯调",第 5 卷第 515 页。

④ "惯调",第 5 卷第 526 页。

233 个佃农,这种威胁总是会使佃农加速交租。[①]

河南省北部的彰德县位于京汉铁路线上极为接近河北省界的地方,在对该县不在地主的一个调查中,日本调查员发现有43家不在地主住在县城中,他们在该县拥有1 735亩土地。[②] 每个地主平均拥有29亩地。这些土地的73%是从没有能力还债因而典当土地,并从一直没有回赎其土地的农民手中得到的。在距县城几英里的两个村庄中,大部分佃农户以前都欠过县城中某个富户的债。当这些农户还不起债务时,他们继续耕种他们的土地,交纳实物分成地租给新的田主。不在地主对管理他们的地产没有什么兴趣,因为他们主要从事的是经营店铺和放款。

河北省滦县的不在地主利和堂,在1880—1922年间购买了旗地和民地共5 000亩。[③] 利从以前向他借钱,把土地典当给他,在规定的时间内不能回赎土地的农民手中得到这些土地。这些债务人中大部分后来把土地卖给了利,利采用这种方式买了422块地,其中最小的有5亩,最大的50亩。(利和堂是一家地主的堂号,其主人姓刘——译注。)

山东章丘县的一个商人19世纪初在县城开了一家钱庄放款。当农民拖欠借款不能归还时就得到农民的土地,用这样的方法他积累了960亩地。[④]

还有一些有钱人用各种各样的手段获得土地,在这样做的同时,建立起一个庞大的金融王国。山东省东北部栖霞县的一个不在地主就是一个很好的例子。[⑤] 地主牟二黑把他土地上的收益投向商业、高利贷业和手工业。清初,牟的祖父只有300亩地,但牟的父亲使他的地产增加到了1 000亩,这是他能够传给牟二黑的全部土地。牟用这些地产建立起一份大家业,包括6万亩农田,数不清的当铺、商店、钱庄,及售丝、磨

[①] "惯调",第5卷第515页。

[②] 北支经济调查室第四班:《彰德县城附近不在本地居住的小地主》,《满铁调查月报》,第20卷第4期第171～179页(1940年4月)。

[③] 《中国近代农业史资料》,第177～178、179页。

[④] 李文治:《论清代前期的土地占有关系》,《历史研究》,第5期第98页(1963年)。

[⑤] 中共栖霞县委宣传部编:《牟二黑血腥发家录》,《历史研究》,第2期第43～59页(1965年)。

面和榨油的企业。牟家中消费这笔财产的有 49 人,其中很多是仆人。

牟最早是从一次孤注一掷的冒险中发了大财。在 1917 年的一次大饥荒中,栖霞县农民困难到了吃树皮的程度。在饥荒达到极点时,牟向农民借出粮食交换土地。在这种交换中,他只用了 230 石粮食就换到了 3 500 亩土地。在以后的年份中,每年从这些土地上征收的地租就有 650 石粮食。牟每年在粮食市场上作交易,通过粮食贸易增加他的收入。在收获期价格跌落谷底的几个月中,牟购买大批粮食囤积在他的粮仓里,到春天粮价上涨时卖掉。牟一贯欺诈他的佃农,让他的收租人使用的计量粮食的器具比集镇上所用的大。然而,牟把他大部分精力都用在管理他在城市中的商业和工业财产上。他用投机手段得到的土地后来都换成钱投入到城市商业中。

能够显示一个巨大的不在地主阶级如何使用其财富,及其在集镇与城市中的经营活动的实例不止于上述几个。尽管财富和城市是建立在这类地主经营的事业的基础上的,他们在农村经济中的影响却极为有限。土地落入地主手中,但最终还是要卖回给乡村的农民。很多土地只不过是在村庄与集镇间来回转移。

在这种情况下,地主和佃农彼此之间很少发生关系就是可以理解的了。富裕村民既没有时间也没有资源帮助他们的佃农,不在地主则太忙于他们城市中的业务,除了关心佃农的地租外,无法顾及其他。这两个地主集团都把土地看作某种金钱的近似物,在需要现金时可以典当或出售。土地从一户向另一户的转移主要与对现金的需求和债务人缺乏归还欠债的能力相关。农户获得土地并不意味着财富一代又一代继续集中,因为土地不断地分割,或通过典当与出售转移到新的田主手中。富裕农户既通过农业活动也通过在村庄外面的工作获得他们的土地。

土地所有权制度没有对收入的分配和农场管理产生副作用,从而妨碍农村经济发展。正如我们即将看到的,佃农户的百分比很小。租入和出租土地的农户只是想要更有效地利用现有土地,从而使家庭收入最大化。就土地被转移给对方成为借贷制度的一种副产品这一点来说,它没有导致对农村经济不利的后果，因为土地作为一种钱的近似物，在贷款从债权人向债务人的转移中起了重要的作用。没有这样一种农村借贷制度，家庭农场就会无法全年经营土地，开垦土地也会成为不可能的事。

华北的农田租佃

235　　根据 1936 年的土地所有权调查，河北和山东省 3/4 左右的农民拥有土地，如果我们把拥有土地又租入土地的农民计算在内，这些农民共占农民总数的 4/5 多一点。[①] 其余人中包括了纯佃农和农业工人。约 3/5 拥有土地的农民耕种的土地不到 20 亩，另外 1/5 耕种 20～50 亩地，即 3～8 英亩。[②]

　　这些农民用他们额外的收入买地，但当农户出现需要现金的情况时，他们典当以至出卖土地。尽管他们的土地财产会下降，农业收入不能够满足支出，他们还是能够通过其他就业得到的工资或向其他田主租入土地生活下去。有时他们同时采用这两种做法。只要存在能够补充农场收入的机会，村庄中佃农户的比重就不会有多大变化，尽管村庄中人口增加并形成新的农户。没有可靠的证据能证明 1880—1937 年间华北的佃农户比重增加。其原因是现金作物使农业收入增加，手工业和非农业就业的发展提高了非农业收入。通商口岸的发展和沿铁路干线的城市扩大给农民提供了新的农业以外的部门就业的机会。影响佃农户增加和减少的最后一个因素是天灾人祸发生的频率。

　　19 世纪 50 年代以后，农民开始种植鸦片；从 19 世纪 90 年代起有更多的农户开始种植大豆、棉花和烟草。距集镇较近，土质合适的村庄比那些边远地区的村庄更为有利，后者的运输费用使商品交换变得昂贵而困难。在 1941 年对鲁中益都县两个村庄进行的调查中可以看到这方面

---

① 土地委员会：《全国土地调查报告纲要》，第 34 页。见统计附录，表 60。
② 土地委员会：《全国土地调查报告纲要》，第 26 页。见统计附录，表 61 和 62。

一个很好的实例。[1] 一个村庄靠近集镇,在 20 世纪 20 年代的某个时候开始种植烟草。由于烟草提供了更多的农业收入,使农户可以多买一些地,佃农户数逐渐下降,半自耕农的户数增加。另一个村庄位于该县的丘陵地带,距所有集镇都较远,主要依靠谷物种植。该村出售一小部分小麦和小米交换消费必需品,其佃农户的百分比高于种植烟草的村庄,而且一直没有任何变化。胶济铁路附近进行的另一个村庄调查发现,在烟草引进之后,有更多的农民能够用他们获得的收入购买与他们以前租入一样多的土地,佃农的数量减少了。[2]

19 世纪 80 年代之后,村庄和集镇中发展起了新的手工业行业。洋纱进口,商人把廉价的织布机引进到河北省的高阳和宝坻及山东省的潍县这样的地区,为农民提供了新的就业和收入。[3] 当铁路把集镇与通商口岸更紧密地联系在一起时,各种各样的手工业受到强烈的发展刺激,集镇支持了这些手工业行业的创立。例如,在定县,每 4 个村庄中就有 1 个有生产染料、面粉、挂面或药品等等的手工业行业[4],其中很多是本世纪初以来发展扩大的。有些手工业,如纺纱,由于进口洋纱的激烈竞争而受到严重打击。尽管如此,不断扩大的市场需求和城市渐进的发展促进了许多以前不存在的农村手工业的诞生。

用不着评论非农业就业为农民提供的新机会。这些机会甚至在 19世纪就已经存在,但铁路的修筑、城市中新房屋的建筑、矿业和交通运输

① 国立北京大学附设农村经济研究所:《山东省胶济铁路沿线地方农村之研究》,北京,1942 年版。

② 服部满江:《华北烟草种植普及以来农业经营的变化》,《满铁调查月报》,第 21 卷第 20 期第82 页(1941 年 12 月)。

③ 方显廷:《华北区的农村纺织业和商人雇主制度》,《南开社会经济季刊》,第 8 卷第 1 期第75～120 页(1935 年 4 月);同上书,第 8 卷第 2 期第 274～308 页(1935 年 7 月)。这篇文章分析了河北省高阳县的棉纺织手工业。后藤文治:《潍县的棉业区》,《满铁调查月报》,第 23 卷第 6期第 90～107 页(1942 年 6 月)。见说明这一行业扩张的统计图,同上书,第 129 页。这一研究在同一刊物上连载,第 2 部分,第 23 卷第 7 期第 25～67 页(1942 年 7 月),第 3 部分,第 23卷第 8 期第 35～83 页(1942 年 8 月)。

④ 尾崎庄太郎:《华北农村工业诸问题》,第 1 部分,《满铁调查月报》,第 19 卷第 3 期第 29 页(1939 年 3 月);第 2 部分,第 19 卷第 5 期第 81～115 页(1939 年 5 月);西德尼·D·甘布尔:《定县:华北一个农村共同体》,纽约,1954 年版,第 15 章。

业的发展吸收了越来越多的农民做暂时性的工作。在第 17 章中我将评论自然灾害和战争对农村生活的影响，而在这里需要强调的是，经受长期自然灾害和战争的村庄丧失了部分劳动力、家畜、耕畜、农具和车辆。这些灾祸使很多农户陷入债务中，农民不可避免地要售卖他们的土地、加入佃农队伍，甚至逃离村庄。

转向现金作物生产的机会、新的手工业生产的发展、非农业就业的增长、丰收、和平与安全是村民增加收入、购买土地、归还债务、减少租入土地的必要条件。现金作物价格的下降、农村手工业的衰退、非农业就业机会减少、连续的歉收和战争则迫使农民典当和出卖土地。

上述因素中的一个或几个以不同的强度出现，造成了佃农户数量的减少或增加。表 A-7 是一个确定这一命题的田野调查资料表。从许多村庄调查中搜集的资料把佃农户的百分比与农民从手工业生产、现金作物种植和非农业就业中获得收入的机会存在与否联系起来。结果显示出，佃农户超过 5％的村庄，村民们很少有机会补充其农业收入。然而，也有一些例子中，无序的干扰有时会破坏农民获得收入的基础。在寺北柴村，歉收迫使农民典当土地，成为他们自己土地上的佃农，甚至出卖部分土地。

村庄中佃农户的百分比增加，首先可能是由于农户经营他们仅有的小农场无法得到足够的非农业收入。他们为了增加农业收入，不得不从有多余土地的农户手中租入土地，或者租入他们以前典当给高利贷者的
237 土地。其次，农户由于歉收或战争减少了农业收入，而又没有办法能使其收入恢复到以前的水平。这种情况使很多农户负债，如果土地被典当或出售，农户就会决定向其他农户租入一些土地。

严重灾害导致连年歉收，或战争与抢劫造成的劳动力和资本损失，是某些地区佃农户比重比其他地区高的主要原因。我原先认为佃农户的百分比主要由是否存在非农业收入的机会决定，通过把各县及其佃农户的百分比绘在地图上，就可以从空间上看出这种联系。我也曾把农村人口密度看得很重要，相信对土地的极大压力会引起农户间大量的土地

租出和租入。在把资料绘成地图后,这些可能性或迹象中没有一个为地图显示的结果所证实。

相反,我发现,某些县尽管把大量土地用于现金作物,农民也能够获得非农业收入,其佃农户比重却相当高。这些县中有一些可以认为其人口密度较低。尽管如此,地图还是值得注意的,因为它们说明了各县佃农户比重高低模式的复杂性。

资料分为 4 类。第一类代表了农户中的纯佃农不到 5％的县;第二类是农户中有 5％～15％租入他们耕种的土地;第三类,15％以上的农户租入土地;第四类是资料不足的县。山东省的资料来自 1934 年一个全省经济状况调查。[1] 河北省的资料极不完整,我不得不从 4 种分县调查中收集资料:J. L. 卜凯 1929—1933 年的农场调查[2];曲直生 1932 年的 8 县调查[3];1934 年冀北和冀东北 23 县的一个调查[4];1930 年清苑县的一个个案调查。[5] 结果可以在地图 10 和地图 11 中看到。

河北省北部和东北部山区佃农户的百分比最高。这可以用这一地区恶劣的运输条件、缺乏手工业和很少种植现金作物来解释。通过更深入的观察,我也发现某些县,特别是天津、安次和武清,尽管农户广泛种植棉花,农民很容易在天津和北京等城市找到工作,生活必需品的市场价格低廉,佃农户的百分比却超过了 5％。人们通常会认为这里佃农户的百分比应该低于 5％。河北省中部的河间县佃农比重不到 5％,该县有相当多的土地种植大豆和棉花。另一方面,河间县植棉的土地不如武清县多,它与较大市场的距离也比武清县远。

---

① 《中国实业志:山东》,上海,1934 年版,第 3 卷第 1 部分第 53～67 页。

② 卜凯:"统计资料",第 57～58 页。

③ 曲直生:《河北省八县合作社农民耕田状况之一部分》,《社会科学杂志》,第 4 卷第 1 期第54～56 页(1933 年 3 月)。

④ 张培刚:《清苑的农家经济》,《社会科学杂志》,第 7 卷第 1 期第 114 页(1936 年 3 月)。

⑤ 张培刚:《冀北察东三十三县农村概况调查》,《社会科学杂志》,第 6 卷第 2 期第 308 页(1935 年 6 月)。

河北省
土地所有权

| 0 | 50 | 100 | 150 | 200 |

公里

渤　海

山东省

小于农户的5%

占农户的5%-15%

大于农户的15%

不详

北

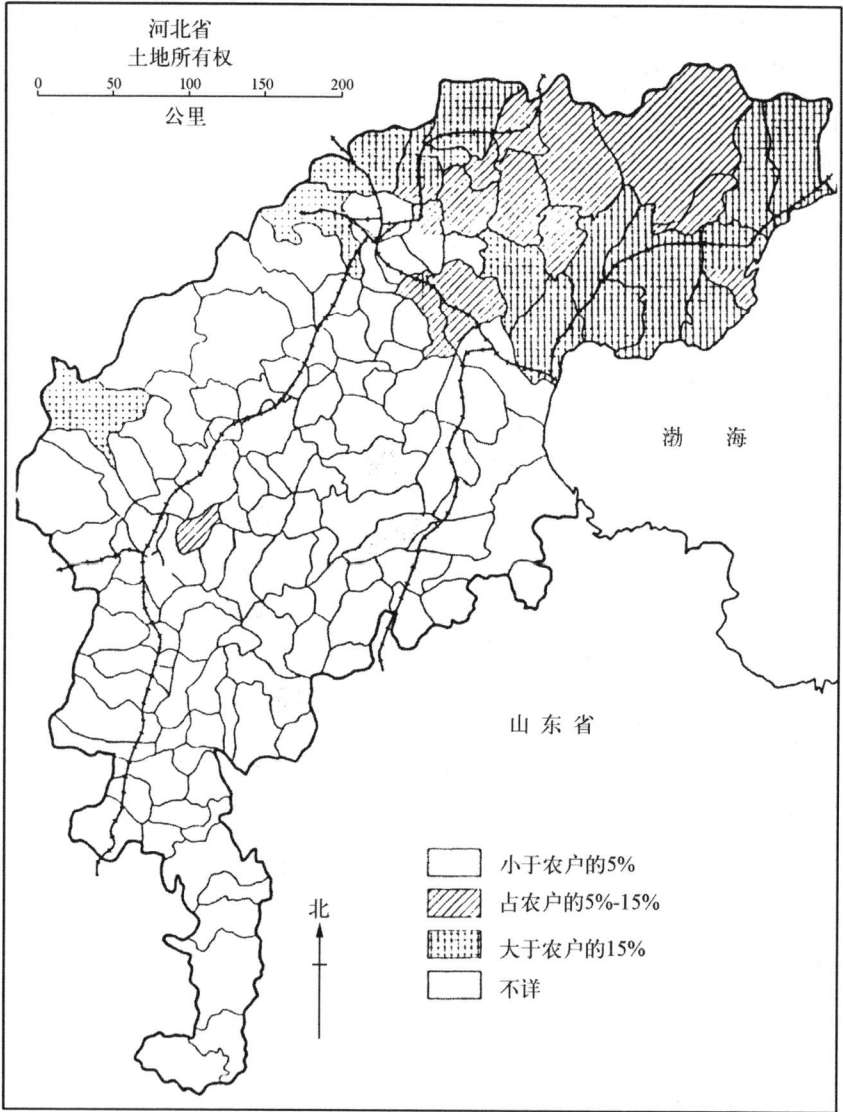

地图 10　河北省以县为单位佃农户的百分比,20世纪30年代

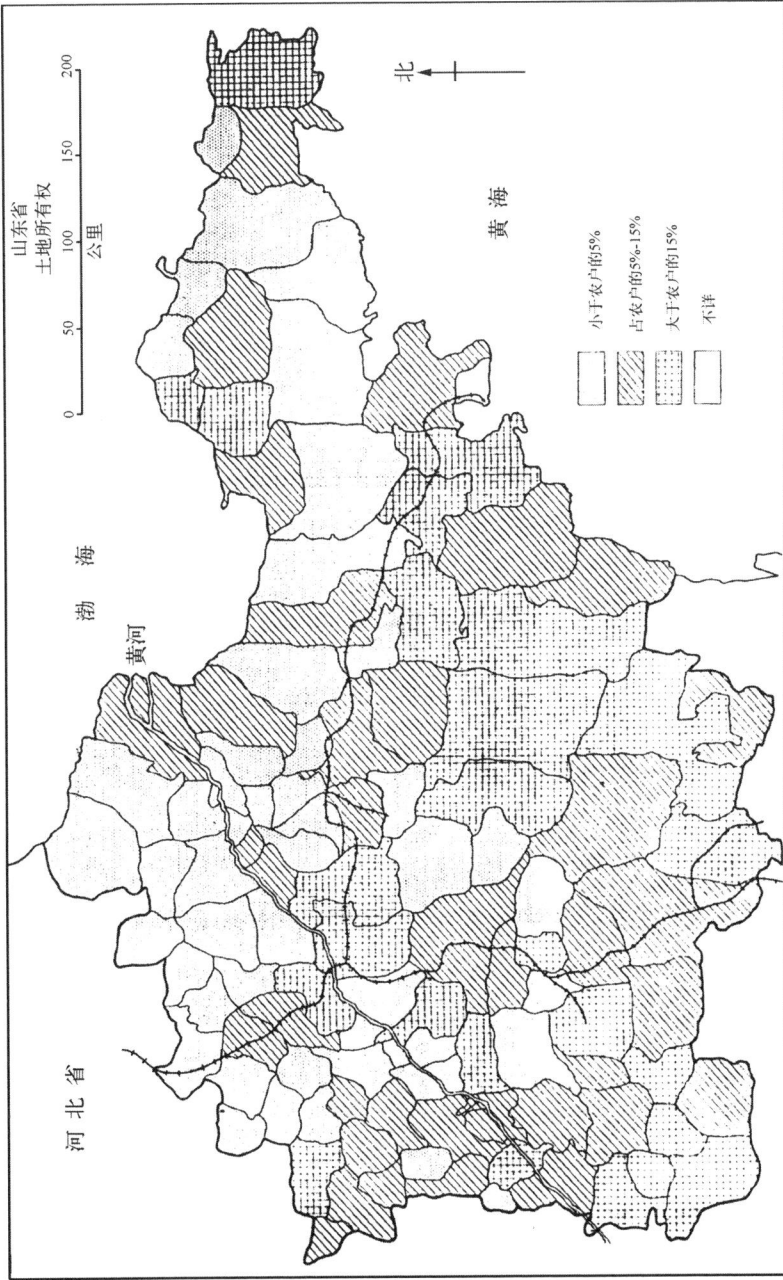

地图 11 山东省以县为单位佃农户的百分比,20 世纪 30 年代

山东省
土地所有权

公里

0   50   100   150   200

小于农户的5%

占农户的5%~15%

大于农户的15%

不详

河 北 省

渤 海

黄河

黄 海

北

山东省的西北部专业化种植棉花,东北部专业化种植花生,看来这两地的佃农户比南部和中部的山区少。然而,位于津浦铁路附近,人口密度较低的曲阜县佃农户的百分比超过了5％。大部分土地用于植棉的临清,是一个佃农比重高的县。胶县在青岛附近,是第二大花生种植县,也有15％以上的佃农。

还有很多佃农比重高的县大量专业种植现金作物,农民能够获得非农业收入,人口密度通常不如佃农户较少的县。我们在佃农比重、人口密度和用于现金作物种植的土地面积之间几乎没有发现关连。种植现金作物的县和有较高人口密度的县之间存在紧密关系这一点,支持了第11章提出的命题,即当村庄中农户分家情况有较大的增加时,农户会种植现金作物。然而矛盾仍然存在,并且不能简单地以农户用各种方法都无法增加其收入来解释。过去的无序干扰肯定也影响了不同地区的佃农水平。用地图分析的结果没有完全驳倒下面的观点:能够获得非农业收入对于容许农民在不向其他农户租入土地的情况下经营小块土地是重要的。无序干扰也决定了佃农的空间模式。我们必须接受以下的事实:这整个地区的佃农变化极大,用单个因素作解释实在不可靠。

我们可以得出结论说,购买或出租土地取决于农户的收入水平,在拥有或出租的土地极少的地方,获得更多的土地在很大程度上要依靠通过现金作物种植、手工业、非农业就业获得收入的机会、好收成和长期的和平稳定。在小家庭农场获得土地和大家庭农场失去土地的过程中,始终有可能有较高比重的农户靠着很小的家庭农场生活,佃农户的百分比在一个长时期中保持相对稳定。

15. 高利贷者、商人和农民

学者们写到中国农村的商人和高利贷者时都不抱同情。他们被描述为寄生虫,与他们为农村经济所作的贡献相比,他们更多的是要为其落后负责。事实上,对于他们的作用和行为所作的描述加入了太多情绪化的东西,以至借贷和销售体系很少为人理解。对于这一问题有必要重新考察。

农村借贷的供给和需求

我已经强调过农民利用土地获得借贷的重要性。除了在农舍里某个隐密的地方外,农民没有任何地方可以安全地保管他们的货币。集镇没有向他们提供任何可以存款的银行,由于怕担风险,商人不愿意接受他们那无数顾客的个人存款。农民可以短时间地储藏铜钱或白银,但由于这两种通货的兑换率不断变动,农民不能准确地预见他们应该储存哪一种通货。而土地却没有这类问题。

土地的行情随着物价水平的提高而上涨。[①] 购买土地意味着用货币

---

① 在《中国近代农业史资料》第 2 卷中可见 1855—1926 年间东北辽宁省梨树县、察哈尔、江苏省南通、昆山和宿县的地价上涨得如何迅速的实例。

交换一种资产,这种资产在以后需要现金时可以容易地变换成货币。最后,土地代表着一种安全的价值储存。土地具有货币的某些属性:它是一种价值的储存,受它所能获得的借款或现金购买力的支配。对于商人或高利贷者来说,土地构成通往更多财富的踏脚石,有为商业损失提供保险的作用,使一个人的财产在唯利是图的官员眼中看起来小一些。对于官员来说,获得土地意味着多年处心积虑获得的财产可以保持完整。对于农民来说,购买土地意味着他全家的安全,确保家庭血脉随着土地传给儿子们而得到延续,并获得社会地位。

根据 1937 年全国土地调查委员会的报告,土地是 1936 年河北和山东的农民用来获得借贷的主要担保品。[①] 半数以上的农民在抵押其土地的基础上借了债,有些县几乎 3/4 的农民以这种方式借了债。[②] 低于 50元的小额款项可以不用抵押品向亲友借到,但 100～150 元的大笔款项只有把土地典当给高利贷者才能借到。[③]

当小额借款还不起时,土地很少落入高利贷者手中,农民会再典当一些土地偿还债务。还债和回赎的期限各地不同;东北的一些地方土地可以随时回赎;[④]在定县,孙子可以回赎他的祖父典当出去的土地;19 世纪时很多地区土地在 30～40 年之后仍然可以回赎;但到 20 世纪,有更多的农民坚持回赎期限应该更短。在把土地典当给高利贷者之后,通常允许债务人成为佃农,交纳固定数量的产品或一定比例的产品作为地租。[⑤]

出售土地是一种困难的厌烦的生意,因为不存在正式的土地市场。

---

① 土地委员会:《全国土地调查报告纲要》,第 52 页。

② 中央银行经济研究处:《中国农业金融概要》,上海,1936 年版,第 91～92 页。东亚研究所:《华北农村惯行概说》,东京,1944 年版,第 86 页;东亚研究所:《华北租佃制度》,第 167～189页;东亚研究所:《支那经济关系惯行调查报告书:华北的地权转移、地权分配与土地开垦》,东京,1944 年版,第 167～189 页。甘布尔:《定县》,第 252 页。

③ 安藤镇正:《华北农村的金融结构》,《当代亚洲的革命与法律:仁井田升博士追悼论文集》,东京,1966 年版,第 1 卷第 67～70 页。

④ 清水金太郎:《华北的典当习惯》,《东亚人文学报》,第 3 卷第 2 期第 25 页(1941 年 10 月)。

⑤ 安藤镇正:《华北农村的金融结构》,第 1 卷第 70～75 页。

法律要求农民订立土地转移契约,买主持契约到县税务部门认证,并交纳契税。有些地方要交一笔钱给登记土地转移的官员。①

种下庄稼等待收获的时间对农民来说很长,除非能够得到追加收入,在春天到秋收时的几个月中,农民不得不借钱买口粮。春天借钱的习惯在 18 世纪像在 20 世纪 30 年代一样盛行。② 收成的波动对每年春天借钱的数量影响极大。一次歉收迫使很多农民为了活到下一次收获而典当和出售他们的土地。一次丰收能使农民还清旧债,并积蓄一点剩余,使农民下一年可以不必再借钱。意外的支出如葬礼、婚礼或家庭成员生病经常使农民陷入债务的深渊,因为他们那可怜的积蓄不足以应付这些支出。

从 1936 年土地所有权的调查中,我们可以对有多少农民借钱得出一个大致的概念。1936 年华北的收成相当正常。河北省约 3/4 的农户全年收入不到 150 元,只有 4% 的农户收入超过 400 元;山东省有 4/5 略多一点农户全年收入不到 150 元,只有 2% 的农户收入超过 400 元。③ 大部分农民一年的收入等于通常为了一次婚礼、葬礼或买口粮及家畜需要借入的钱。④ 河北省近 2/5 的农户和山东省 1/4 的农户一年中花的要比挣的多。⑤ 即使在一个正常年景,这些农户中平均也有 1/3 由于支出大于收入而不得不借钱。读者不需要多少想像力就能理解在歉收的情况下借钱的程度。河北省约 43% 的农户和山东省约 28% 的农户负债。⑥ 这个数字比支出大于收入的农户百分比更大,所以过去已经欠下债务的农户必然也被包括在欠债的农户数中。我们没有早期的类似资料能够

---

① 盐见金五郎:《华北农村不动产权力变更时的公证制度》,《满铁调查月报》,第 22 卷第 12 期第 21~29 页(1942 年 12 月)。

②《中国近代农业史资料》,第 1 卷第 96 页。另见《华北春耕季节贷款的综合观察》,《调查月报》,第 1 卷第 2 期第 1~24 页(1943 年 2 月)。

③ 土地委员会:《全国土地调查报告纲要》,第 49 页。

④ 天野元之助:《支那农业经济论》,第 253 页。天野元之助列举了河北省深泽县以不同利息率借入的不同数额的贷款。3/5 以上的贷款是以 24% 的年息借入的,这些贷款的平均数额是 100 元左右。

⑤⑥ 土地委员会:《全国土地调查报告纲要》,第 50 页。

显示出负债农户百分比是增加、减少还是保持不变，但可以从另一个角度接近这一问题。

如果农户中被迫借债的百分比更大，就会使对高利贷者和集镇上的店铺提供的可借贷资金的需求增加。如果没有贸易和城市的扩大，我们会预期利率上升。有史料证明河北和山东 18 世纪后期的月利率是 3%[①]；19 世纪后期这两省的月利率大致与此相同[②]；20 世纪 30 年代的月利率则在 2%～4% 之间。[③] 利率当然根据收成和现金的供给而有季节性的波动，但全年平均计算的月利率看来在 200 年的时间中一直是没有变化的。

尽管 18 世纪和 19 世纪商业及手工业发展缓慢，集镇上借贷资金的供给肯定有所扩大。农业的发展只是农户分家、新家庭农场形成和农田面积的增加。只要由农产品出售所得现金、手工业收入和工资构成的农户收入也有缓慢上升，农户对借贷的需求就可以由其他农户，或者集镇上的高利贷者提供，可借贷资金的价格就不会提高。从长远观点看，农户借债和还债的百分比除歉收时以外完全没有变化。到借款归还、出现储蓄积累、可借贷资金供给再度增加的繁荣时期，歉收造成的波动就被抵消了。

然而，农户收入如此之低，以至很多地方借贷被用来在春天购买口粮以使农户能够活到下一次收获。李景汉在他的定县调查中报告说，农村债务中有一半是用来归还以前主要为了消费目的欠下的债。[④] 天野元之助报告说，山东巩县的村民借债主要是为了购买下一季收获之前的口

---

①《中国近代农业史资料》，第 1 卷第 98 页。

②《中国近代农业史资料》，第 1 卷第 565 页。

③ 土地委员会：《全国土地调查报告纲要》，第 51 页。

④ 东亚研究所：《华北租佃制度》，第 94～117 页。在定县，李景汉报告说，典地农民中有 41% 这样做是为了得到直接消费的金钱；19% 的农民是为了归还旧欠债务；29% 的人典地是为了婚礼和葬礼的费用，其余的是为了弥补商业损失或供养孩子上学（见第 111 页）。对"典"地习惯的进一步的讨论见东亚研究所：《华北农村惯行概说》，第 91～98 页。

粮。① 尽管这类实例大量存在,还是有一些收入较高的农村地区,借贷主要是为了购买婚礼和葬礼上所用的商品,甚至是为了购买耕畜和农具。

尽管农民主要是向亲友借钱②,但也从集镇上获得借款。原因是,与向富裕村民借钱相比,在集镇上可以用更好的条件更容易地获得更大笔的款项。③ 集镇上的商人索要的利率比私人高利贷者略低。在表 52 中我把山东省各县分为 5 个区域,对这两类出借人索要的利率进行了比较。

表 52　山东省不同地区的月利率,1934(用百分比表示)　　244

地　区	个人索要的利率	商人和店铺索要的利率
1	2.6	1.8
2	2.6	2.5
3	2.6	2.7
4	2.6	2.1
5	1.8	1.7

资料来源:《中国实业志(山东省)》,第一章第 90～97 页。
地区:1. 青岛及其附近各县;
2. 该省西北部各县及铁路沿线各县,这是棉花和花生产区(这一地区也应包括鲁中的烟草产区);
3. 该省西南与古代大运河邻近的各县;
4. 该省中部和中南部与江苏交界各县;
5. 该省西北部各县,除芝罘、威海卫和烟台郊区外,是一个落后的山区。(这里的西北部似为东北部之误,因威海卫和烟台都在山东东北,所以正文中凡述及第 5区时,西北均改译为东北——译注。)

除东北部外,地区之间各人索要的利率没有多少不同。商人和店铺索要的利率普遍低于个人索要的利率。青岛、芝罘、烟台和威海卫等通商口岸地区的利率比其他地区低。然而,我们在内陆地区的利率间没有看到任何大的差异。

其他提供借贷者有当铺、钱庄和银号。当铺早在清代以前很久就存

---

① 天野元之助:《山东农业经济论》,第 251 页。
② 卜凯:《中国土地利用》,第 465 页。
③ 天野元之助:《山东农业经济论》,第 252 页。

在了,但到 1900 年,随着银号的增加以及其业务的扩大,当铺的数量大大减少。1931 年的一个调查说,河北省的 25 个县里共有 65 家当铺,总资本 61.3 万元,但在山东省只有 28 家当铺。[1] 还不清楚这一调查是把集镇上的小当铺都包括在内,还是只计算了大城市中的当铺。

银号主要设在天津、济南、北京、石门和青岛,在专业化种植小麦、棉花和花生的地区的县城里设有分号。它们给商人的贷款在为发展这类商品贸易提供资金方面扮演了一个重要角色。有了银号的贷款,商人就可以派出他们的经纪人到各个集镇上购买工业用作物和粮食。银号信贷构成商人流动资本的大部分,用来购买、储存,然后卖给工厂、出口商和其他商人。商人不向农民发放贷款。银号的信贷限于为贸易而不是为生产提供资金。

对天津银号的一个研究显示,1910—1940 年间发生了一个衰退过程,一大批银号周期性地倒闭。那些幸存的银号可以把他们成功的原因归之于把贷款给予它们所熟悉和信任的企业。这些银号贷出的款项是无限期的,但它们也从它们的顾客和其他商人那里吸收了大批存款。它们还尽力使它们的业务保持小型、有效和低成本。在一个对天津 60 家银号的研究中,发现这些银号资本的 64% 来自天津商人的存款,28% 来自官员存款,8% 来自不在地主的存款。[2] 这些银号获得的主要收入是其贷款利息,它们最大的支出是付给存款人的利息。[3] 这些银号使贷款利率保持高于存款利率,利用它们顾客的存款进行贷款。在存款人要求撤回存款时,银号偶然会互相支持,但在恐慌袭击这一行业时,由于没有一个中央银行,它们不能得到任何保护。1937—1938 年大批银号异乎寻常

---

[1] 宓公干:《典当论》,上海,1936 年版,第 246～249 页有关河北省和第 244 页有关山东省的当铺资本。

[2] 渡边安政:《天津的银号》,《满铁调查月报》,第 22 卷第 3 期第 158 页(1942 年 3 月)。关于这种机构更多的资料见杨连升(译音):《中国货币金融:短暂的历史》,马萨诸塞,剑桥,1942 年版,第 9 章;东亚研究所:《支那经济关系惯行调查报告书:旧式金融惯行》,东京,1944 年版,第 1～8 页对华北金融制度的调查。

[3] 渡边安政:《天津的银号》,《满铁调查月报》,第 22 卷第 3 期第 168 页(1942 年 3 月)。

地倒闭,就是由于粮商无法归还贷款,存款人要求归还他们的存款。①

1923年,一种新的信贷机构,农村信用合作社出现在华北②,到1933年,河北省有952个合作社,13 753名社员,合作社向其社员发放贷款9万元,用于购买资本品和维修房屋。③ 大部分合作社社员只存款5～10元,这在他们的家庭收入中只占很小的一部分。农民不愿意把他们的大部分积蓄存入合作社,尽管他们的存款可以得到5％的利息,并且存款时间越长利率就越高。然而重要的是,在10年之内奠定了一个相当坚实的基础,当时合作社的前途是社员可能增加,更多的合作社可能创立。不知道这些合作社与其他机构和个人相比,是否在组织存款和贷款方面都更有效,但村民们现在又有了一个借贷来源却是事实。

施坚雅和所罗门对农村市场的研究

中国经济史中一个最受忽视的领域是农村市场的结构和运作。G. W. 施坚雅的中国农村市场和社会结构研究的发表,标志着综合描述农村集镇的职能和空间结构的首次尝试。④ 施坚雅的研究运用了罗希的区位理论,试图解释基层集镇的运作及其增加和减少的初始过程。基层集镇是定期农村市场所在集镇,有固定的赶集日子。集镇及其区域"像六边形瓷砖那样拼在一起"⑤,构成了两种发展模型。第一个是每个基层集镇依靠两个高一级集镇的地区,第二个涵盖了每个基层集镇依靠三个高一级集镇的情形。施坚雅用四川省的一些地区作验证,证明了这两个模

---

① 渡边安政:《天津的银号》,《满铁调查月报》,第22卷第4期第143～163页(1942年4月)。
② 安德鲁·詹姆斯·内森:《华洋义赈会史》,马萨诸塞,剑桥,1965年版,第33页。
③ 宓公干:《典当论》,第102～103页。
④ 施坚雅:《中国农村的市场和社会结构》,第一部分,《亚洲研究杂志》第24卷第1期第3～45页(1964年11月)。第二部分在同一刊物第24卷第2期第195～299页(1965年2月)。研究1949年以后的农村市场的第三部分刊登在同一刊的后一期上,但鉴于这一时期及其论题与1949年前的背景无关,故本书没有引用。
⑤ 施坚雅:《中国农村的市场和社会结构》,第一部分第17页。

246 型的存在。他所达成的一个重要结论是,一个发育完善的模型中每个基层市场区域有 52.5 平方公里,平均人口 7 800 人。①

引起施坚雅注意的是,为什么过去市场的数量增加,而近些年来市场数量在某些地区减少。施坚雅的假设是,在近海的冲积平原上,由于人口增长,20 世纪以前很长时期市场的数量一直在增加,市场区域变得狭小,集期的密度加大。② 他用这样一种市场结构形式预示浙江省宁波地区和山东省一些县农村人口密度与村庄对市场的一定的比率。他的结果显示出在较大的市场区域中,人口密度比他预期的更高。施坚雅进一步引用证据解释说,传统农村市场数量上减少,是由于它们的职能被一些大市场取代。他把这种变化解释为向建立现代经济前进了一步;然后他利用这些例子估算全中国有多少个农村市场以类似的方式受到影响。

施坚雅的研究清楚描述了集镇的职能,和清代及民国时期在不同地理条件下的农村中不同的市场-村庄关系。他的论述解释了一些年以前优秀的日本经济史学家加藤繁揭示出的一种趋势。在铁路出现和通商口岸发展之后,集镇和更大的城市市场之间的关系以及它们之间商品交换的变化还没有受到它们应受到的注意。对这一问题一种很有用的分析方法是 M. R. 所罗门在一篇论文中提出的,他创立了一种对于分析各类市场运作很有用处的分类法。③

所罗门把市场按照商品形式分类:个人劳务市场、易腐败产品市场、农产品市场、工业消费品市场和资本品市场。他分析了每一种市场的卖

---

① 施坚雅:《中国农村的市场和社会结构》,第一部分第 34 页。施坚雅进一步认为农民的社交圈子可能是被限制在以基层市场为中心的区域内,而不是在他的村庄范围内。尽管定期市场的确是重要的聚会场所和外部世界信息自由流入(虽然是歪曲的)的场所,但没有明确的证据证明一个农民与集镇上各阶层的社会关系对其价值观有决定性作用或很大的影响。例如,沙井村的农民住在距县城仅几公里的地方,但没有可以感知的证据能证明这个大集镇影响了他们的思想和行为。

② 施坚雅:《中国农村的市场和社会结构》,第二部分第 197 页。

③ 莫顿·R·所罗门:《不发达经济中的市场》,《经济学季刊》,第 62 卷第 3 期第 519~541 页(1948 年 8 月)。

主数量、他们对价格与产量的控制、新卖主能够进入每种市场的能力。所罗门利用 20 世纪 40 年代中国、印度和东南欧洲的资料检测他的模型。他相信农村产品市场上 70%～100% 的稻米和谷物在进入市场之前经过了地主阶级的手。[①] 少量地主卖主和众多的农民卖主控制了农村产品市场的供给。地主通过囤积能够对价格施加极大影响,这造成了"极为稀疏的地方市场上价格的大幅度摇摆"。[②] 市场的贫乏自然而然使这种价格操纵更容易,但也使大批量库存的紧急处理更困难。由于农民用于提高产量的资源有限,在价格向上运动时农产品的产量缺乏价格弹性。然后,农产品在供过于求少数买主控制市场权力的情况下落入批发商之手,后者有可以影响价格的巨大的经济实力。由于能够掌握大批量库存,这些批发商可以进行期货投机,获得巨额利润。结果是,价格剧烈波动,地区间存在很大的价格差异。在这种情况下要发展大规模的专业分工体系是不可能的。市场条件以市场权力高度集中于少数买主和卖主手中为特征。

所罗门对农村产品市场运作的描述将受到 1880—1937 年间有关华北市场的史料的检验。我将论述三种主要产品和一种重要消费品棉布的市场。首先有必要概略描述一下这一地区在铁路诞生前夜市场的一般结构。

铁路和通商口岸发展之前的农村市场结构

清后期,华北输出商品棉、煤、铁制品和植物油,从南方各省输入大米、糖、茶和丝。[③] 但有些北方省份如河北,只生产少量供输出的商品,其食品供给主要依赖向其他省份征收的贡赋。"直隶是这个帝国最贫乏的

[①] 莫顿·R·所罗门:《不发达经济中的市场》,《经济学季刊》,第 62 卷第 3 期第 526 页(1948 年 8 月)。

[②] 莫顿·R·所罗门:《不发达经济中的市场》,《经济学季刊》,第 62 卷第 3 期第 527 页(1948 年 8 月)。

[③] 彭章(译音):《中国各省商帮的分布及其相对优势:1842～1911》,华盛顿大学博士论文,1957 年,第 29 页。

省份,但皇宫建立在它的辖区内多少补偿了它的自然缺陷。然而,除了一种质量极差的枣、某种玉石和盐之外,它几乎没有任何输出。"①

大运河流经江苏省北部和山东省西部,18 世纪和 19 世纪这条重要的运输线路刺激了城市商业的扩大和沿线农村地区手工业生产的发展及现金作物的专业化生产。② 在山东省中部的长山③、益都和潍县④也有一些大的集镇。邻近大运河控制着粮食船运的主要市场位于该省南部的济宁、藤县和沂水。棉花在鲁西北地区黄河流域的齐东、临邑、临城和郓城县的县城集散。烟草的种植和销售在西南部的济宁和兖州。花生的种植和加工在峄县。

然而,这些商品主要是在这个大的区域性市场之内消费,山东省只输出水果、蔬菜和毡帽之类土特产品。"主要的制成品是毡帽,冬天来自该省的中国人无一例外地戴着这种帽子;这也是一种十分重要的贸易行业,有数百万资本。居民也织还算不错的地毯,此外还生产一种柔软的麻布,很多下层阶级的人作为普通服装穿用。"⑤河北和山东的商人在其他省份的商业中并不重要。彭章(译音)在排列中国 18 省的商业重要性和各省商人会馆的权力时,把直隶和山东排在第 13 和第 14 位。⑥

248

---

① R.蒙哥马利·马丁:《中国:政治、商业与社会》,共 2 卷。伦敦,1847 年版,第 2 卷第 107~108 页。

② 马场锹太郎《支那经济地理志》,上海,1922 年版,第 1 卷第 466~467 页上可以看到一幅精良的地图,绘出了运河线路、大运河沿线的大城市和市场,还有控制河水泛滥的河堤。

③ 藤田敬一:前引书,第 13 页。

④ 长老会外国传教团档案,(1957 年 8 月 14 日),见缩微胶片第 204 卷第 24 页。其中提到潍县城的商业活动超过了济南府,"在中国的这一部分,可能没有任何一个内陆城市超过"潍县。引自通讯:《我在中国的三年》,1881 年 11 月 16 日。

⑤ 长老会外国传教团档案,(1957 年 8 月 14 日),见缩微胶片第 204 卷第 109 页。

⑥ 彭章(译音):《中国各省商帮的分布及其相对优势:1842—1911》,第 102 页。彭章分析了为什么某些省产生了较多的有很大势力的商人,而其他省却没有,我想要简单地评论一下彭的分析。彭用不能够提供水稻和棉花之类必需品来证明一个省必须依赖商业。其次,他指出了商业影响排在前面的省份,江西、福建、山西、广东、湖南和安徽也输出大量的重要商品。他没有说明的是,这最前面的 6 个省输出的主要商品都是体积不大的物品,以高收入弹性的需求为特征。此外,这些省远离这个国家的首都,有更好的机会不受宫廷控制,独立发展它们的商业。

公会和商人会馆控制了较大的沿海市场的贸易。① 这些机构规定价格、控制贸易额、为地方政府收税、要求并迫使其成员遵循标准的商业惯例。关于这些团体与聚集在内地集镇上，收购并包装商品，运往沿海城市或大的省级城市的众多内陆商人之间的关系，我们了解得较少。有很多中间人或经纪人代表沿海城市的公会商人，但其他人独立行动，宁愿以个人身份和公会商人打交道。这些中间人被称为"牙行"。他们行使多种职能以保证商品从内陆向沿海市场的运动②：他们向他们的卖主提供信贷，为他们的顾客提供住处和仓库设施，介绍买主和卖主。牙行有没有足够的经济力量规定价格，控制农村集镇、内陆大城市或中级市场上的供给，还是一个有待进一步研究的问题。

在内陆市场上购买商品和在沿海市场出售商品的经纪人完全可能具有某种经济权力，能够在他们的买主和卖主之间维持一个足够宽的价格差距，从中净赚一大笔利润。然而他们冒的风险也大，流动资本的短缺经常使他们负债以至破产。看来公会和商人会馆只能在限定的市场中维持价格控制，即在它们的销售市场或南部省份的商业中心。出于种种理由，它们的权力不足以影响内地市场。首先，它们依靠有经验的中间人通过水路或陆路长距离运输商品。其次，它们需要对内地的价值、度量衡、商业习惯、产品质量和供给商的交涉能力等等市场条件有直接了解的买主。由于把内地市场留给了经纪人和独立人士，沿海的商人团体就能够使它们自己关心向南方市场输出的问题。

1890年之后，铁路使交通从大运河和运河附近的市场转向了新的中级市场和铁路终端城市天津和青岛。在河北省可以看到。"铁路通车以前农村与天津的国内贸易受河水和道路的制约。尽管铁路运输费用极

---

① 具体见霍齐亚·B·莫尔斯：《中国的行会》，台北，1966年版，第18~24页；《海关十年报告，1882—1891》，第46~47、77~78页；《海关十年报告，1902—1911》，第55页；D. J. 麦高恩：《中国的商会与商业联合会》，《皇家亚细亚文会北中国报》，第21卷第3,4期，第133~192页（1886年）。

② 东亚同文会：《支那经济全书》，东京，1908年，第7卷第211~214页、241~246页。

高,但用铁路运输货物比旧式运输工具更安全。渐渐地,从内地到达天

津的货物中约 20% 通过铁路运来,其余的仍然通过水路和陆路运输。商
人很快就意识到,一旦连接北京与汉口和北京与察哈尔的路线筑成,铁
路运输能够获得更高的利润。到 1905 年,内地与天津的交通中 44% 通
过铁路,51% 通过运河,5% 通过陆路。"①

　　铁路使更多的原料可以在内陆市场上集中后运往沿海的中心市场。
以前集中在运河沿岸市场上的商业活动现在转移到了石门、保定和济南
的中级市场。② 铁路加强了这些新的中级市场和通商口岸之间的商业联
系,缩小了两者之间的价格差距。1907 年,芝罘、威海卫和青岛等港口的
物价比济南和青州的物价高 25%~50%。③ 1930 年青岛棉花、小麦和花
生的价格仅比山东中部市场高 10%~15%。④

　　这种新型运输工具对于内地商人集团职能和行为的影响还很不清
楚,也很难估测。如果没有比我们目前已经掌握的内陆农产品和手工业
产品市场结构更为清楚的了解,我们就必须慎重不要过分夸大铁路在改
变传统的市场结构中所起的作用。可以肯定的是,1900 年以后,由于商
业的扩大和工业的发展,通商口岸中的公会和省级商人会馆的权力和重
要性下降了。市场扩大使农产品的输出贸易更有竞争性,市场价格更多
的取决于国外市场的商业状况。

---

① 清国驻屯军司令部编:《天津志》,东京,1909 年版,第 427 页。
② 即使在石门成为河北省获鹿县一个重要的铁路枢纽站之前,它在 19 世纪中叶已经是一个提
　供马车运输服务的重要中心。富裕农民集中起他们的积蓄,投入马车运输业,他们把马车出
　雇给那些迫切需要经由陆路运输其商品的商人。商业店铺很快就在这一地区集中起来,不
　久,这里就成为一个重要的转运中心。见富永一雄:《石门市内货栈业调查报告》,《满铁调查
　月报》,第 1 部分,第 23 卷第 6 期第 158~160 页(1943 年 6 月)。
③ 外务省通商局:《清国事情》,东京,1907 年版,第 1 卷第 463 页。这部两卷本的著作由一组日
　本驻通商口岸领事的报告组成。它是研究晚清状况不可缺少的原始参考资料。
④ 根据表 53 中的数据计算。

铁路和通商口岸发展之后华北的商品市场

棉花。河北省主要棉产区是河北东北部的东北河流域、冀中南部的6个县和冀东的吴桥、南宫、宁晋及威县。[1] 这3个区域分别生产该省棉花供应总量的18％、64％和18％。山东省西北部有两个区域生产棉花：跨大运河的武城、恩县、德县、平原和陵县；黄河下游的齐东、青城、惠民和济阳县。在西南端有第三个区域由成武、菏泽、定陶和曹县组成。[2] 这3个区域分别生产该省棉花供应总量的61％、28％和10％。

棉花集散市场由三种构成，我将它们称之为初级、中级和中心市场。初级市场由棉产区的集镇和县城组成，农民在这里出售他们的棉花换取现金购买消费品。这种市场上的买主包括独立行动的经纪人、小批发商、轧花店、小贩和中级及中心市场上的买方代理人。[3] 收获之后，供应商和买主聚集在棉产区的集镇上，协商交易的棉花的价格和数量。不在地主收到的棉花和谷物地租要卖掉换钱，但他们供应的数量与市场销售总额比相当小，因为他们拥有的土地仅是有收获的土地中的一小部分。很多不同的买主为购买棉花而互相竞争。有些买主打算把棉花卖给其他城市的商人，另一些买主直接把棉花卖给消费者。他们不得不根据价格和他们预期获得的边际利润竞争性地出价，而不是串通在一起操纵价格。流动资本和市场知识是商人或经纪人进入市场参与竞争的必要条件。价格水平和交易数量由买主和生产者每天的报价决定。

中级市场位于大的铁路中心或河流边，在这里棉花很容易从初级市场集中，并运往中心市场。河北省的石门和保定都是重要的中级市场，

[1] H. D. 方：《天津棉花终端市场》，《中国经济月报》，第7卷第7期（1934年7月）第278页和281页上的地图；另见 T. S. 朱、T. 金：《河北省的棉花市场》，第1～10页。

[2] 吴知义：《山东省棉花之生产与运销》，《政治经济学报》，第5卷第1期（1936年10月）第26页。

[3] 王鼎新：《天津原棉及其贸易研究》，天津，1935年版，第50～62页；满铁调查部：《华北棉花综览》，东京，1940年版，第297～305页。

济南和张店是山东省主要的中级市场。商人和经纪人在这里把他们的棉花倒手给新的买主,后者也要为购买而互相竞争,然后再卖给他们在中级市场或中心市场的顾客。有些商人代表地方上的纱厂和商店;另一些商人代表中心市场上的批发商、出口商和制衣业者。买主根据他们认为能够卖出并赢利的价格出价。也没有什么证据能证明这些市场上有少数买主串通起来操纵价格。

1900年以后,在逐渐浮现的棉花中级市场上的批发商数量迅速增加,这暗示出市场的趋势是竞争而不是由少数买主控制。1909年济南只有3家棉花大批发商营业,而在1921年,批发商超过了20家,全年向青岛运送了30万担棉花。到1933年,它们的数量增加到了50多家,每年输出的棉花超过100万担。[1]

到20世纪20年代,银行首次被看到进入了棉花贸易。大批在初级市场上收购棉花的中间人需要获得信贷。像济南中国银行这样的银行拥有仓库可以接受棉花作为贷款的担保。1932—1936年间,这家银行把它给棉花商人和经纪人的贷款从3 744元提高到了210万元。[2]

尽管一年中的价格有剧烈波动,但以月为基础的供给和价格变动模式却每年相同。例如,1935—1940年之间,济南市场上平均每年棉花供给量的变化主要由初级市场区域内的收成决定。把济南市场上逐月的棉花供给标在一条年度曲线上,我们看到8~12月之间棉花的供给量是上升的,此后直到3月初急剧下降,4月份缓慢上升,出现一个比以前较小的峰尖,然后在夏天的几个月中逐渐下降,直到秋收。这一周期每年重复自身,尽管由于收成的原因,12月和4月的两个高峰每年不同。

棉花价格的季节性变动是相似的,尽管波动幅度有很大差距。[3] 价

---

① 吴知义:《山东省棉花之生产与运销》,第40~41页。

② 满铁调查部:《华北农业调查资料》。见"济南金融事情"一节,第494~496页。

③《山东省棉作事情调查》,《调查月报》,第2卷第10期第72~74页(1941年10月)1936~1940年间每月供给济南市场的棉花数量的资料。一个长达十多年的每月棉花价格资料见满铁调查部:《华北棉花综览》,指数统计,表2、3。

格从暮冬的低水平逐渐爬高,3 月和 4 月保持水平状态,到夏末上升到一年的高潮,在初秋产品出售季节的几个月中急剧下降。12 月份和 1 月份价格下降到一年的最低点。按月计量的价格和数量之间的逆反关系反映了一个高度竞争的市场,在这里,囤积和抛售存货决定了价格的持平和初春的几个月中棉花出售的第二高峰。如果商人没有维持大量存货在春天抛售,秋季到春季之间价格的季节性波动就会更严重。存货投机使春季通常供给极少时价格保持较低的水平。

天津和青岛是河北和山东的中心市场。流入天津的棉花几乎 3/4用于出口,而只有 32％由地方纺织工业消费。[1] 19 世纪末从天津输出的棉花迅速增加,到 1931 年,每年输出近 90 万担,其中 80％输往日本。纤维色白、粗硬、平均长度半英寸的短绒棉,由于不适于精纺而输出。天津纺织工业主要从美国进口一种长绒棉,这种棉花与河北所产的等级较高的棉花混合起来供纺纱用。1927 年前,青岛棉花供给量的 1/3 靠进口,该省直到1930 年后棉花都没有自给。[2] 20 世纪 30 年代,山东输出了它所产棉花中的约 20％。由于地方工厂、土产输出商和外国买主争相出价,这两个中心市场的需求状况有很高的竞争性。天津有 55 家出口企业,其中仅 7家最大的就控制了输出额的 3/5。[3] 河北省的棉价受出口需求的严重影响,而山东省的棉价主要由青岛纱厂的需求决定。没有什么证据表明中心市场的价格由一小部分出口企业和纺织企业间的协同一致来决定。

表 53 显示出中心市场的商人没有吸收棉花贸易利润的最大份额,也很少有影响价格和产量的市场权力。在河北省,初级市场和中心市场之间的价格差,即市场成本,约占最后销售价的 1/5。[4] 在山东省,市场

253

---

[1] H. D. 方:《天津棉花终端市场》,第 275 页;另见满铁北支经济调查所:《华北重要农产品之流通》,《满铁调查月报》,第 19 卷第 11 期第 151～160 页(1939 年 11 月)。

[2] 吴知义:《山东省棉花之生产与运销》,第 68 页。

[3] H. D. 方:《天津棉花终端市场》,第 300 页。

[4] 叶谦吉:《西河棉花之生产及其运销概观》,载方显廷编:《中国经济研究》,第 1 卷第 214～222页。叶对销售成本的估算是同样的。他把高销售成本归之于经纪人、税收、运输迟缓和缺乏有系统的度量衡体制的层层加码。

**表53　河北和山东省棉花供给价格、最后集散地
销售价格和市场成本估价之比较**

供给和集散中心	元/担	%
河北省		
石家庄到天津，1927a		
原始供给价	35.000	80.5
市场成本	9.617	22.1
利润	−1.139	−2.6
天津销售价	43.478	100.0
邯郸到天津，1927		
原始供给价	34.000	78.2
市场成本	7.960	18.3
利润	1.518	3.5
天津销售价	43.478	100.0
束鹿到天津，1927		
原始供给价	36.000	82.8
市场成本	7.397	17.0
利润	0.081	0.2
天津销售价	43.478	100.0
安国到天津，1927		
原始供给价	34.000	78.1
市场成本	7.370	17.1
利润	2.108	4.8
天津销售价	43.478	100.0
南宫到天津，1926		
河北省		
原始供给价	34.000	78.2
市场成本	8.311	19.1
利润	1.167	2.7
天津销售价	43.478	100.0

续　表

供给和集散中心	元/担	％
山东省		
滨县到青岛,20 世纪 30 年代		
原始供给价	40.00	88.8
市场成本	4.55	10.1
利润	0.48	1.1
青岛销售价	45.03	100.0
临清到青岛,20 世纪 30 年代		
原始供给价	42.00	89.74
市场成本	4.30	9.20
利润	0.50	1.06
青岛销售价	46.80	100.00

　　资料来源:河北省,T. S. 朱和 T. 金,《河北省的棉花市场》,第 34、37、38、39 页。山东省,吴知义,《山东省棉花之生产与运销》,《政治经济学报》,第 5 卷第 2 期第 65、66 页。(1936 年 10 月)

　　a　1927 年由于内战,棉花运输费用最高;因此棉花运输由船运代替了铁路,利润成为负数。

成本只占最后销售价的 1/10。河北省的运输费用、经纪人报酬和税收占全部市场成本的 3/5 到 4/5;山东省市场成本较低,但税收、中间人报酬和运输费用仍然是醒目的费用项目。对于商人来说,山东省的利润要比河北省低。高市场成本意味着经纪人和中间人吸收了棉花贸易利润中的一大部分。然而这些中间人对贸易是必需的,因为缺乏标准化的市场程序和度量衡,使得初级市场上必须有具有专业知识的商人群体营业,并建立中级市场和中心市场的联系。

　　天津的棉花需求缺乏弹性[1],青岛可能也有类似的需求状况。当棉花需求增加,价格长期上升时,棉花贸易就产生异乎寻常的高利润,但可以轻易进入市场和高度竞争的市场条件经常削减这一行业的边际利润。

---

[1] 叶谦吉:《天津棉花需求——价格相关之研究》,《政治经济学报》,第 4 卷第 1 期第 26～32 页(1935 年)。

这防止了一些企业变得更有权力并支配市场。20 世纪 30 年代初，出口需求的减少和纺织业的萧条使价格暴跌，商人承受了巨大损失。这一行业中大批企业破产，不仅由于高度竞争的市场，也由于无弹性的需求和供给造成的价格大幅度摇摆。如果存在类似垄断的条件，更多的商人企业本来能够克服它们的损失。在利润再度积累之后，本来可能诱使某些商人改善销售方法，但这没有成为事实。

美国棉种的引进和高质量棉花的推广并非来自商人，而是由几个实验站进行的。外国买主不断地抱怨各地市场上掺假造成的中国棉花水分太大。[1] 一个商人或经纪人不可能接受劝阻不给他的棉花掺假，因为他知道即使他停止掺假，其他人会继续同样的做法。20 世纪 20 年代棉纺织协会试图消除这种做法，但没有成功。商人没有促进这种改良的社团。

小麦。20 世纪 30 年代小麦约占河北省耕地面积的 1/3，但该省偶然会短缺小麦，不得不从山西和河南输入。一次丰收使河北省输出的小麦可以在 1 万～20 万担之间。[2] 在山东省，小麦只在中北部铁路附近各县和西部种植。[3] 小麦是城市人口的一种重要食物，谷子和高粱由农民消费。

小麦最初在集镇集中，然后运往石门、保定和济南的中级市场。例如济宁县城，位于济南以南，集中了来自周围各县及其 51 个市场的粮食。县城的市场为半径 15 英里之内的村庄服务，其余集镇也都为在一个明确的半径之内的村庄服务。济宁每年向济南输出 4.8 万吨小麦和大量的高粱及谷子。[4] 在铁路通车之前，粮食经由大运河运往苏北，但在

---

[1] 黄鼎新（译音）：《中国的棉花贸易》，《中国经济月刊》，第 10 卷第 4 期第 30 页（1932 年 4 月）。根据黄的看法，棉花纤维中含水量过多和短纤维品种是限制国内制造业对棉花需求的两个主要因素。

[2] 麦叔度：《河北省小麦之贩运》，《社会科学杂志》，第 1 卷第 1 期第 77 页（1930 年 3 月）。

[3] 孙敬之：《华北经济地理》，北京，1957 年版，第 31 页地图 7。

[4] 国立北京大学附设农村经济研究所：《山东省济宁县城农产品流通之考察》，第 3 页。

津浦铁路建成后,市场上买卖的粮食中约 95％北上进入济南。① 1938 年以后,战争使铁路交通中断,大运河再度被利用来运输小麦。

在中级市场,银行为粮商提供资金,后者雇佣了经纪人收购粮食产区的小麦或来自其他省份的小麦。像棉花市场一样,粮食市场是一种由很多买主和卖主构成的高度竞争性的市场。20 世纪 30 年代后期,有 28 万人口的保定必须从河南和山西获得它的大部分粮食。该市有 18 家粮商派出经纪人到这些省购买粮食并安排把粮食运回保定。② 这些粮商把粮食卖给面粉厂、商店、酿造厂,从天津和北京来的买主和代表棉产区粮商的经纪人。③ 石门是另一个大的粮食交易和消费中心,1936—1940 年间其人口从 6.3 万人增加到了 16.7 万人。1940 年,该市约 40％的粮食来自河南,60％来自山西。④ 被称作"货栈"的批发商把它们粮食的 1/3 卖给城里的商人,其余 2/3 运往保定、北京和承德。那一年该市有 76 家商号输入和出售粮食。⑤

1941 年济南有 246 家粮栈为中间人服务并安排县市商人的粮食运输。这些企业中大部分其流动资本在 2 000～30 000 元之间,5 家最大的企业资本超过 5 万元。⑥ 每家企业平均员工只有 6～10 人。当他们收购粮食时,他们根据预期的成本和销售给其他买主的价格出价。所需流动资本的 1/3 由企业出,其余部分靠商人和银行的存款。⑦ 一家富裕商人或银号在粮食批发企业存一笔款子,目的是保证安全并获得利息。企业把这笔存款用作粮食交易所需的流动资本。为了有现金可以支付贷方

---

① 国立北京大学附设农村经济研究所:《山东省济宁县城农产品流通之考察》,第 9 页。
② 国立北京大学附设农村经济研究所:《京汉铁路沿线主要城市中心的粮食市场结构》,第 2 章。
③ 包洪湘(译音):《中国之小麦问题》,天津,1937 年版,第 45 页。
④ 国立北京大学附设农村经济研究所:《京汉铁路沿线主要城市中心的粮食市场结构》,第 58 页。
⑤ 国立北京大学附设农村经济研究所:《京汉铁路沿线主要城市中心的粮食市场结构》,第 39 页。
⑥《华北各地粮食交易机构的调查》,《调查月报》,第 2 卷第 7 期第 38 页(1941 年 7 月)。
⑦ 中村正三:《济南的粮栈》,《满铁调查月报》,第 23 卷第 1 期第 50～53 页(1943 年 1 月)。

255　的存款利息，应付储户的提款，粮商必须保持资金的高周转率。风险很大，但如果价格预料准确，廉价地买到足够多的粮食并以高价卖出，利润也很大。1938年以后，食品价格持续上涨时，粮食贸易极为有利可图，很多新企业受到鼓励进入了市场。企业用所得的利润支付存款利息。为了使风险最小，并能迅速取出存款，储户通常把他们的资金存入两三家批发商，而不是只给任何一个企业。①

在天津的中心市场上从事粮食贸易的大型批发企业，最初建立在外国租界上。1931年以前，这些企业还太小太软弱，不能影响市场价格，它们自己几乎没有流动资本。② 当1931年粮价下跌时，很多企业为了避免破产而合并。1937年以后，随着粮价的上涨，它们开始获大利。有些企业发展得足够大，可以使其经营多样化，并在粮食输入减少时经营其他农村货物，但推动它们进入这一新行业的不是它们的经济实力，而是必要性。一大批被称为"米庄"的天津批发商经营稻米和面粉的输入，把这些商品分配到全市及其郊区。③ 另一种中间商叫做"斗店"，即经纪业商号，使买主和卖主坐到一起安排交易。④ 这类商号产生于19世纪初，还可能更早，但1911年以后很多斗店组织起来成立了由每家斗店交纳会费的协会，协会代表其成员交税。斗店称量粮食、提供信贷、安排销售、提供仓储服务、为商人预订住处，为批发商、出口商、商人和各种各样的生产油和酒的企业提供运输。1938年以后，斗店在价格飞涨时获得了暴利。很多外来人被吸引入这种行业，粮食市场中这一环节的企业数量激增。

---

① 中村正三：《济南的粮栈》，《满铁调查月报》，第50～53页。

② 森次勋：《天津的货栈业》，《满铁调查月报》，第22卷第1期第62～78页（1942年1月）。

③ 森次勋：《天津的粮食市场——对米庄的调查报告》，《满铁调查月报》，第23卷第6期第36～38页（1943年6月）。

④ 北支经济调查所天津调查班：《以天津为中心的华北谷物市场》，《满铁调查月报》，第22卷第1～67页（1942年11月）。该文第二部分在《满铁调查月报》第22卷第12期第33～67页连载（1942年12月）。这两份出色的报告提供了"斗店"的简要历史，它们的数量、生意规模、经营者的职能、利润和支出。

20 世纪 30 年代的北京,人口超过 150 万,每天需要数量惊人的粮食和面粉。每年要输入 200 多万公担粮食,并分配到全市的 7 个大市场去,在这些市场上,经纪人和商人安排管理粮食交易。[①] 大米和面粉来自天津,小麦来自周围各县和石门。很多商人抱怨北京市粮食市场上价格波动剧烈,看来是由于粮商没有能力保持较大的库存以使价格波动和缓。1900 年以后,仓储设施没有能与人口的剧增保持同步。另一种抱怨是华北小麦质量低,迫使很多商人从上海和国外进口小麦。[②]

由于进入粮食市场很容易,不同销售环节的中间人汇聚一起,使边际利润保持在低水平。然而,无效经营和大量把粮食从初级市场运到中心市场的不必要的交易又使市场成本居高不下。例如,从冀南的大名县运到天津的粮食在初级市场上定价为 8.48 元,这是天津卖价(11.00 元)的 77％。[③] 市场成本达 2.02 元,即售价的 18.33％。从大名买粮食的天津商人仅得到 0.40 元(原文如此,似应为 0.50 元——译注),即最终售价的 4.58％。捐税和经纪人费用还要分别另占售价的 3％和 2％,构成了市场成本的最大项目。中心市场上的商人必须依靠初级市场上的不同的中间人,因为他们了解各种度量衡,并对地方情况更熟悉。商人发现在这种高度竞争的市场结构中很难积累高额利润。

花生。花生在山东省的潮湿气候和沙质土壤中生长得很好,该省生产了中国出口花生的 1/3。在北部的荣城、平度、文登、诸城和即墨等县,约 300 万亩土地用于这种作物的种植。[④] 仅荣城县就有近 1/4 的耕地用来种植花生。[⑤] 农民把他们的收获物带到市场上去卖给经纪人和威海卫、芝罘及青岛港的出口商的代理人,出口需求决定了中级市场上的花生价格,因为中间人只能在由出口价、成本和预期利润规定的一个固定

① 桦山幸雄:《北京粮食市场概况》,《满铁调查月报》,第 21 卷第 8 期第 166 页(1941 年 8 月)。
② 张铁铮:《北平粮市概况》,《社会科学杂志》,第 8 卷第 1 期第 156~158 页(1937 年 3 月)。
③ 麦叔度:《河北省小麦之贩运》,第 87 页。
④《华北农业调查资料》,第 671~676 页。
⑤《华北农业调查资料》,第 679 页。

范围内收购。在地方市场内，花生价格由众多买主和卖主的讨价还价竞争决定。当花生价格下跌时农民受到沉重打击，因为山地和劣等地限制了能够替代花生的作物。经纪人也遇到同样的难关，因为他们的生计主要依靠这种生意。

花生一旦集中在中级市场上，就要被运到中心市场，榨成油和其他副产品，最后出口。最终产品中约 45% 运往他省，44% 出口，其余的在山东省内消费。决定价格的不仅是国外需求，这种贸易还在很大程度上依赖初级市场上众多的经纪人和他们对地方市场状况的了解。[①] 他们的服务不可或缺，但他们的巨大数量提高了市场成本，降低了有关各方的边际利润。

1911 年之后，花生的种植和出口迅速上升，直到 1931 年国外需求疲软，出口下降。1933 年以后生产和出口都有所恢复，到 1936 年这一贸易再度兴旺。从初级市场运到中心市场的花生，市场成本中约 3/4 用于出口税、海关附加税和普通货物税。花生贸易税务负担过重，在山东省一些人担心"由于把这样沉重的税务负担加之于青岛花生油出口"[②]，这一贸易可能会落到印度和美洲的供应商手中，正如茶丝贸易已经在 19 世纪末败给日本人一样。

棉纱和棉布。19 世纪 80 年代及其以后，由于西方机制棉纱进口并遍及华北各地，土纺纱业衰退，手工织布则大规模地发展。有些地方开始专门织布并输出土布。织布工把洋纱和土纱混合使用，织出一种在城市和乡村都能找到现成市场的物美价廉的棉布。洋布也有流通，但主要是富人购买。当本国纺织企业 1920 年以后在天津和青岛站稳脚跟时，它们生产棉纱卖给河北和山东各地的手工织布中心。

不同的商人专业分工输入机制纱、购买洋布、输出土布。这些经营不同生意的商人各行其事，没有纵向和横向的组合。在山东省临清县，

[①] 兴亚院政务部：《华北花生、花生油及花生饼之调查》，天津，1940 年版，第 36 页。
[②]《中国花生的生产和输出》，《中国经济月刊》，第 10 卷第 2 期第 133 页（1932 年 2 月）。

有一类商人叫做"布店"，从天津和济南输入棉纱，卖给织布工。另一种商人叫做"布摊"，输入洋布，直接卖给县城里的有钱人。最后一种商人叫做"布贩"，从乡村织布工手中购买土布，输出到山东和省外的其他市场。①

在河北省北部的宝坻县，不同的商人群体分别执行类似的职能。一种商人从天津的纱厂购买棉纱卖给布商，后者把棉纱卖给织布工。然后这同一些布商收购织成的布，运往其他县销售。② 在河北高阳县和山东潍县可以看到同样的交易职能分工。棉纱和棉布的市场结构包括由众多供给商和销售商组成的分离的市场，在供给方面，提供不同服务的不同的商人出现在看来是同样的销售体系中。

传统的公会经久不衰，有些地区它们对商品价格有相当大的控制权。在定县，据甘布尔报道说，棉布集中在 6 个市场，经由属于同一公会的 45 个商人之手。公会严格规定棉布的输出价格，甚至在需求严重下降时也拒绝调整价格。1892—1915 年间，棉布输出稳定上升，但 1915—1921 年间棉布输出从 400 万匹减少到了 95 万匹，降低了 75%。③ 在这同一个 6 年中，公会把价格提高了数倍，希望挽回需求下降造成的损失。公会在其他农村市场是否以类似方式行事还不十分清楚。有一些市场有商人合作规定价格的情况，但在主要的商品交易中不存在这类垄断权力。

---

① 桦山幸雄：《山东省临清县布业概况》，《满铁调查月报》，第 23 卷第 7 期第 15～16 页(1943 年7 月)。
② 毕相辉：《河北省宝坻县金融流通方式》，见方显廷编：《中国经济研究》，上海，1938 年版，第 2卷第 840 页。
③ 甘布尔：《定县》，第 307 页。

16. 官僚与农民

最近有三种研究地方政府政治控制的重要著作出版,它们比以前任何研究这一课题的著作都更好地解释澄清了在 19 世纪的中国,农民与官场之间的复杂关系。[①] 作者萧公权、张仲礼和瞿同祖广泛地利用了官方和私家著述中的资料,提出了一个使人信服的事实,即长期稳定的社会秩序可以归之于一个由受过训练的官吏和学者阶层组成的复杂的官僚地方行政体系的存在和作用。

然而,这些研究只是对一个时间点的描述,不是从头讨论说明这一结构在清代的发展变化。萧公权在三人中,对清统治者从他们的明代前辈手中接受下来,又按他们自己的目的加以修改的重要的控制谋略进行了最精密的历史分析。仍然不足的是缺乏对这些机构如何变化的考察。它们在多大范围内兴盛、萎缩或从农村背景中消失? 由于缺乏村庄经济和社会生活的资料,这一问题的答案可能从来无人知道。

要回答这一问题对于 20 世纪来说困难较少,因为有一些可资利用的资料,本章的目标就是研究我们这一地区的这个问题。在这样作之

---

① 萧公权:《农业中国:19 世纪帝国的控制》;张仲礼:《中国绅士——关于其在 19 世纪中国社会中作用的研究》,西雅图,1955 年版;瞿同祖:《清代中国地方政府》,马萨诸塞,剑桥,1962 年版。

前,有几个要点应该说明。

第一点是关于学者或绅士阶级的居住和活动。在 20 世纪的村庄里,如果不是完全没有的话,也极少能看到他们。学者和他们的家庭成员"愿意搬到行政中心居住"①,并通过向他们隶属的行政单位提供服务的方式帮助官吏。萧认为,"在社交方面,一个村庄的居民通常分为两个大的集团,绅和民(即绅士和普通百姓)"②,但据西德尼·甘布尔和满铁调查员的调查,没有证据证明绅士住在村庄中或在村庄事务中起任何作用。③ 这并不是说清代初期的情况亦是如此。

第二点是本章的要旨。我们的主要意图是说明 1900 年之后,地方政府对村庄施加的要求纳税的新压力和创办新的村庄组织的命令。地方政府明确地想要与村庄建立更紧密的联系。这些努力只有部分成功。地方政府官员继续依赖传统的收税和治安体系。这一体系软弱无力,容易遭受粗劣的逃税手法的欺骗,不能为广大农村人口提供保护和安全。然而,形成了新的村庄组织,官员们也征到了更多的税收。由于农产品价格持续上升,这不一定意味着农民的税务负担加重。内战和日本入侵阻碍了官员为地方建设的目的运用这些资金。

村庄的领导和组织

每个村庄都由一个村委会领导,村委会由 6 个或更多的农民组成,他们从他们之中选出一个村长及其副手。尽管 1920 年之后指令农民每年投票选举他们的村长,实际上同样小范围的选举方法仍在继续。选举村委会成员以他们家庭或家族在村庄中的社会经济地位为基础,一定时期之后村委会成员身份的变化反映了村庄内家族或家庭命运的变化。

---

① 张仲礼:《中国绅士》,第 52 页。
② 萧公权:《农业中国:19 世纪帝国的控制》,第 322 页。
③ 甘布尔:《华北的村庄》,第 45 页;"惯调",第 1 卷第 96 页。

旗田巍通过追溯沙井村村委会中李姓家庭的成员身份强调了这一观点。① 19 世纪前村委会成员李振宗拥有 200 亩地;他把这些土地分给了他的 3 个儿子,儿子们又把土地分给了他们的儿子。到 20 世纪 30 年代,李的孙子们几乎没有土地,也没有人进入村委会。甘布尔展示了轮流代表村委会特征的精英们的类似境遇。在北京附近的一个村庄中,1837—1932 年间,"来自 21 个家庭的 37 个男子在这一阶段成为社团领导。没有一个家庭在这整个时期都有人担任领导。"②

山西省的村长是在轮流基础上选举的,但河北和山东的村长任期不定,直到生病或不能令人满意地履行职责迫使他们离职为止。不清楚领导权是属于村长还是属于村委会,因为要求村长在一切重要决策上请教村委会成员。选举村长典型的条件是他的财产、受教育程度和能力。在那些政府坚持要村长登记村庄中的地权转移的县里,受过教育是必须条件。1920 年之后,行政管理能力也成为一个重要标准,因为当摊款增加时村长的职责也加重了。③

在管理水利的手段比较周密的村庄中,人们相信,管水的组织极大地决定了村庄行政所扮演的角色,但事实正相反,负责水的分配和利用的农户组织与村委会和地方政府的权威完全分离。④ 华北农村灌溉是利用井水、河水和微小的降雨。有些水井公共所有,但在水井由私人拥有的地方,附近的农户也允许使用它们。只有在临河的村庄中农民才修筑水闸和防洪闸门,指派农民,叫做"河老"或"河头",守护和管理灌溉系统。使用同一个水闸的农户形成一个团体,叫做一"闸",闸选出河老负

260

---

① 旗田巍:《华北村落自治的一种形态——论村民会议的结构》,《加藤博士六十寿辰东洋史论文集》,东京,1941 年版,第 623 页。
② 甘布尔:《华北的村庄》,第 62 页。
③ 甘布尔:《华北的村庄》,第 49~52 页;杨懋春:《一个中国乡村:山东台头》,第 176 页。杨借当地一个村民之口提供了这方面的一个实例:"恒春兄弟是对的……我们必须求潘琪大爷继续当我们的庄长。他有能力也有经验。别人谁能像他一样和那些狡猾的差人打交道? 我知道我是不行的。"
④ 可以从"惯调"第 6 卷第 97~115 页得到证据。这些数据引自河北省邢台县东汪村的调查。

责巡查和维护水闸,尽管还要从每户补充劳动力疏浚水闸或修复洪水造成的损害。[1]

在理论上,河老每年由本闸的农户选举,但实际上他多年保持这一职位,在有些村庄这个工作是世袭的。[2] 在一闸之内,每个农户按照排定的时间表,在规定的时间获得一定数量的水。有时一个村委会成员担任河老,但这一任命与村庄行政无关。[3] 一个有能力组织其他人进行集体劳动,能够设法安排好水的分配而不会引起争端的农民,是河老位置的天然人选。如果他能够调停互相争执的农户,其他农户就会把他看作天生的领导人和组织者。正是这类农民,有经验并受到一闸人的尊敬,为村庄管理着水的储存和分配。

在邢台县和其他类似的县里,明代中期修筑了很多向一系列村庄供水的大型灌溉工程。到 18 世纪中叶,地方官们成功地动员起村庄修复、改善以至加强这一灌溉系统[4],但村庄之间爆发争端时,官员们通常只是妨碍灌溉系统的管理,村长也不能和平地解决问题。[5]管理水利的成功依赖每闸内农户的合作,而不依赖任何村庄领导层提出的指导。农户知道必须公平地分配水源,而在任何一种集体的冒险活动中,那些公正的有经验的人都会成为领袖。

1880 年以后,村庄中头等重要的组织上的变化是"看青"会的建立。县政府摊派的赋税增加,用于学校、夜间巡逻、村自卫队和保甲制的村庄费用增加,是农民组织一个正式社团守护固定面积内的庄稼的刺激因素。为了增加村庄用于交税和其他支出所需的必要的资金,村委会决定规定村庄能够对之课税的耕地面积。旗田描述了沙井村的例子:"我们可以把沙井村为征收赋税而建立固定领地看作村民为保证村庄有收

---

[1][2] 前田胜太郎:《华北农村之水利机构》,《当代亚洲的革命与法律:仁井田升博士追悼论文集》,第 44 页。

[3] "惯调",第 6 卷第 97、99~106 页。见前田胜太郎的论文:《旧中国水利团体共同体之性质》,《历史学研究》,第 271 期第 50~55 页(1962 年 12 月),文章扼要介绍了两部日本人关于华北农村水利制度的早期著作。

[4][5] 前田胜太郎:《华北农村之水利机构》,第 58 页。

入来源的一个必要步骤。当由于村庄支出增加,必须寻找财源,对村民来说,找到一种收入来源成为一个现实问题时,村民们越来越强烈地关心征收赋税的准确面积。村庄支出的增加是规定村庄领地以便能够收税的根本原因。清末民初全顺义县的村庄都发生了村庄支出的迅速增长。这种增长不仅是由于村庄开始承担新的工作,还直接与政府对税收的巨大需求有关。村庄中组织看青会是由于政府想要征更多的税。"[1]

村庄意识到需要一个正式的社团保卫一村的领地使村委会能够对这一地域内所有拥有土地的农户收税。由这一社团对土地课税,这一增加资金的方法很快成为交纳村庄摊款和维持村庄寺庙、供应村学以及进行其他任何需要资金的活动的主要手段。[2] 由于在收获之前小心守护长在地里的庄稼,防止了偷窃行为,村民们得到了更多的收获可以支付他们的税款。[3]

村委会根据村庄的需要和村庄经济福利水平向土地课税。在吴店和沙井村,冬季的几个月中派出成年人离村工作的农户比重很高,由于人口增长和土地零细化发展到一个严重程度,农民几乎没有土地。随着时间的消失,更多的农民发现他们不能仅靠农业维持全家生活。该村的"看青"会向任何经营土地的农民收税,而不管他是租入土地还是自有土地,因为土地所有者已经极穷,而且在村庄中的百分比不断下降[4]。赋税负担必须在所有使用土地的人之间平均分配,而不是仅对土地所有者不利。在寺北柴村和冷水沟村,经济条件较好,农民种植经济作物并获得手工业收入,"看青"会只向土地所有者征税。[5]

1900 年以前,人口和财政对村庄的压力不是更重而是更轻,可以从当村庄守护庄稼还是私人行为时广泛存在的一些习惯中看出来。正是

---

① 旗田巍:《旧中国村落共同体性质的考察:村庄的土地与村民》,第 59 页。
② 见第 2 章对 4 个村庄组织调查的讨论。
③ 旗田巍:《旧中国村落共同体性质的考察:村庄的土地与村民》,第 18 页。
④⑤ 旗田巍:《旧中国村落共同体性质的考察:村庄的土地与村民》,第 62 页。

这些习惯的存在说明了村庄领袖不认为有必要保护村庄的资源。例如，允许村民在收获前的一个短时间内摘拾高粱叶子，农民利用这种机会从一个村庄走到另一个村庄。明恩溥报告说，19世纪90年代这一习惯到处流行，它给比较穷的农民一个机会分享那些拥有较多土地的人的财富。[①] 旗田认为这一做法使富裕农民能够雇用较少的"看青"人，如果不这样做，本来需要的"看青"人更多。[②] 村民们也允许外村人冬天捡拾周围田地里残留的庄稼秸秆，在空地上放牧他们的家畜。[③] 村民们只在必须交纳村庄摊款时才开始留心防止外来人侵入他们的田地。1910年以后，农民们进行了更为一致的努力，区分和认定哪些土地属于他们的村庄。

1911年以后，当华北出现军阀部队并爆发冲突时，军队驻扎的大都会地区附近的村民们组成了夜间巡逻队和自卫队以避开惩罚性的袭击。*262* 到1930年和平恢复时，这些组织有很多被解散。后来省政府颁布法令要求在村庄里建立学校，采用公共卫生措施，村庄合并组成新的行政单位，地方建设方案也开始着手进行。[④] 这些措施中即使有，成功的也极少。1937年以后，日伪政府控制下的县恢复了保甲制，重新组织了夜间巡逻队和自卫队。这些组织上的变化紧接而来的是官员们征收摊款的努力。

冒着歪曲这一时期事实的风险，我在表54中设计了一种标记来说明1880年以后新的村庄组织建立的时间。资料来自甘布尔和满铁调查员的实地调查。表格很粗略，我的分期只是近似的。我们必须记住政府对农村的控制极不均衡。大都会附近地区的地方官员对村庄有较大的权力，但在边远地区他们的权威是虚弱的，由于村庄能够避免屈从于地

---

① 明恩溥：《中国乡村生活》，第166页。

② 旗田巍：《华北农村共同体中的"开叶子"习惯——村落共同体关系的再考察》，《史学杂志》，第58卷第4期第49页（1949年10月）。

③ 旗田巍：《旧中国村落共同体性质的考察：村庄的土地与村民》，第64～70页。

④ 旗田巍：《旧中国村落共同体性质的考察：村庄的土地与村民》，第71～74页；甘布尔：《华北的村庄》，第41～44页。

方政府的命令,村庄组织在拖延了很长时间以后才建立。我通过标记大部分样本村庄中一个组织何时建立来尝试说明这些组织建立的时间。

表 54　华北 16 个村庄中村庄组织的变化

组织类型	1880—1890	1890—1912	1912—1928	1928—1937	1937—1942
村庄防卫	0	0	+	0	++
看青和夜间警卫	—	0+	++	++	++
谷仓	+	+	+	0	0
村庄政治组织(保甲等)	0+	0+	0+	++	++
村庄学校	0	+	++	++	++
村庄劳役	0	0	0	+	++
村庄军事和特别税征收组织的变化(摊款)	0	0+	++	++	++
村庄寺庙管理	0	0+	+	++	++

资料来源:6 村资料来自"惯调",第 1~5 卷;10 村资料来自西德尼 D. 甘布尔,《华北的村庄》(伯克利和洛杉矶,1963),第 144~303 页。

标记:++=组织稳定植入村庄;+=组织刚刚产生;0=组织不存在;0+=组织部分存在。

²⁶³　　1890 年左右开始,并在那以后不久,政府征收更多赋税的压力与新村庄组织的形成看起来是相一致的。1911 年以后,华北统一的政治控制削弱,军阀势力上升,要农民交纳更高赋税的需求变得更为强烈。1928 年以后,省政府命令县政府把村庄合并,并把它们的控制延伸到村庄中。这种控制也产生了一种组织上的反应,1937 年以后,当村庄领导人发现保甲制的复活使他们比过去任何时候对村庄的控制力都更强时,就可以看出这种反应了。

地方政府的财政行为

　　清初,政府制定财政政策的前提是,只要农业得到发展,就可以征到更多赋税用来供养军队加强国家。土地得到开垦,用免赋的方法鼓励建立新的居民点,用公共开支恢复秩序重建经济。农业产量缓慢提高,城市发展,人口增加。土地税和人头税被合并,1712 年政府宣布孳生人丁永不加赋,以 1711 年报告的数字为永久配额的基础。[1]　下一个世纪政府获得了它所需要的税收,经济也得到了兴旺发展。

到 19 世纪初,由于物价上涨和人员及职位成数倍的增长,政府行政管理的费用日益增加。只要不发生灾荒和叛乱,岁入仍然能满足支出,但在帝国被 19 世纪中叶那样的国内起义撼动时,政府被迫花更多的钱平乱,但同时在起义军占领区内政府又被剥夺了大量税收。到 19 世纪末,政府又被迫用更多的钱归还外国借款,并为近代化的工程项目提供资金。那以后,岁入连年不足,看来不能再依靠清初曾十分有效的同样的方法增加税收。

1900 年以后,政府增加税收尝试,其特点是,从任何现有的经济组织或经济活动中榨取更多的赋税,不管它在经济中的重要性如何。1911—1928 年间,征收的大部分赋税用来为军阀部队和征收这些赋税的行政机器提供资金。1928 年以后,国民党为推动教育、改良交通和帮助工业发展而作出强劲的努力征收更多的税,但大量的收入仍不得不用于供养在这一时期发展起来的庞大的官僚队伍。1938 年以后,受日本军方控制的地方伪政府征收赋税主要是为了维持治安,保持运输畅通,建立一个由铁路接轨站周围和铁路沿线的战壕与碉堡组成的复杂的防御体系。

通过提高田赋、向商会和村庄摊派税款、增加土地买卖和土地典当的契税、增加货物税和增加新的税种,税收得到了增加。

1911—1930 年间,一个省又一个省爆发了暴力行为,到 20 世纪 20 年代末,全国有 14 个省冲突激烈。[2]　受到这次暴力行为直接冲击的河北和山东各县必须交纳更高的田赋。1912—1931 年间,河北 116 县的旱地

----

[1] 小埃德温·乔治·比尔:《厘金的起源(1853—1864)》,马萨诸塞,剑桥,1958 年版,第 7 页。
[2] 《中国近代农业史资料》,第 3 卷第 2、4 页。

田赋提高了 40％，山东 96 县提高了 60％。[1] 天野元之助估计山东平均每亩地的田赋指数如以 1912 年为 100，1925 年上升到了 268，1927 年上升到了 468。[2] 河北省的水浇地 1912 年田赋为地价的 1.19％，1936 年上升到地价的 1.37％。山东省每亩地田赋对地价的比率在 1912—1936 年间从 1.79％上升到了 2.26％。[3]

有些县增加田赋的做法是简单地提高原来的田赋定额。例如定县，1914 年其基本税率翻了一番。[4] 通常的做法是在旧的田赋税率上摊派一笔附加，并在另外的时间单独征收这笔税。附加税是逐渐增加的，但在 20 世纪 20 年代增加的极多。在山东省的齐东县，1930 年田赋仅为每亩 2.20 元，但征收的附加税为 16.21 元，高出了 8 倍。[5] 在河北省的静海县田赋附加在 1921—1931 年间增长了 140％，1934 年比 1921 年的水平高 180％。[6]

中国历史上经常利用间歇性的征税即摊款，在太平天国起义时期和第一次中日战争以后，政府严重依赖这种赋税。在后一种情况下，要求每个省在正常的赋税之上交纳一笔额外的巨款，用来支付战费。每省用分摊到各县的方法征收这笔款项，县又把它分摊给每村一份。[7] 这成为一种为应付现有收入无法满足的意料之外的支出而提高追加税收的标准做法。20 世纪 20 年代的军阀部队采用了这种方法，称它为"兵差"。他们向村庄征收规定的数额，但通常绕过商人。[8] 1929—1931 年间，河

---

① 《中国近代农业史资料》，第 13 页。

② 天野元之助：《支那田赋考察》，《满铁调查月报》，第 14 卷第 2 期第 3 页（1934 年 2 月）。

③ 《中国近代农业史资料》，第 3 卷第 14 页。另见陈登元（译音）：《中国田赋史》，台北，1967 年版，第 235～247 页。

④ 天野元之助：《支那农业经济论》，第 2 卷第 22 页。

⑤ 《中国近代农业史资料》，第 3 卷第 17 页。1912—1937 年间，在整个冀南田赋都增加了（《中国近代农业史资料》，第 2 卷第 566 页），济南地区在 1925 年军阀张宗昌占领时征收了沉重的田赋附加。

⑥ 《中国近代农业史资料》，第 3 卷第 32 页。

⑦ 彭雨新：《清末中央与各省财政关系》，《社会科学杂志》，第 4 卷第 1 期第 92～100 页（1947 年 6 月）。

⑧ 王寅生：《中国北部的兵差与农民》，上海，1931 年版，第 1 页。

北省的 131 个县和山东省的 77 个县向军队交纳过这种税。除了现金外，还要求村庄提供大车、挽畜和农民劳动力。① 在一些县用这种方法征收的现金金额达到征收田赋的 50%～80%。20 世纪 30 年代初继续征收这些摊派，在某些情况下，它们在县收入中的比重接近全部收入的 50%。②

　　1912 年以后，向土地过户和典当契约征税的收入也有很大增长。在定县，1916 年征收这些税款共 13 907 元，而 1934 年征收了近 2.2 万元。③ 对集市上交易的商品开征了新的货物税并逐渐增加。在静海县，1915 年开征屠宰税，在随后的几年中又对屠宰税征收附加税。按经纪人经营商品量征收的赋税及其附加 1925 年为 3 725 元，到 1933 年征收了近 1.6 万元。④ 1915 年定县征收的一种类似的附加税为 6 222 元，而 1934 年这一数字增加到 28 151 元。⑤ 经营麻、棉、家畜、布、炭、水果和蔬菜的经纪人被命令按照所售商品价值的一个百分比交纳更多的手续费。经纪人通过提高价格轻而易举地把这种税加到买主头上，最后结果是消费者承受了这种商品交易税的冲击。⑥ 由于向农民出售的原料征收这些交易税，这种税收造成的负担肯定也落到了以原料或成品形式购买这些商品的城市消费者头上。

　　省级行政机构从盐、烟草和海关建筑之类政府财产及国营企业中征收了大量的税。⑦ 省税务部门主要依靠县税务部门向它上交的税款。这种地方分权制一直是中国财政管理的特征，妨碍了县把资金用在改善公共建设及地方工业的项目上。

————————————

① 王寅生：《中国北部的兵差与农民》，上海，1931 年版，第 3 页。
② 李陵：《河北省静海县之田房契及征收制度》，《中国经济研究》，第 2 卷第 997 页。
③ 李陵和冯华德：《河北省定县之田房契税》，《政治经济学报》，第 4 卷第 4 期第 774 页（1936 年）。
④ 王志信：《河北省之包税制度》，《政治经济学报》，第 3 卷第 3 期 545 页（1935 年）。
⑤ 冯华德：《河北省定县的牙税》，《政治经济学报》，第 5 卷第 2 期第 305 页（1937 年）。
⑥ 冯华德：《河北省定县的牙税》，《政治经济学报》，第 320 页。
⑦ 东亚协会：《华北综览》，东京，1938 年版，第 342、345 页。

农民的赋税负担

各种赋税的增加是否意味着农民赋税负担的真正提高是一个很难回答的问题。即使有可靠的收入资料,如果不对田赋数量和从农业中得到的收入数量做出某种假设,要估算不同阶层农户的赋税负担也会是不容易的。如果把集镇上征收的交易税排除在外,如果只把田赋、附加和摊款当做农民的主要赋税负担,可以做出一个测算赋税负担是否增加的尝试。从以前对村庄税务的描述中应该清楚,向农户征税的依据是他们拥有或经营的耕地面积。可以安全地假设,村庄的税收是根据农户的土地或农业收入按比例分摊给农户的。这并不一定意味着村庄的赋税负担在农户之间真正平等。非农业收入百分比较大的农户比依靠农业收入的农户纳的税少,与他们所拥有和经营的农场面积无关。不对农户农业收入和非农业收入各自的比重做出假设,用任何有意义的方法测算不同农场面积的农户的赋税负担都是不可能的。

为了我们的目的,我们将以村庄为单位研究赋税负担。将通过累计从 1910—1945 年这 35 年的村庄收入和赋税来估算赋税负担。这种方法不能兼顾由村庄位置和天然存在的财富决定的村庄收入和赋税的变化。我选择了两种村庄发展模式,它们应该能够代表大部分农村状况,偏差应该认为是极小的。甚至这种方法也不能容易地估算出村庄的收入和赋税,因为必须对价格和赋税的变化量作出某种假设。我所用的估算依靠田野调查的证据,有一定的事实基础。

表 55 提出的两个虚拟事例不是村庄的实例,但应该被视为在各种不同的村庄条件的上限和下限所发生的近似情况。我假设每亩地的田赋、附加和摊款在这两个村庄是相同的。1910—1932 年的赋税数据出自卜凯的调查,其余时期的赋税数据是根据本书第二篇村庄研究所记录的数字,假设田赋和附加不变,村庄摊款增加,按此假设作的估算。

表 55 两个虚拟村庄赋税负担估算,1910—1941(以中国银元为单位) *267*

年　份	每亩税额				全村赋税	
	(1)田赋	(2)附加税	(3)摊款	赋税合计	(4)村庄 A	(5)村庄 B
1910	0.80	0	0	0.80	640.00	640.00
1920	0.68	0.08	0.10	0.86	688.00	688.00
1925	0.65	0.14	0.30	1.09	872.00	872.00
1930	0.91	0.55	0.10	1.56	128.00	128.00
1932	0.93	0.75	0.10	1.78	1 424.00	1 424.00
1937	0.93	0.75	0.12	1.80	1 440.00	1 440.00
1941	0.93	0.75	0.60	2.28	1 824.00	1 824.00
1945	0.93	0.75	0.90	2.58	2 064.00	2 064.00

村庄 A 收入和赋税负担							
年　份	户数	每亩收入	可耕地(亩)	应征税耕地(亩)	农业收入	非农业收入	总收入	全村赋税负担(%)
1910	100	8.8	1 000	800	8 800	2 200	11 000	5.8
1920	110	9.8	1 000	800	9 800	3 345	13 245	5.9
1925	115	10.5	1 000	800	10 500	4 975	15 475	6.0
1930	120	11.6	1 000	800	11 600	5 290	16 890	8.0
1932	122	9.7	1 000	800	9 700	7 186	16 886	7.3
1937	128	11.9	1 000	800	11 900	7 420	19 320	7.0
1941	130	13.5	1 000	800	13 500	9 320	22 820	9.9
1945	130	17.0	1 000	800	17 000	10 300	27 300	9.0

村庄 B 收入和赋税负担							
1910	100	8.8	1 000	800	8 800	2 200	11 000	5.8
1920	110	10.1	1 050	800	10 605	2 640	13 245	5.9
1925	115	11.6	1 075	800	12 470	3 005	15 475	6.0
1930	120	12.3	1 100	800	13 530	3 360	16 890	6.0
1932	122	10.8	1 150	800	13 470	3 416	16 886	7.3
1937	128	12.9	1 200	800	15 480	3 840	19 320	7.0
1941	130	14.5	1 200	800	17 400	4 420	22 820	9.9
1945	130	18.2	1 200	800	21 840	5 460	27 300	9.0

资料来源:(1) 卜凯,《中国土地利用》,第 324 页。

(2) 同上。

(3) 以第二篇所讨论的村庄摊款增加为基础的估算。

(4) 引自土地委员会农场平均年收入调查资料。

(5) 这一赋税负担大致符合日本调查员在丰润县进行的村庄调查中农户的负担。见满铁调查部,《华北农业经济》。第 1 卷第 710 页。

在村庄 A 中我假定耕地没有变化,农民成功地隐瞒了 20% 的耕地不交纳田赋。我还假定村庄人口每年增长 0.9%。我根据农户收入、平均农场面积和各种假设的物价上涨率计算每亩收入。我假定 1910—1931 年间物价至少每年上升 2%,1931—1934 年间物价下降了约 20%,到 1937 年恢复到了 1930 年的物价水平,那以后则是物价飞速上涨。1912—1930 年间,由于农产品价格上升和最低限度的生产力提高,村庄收入以每亩收入计算增长了 32%,1930—1932 年,每亩收入由于价格下降而减少,1937 年又由于经济全面恢复而上升到了 1930 年的水平。那以后由于通货膨胀每亩收入迅速增长。

由于随着农场平均面积下降,有更多的农民离村工作,非农业收入上升得更快。1925—1930 年这一阶段以前的村庄赋税负担实际上并没有增加,1925—1930 年是一个内战时期,供给和销售受到全面的破坏。20 世纪 30 年代初,由于村庄摊款普遍减少,村庄赋税负担下降了,但到 1937 年,由于地方政府需要更多的税款进行建设,它们再度上升。在抗日战争的头几年中,赋税负担略有上升,原因在于摊款增加和由地方市场受破坏,牲畜、农具和劳动力受损失,还有交通中断引起的产量下降。随着通货膨胀的继续和村庄根据战时条件调整生产,村庄赋税负担有可能维持原状不再变化。

村庄赋税负担的增加是较大还是较小,取决于农户和村庄收入上升的速度。我假设 1910—1937 年间农户的货币收入增加了 50%,这看来是一个以这一时期村庄发生的变化为依据的合理的假设。1937 年农户交纳赋税所用的钱平均占其货币收入的 7%。表 55 显示出赋税负担增长较小,但农户一年又一年很难有积蓄,即使是 1% 的增长也意味着是要放弃某些生活必需品。

在村庄 B 中我假定农村人口与村庄 A 同样增长。但在村庄 B 中我让耕地面积增加了 20%,所以每亩收入比村庄 A 增加得更快。然而,非农业收入增长得不像村庄 A 那样快。两个村庄的赋税负担是同样的。我只是假设了两种情况,在这两种情况中,村庄收入以同样数量增长,但用了不同的方法。

这一分析是不自然的、抽象的。它的主要缺陷是必须估计价格、收入和赋税变化的大小，赋税负担提高幅度可能比我展示出来的要大。我看不到能绕过这些困难的道路。我尽力以田野调查的证据为依据，设计一些可能测量赋税负担的框架，并说明只有在生产和销售体系都受到破坏时负担才会上升。

县级财政结构

每个县的地方财政部门都有一个负责收税的局，其中登记地权转移及征收田赋和附加税数量的职员不挣固定工资。当土地按照有不同税率的多种等级分类时他们的工作变得更为复杂。每个县出于征税的目的分为几个区域，每个区有一个称作"粮房"的机构，农民在粮房交纳田赋。在栾城县有 17 个这样的区，历城有两个，顺义有 4 个。[1] 农民一年交纳 3 次田赋。县与县之间的田赋有很大不同，与土地的价值和生产力几乎没有关系。[2]

每个县使用称作"社书"或"里书"的半官方人员登记地权变化和可征税耕地的数量。他们的档案成为该县用来收税和开征田赋附加税的原始资料。在一些县，社书计算预期的赋税收入，准备好显示可征税土地面积和赋税数量的档案。[3] 他们没有报酬。村庄通常每年向其农户征收一笔钱付给社书，我们可以把这笔钱委婉地视为"谢金"。社书根据他

269

---

[1] 东亚研究所：《支那农村惯行调查报告书：田赋与公众其他负担之研究》，东京，1944 年版，第 3 卷第 12 页。这一调查报告可能是对华北地方政府税收制度的最清楚的介绍。所用的证据包括了"惯调"第 1～4 卷中的资料。

[2] 乐永庆：《河北省十一县赋税概况》，《经济统计季刊》，第 2 卷第 3 期第 631 页（1933 年）。有一些说明河北省 11 个县每亩平均田赋的数据。各县之间的差异相当大。另见李陵、冯华德：《河北省定县之田赋》，《政治经济学报》，第 4 卷第 3 期第 509～511 页（1936 年），该文说明不存在统一的田赋，在农户应交纳的田赋和实际征收的数量之间也没有关系。定县的田赋（每亩 0.12 元）远远低于江苏省武进和南通的田赋（每亩 1.2 元）。

[3] 东亚研究所：《支那农村惯行调查报告书：田赋与其他负担之研究》，第 3 卷第 42 页。

们档案中的可征税土地面积计算该区的赋税。社书到各村去向村长了解地权方面发生的变化,但这不是所有县的标准做法。社书必须能读会写。他获得这一职位的典型方式是从一位长辈手中得到,但也可能是买来的。1935年只有几个县开始取消社书,把他们的职能转交给县税务部门挣工资的职员。这一缓慢的变化暗示着县在多大的程度上仍然依靠传统的征税体系。这一体系普遍存在审改账目、贿赂和各种不规范行为,造成了赋税负担的不公平,阻止了农民与官员诚实地打交道。

河北省东北部的昌黎县有一个很好的实例说明社书制度是如何工作的。[①] 社书登记证的赋税,把新田主的名字记在赋税档案中,接受他们交纳的登记费,把没有交纳田赋的农户报告给县财政局部门。他们没有正式报酬,但收受村庄付给的报酬。该县约3/4的田赋是经由他们之手上交给县财政部的。昌黎需要约80个社书管理该县耕地及该县居民拥有的昌黎县以外的耕地的田赋的征收和记录。田赋仅占耕地产值的4%到6%[②],但各种摊款和以田赋为基础征收的附加税使赋税极大地增长。[③] 1914年昌黎县建立了警察关卡,就在这一年开始征收摊款。[④] 到20世纪30年代后期,田赋附加税有很大增长。1941年每亩地的田赋附加是2角2分,1942年增加到了4角5分,而民国初期每亩地只交6.4分。[⑤]

1939年昌黎县政府在日本人的逼迫下进行了一次土地调查。1940年再次进行了调查,由50名挑选出来的职员巡视了每一个村庄,确定了真实的耕地面积、居民人数及他们的姓名、他们交纳的田赋数量和没有登记交纳田赋的耕地面积。在侯家营村,日本人发现可交税的耕地可以从2000亩增加到3000亩。全县的可交税耕地为190万亩,而已征税的

---

① 小沼正:《华北农村田赋征收机构的一个考察》,《当代亚洲的革命与法律:仁井田升博士追悼论文集》,第2卷第21~39页;八木芳之助:《支那农村的包税制度》,《东亚经济论丛》,第1卷第1期第1~25页(1941年1月)。

② 小沼正:《华北农村田赋征收机构的一个考察》,第28页。

③ 小沼正:《华北农村田赋征收机构的一个考察》,第29页。

④ 小沼正:《华北农村田赋征收机构的一个考察》,第31页。

⑤ 小沼正:《华北农村田赋征收机构的一个考察》,第32页。

耕地是 31 万亩。社书制被废除了:仅有几个人被调到了新的税务部门,到 1942 年这留下的几个人也被免职。有 80～300 户人家的村庄被合并组成叫做"乡"或"联保"的单位①,农民把他们的赋税交到乡一级的行政单位。

在传统的财政体系中,称为"保长"的不拿报酬的职员位于社书之下,管理田赋的征收。他们的职务也是世袭的。② 每一个征税区有一个保长,他在征税季节与村长们集会以确定赋税能够按时交纳。在征税之前,财政部门通知保长应该征收的数额。他再通知他那一保的村庄。他认真地登记没有纳税的农户。保长每年从每个村庄得到价值 20～100 元的粮食代替薪金。如果该县征收到了计划的赋税,保长可以从政府手里得到一小笔奖金。

在保长之下是一个称作"地方"或"地保"的阶层,他们的任务是督促农户交纳赋税。③ 在纳税期间地保在村庄中敲锣催促。他们也密切注意着拖欠赋税的农户。地保住在村中,他们的职位是向地方政府机关申请得来的。他们一旦得到任命,并不领取报酬,而是在年底由农户给以少量的粮食。

最后一个征税阶层是警察。中国第一所警察培训学校是在 1905 年由一个名叫川岛南石的日本人为了培养一批警察骨干而创办的。④ 那一年中国很多地方建立了县级警察机构。1911 年以后,内政部负责指挥省和直辖市的警察部队,但警察人数以一种极不均衡极无规律的方式增加。1915 年通过的一条法律规定,大县的警察人数为 300 人,小县最低为 100 人。由于政府从来没有明确他们的作用,也没有认真管理他们的行动,警察的人数主要由一县供养他们的能力决定。1935 年以后,很多县尽力削减警察的预算,但却发现很难做到。几年以后战争爆发时,他

---

① 小沼正:《华北农村田赋征收机构的一个考察》,第 35 页。
② 东亚研究所:《田赋与公众其他负担之研究》,第 3 卷第 46 页。
③ 东亚研究所:《田赋与公众其他负担之研究》,第 48 页。
④ 弗兰克·基春·伊:《近代中国的警察》,加利福尼亚大学博士论文,1942 年,第 187 页。

们的人数引人注目地增长。

县警察武装成为县政府官员的膀臂。他们有固定报酬,但在物价上涨时报酬不增加。他们被派到有反抗行为的村庄去强迫纳税。他们的到达意味着村庄的巨大损失,因为必须设宴招待他们。村委会尽一切努力安抚他们,送他们上路到别处去。天野元之助报道说,河北省某县的县预算中只有 100 名警察的工资,但实际上共有 1 000 名警察,他们通过向他们巡查的每个村庄的住户榨取叫更多的金钱得到报酬。① 这无疑是一个警察腐败的特例。警察部队的规模通常较小,1940 年我们发现历城县只有 34 人,顺义县有 10 人,栾城县有 8 人。

地方政府的支出

从村庄征得的税收主要用于军队、警察和行政管理。1912—1919 年间,估计中国中央政府的岁入中有 30％～40％用于军事。② 1913 年河北省支出的一半用于军事行动,而同时山东省这一支出为 59％。1931 年河北省用在警察和县防卫方面的钱仍然占到了全部支出的 39％,还有38％用于教育。③ 如果计算用于维持地方行政的必要开支,则"警察、教育和自治这三个主要项目,几乎用去了地方政府总支出的 9/10,其余1/10用于建设、党务、财务管理、度量衡管理、救济等等。"④

当内战于 1929—1930 年结束时,地方政府开始更多的注意规范市场、推动教育、维护安定和提供地方防御。在这一地区再度被拖入战争

---

① 东亚研究所:《田赋与公众其他负担之研究》,第 3 卷第 51 页。

②《中国近代农业史资料》,第 2 卷第 608 页。1922—1930 年间中国平均每年爆发 10 次大的武装冲突。同上书,第 609 页。

③ C. M. 张:《中国地方政府的支出》,《中国经济月报》,第 7 卷第 6 期第 245 页(1934 年 6 月)。

④ 冯华德:《河北省地方政府的支出》,《中国经济月报》,第 7 卷第 12 期第 511 页(1934 年 12月)。另见 20 世纪 30 年代初对河北省北部一些县的调查中对县支出的考察(《北宁铁路沿线经济调查报告》)。其中有北京市、密云县、平谷、顺义、通县、固安、永清、武清、滦县、玉田和宛平等县的预算支出数据,在预算提案中,行政、教育和警察的支出是县支出的主要项目。冯华德:《河北省县财政支出之分析》,《中国经济研究》,第 2 卷第 1051 页。

深渊之前,有 3 个主要问题地方政府没有来得及解决。第一个问题是,由于想要用有限的资源作出很大成就,地方官员们过分扩展了他们的活动。这可以从地方警察的控制范围中看出来。经常性的支出是用于薪金,而不是用于装备一支较小的警察武装,使其行动更有效。1932 年,静海县 150 人的警察武装只拥有 64 支来复枪和不到 4 000 发子弹,而警察的支出占到了地方政府支出的 33%。[1] 在其他例子中,地方政府用了太多的财力扩大警察武装,却没有足够的钱修筑道路和扶助地方工业。1935 年冯华德发表了他对华北地方政府支出的一个详细研究的成果。他的结论是大部分额外税收用于县警察或雇佣额外增加的雇员;即是说,只是在"维持地方官僚机构的生存"。[2] 由于尽力这样做,官僚机构日益扩张、缺乏效率、毫无节制地使用公众的钱财。

第二个问题是,由于地方政府努力规范和促进教育、建立新工业、鼓励交通运输业和商业的发展,它日益陷入债务中。20 世纪 30 年代初期,省级预算中最大的支出是还债。债券不断地发行,为使它们对银行有吸引力,省政府要付出很高的利率。1934 年,偿付债券的费用是省预算中位于头等地位的支出项目。[3]

最后一个问题是,地方政府官员一直依赖低效腐败的传统征税体系。这一征税体系依靠的是继承这一没有正式报酬的半官方职位的个人。这种情况使这一体系容易腐败和受贿。农民自然而然地从他们认为是头等重要的个人利益出发作出反应。他们用尽一切他们可以使用的方法作弊,逃避交纳应交的赋税;例如,他们拒不报告他们经营的土地的实际面积。冯华德说农民们拥有的土地是他们向县税务部门报告的土地面积的两三倍。[4] 当农民购买土地时,他们只登记他们实际购买的

272

---

[1] 冯华德:《河北省地方政府的支出》,第 510 页。

[2] 冯华德:《县地方行政之财政基础》,《政治经济学报》,第 3 卷第 4 期第 747 页(1935 年 7 月)。

[3] C. M. 张:《中国地方政府的支出》,《中国经济月报》,第 7 卷第 6 期第 246 页(1934 年 6 月)。

[4] 冯华德:《河北一个村庄的田赋负担》,《中国经济月报》,第 7 卷第 3 期第 107～108 页(1934 年 3 月)。

土地面积的一半或 1/3。[1] 他们还逃避交纳土地典当或出售时征收的契税。买主和卖主低报土地价格，以便按照地价百分比应交的税可以相应地降低。[2] 另一种计谋是，买主和卖主订立一份典当契约代替土地出售时的地权转移契约，因为典当契约的税较低，而且可以在两年之间交纳，而地权转移契约的税较高，要在 6 个月之间交纳。

地方官员在 1930—1937 年间必须依赖旧的征税体系。这种体系固有的缺陷和弊病是众所周知的。主管官员缺乏训练有素的人员能帮助他们管理一个人口可能在 5 万～10 万人之间的农业县。因此，他们的控制很少能深入村庄。在地方官员的人数能够增加、征税体系得到改革之前，公共部门不可能获得充足的资金供给经济发展和倡导改革。在地方政府能够成为经济发展的火车头之前，实现这些步骤自然需要更多的时间。

---

[1] 《中国近代农业史资料》，第 3 卷第 57 页。
[2] 东亚研究所：《田赋与公众其他负担之研究》，第 3 卷第 64 页。

17. 对农村经济的无序干扰，1890—1949

在从芝罘到北京出售圣经并布道的旅行中，亚历山大·威廉森牧师评论说，华北平原看起来就像"一列加长'列车'，没有一座小山可以打破单调的景色：树木很少，丝毫不显眼。当我看着运河岸边的一条步行小路时，我的眼睛也到处看到同样的无边无际的种着冬小麦和烟草的旱地，一排排的麻类油料作物种在田边作为田地界限的标记。当我们到达村庄时，堤岸上总有一片片菜园，里面种着美味的山东大白菜、胡萝卜、红头和白头的大头菜、葱和其他各种厨房中烹调的食品。各地的人们外表也是一个样子，做同样的工作。"①19世纪末20世纪初到华北农村旅游的西方旅行家们认为华北是一个人口密集、作物品种极为多样的农业区。他们的观察中没有任何能够暗示华北迫在眉睫的贫困和农村经济崩溃的迹象。相反，他们描绘出的是一个相当富裕的地区的图画。

欧洲人首先留下了农村富饶的印象。1859年，海军少将霍普指挥一支派往中国的舰队，评估中国在华北沿海的军事力量。他评论说，"该县的这一部分（宁海一带）显然是我在中国见到的最富饶的地方——主要种植小麦、谷子和玉米——星罗棋布着村庄和树木。看起来相当富裕，

---

① 威廉森：《在华北、满洲与东蒙的旅行》，第1卷第199—200页。

并有很高的耕作水平。"①19世纪60年代后期,约翰·马卡姆从芝罘到鲁西南去参观孟子的出生地,他指出,"所有的平原和河谷中种植着大量谷物,各个品种都有,麻、烟草、豆类和各种蔬菜极为丰富。很多地区生产着大量豆油,成为一种极为重要的出口产品。"②

1908年,英国领事馆官员加勒特旅行时经过了河北省西北部的阜平,他后来写道,农村"到处都有很多耕种的迹象,新播下的小麦、一丛丛的麻类油料作物、房顶上晒着最近收获的高粱。但耕种完全限于村庄范围内。看来河谷中和我们头顶上的山峰上是越来越多的庙宇和祠堂"。③

或许给外国观察家留下最深刻印象的是农村养育的庞大人口。1894年6月前往热河的领事馆官员坎贝尔用下面的方式描述了北京周围的农村地区:"很难碰到一个人口比这里更为稠密的平原。到处可以看到大大小小的村庄,它们如此密集,以至你很少能离开某个村庄达一英里远。每个村庄的标记远看好像是一片树林,但实际上是一片稀疏的柳树、榆树、松树、杨树和槐树,这些树很多是用来荫蔽坟茔和墓地的。"④由于人口过多,边远地区显得落后,但并不是由习惯性的贫困造成的。一个在鲁东旅行的观察家评论说,"村庄看起来都很穷,尽管它们通常建筑得很好,房子用石头和土坯建造,整个村庄用一道墙围起来。几乎每个人都有一小块地,他耕种这块地,靠其产品生活,把剩余的产品拿到地方市场上出售。尽管人们如此之穷,却极少看到乞丐。"⑤

在以前曾经一度经济繁荣但由于交通条件的变化而衰退的地区,有一些20世纪20年代和30年代的观察家们曾引证过的农村贫穷的特征。一个传教士1897年春天写于恩县藩家庄的一封信是这样描述这一地区的:"这里的人几乎全部务农,这是一些相当温和的人,他们从来不会惹

---

① 英国外交部:秘密出版物,第831号第9页(1859年)。
② 约翰·马克海姆:《山东省笔记:从芝罘到孟子故里邹县的旅行》,《1869—1870年皇家亚细亚文会北中国报》,第25—26页。
③《加尼特先生在华北山区旅行报告》,英国外交部:秘密出版物,第9235号第13页(1908年)。
④《坎贝尔先生在直隶以外的旅行报告》,英国外交部:秘密出版物,第6512号第3页。
⑤ 英国外交部:秘密出版物,第8903号第7页。

麻烦,除非有知识界或官员的'帮助'。这是一个人口如此密集的地区——每平方英里的平均人口至少有 500 人——几乎没有东西可以输出,除了棉花和一些粗制的植物油,还有棉制品。农村太穷了,任何一种外国商品都买不起多少。中国这一部分的大多数城市都在大运河沿岸,自从南方来的漕米改从海路运输之后,这些城市一直在衰退。"①

这些报道描绘出这样一个地区:它生产各种各样的作物,在某些地方有几种作物已经实现专业化生产。农村星罗棋布着由房屋群落组成的数不清的村庄,村庄间只有一条土路连接,路的宽度可以让一辆大车通行。农村人口看起来已经相当多,有些县较贫困是由于它们或是距离大商业中心较远,或是贸易转向了其他地区。在收成正常、局势安宁的情况下,村庄显得较富裕,不虞缺乏食品。这一时期唯一严重的问题是像黄河这样的大河上下游周期性的洪水泛滥。

尽管 19 世纪末期看来洪水有明显增加,没有根本的能够影响收成的气候变化。华北一直极容易受洪水和干旱的袭击。② 在 19 世纪,山东发生过 30 次旱灾,河北发生过 47 次,每 10 年发生一次特别严重的旱灾,在一些县引起饥荒。③ 1822—1910 年间,河北只有过 58 次丰收,没有发生过一次困扰某些地区的较大的气候波动;山东只有 51 次丰收。④ 历史上,浙江和江苏省在所有有洪水和干旱次数记录的省里排在前位,但其他地区少报了灾情。11 世纪以后,这两个省成为北部各省主要的粮食产区,对记录气候变化及其对收成的影响的特别注意,可能造成申报的歉收数字各地相差悬殊。

华北发生干旱和洪水的主要原因是季风⑤和从内陆山区流向大海的河流携带的泥沙。清初,省一级政府曾努力疏浚较大的河流,在需要的

---

① 《美国驻天津领事馆通讯:1868—1906》,第 242 页。
② 卜凯:"地图集",第 30～31 页。
③ 天野元之助:《清代农业及其结构》,《亚洲研究》,第 3 卷第 1 期第 240 页(1956 年 10 月)。
④ 《中国近代农业史资料》,第 1 卷第 667～668 页。
⑤ 姚珊宇(译音):《中国历史上洪水和干旱的地理分布,公元前 206—公元 1911 年》,《远东季刊》,第 2 卷第 4 期第 365 页(1943 年 8 月)。

地方修筑堤防，所以有 60 年的时间没有发生重大洪灾。在大运河与黄河交汇之处，有一个独立的水利机关负责控制洪水，叫做"河道"总督（河督）。18 世纪河道成功地使洪水最少泛滥，这主要应归功于"地方政府的积极参与，经济有效地使用劳役，和帝国在其早期较少官僚作风时普遍的安定"。①

18 世纪，河道扩大并分为两个单独的部门，有 400 名正式官员和无数的候补人员。这一机构所作的决策逐渐笨拙无效。它无法找到了解其事业并控制不受约束的河流的技术人员。皇帝经常介入并作出一些错误的决策，这些决策使下级官员忧心忡忡，以至他们不能果断行事，不能把新的想法向上级报告。河督在预报洪水时更加无能而迟缓，一旦发生洪水，它也不能采取有效的预防步骤，使损失降到最低。随着时间的推移，河督需要更多的税金，花得也更多，但却没有改善对洪水的控制。由于一个庞大的吃闲饭的食客阶层吸干了帝国国库的活力，河督最终出现了下面的情况："其最初的目标与在其中工作的人们的既定利益产生了矛盾。因此，治理河道最重要的工程——护理堤坝——就被蓄意忽视，以使它们可以'更快地坍塌、更快地朽烂、更快地被冲垮，'由此理直气壮地要求更多的拨款。"②

到 19 世纪结束时，已经丧失了对黄河的有效控制，黄河直到 20 世纪中叶才回复旧河道。构成清初河督活动特点的效率和能力一去不返。1858 年黄河冲破其北部的堤坝，流入山东注入渤海湾，那以后洪水变得更为频繁。③ 19 世纪 80 年代，宫廷无能把这条河流置于特别控制之下，疏浚其下游河道，沿河岸建筑更好的堤坝，引起了西方人对政府再度把黄河置于人力控制之下的能力的批评。1886 年 6 月 18 日的《北华捷报》带着几分愤慨写道，"我们看到了如此之多的备忘录描述黄河状况，描述维修黄河堤岸约束洪水使其入海的必要性，以至我们对这一问题最近的

276

---

① 胡昌图（译音）：《清代的黄河治理》，《远东季刊》，第 14 卷第 4 期第 508 页（1955 年 8 月）。
② 胡昌图（译音）：《清代的黄河治理》，《远东季刊》，第 512 页。
③ 威廉·洛克哈特：《扬子江和黄河》，《皇家地理协会会报》，第 28 期第 288 页（1858 年）。

思虑完全不抱乐观态度。"①那以后每 10 年,这条河和其他大河至少有两到三次大洪水,对沿河数十个县的农业造成巨大损害,引起无数生命财产的损失。

这种农民经济特别容易受到 4 种重要的外部打击,农民不能预知也没有能力控制这些打击。我把这些打击称作无序干扰,因为它们与内部发展和周期性变化的一般模式无关,它们没有先兆,突然地发生,对农村经济造成严重的后果。这些干扰是自然灾害、战争、税收增加和价格波动。洪水、干旱、冰雹和虫灾在华北普遍地经常地引起收成下降,耗尽农民的储备。一旦种子和口粮的供给大幅度下降,土地播种面积就会减少,出现饥荒的威胁。

当战争爆发时,部队通过农村进行移动,靠土地提供给养。当它们在某个县城露营时,它们从附近的农场抢走猪和鸡鸭供军队食用,抢走耕畜运输武器弹药,甚至抓走青年男子搬运装备、服军事劳役。当农户失去家畜时,他们也就被剥夺了一个重要的肥料和畜力来源。猪对农场至关重要,因为它们能够供应肥料。为了给土地施与以前一样多的肥料,以防止土壤肥力下降,就要播种较少的土地,这又减少了下一年的收成。在耕畜和强壮男子被拉走服役的情况下,农户无法像以前一样有效地翻耕土地、播种、灌溉、中耕和收获。结果是产量下降,用于出售的作物的耕地面积减少,农民转向生产为自己消费的粮食作物。这一过程一个更为严重的后果是,丧失了财产不得不出卖土地的村民逃离村庄,流入城市去寻求工作。这种情形引起了一个奇特的悖论,在 1938 年之后的中国经常可以看到,即村庄劳动力短缺而集镇和大城市劳动力过剩。

在地方官员开始增加地方税收时,农民失去了他们本来可以用在农场资本和消费品上的收入。增税的影响多变而复杂。首先,农户可能更为努力工作以抵消税收造成的收入损失。如果征税继续并进一步增加,农民可能灰心丧气,不再投资更新他们的农场资本,这种情况会在较长

①《黄河的修治》,《北华捷报》(1886 年 6 月 18 日)。

277 时期迫使农民用劳动代替资本,降低生产率和产量。税收继续增加可能减少农民愿意出售的产品数量。

最后,由商业萧条造成的农产品价格下降使农场收入减少。如果价格下降长期持续,农民会减少他们对新资本的购买和对现有资本的更新。影响可能很严重,但通常是暂时的,因为价格剧烈下降并不常见,如果发生了也不会持续较长时间。由交通中断和城市商品短缺引起的价格迅速上升,使农民在集镇上的购买和他们在市场上出售的东西减少。出现这种情况是由于生活必需品的价格上升得比农民出售的粮食和纤维作物的价格更快。当农民以这种方式受剥削时,他们更少依赖市场,宁愿生产较多的供自己消费的产品。

军阀主义及其对农村经济的影响

已经出版过一些研究政治崩溃、军阀派系及其头目的产生和控制它们的军事集团的著作,但对军阀主义现象的彻底研究还有待进行。1911—1937年间,没有其他现象对农村造成过像敌对的军事集团互相争夺地盘时造成的这样的动乱和不幸。可以肯定,以河北省最为严重[1],对华北317个县造成破坏的1920—1921年的饥荒在很大程度上是由1920年和1921年的歉收引起的一场灾难。但20世纪20年代数百万农民从华北向东北移民却主要由于农村的安宁和秩序受到破坏和军阀部队造成的巨大财产损失。日本军队报告说,1925—1927年间,战争毁灭了山东济宁周围的地区,农民的损失估计为21.3万头牛、12万头骡子和44万头驴。[2] 13个县的几乎500万人受到这次冲突的影响,离开这一地区的移民人数众多。

---

[1] 北京华洋义赈会在直隶西部救灾工作报告,《1920—1921年华北的灾荒》,北京,1922年版。这一报告或许是对于灾害原因、损失程度和减灾所需步骤最好的说明。

[2] 满铁调查部:《1928年满洲的短期工人》,大连,1929年版,第120~121页;另见国立中央研究院社会科学研究所:《难民的东北流亡》,上海,1930年版。第14页指出在1927年和1929年间有7万多人逃离山东省的东北部。其中一半来自济南和青州。

同一时期津浦铁路和胶济铁路沿线的运输量由于战事减少了25％。[1] 通常由乡村流入泰安、大汶口、莒州和兖州的主要市场的棉花、小麦和花生之类农产品减少了,结果使济南和青岛储存的这些原料枯竭。这使制造业只有1/3或一半的生产能力开工。[2] 就业下降了,很多依靠这类工资收入的村庄遭受痛苦。城市物价在一两年时间内上涨了两三倍。村庄立即转回到为农户的消费生产粮食,城市部分地与农村隔绝,这是1938年之后将会突然袭击这一地区的灾难的前奏。

一个更为严重的问题是一群群失去控制、没有纪律的军队到处搜寻食物和住所。1930年南满铁路株式会社进行的一项研究估计,山东省21个地方驻有19.2万名军人,54个地方驻有29万名无组织的军人,没有正式的领导,不属于任何军事组织,46个县有近2万土匪。[3] 这些军队通过征收田赋附加、发行不可兑换的纸币作为其官兵的薪金、隐匿农民的大车和牲畜的方法养活自己。它们也是摊款增加的原因。很多农民不愿在这种情况下留在村里种地,他们离开他们的村庄逃往东北。1923年,全年经由华北各港迁往东北的农民约有34万人,这一数字迅速上升,到1927年超过了百万大关。[4] 农民能够对付歉收和洪水,他们带着他们的家财逃到其他地方,等到灾害过去,然后再回来。但这些军队的掠夺是另一回事。它通常意味着财产和生命的双重损失,所以本世纪最大的国内移民运动之一发生在20世纪20年代。

1931年以后向东北的迁徙停止了,部分是由于日本人占领了东北,部分是由于新的国民党政府恢复了华北的和平和秩序。华北享受了6年短暂的无战争的休息,到1936年,农业摆脱了萧条的影响得到了恢复。政府兴办了很多国内发展项目。农业连年丰富,粮食输入迅速减少。1937年战争的爆发改变了这一切。

---

[1] 岛津忠男编:《这次兵乱对济南及津浦铁路南段地区经济的影响》,青岛,1926年版,第2页。
[2] 岛津忠男编:《这次兵乱对济南及津浦铁路南段地区经济的影响》,青岛,第76—96页。
[3] 满铁调查部:《支那动乱与山东农村》,大连,1930年版,第20、27页。
[4] 福兰克林·L·何:《中国东北边疆的人口运动》,《中国数据集,1931》,上海,1931年版,第1页。

战争对农村经济的影响

在侵入华北后，日本军方意识到，这一地区应该满足它自己的需求，并向东北和日本输出粮食、棉麻和燃料。军队急于估价战争对农村造成的损失，以便可以采取适当的步骤增加粮食供给。它委托在华北的南满铁路株式会社调查班研究战争对农村经济的影响，保存下来的村庄和县的研究清晰地描绘出 1937—1939 年间发生的事情。

农村市场发生了错位，开始衰退。商人和地方上的金融业者逃离了集镇，几乎没有人留下来从事商品交易和提供信贷。粮食作物和工业用作物的运输量不像过去那样多，从城市输入的棉纱、布匹、糖、火柴、烟草、燃料和盐等消费品减少了。乡村失去了猪、耕畜、大车和强壮的青年男子。军队抢走猪作食物，抢走耕畜和大车拖运军粮和弹药，劳动力要运输物品或被抓走服兵役。

农户春耕时不能给土地施与以前同样多的肥料，耕作面积下降了。由于集镇和城市间的商品交换中断，以前专业化生产现金作物的村庄无法买到足够的粮食。农民不再继续种植现金作物，而是开始种植粮食作物。结果是现金作物种植面积下降，而在村庄资本及劳动力损失巨大的地区，粮食作物的种植也下降了。

城市中粮食极为缺乏，粮价上涨。工厂原料储备锐减，纱厂、榨油厂和其他依靠农村供应原料的企业原有的生产能力仅有 30％～50％开工。失业上升，工人被迫充当苦力，从被战争毁灭的村庄中逃出的农民加入他们的行列，又使其膨胀。城市生产并向乡村输出的商品更少，村庄生产并销往城市的粮食和工业用作物也更少。

后来，游击队的战斗和日本侵略军深入农村夺取村庄的粮食储备，加速了村庄、农村集镇继而城市受战争影响的进程。尽管日本人尽力保持铁路干线的运营，华北也仍然是一个城乡之间一直存在商品交换的整合性经济，城乡之间的商品流通却不断萎缩。一些关于具体村庄发生的事情的实例清晰地表明出现了经济衰退。

　　河北定县李村店村距县城 30 公里。① 该村 14％的农户拥有 42％的耕地，只有 12％的农户经营的土地超过 30 亩。全村产量的 3/4 是棉花，其次是马铃薯、花生、高粱和蔬菜。过去 40 年中纺织业一直是主要手工业，棉布输出到绥远和甘肃。当战争降临该县时，农民逃走或加入了军队，村庄劳动力供给减少到约为战前劳动力的 30％～50％。失去强劳力的农户把部分土地典当出去，因为他们无力经营他们的全部土地。1931 年只有 53 户人家典当土地，而 1938 年有 125 户人家典当土地。有地 30 亩以上的农民由于没有足够的劳动力而把他们较差的土地出租，自己耕种较好的土地。棉布贸易也衰退了，剥夺了很多农户的工作和收入。只有很少土地的农户不得不把劳动力派往别处。正常情况下，该村有很多劳动力到邻近的集镇上，但由于商人关闭了店铺外逃，这些农民现在必须远至察哈尔和沈阳寻找工作。

　　很多农具被损坏，从北京撤退下来的中国军队抢走了大量的猪和耕畜。由于骡子减少，农民打井、灌溉田地和耕地都发生了困难。猪的损失意味着肥料大量减少，农民把灰、草与黑豆混合起来作为一种不好的代用品。棉花种植下降得最快。有一个富裕农户 1936 年种了 55 亩棉花，1939 年减少到 34 亩，1940 年只种了 12 亩。在该县的农村市场上越来越难买到粮食，更多的农户开始种植马铃薯、谷子和水稻。消费品和农具仍然可以买到，但它们的价格提高了很多：1937—1940 年，农具的价格上涨了 4 倍，肥料价格上涨了 3 倍。"农民生活水平逐渐下降，战争引起的混乱和商品价格的上涨是商品交换萎缩的主要原因。"② 这一田野调查报告以下面这种暗淡的语气结束：除非这些情况很快改变，否则中国共产党就会在这个村庄和其他类似的地方得到发展。

---

① 满铁调查部：《事变后的华北农村》，天津，1942 年版。
② 满铁调查部：《事变后的华北农村》，天津，1942 年版，第 93 页。

山东惠民县的孙家庙村距县城 3 公里。[1] 约有 100 户人家 500 口人,种植棉花、马铃薯和粮食作物。该村自本世纪初起逐渐向植棉专业化发展。当战争降临该县时,有 15~20 户人家即全村户数的 1/5 外逃。手工业生产的衰退迫使只有很少土地的农民到县城打零工。离开村庄寻找工作的农村劳动力突然地大量增加。缺少劳动力但拥有土地的农户不是典当土地就是把土地出租给别的农户。佃耕土地的面积扩大,能够耕种土地的农户比以前多了。一些农民甚至能够不再租入土地,而是买地成为自耕农。猪和鸭子的数量减少了很多,用于植棉的耕地面积也下降了。以前全村有 90 亩土地种棉花,而 1939 年只有 27 亩地植棉,减少了约 70%。

京汉铁路线上的保定县石家村的情况与此类似。[2] 劳动力供给减少,耕畜和猪被抢,用于种植棉花的土地面积下降,消费品亦变得极为昂贵。家畜的损失意味着地里施的肥减少,农民灌溉他们的土地更为困难。在青岛郊外的一个村庄,大批家畜被军队抢走[3],结果是,农民减少了棉花种植,转向生产马铃薯。在河北盐山县的王石镇村,由于青壮年男子被征召服兵役,被地方警察征派修路,或者逃跑,劳动力的供给减少。[4] 有比以前更多的农户典当土地,很多农户出租土地,坚持收取实物地租而不要货币地租。共产党领导的八路军一直在这一地区活动,要求农民不要把粮食卖到集镇上去。这是他们减少乡村与日本人控制之下的城市之间商品交换的一个主要策略。[5] 令人感兴趣的是,到 1940 年,

281

---

① 中国农村经济研究所:《农村调查报告:日中事件对农村经济的影响》(1939 年),第 1~50 页。这一报告根据的是国立北京大学农业科学院的一个调查。

② 满铁北支事务局调查室:《京汉沿线地区农村之现状》,北京,1938 年版,第 1~31 页。

③ 满铁北支事务局调查室:《胶济铁路沿线——1937 年以后的农业调查报告》,1938 年版,第 1~80 页。

④ 北支经济调查所:《河北省盐山县第三区王石镇村调查报告》,1941 年,第 1~94 页。

⑤ 1938 年 2 月以后,很多共产党游击区实行了把棉花种植限于满足地方消费最低需求的政策。"在日本人控制最强的冀中,据说在 1942 年,真正适合植棉的土地中仅有 1/10 实际上种植了棉花。"见威廉·班德和克莱尔:《与中国共产党在一起的两年》,纽黑文,1948 年版,第 141~142 页。

日本人占领区的物价已经比共产党游击区的物价高了 1/3。[1] 由于村庄可以出售的剩余减少造成的粮食短缺,使城市的物价比农村高得多。

现在转过来看这整个地区的发展,1937—1939 年间,华北的植棉面积从 240 万亩减少到 50 万亩,产量从 625 万担减少到 150 万担。[2] 河北省植棉面积比这一地区其他地方减少得更甚。1933—1939 年间,山东省的花生种植面积从 370 万亩减少到了 84.1 万亩,产量从 1 050 万担下降到 300 万担。[3] 与 1936 年的水平相比,到 1943 年,烟草种植面积下降了 30%,棉花下降了 50%,小麦下降了 19%,高粱下降了 12%,豆类下降了 6%,全部 19 种作物的种植面积指数显示出下降率为 5%。[4] 显然,工业用作物的种植面积下降最多,作口粮用的粮食作物种植面积完全没有减少。

马铃薯、玉米和谷子得到了农民更多的注意,甚至水稻的种植面积也增加了。1940 年山东省共种植水稻 73 262 亩,河北种植 386 800 亩,而到 1942 年这两省水稻种植面积分别增加到 85 712 亩和 550 223 亩。[5] 正如人们根据种植面积这样大的增长所预料的那样,生产率下降了。还有人估计,小麦、高粱、玉米、马铃薯、谷子和豆类等作物的土地生产率在 1940 年以后也下降了。[6] 战前已经发生的商业化进程此时逆转了,农业生产力下降,这些变化又极大地影响了不同作物的土地利用。[7] 现在拥有劳动力和资本比战前少的农户转向口粮作物种植,意味着土地生产率

---

[1] 见《冀中区中部地方中共争取民众支持之努力的调查报告》,《驻华日本陆军机密大事日志》,第 40 卷第 38 页。

[2]《经济统计月志》,第 7 卷第 11 期第 275 页(1940 年 11 月)。

[3] 兴亚院政务部:《华北花生、花生油及花生饼之调查》,第 24 页。

[4] 马黎元:《战时华北农作物生产及敌伪对食粮之掠夺》,《社会科学杂志》,第 7 卷第 1 期第 69 页(1948 年 6 月)。

[5] 运粮城精谷株式会社调查部:《昭和十七年度华北蒙疆米谷生产运输概况调查》,天津,1942 年版,第 3 页。

[6] 马黎元,前引书,第 65 页。

[7] 马黎元,前引书。关于土地利用从现金作物向粮食作物转移的进一步的证据见柏佑贤:《华北农业商品生产之基础》,《东亚人文学报》,第 1 卷第 4 期第 159 页(1942 年 2 月)。

的下降。

不可能估计出战争最初几年中损失的猪、耕畜和大车等资本数量,也很难估测劳动力损失惨重的范围。战争的需求消耗了全中国村庄的劳动力。当劳动者被征召入伍或被动员修筑工事、飞机跑道、公路或运输设施时[1],只给村庄留下了很少的强壮男子照料和收割庄稼。妇女、小孩和老人代替了男人,但他们的体力不适合做这些工作,产量下降了。

1942 年对津浦铁路线上德县的一个大集镇及其附近的两个村庄所作的研究说明了劳动力条件是怎样变化的。[2] 坐落在县城外面的新中村有 70 户人家,但其中有 30 户是在过去几年中才搬进这个村庄的。老住户拥有的土地极少,大部分家庭在过去 50 年中分过一次或两次家。家庭农场变得如此之小,仅靠农业收入无法养活自己。1937 年以后,由于受到歉收和战争沉重打击的村庄中的农户流入该村,人口有了巨大增长。[3] 大部分新住户全家拥挤在一间房子里,在县城中工作。没有钱的人为了活命而乞讨。有点儿钱的家庭摆小吃摊,但大多数人做苦力工作,搬运货物。仅这个集镇的搬运工人数就从 1937 年的 3 万人增加到 1941 年的 5 万人。

---

[1] 当时中国其他地方这方面的实例见费孝通:《云南一个村庄的农业劳动》,《南开社会经济学报》,第 12 卷第 1~2 期合刊第 146~168 页(1941 年 1 月);汪荫元:《四川战时农工问题》,《四川经济季刊》,第 2 卷第 3 期第 105~109 页(1945 年 7 月)。汪提到在战时的四川用农民劳动力帮助军队和建筑工程极大地减少了农业劳动的供给。农户为雇佣农业工人要付出更高的工资,这引起了他们的生产成本上升。结果是,农民试图用限制种植面积和产量的方法降低生产成本。这只会造成粮价上升得更高。在中国其他地方,人们经常提到部分农村劳动力在战争中起的作用,这些例子很容易反复加倍,使人感到为了战争努力,有大量的人力从农村流出来。这方面的实例见杰拉尔德·F·温菲尔德:《中国:土地与人民》,纽约,1948 年版,该书第 195 页提到,四川省为修建新飞机场征募了 45 万工人;T. H. 怀特和 A. 雅各比《中国的怒吼》(纽约,1946 年版)第 67 页关于在军队中服役的中国劳动力数量;克莱尔和威廉·班德《与中国共产党在一起的两年》第 165 页讨论了日本人在华北强征农民修筑碉堡。

[2] 国立北京大学附设农村经济研究所:《山东省农村人口之运动》,北京,1942 年版;另一个关于劳动力在乡村和城市工厂之间流动的研究见吉田美之:《青岛纺织劳动事情》,《满铁调查月报》,第 20 卷第 6 期第 47~88 页(1940 年 6 月)。青岛的很多工厂工人来自山东省的胶县、即墨、莱阳、平度、益都和高密县。

[3] 国立北京大学附设农村经济研究所:《山东省农村人口之运动》,第 23~24 页。

1941 年集镇上的劳动力中约 70％来自几英里半径以内的村庄。这些人中有一些是七里堡来的做苦力工作的农民。[1] 该村距县城有一段距离,没有受到战争的破坏。它生产普通的粮食作物、蔬菜、花生和豆类。在该村的 240 户人家中,有 213 户耕种的土地不足 20 亩,19 户的农场面积在 20～50 亩之间,只有 8 户经营的土地超过 50 亩。耕地不足 20 亩的农户彼此合用他们的农具和耕畜,或向有较多土地的农户借用。1937 年以前,很多农户派出青年男子到集镇上工作,但 1937 年以后由于集镇上的工资提高,有更多的农民去那里工作。对赶大车的农民需求很大。看来该村没有出现严重的劳动力短缺。

农业生产受到破坏和城乡间的商品交换受阻是 1941 年以后华北物价迅速上涨的两个重要原因。然而,货币的供给也增加了,这一因素在引起物价上涨方面起了重要作用。1937 年以后物价逐渐向上运动,但直到 1941 年底,城市中商品严重缺乏,由农村输入的原料极少时,物价才真正开始直线上升。

1937—1941 年间,从山东到广东,沿海各省的批发物价提高了 5～6 倍(上海零售物价提高了 7 倍多一点)。[2] 在湖北、河南、广西和江苏各省,可以看到物价提高了将近 7～9 倍和 10 倍,当我们观察贵州、四川、陕西和甘肃时,物价提高了 10～15 倍(四川成都)。撤到内地进入大后方的军队需要粮食和住房。货币供给和军事开支的增加使物价高于沿海省份,后者交通和市场都发育得更好,日本人很快就使它们的运营恢

[1] 国立北京大学附设农村经济研究所:《山东省农村人口之运动》,第 89～90 页。

[2] 日本总领事馆特别调查班:《战时支那经济统计汇编》,上海,1942 年版。这些由银行收集的物价以 1937 年为基期。1937—1942 年的指数根据 25 种工业消费品、11 种食品、5 种燃料商品和 5 种杂项商品的零售价格编制。对 1940 年物价突然上涨之原因的讨论见德永清行:《华北紧急物价对策的一个断面》,《东亚经济论丛》,第 2 卷第 4 期第 38～39 页(1942 年 12 月);另见《江苏常州的农产品和农场消费品价格指数》,《经济统计月志》,第 8 卷第 7 期第 164 页(1941 年 7 月),这些价格指数显示出 1940 年的物价发生了急剧的跳跃。农场和农户费用指数逐渐一分一分地超过了农民出售的产品大米、小麦和干茧的价格指数。这一价格剪刀差意味着由于通货膨胀日益严重,交换价格条件不再对农民有利。生产成本迅速上升,集镇所付的价格低于生产成本,并远远低于农民为在集镇上购买商品必须付出的价格。

283

复了正常。几乎在所有的例子中，燃料和衣服价格都超过了食品价格的上涨，暗示出由于生产这些商品的工厂缺乏原料，生产成本迅速上升。这些原料来自农村，它们的生产受到了战争以及交通运输、市场和信贷衰退的影响，城市中原料短缺进一步尖锐化。

1941 年底，日本全面投入了战争，它依靠华北和东北供应更多的粮食和原料以维持其统治。这两个地区的粮食输入降到了零。就在农业生产已经受到破坏时，城市变得完全依靠农村供应粮食。尽管 1940—1941 年都是丰收年，"华北的生产仍然没有恢复到它战前的产量水平"。① 为了解决这一问题，军方于 1942 年制定了一个以限定价格购买粮食的计划，为日本人控制下的每个地区规定了提供不同粮食作物的配额。

尽管日本人不能控制农村，他们还是确定了所购的批量粮食的配额，力求其价格低于市场价格。在 1943 年和 1944 年购买到的粮食的实际数量远远没有达到计划购买量。1943 年他们只买到小麦计划配额的 62％。② 鲁西北和鲁中有 10 个地区，地方军事指挥官在以限定价格购买粮食时取得了一些成功。军队被命令进入村庄以确保真正收集到粮食并付款，1943 年济宁县每亩小麦购买额为 30 斤，而不是计划规定的 10 斤。③ 1943 年很多县获得了好收成，按照计划配额规定的价格收购的粮食比重最低 6％，最高为 31％，平均大概为 15％。④ 1944 年的歉收使日本人不可能买到 1943 年那样多的粮食。

1941—1945 年间的经济状况是一片空白，因为物价是仅存的证据。华北的年物价增长率 1942—1943 年为 10％，1943—1945 年为 25％。⑤ 1943 年以后物价增长速度快了两倍。3 个大城市的物价资料显示出物价上升得越快，城市就越深入这一国家的腹地。这一点可以在表 56 中

---

① 马黎元，前引书，第 75 页。
② 马黎元，前引书，第 76 页。
③ 马黎元，前引书，第 79 页。
④ 马黎元，前引书，第 81 页。
⑤ 林懋美：《抗战胜利后国民党统治期间华北物价之分析》，《燕京社会科学》，第 2 期第 167 页（1949 年 10 月）。

看到。这些指数说明了物价在1939—1941年间向上跳跃,1943年后再次上扬。1941年以后物价上升的速度表明,1938—1941年间出现的趋势只不过是在更大的程度上继续。商品的短缺明显更为严重,城乡间的贸易无疑仍然在进一步缩减。

表56 华北3个大城市的批发物价指数,1936—1944(以1936年为基期) 284

年　份	济南 a	天津 b	石门 c
1936	100	100	100
1937	—	117	—
1938	—	152	—
1939	—	226	—
1940	—	399	319
1941	366	450	394
1942	578	599	4 732
1943	1 678	893	774
1944	2 352	1 035	2 639

　　a　中国联合准备银行,《济南物价月报》第4卷第12期(1944年11月);1944年指数仅包括1～11月份。
　　b　中国联合准备银行,《天津物价月报》第3卷第12期(1944年12月)。
　　c　中国联合准备银行,《石门物价月报》第5卷第10期(1944年10月);1944年指数仅包括1～10月份。

农村经济和内战,1945—1949

　　日本战败并非经济恢复的开始。华北的农业和商业状况可能比这个国家其他任何地方更坏,因为战斗一直紧张激烈,共产党游击队的活动在使城市与农村隔绝方面取得了部分成功。华北的城市中食品和工业品的价格比中国其他任何城市都高。石门的小麦价格为每石47.9万元,山东荣城为每石72.9万元,而南京小麦价格为每石24.3万元,湖北的武昌为每石18.4万元。[1] 如果我们以100作为上海1948年2月不同

---

[1] 林松年:《一年来全国农情之回顾》,《中农月刊》,第8卷第6期第45页(1947年3月)。

商品的基础价格,则青岛和北京的大米价格指数分别高出 89％ 和 113％,面粉的价格指数济南高出 21％,北京高出 89％,棉花青岛高出 11％,北京高出 45％。① 北部和中部地区的豆类和其他农产品之间存在着同样的地区性价格差异。

285　　应该把战后农业产量的估计看作粗略的近似值,这些估计表明产量只有战前产量的 3/5 到 4/5。1946 年河北和山东的大豆产量只相当于1931—1937 年平均产量的 76％;河北的高粱产量仅为战前 1931—1937年平均产量的 62％,山东为 87％。② 1947 年山东的水稻产量仅为正常年份水稻收成的 64％,河北为 48％。③ 河北棉花产量为战前产量的56％,山东为 81％。④

几乎没有多少产品进入集镇和城市这一事实可以部分地解释粮食生产的减少。日本投降后运输系统接近于瘫痪,城乡之间交换的商品价格对农民极为不利,以至他们没有出售产品的动力。对陕西西安农产品价格的一个研究显示,1937—1947 年间,"农产品价格一直不能与普通消费品价格的提高保持同步"。⑤ 在长江流域各省,1946—1947 年进行的农村调查作出结论说,"乡村衰退的主要原因是稻米的价格没有和其他商品价格保持同步;稻米和其他农产品的价格不如日用消费品的价格上升得快。"⑥农民愿意卖掉他们的部分粮食换取一些生活必需品,但只有在首先确保他们的基本需求得到满足之后。

---

① 钱英男:《各地物价动态》,《中农月刊》,第 9 卷第 5 期第 71～72 页(1948 年 5 月)。

② 数据引自沈宗瀚、梅藉芳:《中国粮食问题与麦粮产销》,《中农月刊》,第 9 卷第 5 期第 25、30(1948 年 5 月)。(参考书目中记此文发表于《中农月刊》,第 8 卷第 11 期第 11～20 页,1947年 11 月,经核对,参考书目所记正确——译注。)

③ 太平洋经济研究社出版:《中国经济年鉴》,上海,1947 年版,第 48 页。

④《中国原棉的供求》,《中国经济学家》(1948 年 7 月 12 日),第 39 页。

⑤ 王殿俊:《近十年来西安农产品价格之研究》,《中农月刊》,第 8 卷第 10 期第 43 页(1947 年 10月)。石桦:《胜利以来我国农村经济概况》,《中农月刊》,第 9 卷第 4 期第 37 页(1948 年 4月),也强调农民购买力下降是由于农产品价格不能与城市消费品价格保持同步。石桦总结他的研究时说,"农民的实际收入天天下降,他们的购买力越来越低,农村经济陷于更为不幸的境地。"

⑥《中国经济年鉴》,第 60 页。

　　有一些村庄人口增长了,但市场受破坏使农民不能买到消费品并卖出他们的产品。耕种的土地面积减少,家畜和耕畜的供给下降。工业用作物的生产减少了,农民继续种植谷子、高粱和马铃薯之类粮食作物。尽管耕种较少的土地意味着耕地中有更大的比重可以灌溉,家畜的损失却意味着可以使用的肥料较少,因而产量下降。这些都是 1950 年一支农村调查队在山东看到的情形。① 我们只能推测在劳动力损失惨重的村庄中,这类状况要严重得多。

　　日本人通过修筑战壕和碉堡守卫重要的中心,用维修队修复被游击队破坏的路段,得以使铁路保持通车。共产党军队一再攻击和破坏运输线,拆掉不便防守的路段的铁轨,以便使城市与农村隔绝,断绝城市的供给,迫使其投降。1947 年 2 月 10 日的一份报纸上的报道声称,"自 1 月 1 日以来,他们(共产党军队)在胶济铁路沿线制造了 24 次骚乱,破坏了 99 节铁轨,烧毁了 431 根枕木和 5 座桥梁。"②1947 年 12 月,北宁铁路上的胥各庄和石门站共损失了 100 节铁轨,1.5 万根枕木和 400 根电话线杆。③ 1948 年 1 月北京—天津铁路管理局报告说,1947 年共发生了 522 次事故,131 公里的轨道受到破坏,115 座桥梁受损,425 名铁路员工被共产党军队俘虏。④ 北京到保定的铁路不断地长时间停运,在 1947 年第四季度中,交通仅维持了 16 天。⑤

　　劳动力继续为军事目的被征用。1947 年 2 月一家报纸报道说,"现在正在积极进行征兵和征收实物税,结果强壮男子不是变成强盗,就是在城市中过难民生活。因此,农村中的农业工人工资天天上涨,同时农产品的数量和质量都大幅度下降。"⑥很多村庄在春耕和秋收季节缺乏劳

---

① 中央农业部计划司编:《两年来的中国农村经济调查汇编》,上海,1952 年版,第 224～236 页。
② 美国,总领事馆,天津,《中国新闻评论》,缩微胶卷,第 6 号(1947 年 2 月 10 日)、第 1 号(1947 年 2 月 3 日)～第 347 号(1948 年 7 月 19 日)。
③ 美国,总领事馆,天津,《中国新闻评论》,缩微胶卷,第 208 号(1947 年 12 月 22 日)。
④ 美国,总领事馆,天津,《中国新闻评论》,缩微胶卷,第 215 号(1948 年 1 月 5 日)。
⑤ 美国,总领事馆,天津,《中国新闻评论》,缩微胶卷,第 518 号(1948 年 1 月 22 日)。
⑥ 美国,总领事馆,天津,《中国新闻评论》,缩微胶卷,第 268 号(1947 年 2 月 14 日)。

动力,而城市中却充斥着失业的人。"据去年由于战争而从遥远的村庄中跑出来的人说,农村已经荒废。人们集中在城市里,小孩和老人留在村中,在他们的牛马被没收、农具被破坏之后,他们将不能使用他们的土地。另一方面,在城市中有一支庞大的失业大军。由于物价,特别是大米、面粉、棉花和油之类日用必需品——这些东西都是农产品——的价格急剧上升,城市人口正苦于生计无着。"①

北京《世界日报》1948 年 7 月的一篇社论指出,天津西北的军队从穷苦家庭征召劳动力,并强迫他们以荒谬的低价出售他们的粮食,而同时却放过富裕户。"军队强行征购粮食所付的价格仅为市价的 1/8。"②政府也命令农民用粮食代替货币交纳赋税。收税人员经常无耻地使用不准确的度量衡器巧取豪夺农民的粮食。③ 作为田赋交纳的粮食通过村庄的保甲组织征收,然后交给警察,警察经常截留一大部分自己花用。

工业用作物的种植面积如棉花到 1947 年底减少了很多。那年 12 月据报道,河北省棉花种植总面积中可以向城镇提供原棉的不到 10%。"河北省棉田总面积中约有 71.2 万亩不是荒废就是落在共产党手中,现在种有棉花的仅限其余的 7 万亩。"④国民党政府不能用信贷和免税的手段使农业生产复苏,因为通货膨胀使生产成本提高得与农产品价格同样快。此外,赋税极大地增长,也提高了生产成本。在 1947 年秋天,来自冀东滦县的一个报道说,甚至在交纳过田赋之后,军方的赋税摊派每亩地仍在 2.5 万国币元到 4 万国币元不等。"如果把劳动力和肥料的成本都计入的话,从收成中获得的收入将会不能满足支出。"⑤

在内战激烈时,乡村较少出售它们的产品,而是藏起来不让警察、官员和军队发现。由于城镇和城市越来越难获得农村的产品,城市经济迅

---

① 美国,总领事馆,天津,《中国新闻评论》,缩微胶卷,第 641 号(1948 年 6 月 18 日)。
② 美国,总领事馆,天津,《中国新闻评论》,缩微胶卷,第 658 号(1948 年 7 月 9 日)。
③ 美国,总领事馆,天津,《中国新闻评论》,缩微胶卷,第 260 号(1947 年 2 月 5 日)。
④ 美国,总领事馆,天津,《中国新闻评论》,缩微胶卷,第 209 号(1947 年 12 月 23 日)。
⑤ 美国,总领事馆,天津,《中国新闻评论》,缩微胶卷,第 245 号(1947 年 2 月 18 日)。

速走向停滞。运输受阻使工厂煤的供给量减少。由于青岛得不到开滦的煤,它的纺织厂"不得不焚烧食品补充煤的不足"。[①]《大公报》的每周经济评论或许最好地描述了这一工业衰退过程。"依靠农产品的企业首先衰落,随后是使用进口原料的工厂停业。现在开始轮到依靠自然资源的工厂关闭,据报告产量已经急剧下降。难以想像的是,像中国这样一个农业国,竟然会让她的工业生产能力由于农业生产的低效而衰落。去年,面粉厂和精炼油企业也开始面临停滞。"[②]

为了支付军人和文职公务员的工资及报酬,货币供给不断增加。流通中货币迅速增长的速度与这笔货币收入被花掉的速度一样快。对城市商品价格会继续迅速上涨的预料,刺激城里人一拿到他们的收入就立刻花掉。这些支出加上食品与消费品的短缺日益恶化,使 1945—1948年间的物价直线上升。1947 年春天,由于主要集镇的货物短缺也逐渐严重,这些中心的物价与大城市的物价相同。现在,甚至集镇也与农村分隔开来。集镇上粮食的高价格阻止了城市商人在集镇买粮。东北与华北之间的联系也被切断,不能向华北供应粮食和燃料。[③] 到 1948 年春天,集镇和城市的情况如此之恶劣,以至企业家开始把他们的资本向四川和山西转移。3 月份发生了大量资本逃逸,有 200 亿元的资本从北京和天津汇往重庆。[④] 5 月份又有 70 亿汇往上海和香港。[⑤] 至此华北城乡经济完全崩溃。

---

① 美国,总领事馆,天津,《中国新闻评论》,缩微胶卷,第 229 号(1948 年 1 月 23 日)。
② 美国,总领事馆,天津,《中国新闻评论》,缩微胶卷,第 225 号(1948 年 1 月 19 日)。
③ 美国,总领事馆,天津,《中国新闻评论》,缩微胶卷,第 339 号(1947 年 5 月 9 日)。
④ 美国,总领事馆,天津,《中国新闻评论》,缩微胶卷,第 570 号(1948 年 3 月 26 日)。
⑤ 美国,总领事馆,天津,《中国新闻评论》,缩微胶卷,第 610 号(1948 年 5 月 12 日)。

18. 村庄和集镇：概述

几乎没有任何证据证明一个阶层对另一个阶层的剥削是严重的,或是与一个农村市场的运营相当的一贯的行为。不同的经济阶层通过市场以它们自己的最大利益行事,市场的高度竞争性把任何阶层能够加之于其他阶层的垄断权降到最低。地价、借贷成本和商品交换价值把农民卷入一系列连续的与其他农户或集镇的经济交往之中。

在每个村庄中每年都有一些农户把土地出租给别的农户。看来好像不存在农户完全不经营土地仅靠地租收入生活的情况。土地所有权制度的作用是使没有土地的农户和有土地的农户之间的土地利用均等。不能肯定新技术从一个农户传给了另一个。当地主改征收分成地租为定额地租时,佃农受到某种刺激要生产更多的产品。然而,在歉收时,很多农户退回到旧的分成地租制去。在比较贫瘠的土地上这种情形更常见。

佃农经营的土地只占村庄土地的较小比重,通常不到15%。富裕农户通过艰苦工作和好运气、农业之外的收入,或者极为偶然地发一笔横财而获得它们的土地。村庄土地所有权很容易发生变化,部分土地的所有权几乎每隔一年就有变化。土地是一种不断易手的资产,被用来借贷和还债。这就是为什么当事人之间对土地所有权的安排不能成为永久性关系的一个重要原因。

与很多人关于过去一段时间中村庄地权分配变得更为不均的断言相反,有证据显示这一地区的地权分配不是保持不变,就是变得更为平均。19世纪末的地权分配已经极不平均,有这一时期的资料并能与20世纪30年代的资料进行比较的地方,所有的迹象都表明地权分配没有变化。原因在于遗产继承时土地在所有男性继承人之间平均分割的习惯。这种做法使大地产分裂,阻止了土地一代又一代的在同一家庭中积累。尽管人口的逐渐扩大使平均农场面积缩小,这种继承制度还是阻止了地权分配变得比它已经达到的更不平均。不均等的存在是由于有些家庭比其他家庭有更大的能力和运气得到购买更多土地的收入。但有些村庄地权分配变得更不平均是由于自然灾害减少了收成和村庄收入。

不在地主住在集镇上或通商口岸,他们通过借贷制度获得他们的土地。他们无法经营这些土地,只能把土地出租给愿意租地的农民。正如一代人的时间中地权会在同一村庄的农户之间或不同村庄之间转移一样,地权也会在村庄和集镇之间转移。当许多农户还不起债务时,大批土地就落入高利贷者之手。很多农民由此成为以前属于他们所有的土地的佃农。对于村庄来说,这是否成其为一个严重问题主要取决于农产品和土地价格的发展趋势。像1938年以后那样迅速上升的价格使很多人能够归还他们的欠债并赎回他们的土地。除了在1931—1934年之间,这一地区几乎没有发生过严重的价格下跌。因此,地权没有不断地落入集镇上的富裕阶级手中。

尽管土地配置由农村土地所有权制度决定,住在集镇的不在地主向农民出租土地也成为农村借贷制度的一个副产品。农民用他们的土地作担保从集镇获得借款。当借贷需求增加时,城市中的积蓄转移到村庄去。由于缺乏任何替代的借贷制度,典当土地成为城镇向村庄提供可借贷资金的一种不可或缺的手段。还不起债务的农民成为他们典当出去的土地的佃农,但他们仍然能够通过归还借款赎回他们的土地。重要的是不在地主可能只拥有村庄土地的5%—10%。

大部分农村借贷由村庄中的富裕户提供。当需要较多的钱时，农民就到集镇上去借钱。春天的几个月里借贷从集镇向村庄季节性流动，村庄则在秋后把钱还给集镇。有时歉收会影响这种流动，因此迫使农户比平常借更多的钱。大丰收使农户能够归还长期拖欠的债务，甚至可以向不在地主购买土地。

每月 2% 和 3% 的利率反映的不仅是可借贷资金的短缺，还有放款的高风险。放款人从来不能保证他们的客户会归还借款。他们不能容易地把这种问题提交县城里的法院。诉讼昂贵而旷日持久，如果问题能够私下解决，当事人双方通常都会同意。月利率在一个世纪中保持不变，这种稳定只能说明，由于城市和农村的商业缓慢扩大，可借贷资金的供求以同样的比率增长。当新的村庄形成时，新的集镇也带着与旧的集镇上已存在的同样的借贷制度和惯例诞生。由于通商口岸经济的发展，借贷可以稍微低廉地从商人手中得到，这是出现在港口中心的一种发展，而不是在内地的城市。

290　商品在集镇上极其竞争性的市场条件下进行交换。1900 年以后，发展起了新的贸易行业，以前已经是小镇的中心变成了粮食和工业用作物的大集散地。19 世纪古老的公会的重要性降低了，并被新的商人团体取代。在历史上，农村市场是由地方政府指定作为商品交换的公开场所，只要交纳各种费用和赋税。众多的中间人为了农民带到市场上来的货物而彼此竞争。这些市场竞争的证据可以通过价格变动的季节性规律看出来，歉收或丰收只是加剧这种变动。大批中间人进入农村市场使商人很难统制贸易或垄断供给。

商品供给源头和最后销售市场之间的价格差距相当大。由于缺乏标准的计量单位和系统的销售程序，使城市商人有必要依靠众多的经纪人在内地为他们处理他们的业务。农民只是在价格急剧下降或突然上升时才会遇到销售困难。他们依赖市场获得现金和生活必需品自然使他们容易受价格波动的伤害，并迫使他们按照价格调整他们的家庭预算。这是在借贷制度没有相应的改进，可以向农民提供足够的借贷资金以避免这样的困境时,为了商业进步所付出的代价。对农民来说极为幸运的是价格运动是不断向上的,价格降低的次数既少,时间又短。

地方官员在持续不断的增税的压力下,没有得到如何改革征税制度的帮助和指导,因而他们不得不利用一个已经衰老到无用程度的制度。由于地方政府没有丈量耕地面积,并根据土地的真实价值为其估价,农民成功地避免了交纳全部新增加的对土地征收的赋税。地方政府增加税收主要是通过扩大向村庄摊派并加强征收赋税的地方警察机构。在村庄内部分配赋税负担的任务留给了村长和村委会。这种新方法在获得追加的税收方面工作顺利,但不幸的是导致了更大的官僚体系的建立,追加的收入不得不用来为这一官僚体系提供资金。

地方行政机构陷于人手不足的绝望中,其职员缺乏训练。这使农村的改革迟缓,迫使行政机构完全依靠清代的征税体系和村庄控制方法。这一体系由不领工资、由村民支付非正式报酬的人员组成。这些职位中有些甚至是世袭的。然而,1928—1937年间,在怎样建立政府在村庄中的更稳固的控制这一方面,地方政府开始缓慢地向令人满意的解决方向前进。它们命令在一定规模以下的村庄合并,在村庄和县之间建立一个 *291* 新的行政单位"乡",指令村长们更紧密地与地方官员协同工作,开始进行道路和水井这样的农村建设工程。更多的钱用于培训学校教师和建立农村小学。逐渐作出了复兴农村的努力,但在能够取得很多进步之前,日本人就侵入了华北。

在日本军队统治下,一些县进行了土地调查,调查完成后废除了旧的征税体系,集中了征税权。赋税增加了,但在赋税负担最初的增加之后,由于通货膨胀,农民可能并没有继续把收入中更大的比重用来交税。村庄的赋税负担可能仅在20世纪20年代中期和1937年及1938年农业生产受到破坏并衰退,赋税同时增加时才有所加重。实际收入的下降与赋税增加结合在一起,无疑提高了农民的赋税负担。然而,在我们所研究的这一时期的其余时间中,农产品价格上涨和非农业收入的增加使农民能够交纳赋税而不增加实际负担。

20 世纪 20 年代和 1938 年以后农村经济受到了沉重打击。这些干扰破坏了农场资本，使农业劳动力离开了村庄。村庄资本和人力的减少迫使农户减少他们能够有效经营的土地。农民作出了他们能够做到的最好的调整，他们减少了工业用作物的种植，改为种植生活消费必需的作物。日本人造成的商品短缺和军事开支增加的共同影响，使物价在 1939—1941 年间和 1943 年以后迅速上升。日本人在其军事控制区内成功地保持了运输通畅，维持了村庄和城镇的商品交换，尽管水平有很大降低。1945 年以后经济状况急剧恶化，农村很快就完全与大城镇隔绝。

19. 结 论

关于中国 1949 年以前农业状况的很多著作,在它们解释农业是怎样发展的和什么是农村的根本问题时,几乎都有一种教条主义的语气。这些著作最常见的主张是说村庄地权分配越来越不平均,在中国开始与西方通商以后,农民生活水平不断恶化,农民受到集镇上的富有阶级残酷剥削。由于这些原因,农民失去土地,农村债务增加,佃农的数量上升。还有人认为农业不能进步是由于农场太小,农村人口太多,小农阶级太保守落后,不能掌握新的耕作方法。对小农阶级的态度,一端是由一种他们一直受剥削的无可非议的感觉引起的同情,另一端是在断定农民太无知太可怜,不能改善他们状况的基础上产生的蔑视。

就在进行村庄田野调查工作时,这些观点和主张还占有神话一般的比重。结果是,很少有人受到鼓励让大量的农村资料经受检验和批评性的分析。因而,我们对于中国近代史上土地制度发展的理解,实际是一种对于农民应该怎样行为和组织农业生产的不同观点的混杂物。对于我们的发展过程观重要的是下面的主张,即社会经济关系决定农村财富的生产及其分配,这些关系在各方面的变化引起了一个独特的农村崩溃趋势,使中国不可避免地向土地危机接近。

本书进行的研究是为了确认这一模式的有效性,结果却强烈地显示出它必须被舍弃。与其他任何研究中国农村经济的学者的结论相比,我的研究结论更接近于 J. L. 卜凯的研究。卜凯提出了一系列解释,这些解释所依靠的明白无误的证据证明了农村的基本问题与农村社会经济关系完全无关。他极力主张中国农村问题的根源在于改进农业技术和政府提供各种各样的援助,使农民更为有效地经营他们的土地。卜凯的发现与本书作出的很多发现完全相同,但他的结论没有以人们可能预期的方式影响我对中国农民农业活动的理解。一个原因可能是他对农场经营管理和土地利用的过分强调及他没有考虑制度和市场结构。另一个原因可能是由于缺少一套系统的原则或理论来解释在经济发展的背景中农业是怎样发展的。除了强调一些基本理论作出结论外,用不着对此作进一步的推测。

293   首先,华北的农民经济取得了显著的成就,在不降低生活水平的条件下养育着膨胀的人口(战时除外),为不断扩大的城市经济提供了劳动力,向城市输送了粮食和工业用作物。考虑到半个世纪以来的政治不稳定、战争和其人民必须加以忍耐的可怜的政府,这种土地制度像人们可以指望的那样对这一地区的发展作出了贡献。由于农村经济阻碍进步,从而使通商口岸经济不能迅速发展的观点是完全错误的。如果有任何情况更接近于事实的话,那就是,农业不能发展得比现在更快,是由于通商口岸经济不能迅速工业化,并为农民经济引进技术变革。

第二,关键性的问题是缺乏任何促使农业技术迅速进步的制度。选育良种和改变不适当的耕作方式的试验,只是以一种极为渐进的方式帮助农民能够更集约更有效地利用他们的土地。一个从事搜寻新的高产品种并研究一系列相关农业问题的结构性制度,和一个把这些发现传播给农民的推广制度所能取得的成就,是前面这种方式无法比拟的。中国的地方政府没有兴趣或能力用这种方式改变传统的农业技术,也没有由地方政府作主的财力可以通过治水、建筑灌溉设施和修筑道路来稳定农业生产。

中国官员和学者一直认为农业对于社会福利十分重要,但又把农业视为一种低级产业,除了在发生大的自然灾害时以外,不值得为其提供财政支持。这种领导实际上很少知道什么能使农业兴旺。确实存在相反的例外情况。偶然会有一位官员或学者对农业技术发生兴趣,写下一部有关的著作。这样一部作品可能会多次再版,但它对农民的价值只取决于有权力的地方官员怎样把这些知识介绍到他们的行政区域中来。就这一点来说,要推广它可能始终是过早的,而迄今为止可利用的史料显示出,政府使这类书籍通俗化的努力太微弱而反复无常,不能在农艺方面产生革命。

　　由于安宁和最低程度的农业进步,村庄的数量增加了,甚至有些村庄的规模也扩大了。产量提高了,城市得到了更多的粮食和工业用作物,全国城市的商业和手工业都有所发展。有效经营更大面积的农场的技术和管理方面的限制,刺激了富裕农民把他们的财产和能力向城市商业领域的转移。由于这些原因,农业发展决定了城市发展的速率和特性以及农业能够供养的非农业人口的规模。不是城市发展新的工业和增进交通运输业在不变的基础上吸收大量农村人口,不是城市决定农业的 *294* 特性和进步,而是在 1890 年以前,农业在任何基本方面都没有受城市的影响。但我们的意思决不是说,中国近代经济发展的特征应该在她的城市发展中寻找,缺少的因素过去是现在仍然是农业中缺乏技术变革。

　　农民组织了农业生产和交换以满足城市对农村的要求。土地问题和农民的苦难只是在发生严重的天灾人祸干扰时才变得尖锐起来。当长时期保持安宁时,传统的技术变革演进太慢,不能使产量明显提高。落后的农业实践,特别是在与优良品种发展有关的领域,使农民不可能以两倍或三倍于人口增长率的速度提高产量。即使如此,传统技术的逐渐改进看来使农村能够在生活水平与过去半个世纪的水平等同的条件下,支持这一地区比重逐渐扩大的非农业人口。然而,没有一个技术上的突破,这个农村社会就不会对它的小农固有的正面特性给以高度评价:艰苦工作的能量;对新事物的敏锐反应;俭朴;理性的计划;预计得失的能力等等。尽管 1890 年以后一些新品种和化肥开始进入农村,但还不足以使产量加速增长。当政府不能使农业收成稳定,战争破坏了这一地区时,农民就丧失了通过种植现金作物所得到的收入和他们的非农业收入。

战争对村庄经济造成的后果自然是农民土地的巨大损失、向其他地区的移民潮、农场资本的损毁以至饥馑。这种农村经济有能力很快从这种倒退中恢复过来,并能在以后继续发展。但估测这一时期农民生活水平的发展趋势极为困难,因为系统收集的可靠资料如此之少。由于城市生活水平比村庄生活水平提高得略快,同时农村生活方式与城市居民生活方式的鲜明对照引人注目,因此,外人很容易错误地推断农村处于衰退状态。

对中国农业的整体研究将会是复杂棘手的。中国辽阔的面积和多样性使我们在使这个国家其他地区的农业理论化时必须小心谨慎。在灾荒不断的西北,众多农民一年四季处在饥饿的边缘上;在这种条件下人的精神经常感受到挫折,家庭经常崩溃。另一方面,中部各省的商业较为发展,农村状况更繁荣也更稳固。如果我的研究能促使其他学者对农业作出进一步的研究,可以建立一个中国农民经济的普遍理论的时间将很快到来。

附 录

A. 统计表

表 A-1　华北 10 村维持一个 5 口农家所必须的土地面积

县和村名	维持一个自耕农及其家庭必须的土地面积		维持一个佃农及其家庭必须的土地面积	样本村庄农民农场平均面积	
	亩/人	亩/户	亩/人	亩/人	亩/户
顺义,沙井 a	5	25		2.5	14
栾城,寺北柴 b	5	25	10 50	2.6	少于 10
昌黎,侯家营 c	10	50		4.7	28
昌黎,侯家营 d	6	30		4.7	28
良乡,吴店 e	5	25		3.1	少于 10
益都,五里堡 f	15	75		1.3	5.5
庆都,g1905 年北高岭、野杨、侯陀、南陶丘、十里铺	6	30		少于 2	少于 10

续　表

县和村名	维持一个自耕农及其家庭必须的土地面积		维持一个佃农及其家庭必须的土地面积	样本村庄农民农场平均面积	
	亩/人	亩/户	亩/人	亩/人	亩/户
恩县,后夏寨 h	5	25（有手工业和副业收入） 44（无手工业和副业收入）		少于 2	少于 10
历城,冷水沟 i	5	25		2.3	11.4
正定,罗辛庄 j	3	10		1.5	9.6

资料来源:a"惯调",第 1 卷第 67 页;b"惯调",第 3 卷第 6 页;c"惯调",第 5 卷第 150 页;d"惯调",第 5 卷第 5 页;e"惯调",第 6 卷第 6 页;f 国立北京大学附设农村经济研究所,《山东一个集镇之社会结构》,1942 年版,第 5 页;g《中国近代农业史资料》,第 1 卷第 196 页;h"惯调",第 4 卷第 10 页;i"惯调",第 4 卷第 2 页;j 相良典夫,第 144 页。

注:我没有标明村庄间存在的不同的地积计量单位。山东的亩要比河北的亩大。

表 A - 2　选定年份华北铁路收益的相关资料

年份	乘客人次	货运量（吨）	年收益（元）	支出（元）	每公里收益（元）	每公里支出（元）
A. 胶济铁路(469 公里)						
1905	—	—	1 912 298	—	4 807	—
1911	908 900	705 083	3 216 636	1 008 134	8 082	2 533
1912	1 230 043	852 001	4 239 661	1 175 755	10 652	2 954
1915	1 117 760	595 287	3 651 400	3 243 227	7 785	6 915
1920	2 945 132	1 074 672	12 937 402	16 081 691	27 585	34 289
1925	3 640 300	2 284 935	9 447 529	3 210 162	20 143	13 454
1930	3 734 731	2 052 206	12 573 688	7 718 227	26 809	16 456
1935	3 025 709	3 253 973	13 928 203	11 631 209	29 697	24 800

300

年份	乘客人次	货运量（吨）	年收益（元）	支出（元）	每公里收益(元)	每公里支出(元)
		B. 北京—南满铁路(466公里)				
1915	3 505 475	5 349 223	15 277 931	7 579 599	32 785	16 265
1920	5 076 032	6 827 283	23 146 505	8 528 765	49 670	18 302
1925	6 317 217	7 720 141	24 047 676	13 218 204	51 604	28 365
1931	7 349 544	10 123 122	42 758 750	20 107 283	91 756	47 400
1935	4 438 169	7 185 359	23 906 044	15 250 858	51 300	32 727
		C. 津浦铁路(1 105公里)				
1915	1 271 140	1 345 461	4 186 507	—	3 788	—
1920	3 210 240	2 941 371	15 358 368	—	13 899	—
1925	3 658 832	1 985 677	15 747 329	10 985 003	14 250	9 941
1930	2 109 239	1 212 055	13 377 823	11 202 295	12 106	10 137
1935	3 328 080	4 124 983	26 793 032	16 815 437	27 247	15 217
		D. 京汉铁路(1 338公里)				
1926	3 146 962	2 400 520	14 739 137	11 974 787	11 015	8 949
1930	2 063 160	2 321 850	20 138 467	14 799 986	15 051	11 061
1933	3 546 935	4 350 002	31 009 019	20 589 836	23 175	15 388
1935	4 141 804	5 912 786	36 706 225	19 485 413	27 433	14 563

资料来源：A. 1905—1911年：《海关十年报告，1902—1911年》，第253页；1912年：《海关十年报告，1912—1921年》，第244页。B. 满铁产业部，《华北经济综览》，东京，1938年版，第71—72页，附录。C. 同上，第67～68页，附录。D. 同上，第66页，附录。

表 A - 3　特殊变量对增加粮食进口之决定性影响的相关作用

301

依赖性变量	独立变量	回归系数	回归系数的标准误差	回归系数的有效位水平	两变量之间的相关系数
粮食占总进口百分比	收成（上下6点之内）	−1.924	1.641	无有效位	−0.30
华北粮食进口量(千担)	华北粮价指数	+89.858	12.262	极高有效位（0.1%）	−0.87

续　表

依赖性变量	独立变量	回归系数	回归系数的标准误差	回归系数的有效位水平	两变量之间的相关系数
小麦进口量（千公吨）	世界小麦价格以金价表示	−2.307	0.760	高有效位（1%）	−0.63
1公斤（小麦进口量）	世界小麦价格以金价表示	−0.878	0.126	极高有效位（0.1%）	−0.88
大米进口量（千公吨）	缅甸大米价格（每4 600磅卢比)a	−0.874	2.425	无有效位	−0.10

a. 由于找不到换算率，所以价格没有换算成每公吨黄金价值。尽管这一单位的差异会以一个固定的倍数影响回归系数，但回归系数的有效位水平和相关系数值是同样的。

表 A - 4　河北和山东的土地租佃形态(百分比)

租佃形态	(1)		(2)	
	河北	山东	河北	山东
货币定额地租	62.62	22.14	52.3	30.4
实物定额地租	17.62	36.58	21.6	30.5
实物分成地租	16.71	40.27	26.1	39.1
劳役地租	3.0	1.01	—	—
其他	0.05	—	—	—

资料来源：(1) 土地委员会，第43页；(2) 1935年农情报告。

302　　　表 A - 5　河北和山东之地权分配，按农场面积分组(百分比)

地权组别（亩)	(1)		(2)	(3)	地权组别（亩)	(4)
	河北	山东	河北	河北		山东
0～10	40.00	49.65	—	—	0～10	38
10～20	28.20	27.29	71.9	67.58	10～50	47
20～50	24.04	19.12	14.2	21.11	—	—
50以上	7.76	3.94	13.9	11.31	50以上	15

资料来源：(1) 土地委员会，第26页；(2) 满铁对河北农村的调查和柏佑贤，《华北的农村经济社会》，东京，1942年版第39页所提供的数据；(3) 1934年对河北省43县242村133 696农户的一个调查：数据引自冯和法主编，《中国农村经济资料》，上海，1935年版，第2卷第145～146页；(4) 第6次农村统计报告，农商部1920年统计，引自天野元之助，《支那农业经济论》，第319～325页。

表 A‐6 河北和山东土地所有权,20 世纪 30 年代(百分比)

地权形态	(1)		(2)		(3)		(4)	
	河北	山东	河北	山东	河北	山东	河北	山东
地主	1.89	1.46	—	—	—	—	—	—
地主兼自耕农	1.86	1.37	—	—	—	—	—	—
地主兼自耕农兼佃农	0.02	0.04	—	—	—	—	—	—
地主兼佃农	—	0.01	—	—	—	—	—	—
自耕农	71.35	74.73	67	74	68	72	79.8	77.5
自耕农兼佃农	10.95	10.38	20	16	21	19	15.6	18.1
佃农	5.48	4.61	13	10	11	9	4.6	4.4
佃农兼雇农	—	0.01	—	—	—	—	—	—
雇农	4.41	2.26	—	—	—	—	—	—
其他	4.04	5.13	—	—	—	—	—	—
合　计	100.00	100.00	100	100	100	100	100	100

资料来源:(1) 土地委员会,第 34 页,包括河北省 23 县 176 339 农产和山东省 18 县 255 692 农户。该调查中有第一栏中地权形态的详细解释。(2) 据中央农业实验所 1935 年对河北省 117 县和山东省 89 县之调查。只使用了三种地权形态,自耕农范畴中包括了拥有土地但不耕种的人。(3) 据满铁调查机关 20 世纪 30 年代的各种调查。使用三种地权形态。假定受调查的县能代表该省的地权状况。(4) 卜凯,《中国土地利用》,河北省 13 县和山东省 23 县的资料;亦见其统计资料第 57~58 页。

表 A‐7 促进或阻碍乡村租佃状况的因素,20 世纪 30 年代

县村名	租佃状况		影响农民收入的因素					
	(a) 佃农	(b) 半自耕农	(c) 人口密度	(d) 农村负债	(e) 位置	(f) 现金作物	(g) 手工业等	(h) 非农业就业
山东省								
A. 1. 益都,杜家庄	+	+	+	+	—	—	—	—
B. 1. 益都,小田家	—	+	+	—	+	+	—	+
2. 青岛,新韩口	—	+	+	—	+	+	—	+
3. 泰安,永洼	—	+	+	—	+	+	+	+
4. 安丘,翟山	—	+	+	—	+	+	+	+
5. 益都,五里堡	—	+	+	—	+	+	+	+
6. 历城,冷水沟	—	—	+	—	+	+	+	+

县村名	租佃状况		影响农民收入的因素					
	(a) 佃农	(b) 半自耕农	(c) 人口密度	(d) 农村负债	(e) 位置	(f) 现金作物	(g) 手工业等	(h) 非农业就业
7. 恩县,后夏寨	−	−	−	−	+	+	+	+
8. 历城,路家庄	−	−	+	−	+	+	+	+
9. 惠民,孙家庙	−	+	+	−	+	+	+	+
10. 益都,孟家路	−	+	+	−	+	+	+	+
11. 胶县,台头	−	+	+	−	+	+	+	+
12. 临清,太三里	−	+	+	−	+	+	−	+
河北省								
A. 1. 栾城,寺北柴	+	+	+	+	+	+	+	+
2. 良乡,吴店	+	+	+	+	−	+	−	+
3. 保定,洗马池	+	+	+	−	+	+	−	+
4. 冀北 24 县	+	+	+	−	−	+	−	+
5. 冀南 4 县	+	+	+	−	+	+	−	+
6. 通县,小齐村	+	+	+	+	+	+	−	+
B. 1. 昌黎,侯家营	−	+	−	−	+	−	+	+
2. 顺义,沙井	−	+	+	−	+	+	+	+
3. 涿县,新庄	−	−	+	−	+	+	+	+
4. 望都,王井	−	+	+	−	+	+	+	+
5. 定县,高头	−	−	+	−	+	+	+	+
6. 正定,方罗辛	−	−	+	−	+	+	+	+
7. 定县	−	+	+	−	+	+	+	+
8. 晋县	−	−	+	−	+	+	+	+

305　　资料来源:山东省。A. 1 与 B. 1,国立北京大学附设农村经济研究所,《山东省胶济铁路沿线地方农村之研究》;B. 2,满铁调查部,《青岛近郊农村实态调查报告》,北京,1939 年版;B. 3,北支经济调查室,《泰安县一个村庄的农业状况》,《满铁调查月报》,第 20 卷第 3 期(1940 年 3 月);B. 4,华北交通株式会社总裁室资业局,《铁路爱护村实态调查报告书》;B. 5,国立北京大学附设农村经济研究所,《山东一个集镇之社会结构》;B. 6,“惯调”,第 4 卷第 147～190 页;B. 7,“惯调”,第 4 卷第 459～475 页;B. 8,“惯调”,第 4 卷第 353～384 页;B. 9,石井利行,《华北的自耕农》,《满铁调查月报》,第 20 卷第 12 期(1940 年 12 月);B. 10,服部满江,《华北烟草种植普及以来农业经营的变化》,《满铁调查月报》,第 21 卷第 20 期(1944 年 12 月);B. 11,杨懋春,《一个中国乡村:山东台头》,纽约,1945 年版,第 3 章;B. 12,岸本光男,《山东省临清县农

村实态调查报告》,《满铁调查月报》,第 23 卷第 6 期(1943 年 6 月),另见同一论文第二部分,同上书,第 23 卷第 7 期(1943 年 7 月)。

河北省。A.1,"惯调",第 3 卷第 161～242 页;A.2,"惯调",第 5 卷第 509～539页;A.3,郑福刚(译音),《京汉铁路沿线农村杂记》,《满铁调查月报》,第 19 卷第 5 期(1939 年 5 月)第 140～141 页;A.4,张培刚,《冀北察东三十三县农村概况调查》,《社会科学杂志》,第 6 卷第 2 期(1935 年 6 月);A.5,齐武主编,《一个革命根据地的成长》,北京,1957 年版,第 101～116 页;A.6,天津事务所调查课,《华北植棉区农村事情》,天津,1936 年版,第 1～250 页。该村以前是一个种植谷物的村庄,但在 1921 年通州棉花实验场鼓励通州附近 15 个村子植棉。到 1936 年小齐村约 1/3 的土地种了棉花。农民收入提高了,很多农户获得了土地。尽管如此,佃农和半自耕农的户数仍然较高,可以把它视为租佃水平较高的村庄。但如果没有发生战争,继续加强植棉专业化或许会使租佃制减弱。B.1,"惯调",第 5 卷第 143～198 页;B.2,"惯调",第 1、2 卷;B.3,郑福刚,第 132～133 页;B.4,同上书,第 143～145 页;B.5,同上书,第 147～149 页;B.6,相良典夫,《粮食产区农村之农业生产关系与农产品商品化》,《满铁调查月报》,第 23 卷第 10 期第 134～158 页(1943 年 10 月)。本文在《满铁调查月报》,第 23 卷第 11 期(1943 年 11 月)续载;B.7,李景汉,《定县土地调查》,《社会科学》,第 1 卷第 2 期第 435～467 页;第 1 卷第 3 期第 803～872 页;B.8,中国农村经济研究所,《河北省晋县视察报告》,北京,1939 年版,第 1～23 页。

注:加号表示:(a) 5% 以上的农户是佃农;(b) 10% 以上的农户是半自耕农;(c) 人口密度高,50% 以上的农户拥有和耕种的土地不到 10 亩;(d) 由连续歉收等引起的村庄负债程度高;(e) 村庄距县城超过 10 公里,或没有公路、运河及铁路之类交通设施;(f) 全村耕地面积中 10% 以上种植一种完全供出售的现金作物;现金作物指棉花、烟草、大豆和花生。小麦可以被视为一种现金作物,但对于这里所列举的村庄来说不这样考虑;(g) 存在手工业和农村副业或有所增加;(h) 存在可观的非农业就业机会。

减号表示与上述情况相反。

B. 华北农情统计

农情统计对于检验解释农业重要关系的分析模式是必须的。尽管有一些不完整的资料能够用来说明变化方向,有更广泛的资料可以用来记录变化的规模及其原因,为了确定农情统计可能的用途,我们仍然需要了解它们的可靠程度。本附录的目的就是比较战前收集的各种农情统计,以说明利用这些资料估算农业产量时会遇到的一些困难。用来鉴定这些资料的统计分析会引起哪一种统计数据最可靠的问题,这里没有回答这一问题。

清代和民国的农情统计

出于征收赋税的目的,清廷一直致力于获得准确的农业统计。税收取决于准确的人口数量和耕地面积。18 世纪初,在人头税和土地税合并以后,由于税率不再改变,计量增加的耕地面积对于财政来说就变得更为重要。在满清行政体制中,农情统计是用下面的方法进行的。村长向县令及其助手报告农户数、农户大小和他们耕种的土地面积等。县令把他的县里的情况汇报给省里的布政使司,布政使司再把这些信息制成对北京的户部有用的资料。这一制度没有一种手段可以定期检测各种信息是否真实。除非县令作出努力对村庄进行检查,他的衙门看来极不可能了解农村的真实状况。

1905 年清政府终于开始致力于清查这个国家的财富,明白了用系统的认真的方式进行农业统计是达到这一目标所必须的第一步。它成立了农工商部,该部接管了省布政使司接收县令汇报的资料的任务。该部有时派出调查人员到指定的县记录并检验收集的资料,但它的工作人员太少,不能彻底地这样做。该部进行的主要改革是由县令整理出说明土地面积、农户数量、作物种类、作物种植面积、产量、现金作物的面积和产量、未开垦土地的面积和受灾面积的数据。① 此时收集到了较多的农情统计,但县令们依然依靠村长向他们提供农情统计。

这些统计的主要缺点是由于农民对腐化的官员不信任而造成的误差。晚清时所有各级官员腐败成风。县令有一笔固定的官俸,并不随着物价上升和行政工作的增加而改变。② 幕友的报酬必须由县令掏腰包,并且随着时代发展,当幕友们要求得到更多的薪金时,地方官员们被迫用手头可利用的任何手段补充他们自己的官俸。在一县之内他们的权力是无限的,他们收受贿赂,从税收中提取资金,书吏和征税员很快就跟

---

① 曲直生:《中国中央政府的农业统计》,《社会科学杂志》,第 4 卷第 2 期第 257 页(1933 年 6 月)。
② 从下面的数据中我们可以看到官员按品级排列的俸禄在清代没有变化。

品级	1794 年	1838 年	1871 年	1906 年
一	80 两	80	80	80
二	150 两	150	150	150
三	130 两	130	130	130
四	105 两	105	105	105
五	80 两	80	80	80
六	60 两	60	60	60
七	45 两	45	45	45
八	40 两	40	40	40
九	30 两	30	30	30

资料来源:《大清缙绅全书》,卷 1～4。另见张仲礼:《中国绅士的收入》,西雅图,1962 年版,第 11～15 页。

307

着这样干。① 腐败就像滚雪球,而负担不可避免地要落在农民头上。

农民尽其所能进行反抗:他们对征税员隐瞒财产,不报告真实的生产情况。我们从 20 世纪 30 年代县的调查中发现一些迹象,表明县政府上报的耕地面积与农田真实面积之间的差距有多么惊人。1934—1935年江苏省政府命令镇江和宜兴县进行一次土地调查,以便进行地籍整理。调查所得的耕地面积比以前为征税而登记的面积多出 20%～30%。② 1933 年冯华德收集了河北省几个村庄 100 户农家的资料,他发现登记的纳税土地和个人耕种的土地之间有两到三倍的差距。③ 1940年 9 月,日本人调查了冀东北的一些县,发现登记的土地为 8 732 419亩,而农民耕种的土地为 15 913 738 亩,近两倍于前者。④ 由于全国各地情况不同,并且随着一届届县长的离任而变化,要估算出登记的耕地和未申报的耕地之间的差距是不可能的。其幅度可能有 20%～30%,甚至于更大,看来无疑正式登记的耕地比实际水平低很多。

农工商部 1911 年发行了它的第一种公开出版物,1915 年发行第二种,1916 年第三种,接下来有六种,最后一种 1926 年发行。⑤ 1927—1928 年的内战干扰了该部在很多地区的活动。南京的国民党新政府希望有更好的农情统计,为了找到适合于农村情况的方法,在 1929 年初进行了一个试探性的项目,调查了江苏省的 269 个村庄。⑥ 1929—1933 年间,在立法院指导下,由邮政部门协助,进行了全国性的调查。要求县级官员报告他们对全县耕地面积、农户数、每种作物占总耕地面积的百分比和每种作物在正常年份每亩地的产量的估算。22 省 1 935 个县中,有

308

---

① 艾蒂安·包拉日:《传统中国的政治理论和行政实践》,伦敦,1965 年版,第 69～73 页;萧公权:《农业中国:19 世纪帝国的控制》,第 4 章;瞿同祖:《清代中国地方政府》,第 28～32 页。
② 赵迪华:《江苏省土地申报》,江苏,1935 年版,第 10 页。
③ 冯华德:《河北一个村庄农民赋税负担的笔记》,《中国经济月报》,第 7 卷第 3 期(1934 年 3 月)。
④ "惯行",第 6 卷第 1 页。
⑤ 在清国农工商部:《支那生产事业统计表》,天津,1912 年版,第 1、2 卷中可以看到首次发表的数据。
⑥ 曲直生:《中国中央政府的农业统计》,第 265 页。

1781个用这种方式进行了调查。对各县的报告进行分类处理的工作由政府新设立的统计局承担。然后根据旧的农工商部（此时改为农商部）和铁道部进行的省和县的调查资料对数据进行了核对。结果发表在政府刊物《统计月报》上。①

政府继续以同样的方法从这1781个县收集资料，直到1937年。数据处理由县税务部门的官员进行，结果送往统计局汇集发表。政府没有能力，为测算登记上报的耕地面积和实际的耕地面积之间的差距而进行全国性的土地调查。

在这一点上值得脱离主题谈一谈进行一次土地调查以估算私人拥有和实际耕作的土地面积有多么重要。日本人认为，在19世纪70年代初，完成他们的土地调查之后，新登记的耕地面积大大超过了以前登记纳税的耕地面积。新的土地登记册为农业部估算耕地面积和产量提供了统计基础。即使如此，看来农民在这次土地调查中还是成功地隐瞒了有关他们耕种的土地面积的情况②，他们的守口如瓶说明了农民对于官吏想要获得可靠的农田统计抱有多么深的恐惧。

日本人在占领台湾以后，于1898—1902年间进行了一次土地调查，发现调查出的耕地面积超出以前登记的耕地面积近2/3。③台湾很小，官员们清楚地知道农民对土地调查的抵制态度，征收田赋的需求强烈，所以日本人在他们的调查中极有可能没有遗漏一点耕地。耕地面积和

---

① 阿尔弗雷德·凯明·丘：《中国农村经济最近统计调查，1912—1932：对中国农业统计资料、收集资料的方法和农村经济状况之结论的研究》，博士论文，哈佛大学，1933年，第89～106页。

② 詹姆斯·中村治：《日本的农业生产与经济发展，1873—1922》，布林斯顿，1965年版，第1章。当一位著名中国学者写到有关调查中国农村的正确方法时，他警告说，"土地调查最大的困难是，它们可能会引起农民疑心政府想要增加田赋。"张世文：《农村社会调查方法》，四川，1943年版，第124页。

③ 台湾总督府民政部财务局税务课：《台湾税务史》，东京，1907年版，第1卷第104～110页。马若孟和阿德里安娜·钦：《日本殖民统治时期台湾的农业发展》，《亚洲研究杂志》，第23卷第4期第560～562页（1964年8月）。

产量资料使得早在 1910 年就有可能测算农业产量。[1]

对河北和山东农情统计的评价

把政府 1930 年的农情资料与 J. L. 卜凯同时期收集的资料进行比较,将会测定这两套数据之间是否存在某种产量上的对应。卜凯的统计资料一直被认为极为可靠。在他 1924 年完成他覆盖了华北和华中东部 7 个省的首次农村调查之后,他谨慎地作出结论说,"农场的数量尽管已大到足以代表各个地方,肯定还不够详细,不够要做出全国性的结论所必需的数量。"[2]正是为了克服这一缺陷,卜凯开始了第二次调查,这是一次范围更广泛的调查,调查结果于 1937 年发表。《中国土地利用》一书立即被推崇为收集可靠的中国农业统计资料的艰苦事业的一个里程碑。这部著作今天仍然受到巨大尊重,并被用作研究中国农民农业的一种不可缺少的参考资料。中国被分为一些农业区域,"对于每一种农业区域,都选择了一个有代表性的村庄,详细调查了 100 个农场。"[3]资料是用问卷的方法收集的,使用了来自调查现场的受过培训的人员。但资金短缺和人员不足使得每个省选样供调查的地点不能多于 14 处。[4]

卜凯的农情统计对估算产量有多大用处?像《统计月报》中的产量资料一样,卜凯的农情统计从来没有经受过认真的统计检验,它们却被接受作为一个估算粮食和纤维作物产量的基础。最近有三位学者利用《统计月报》和卜凯的资料估算了 20 世纪 30 年代初期的粮食供给。在

[1] S. C. 谢与 T. H. 李:《对台湾农业发展的分析——投入—产出和生产方式》,台北,1958 年版,第 3~4 页。

[2] 卜凯:《中国农家经济》,第 422 页。

[3] 卜凯:《中国土地利用》,第Ⅷ面。另见刘大中、钟团木、叶恭霞(均为译音):《中国大陆粮食作物的生产:战前与战后》,圣莫尼克,1964 年版,第 43~54 页。

[4]《中国土地利用》,第Ⅷ面。另见刘大中、钟团木、叶恭霞(均为译音):《中国大陆粮食作物的生产:战前与战后》,圣莫尼克,1964 年版。卜凯:"统计资料",第 209~227 页,指出产量数据来自山东省 14 县、河北省 10 县、江苏省 10 县和浙江省 8 县。山东与河北在抽样县中占最大比重。

进行了某种调整之后，他们得出了粮食产量的估计值，这个数字位于根据卜凯的资料所得的高估计值和根据《统计月报》所得的低估计值的中间。① 他们然后把他们的估算与中华人民共和国 20 世纪 50 年代初期公布的粮食产量估算作了比较。作出这些估算和比较都是有用的，为了帮助其他人做这类工作，我把卜凯和《统计月报》中山东与河北的资料作了某种检验，以确定哪一套资料具有或多或少的可靠性保证而可以利用。

在使用"代表性"这个术语时首先应该作出某种注释。一个"有代表性"的人口样本可能有两种含意：这个样本可能是随机选出的，在这种情况下，一个有合理规模的样本会与它由以挑选出来的人口有同样的中项和方差，样本中项和人口中项的分布会是同样的；样本也可能是非随机选出的，为了提供已知存在于人口中的不同条件的范围。在这种情况下，如果样本由以挑选出来的人口是正态分布，则样本中项应该大致与人口中项相同，但样本的方差可能较大。但如果人口分布是非对称的，样本的中项和方差都可能不同。

在下面的分析中，"代表性"是用第一种含意。为了根据人口方差检验样本方差，假定卜凯为了说明那些县和包括了河北和山东的这一地区的情况，村庄抽样是随机进行的。② 还必须假定从这些村庄中获得的资料在每个县都是正确的。如果样本不是随机的，方差同次性的检验结果就会没有意义，因为这一检验所根据的假定可能无效。在把卜凯调查的河北和山东 10～14 个有代表性的县的产量数据与《统计月报》中 ³¹⁴ 同一些县的数据进行比较时，我们必须记住，两种调查中耕地面积和作物产量都是由村长提供的。尽管由于已经叙述过的理由，这些数据可能被说成是有偏见的，我们还是预期在我们这两套数据中能看到某些相同之处。

问题在于要找到卜凯调查的地点和《统计月报》报告的各县产值的

---

① 刘、钟、叶，前引书，第 15 页。
② 卜凯，在他 1937 年土地利用研究的序言（第 XI～XII 面）中提出，尽管很难得到受过训练的人员，他还是尽力选择有代表性的地区。

中项和分布。尽管在两种调查中数据都来自于村庄样本,我还是宁愿把收集产量数据的单位定为县。首先,我把两个样本放在显示了6种主要作物不同产量水平的不同频率范围的直方图中进行比较(见图表B-1、B-2)。

卜凯调查的县太少,不能作出单独的直方图,所以把它们加在《统计月报》的数字上,用区县的总数来说明产量数值的变化范围。[①] 可以看到,关于山东省的小麦,卜凯的数据给出了一个相当合适的产量数值序列范围,正像《统计月报》所暗示的一样。但有两个例子有极高的数值,完全处于设定的序列之外。卜凯关于山东省高粱的数据显示出,由直方图所决定的中项密集性,周围的其他数值相当均等地分布,再一次有两个例外的极高的数值。这些产量数值确实脱出了常轨,直方图方法并不能提供一种对这些资料准确方便的检验,使中项的估算更为可靠。

图表 B-1 河北省主要作物产量直方图,1930

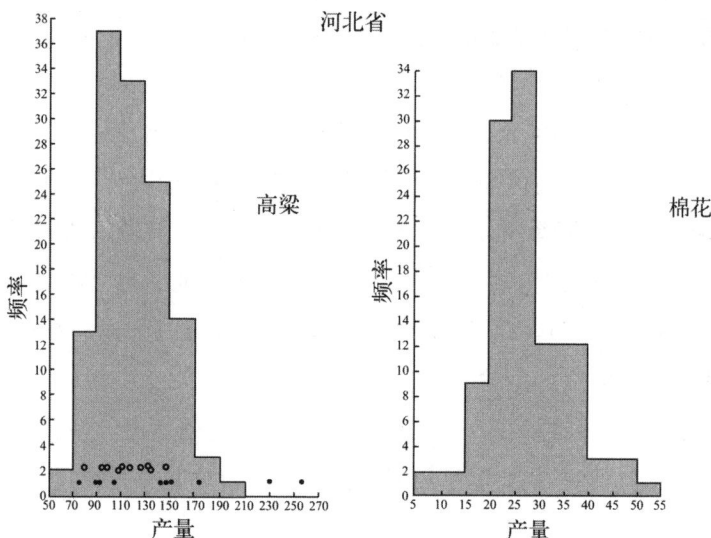

河北省

---

① 大部分统计测试都仅适用于合理地正常分布的数据。如果分布不正常,那么通常根据修正过的数据估算出的平均值要比原始数据的平均值更有意义,所以分析应该以修正过的数据为基础。幸运的是,图B-1和B-2距正常分布不太远,在任何情况下分析修正过的数据所得出的结论都没有本质的不同。

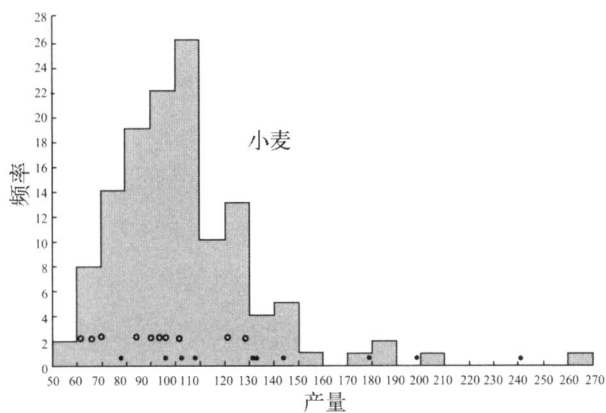

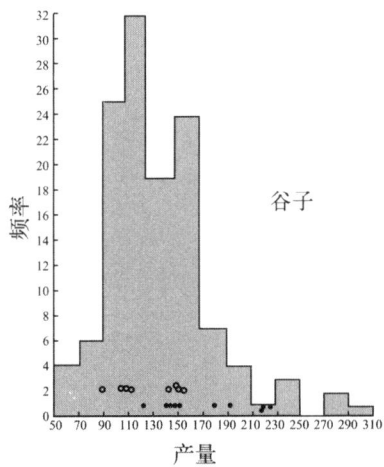

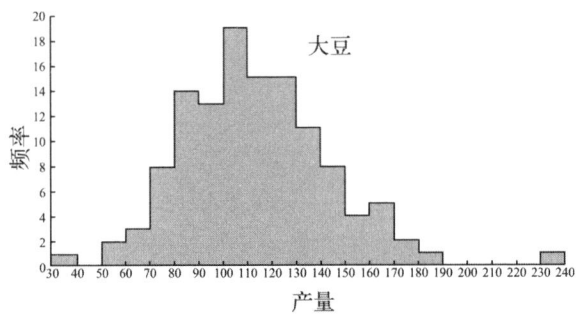

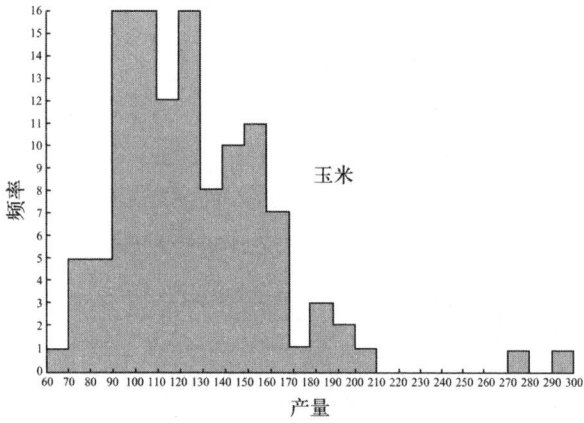

图表 B‑2　山东省主要作物产量直方图,1930

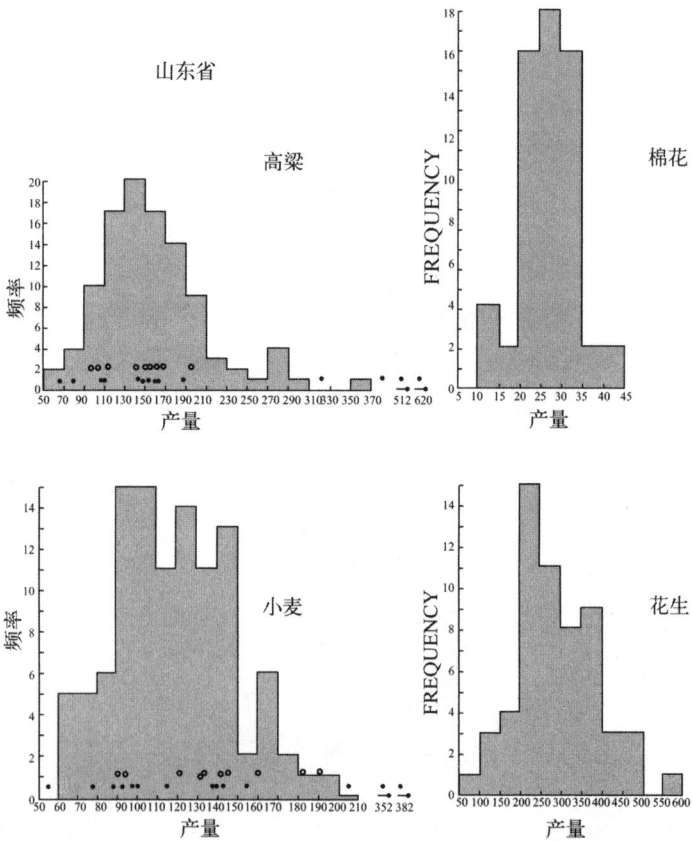

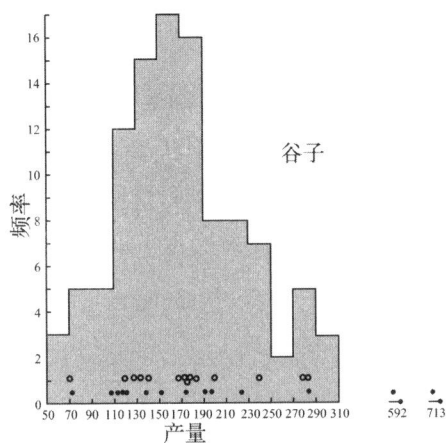

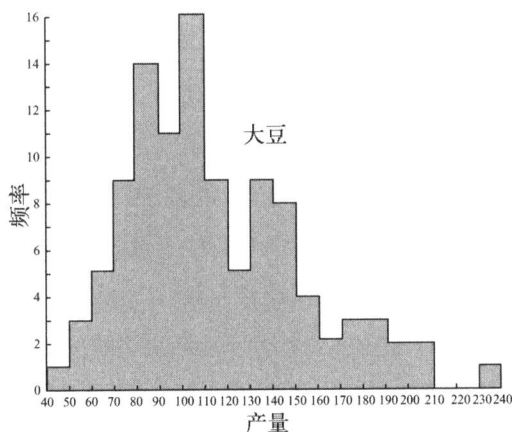

第二步,我把高粱、谷子和小麦产量数据中的中项和标准误差进行比较,以确定是否存在相似和差异。在这样做时,当把卜凯的 14 个县和《统计月报》中同一些县进行比较时,我们注意到在平均产量和标准误差中存在着差异。在比较河北省的 10 个县时发生了同样的事。如果卜凯和《统计月报》中数据的标准误差读数相同,我们就更能确信卜凯所考察的村庄显示出了真正代表每个县的情况。表 B-1 的标准误差中的广泛差异暗示出产量数值的范围像中项值一样变化极大。这些结果是用未经证明的假定来争论哪一种资料提供了真实的估算,可以据此确定(产量)中项。我们的统计比较没有提供证据证明哪一套数据更可靠,也无

法证明一个准确的中项估算是处在卜凯的高数字和《统计月报》的低数字的中间。

我们也可以根据表64（本书并无表64，疑为表 B－4 之误，下同——译注）的数据计算方差。结果显示出，在把《统计月报》中卜凯调查过的各县数据与所有县的数据进行比较时，方差是同次性的。卜凯调查的县只占我们这两省总县数的一小部分，当计算卜凯数据的方差，并与《统计月报》中所有县的方差进行比较时，结果显示卜凯数据的方差要高得多。这种情况下，河北省的谷子是仅有的例外。这是一个奇怪的结果，因为这种检验应该显示出，如果较小的统计范围即卜凯统计的各县能够代表该省的话，在与人口方差相对照时，两个不同统计资料中同一些县的方差应该是同样的。

暂时忽略一下这些结果，假设我们的检验可以确定卜凯数据的中项与《统计月报》中同一些县的数据中项不同。在山东省的例子中，我们可以把两个资料中的数据与《中国实业志：山东》中的数据进行比较。表64中一眼就能看出明显的差距。解释可能在于计量单位中存在的一个错误。当把卜凯的计量单位换算成《统计月报》中使用的单位时，换算系数中的一个错误可能造成了中项的差距。为了排除这样的错误，要把卜凯统计的各县的产量数据与《统计月报》中的数据进行相关分析，以确定相关系数是高还是低。期待的结果是，如果换算系数确实是中项差距的原因，相关分析就应该显示出样本县存在高相关，即使实际的读数不同。至于山东省小麦的例外，表B－2的结果显示出极低的相关系数。

在表B－2中可以看到，山东省小麦的最高数值0.736，只解释了各县小麦产量总振幅的54％。尽管在这个例子中有效位水平相当高，问题仍然是，它是否高到足以满足我们想要利用这些数据达到的目的？可能还没有。一种高相关不是足够的证据，因为我们所期望的是在所有的计算中，接近于完全相关。因而，为了解释我们的资料中项之间的差异，必须排除换算系数中的错误。

现在有必要逐县比较卜凯和《统计月报》的结果。因为每种资料对一个县的一种作物都只给出了一个产量数值,除了根据偶然的观察,我无法检验某一个县产量数值之间的差异。但是由于两种资料分别有10～14个县的数据,我们可以检验两种资料的中项是否存在差异。当然,由于土壤条件、耕作方法和技术的不同,某些地区会比其他地区有较高的产量数值。方差分析可能会为这一问题提出一些参考。

在方差分析中每个产量数值(Y_{ij})由一个一般中项(v)、一个具体的县(CI)、一种具体资料(SJ)和一个随机变量(E)决定。问题在于要找出两种统计资料(卜凯的样本和《统计月报》中同一些县的样本)对于产量是否给出了不同的答案。对于严肃认真的实验来说,如果所收集的数据是同一年的,两种资料对每个县的回答应该是非常一致的。这个问题类似于多重回归分析。我们可以把我们的公式写成 $Y_{ij} = v + CI + SJ + E$。我们希望知道 CI 和 SJ 是否不等于零。在检验不同县的情况(CI)的影响时,我们要问的是,平均说来,两种资料列举的县之间的差异是否一致。在检验不同资料(SJ)的影响时,我们要问的是,一种资料是否比另一种资料的数值更高。无论县之间的差异是否有意义,这种影响都可能存在,反之亦然。表 B-3 显示出这种检验产生的三种可能的结果,这是通过在逐县的基础上比较两种不同统计资料中的数据而得到的。

在事例 1 中我们看到县的影响很强而资料的影响不大。在事例 2 中哪一种影响都不存在,数据中也看不出规律。在事例 3 中县和资料的影响都很强。随机抽样所得的结果应该显示出,两种资料中所有县的中项近于同一。这应该是事例 1 的情况。如果我们的实际检验结果类似于事例 1,我们就可以确信来自两种资料的数据收集准确并真正代表了这一地区。事例 2 和事例 3 相反,暗示出资料收集得不准确,各县条件和资料收集方法的影响起了重要的决定性的作用。对卜凯和《统计月报》之数据的方差分析显示出,结果(见表 B-4)明显与事例 2 相似。

表 B-4 的结果表明,资料和县的影响都不重要,全部观察都完全可以按照随意的号码排列。来自两种资料有可比性的县之间没有重要的差距,不同资料之间也没有重要的差异是所有县共有的。少数例外的事

319

例应该作相应的解释。没有重要的县的影响证实了在表B-2中所发现的充分相关的缺乏。

表 B-1　山东、河北不同资料之平均产量和标准误差的比较

A. 山东 14 县的 3 种资料。			
（1）	卜凯统计的县		
	高粱	谷子	小麦
平均产量(斤/亩)	225.4	228.7	153.0
县产量之标准误差	169.1	188.9	98.3
（2）	《统计月报》与卜凯统计对应的县		
	高粱	谷子	小麦
平均产量(斤/亩)	163.0	176.4	129.6
县产量之标准误差	62.0	59.8	35.5
（3）	山东省的报告中与卜凯统计对应的县		
	小麦(1933)	小麦(1931、1932、1933 年平均)	
平均产量(斤/亩)	161.4	141.9	
县产量之标准误差	81.8	61.2	

B. 山东省 107 县的 3 种资料			
（1）	《统计月报》中全部有可用统计数据县的产量		
	高粱(105 县)	谷子(106 县)	小麦(107 县)
平均产量(斤/亩)	156.7	171.8	117.9
县产量之标准误差	52.6	56.6	28.4
（2）	山东省的报告中与卜凯统计对应的县		
	小麦(1933)	小麦(1931、1932、1933 年平均)	
平均产量(斤/亩)	132.8	125.5	
县产量之标准误差	60.1	60.1	

C. 河北省 10 县的两种资料				*317*
（1）	卜凯统计的县			
	高粱	谷子	小麦	
平均产量（斤/亩）	146.4	174.7	141.2	
县产量之标准误差	60.5	37.9	50.9	
（2）	《统计月报》与卜凯统计对应的县			
	高粱	谷子	小麦	
平均产量（斤/亩）	115.7	129.5	91.1	
县产量之标准误差	20.3	25.3	22.3	
D.《统计月报》河北省所有的县				
	高粱 （128 县）	谷子 （128 县）	小麦 （129 县）	
平均产量（斤/亩）	119.8	135.8	103.3	
县产量之标准误差	26.5	42.6	29.1	

　　资料来源：卜凯，"统计资料"，第 209 页；东亚研究所，《支那农业基础统计资料》，第 1 卷第 41、43 页；《中国实业志：山东》，第 2 章第 13～20 页，小麦，第 1 章第 1～17 页，高粱和谷子。

表 B-2　卜凯统计各县与《统计月报》及《中国实业志：山东》中　　　　　　*318*
同一些县资料之间的相关系数

A. 卜凯的数据与《统计月报》数据之比较			
相关系数			
省 山东 河北	高粱 0.573 0.146	谷子 0.138 0.166	小麦 0.736 0.687
B.《中国实业志：山东》数据与卜凯及《统计月报》数据之比较			
			相关系数 a
1. 卜凯数据与《中国实业志：山东》1933 年小麦数据			0.051
2.《统计月报》数据与《中国实业志：山东》1933 年小麦数据			0.264
3. 卜凯数据与三年（1931、1932、1933）平均数据			0.026
4.《统计月报》数据与三年（1931、1932、1933）平均数据			0.300

　　a　B 中的相关系数没有一个是重要的。

表 B - 3　逐县比较两套数据可以得到的三种可能结果

事例 1			事例 2			事例 3		
县	资料 A	资料 B	县	资料 A	资料 B	县	资料 A	资料 B
1	4	3	1	4	10	1	4	2
2	8	6	2	8	6	2	8	4
3	16	18	3	16	4	3	16	9
4	12	10	4	12	3	4	12	5
5	3	4	5	3	18	5	3	2
10 个读数之中项＝8.4			10 个读数之中项＝8.4			10 个读数之中项＝6.5		
资料 A 之中项＝8.6			资料 A 之中项＝8.6			资料 A 之中项＝8.6		
资料 B 之中项＝8.2			资料 B 之中项＝8.2			资料 B 之中项＝4.4		
县 1 之中项＝3.5			县 1 之中项＝7.0			县 1 之中项＝3.0		
县 2 之中项＝7.0			县 2 之中项＝7.0			县 2 之中项＝6.0		
县 3 之中项＝17.0			县 3 之中项＝10.0			县 3 之中项＝12.5		
县 4 之中项＝11.0			县 4 之中项＝7.5			县 4 之中项＝8.5		
县 5 之中项＝3.5			县 5 之中项＝10.5			县 5 之中项＝2.5		

　　根据这些统计检验,我们可以得出结论说,卜凯和《统计月报》的数据表明它们互不相符。还有一个问题是,是否存在任何统计基础可以用来断定真实的产量就在卜凯的高产量数据和《统计月报》的低产量数据之间的某个位置。卜凯的数据可能更为准确,因为他使用的人员来自这一区域,他们可能与村长们建立了更紧密的信任关系,因而有可能收集到比村长们通常提供给县里官员们的数据更为完整的资料。很难知道这到底是否属实,此外,卜凯的样本县仍然太少,只占每个省总县数的一小部分。《统计月报》数据特有的缺点是由于缺少受过培训的人员,调查人员没有能力核查从村长们那里得到的资料。

　　在检验表 B-4 中的中项差异时,上面的分析遇到了同样的障碍:两种资料的方差不相同。没有一套数据中含有可识别的本质上并不充分的内部证据。由于数据差距太大而值得怀疑。卜凯的数据方差比《统计月报》的数据方差高,可能是由于卜凯挑选这些县是为了对一个省所有县各种数值进行充分排列,而不是随机抽样。或者也可能是卜凯运用的数据收集技术与《统计月报》所用的不同。两种资料中同一些县的数据差异很大,没有规律,它们之间存在一种极不充分的低相关。

表 B-4　卜凯和《统计月报》同一些县数据的方差分析　　320

作物种类	差异来源	平方和	自由度	平方中项	F	有效位水平
高粱	县之间	288 840.1	13	22 218.5	2.18	N. S.
	资料之间	27 293.8	1	27 293.8	2.67	N. S.
	误差	132 726.4	13	10 209.7		
	合计	448 860.2	27			
谷子	县之间	275 255.4	13	21 173.5	1.17	N. S.
	资料之间	19 126.1	1	19 126.1	1.06	N. S.
	误差	234 886.3	13	18 068.2		
	合计	529 267.9	27			
小麦	县之间	104 506.8	13	8 039.0	2.78	＋
	资料之间	3 830.6	1	3 830.6	1.32	N. S.
	误差	37 621.5	13	2 894.0		
	合计	145 925.8	27			
高粱	县之间	19 960.9	9	2 217.9	1.19	N. S.
	资料之间	4 700.2	1	4 700.2	2.53	N. S.
	误差	16 735.0	9	1 859.4		
	合计	41 396.1	19			
谷子	县之间	9 983.0	8	1 247.9	1.36	N. S.
	资料之间	10 348.8	1	10 348.8	11.24	＋
	误差	7 363.7	8	920.5		
	合计	27 695.5	17			
小麦	县之间	20 908.2	9	2 323.1	3.04	N. S.
	资料之间	12 565.1	1	12 565.1	16.42	＋＋
	误差	6 885.3	9	765.0		
	合计	40 358.6	19			

结　论

　　我们开始我们的讨论时指出,战前中国从来没有建立过一个可靠的农情报告机构。依赖村长们汇报农情统计的制度所产生的资料极为可能不符合实际存在的农村状况。农民担心官员会向他们征收更多的赋税,是他们作出虚假的农情统计报告的主要原因。因而,产量和耕地面积的统计可能是所有农业统计中最不可靠的。低报的幅度可能从来不为人所知,甚至从来没有估计过,但在很多地区都是极高的。

　　我把《统计月报》中1930年的数据与卜凯在河北和山东各地收集的数据进行了比较,以说明这两套产量数据之间的中项和标准误差都不一致。由于没有任何相符之处,就提出了哪一种资料更可靠的问题。进一步的检验提出了下面的疑问:真实的产量是否接近于任何一套数据,是否有足够的可靠证据可以假设它可能是在这两套数据的中间位置上。不可避免的结论是,要知道哪一种资料对于估算1937年以前华北粮食供给更可靠是极为困难的。对其他省份的数据重复这些同样的检验完全可能会产生同样的结果。

321

参考书目

安部健夫:《雍正朝粮食供求研究》,《东洋史研究》,第 15 卷第 4 期(1957 年 3 月)。《胶州的农业惯例》,《工商经济月刊》,第 1 卷第 11 期(1927 年 11 月)。

艾伦、乔治・西里尔和奥德丽・G・唐尼索恩:《远东经济发展中的西方企业:中国与日本》,纽约,1945 年版。

天海谦三郎:《中国土地文书研究》,东京,1966 年版。

天野元之助:《支那田赋考察》,《满铁调查月报》,第 14 卷第 3 期(1934 年 2 月)。

——《山东省经济调查资料:山东农业经济论》,大连,1936 年版。

——《支那农业经济论》,东京,第 1 卷,1940 年版;第 2 卷,1942 年版。

——《中国农业问题》,东京,第 1 卷,1953 年版;第 2 卷,1953 年版。

——《旱地农业和〈齐民要术〉》,《东方学报》,第 25 期(1956 年)。

——《清代农业及其结构》,《亚洲研究》,第 3 卷第 2 期(1957 年 2 月)。

——《中国农业史研究》,东京,1962 年版。

安藤彦太郎:《满铁——日本帝国主义与中国》,东京,1965 年版。

安藤镇正:《华北农村的金融机构》,《当代亚洲的革命与法律:仁井田升博士追悼论文集》第 1 卷,东京,1966 年版。

阿诺德、尤莱恩等:《中国:工商业指南》,华盛顿,1926 年版。

马场锹太郎:《支那经济地理志制度全编》,东京,1928 年版。

艾蒂安・包拉日:《传统中国的政治理论和行政现实》,伦敦,1965 年版。

班德、威廉和克莱尔:《与中国共产党在一起的两年》,纽黑文,1948 年版。

奈特・比格斯塔夫:《近代化和近代早期的中国》,《亚洲研究杂志》,第 24 卷第 4 期(1955 年 8 月)。

约翰・博彻特:《中国气候新图》,《美国地理学家协会年鉴》,第 37 期(1947 年)。

约翰·洛辛·卜凯:《中国农家经济:中国七省十七地区二八六六田场之研究》,芝加哥,1930年版。

——《中国土地利用:中国二二省一六八地区一六七八六田场及三八二五六农家之研究》,上海,1937年版。

——《中国土地利用:地图集》,芝加哥,1937年版。

——《中国土地利用:统计资料》,芝加哥,1937年版。

——《中国农业的几个基本问题》,纽约,1947年版。

——《中国土地的实际和理论》,《国外事务》,第28卷第1期(1949年10月)。

珀尔·卜凯:《美丽的地球》,纽约,1931年版。

《中国近代农业史资料》,3卷本,第1卷,李文治编,第2、3卷,章有义编。北京,1957年版。

翟克:《中国农村问题之研究》,广州,1933年版。

C. C. 张:《中国粮食问题》,《中国数据集,1931》,上海,1931年版。

C. M. 张:《中国地方政府的支出》,《中国经济月报》,第7卷第1期。(1934年6月)。

张仲礼:《中国绅士——关于其在19世纪中国社会中作用的研究》,西雅图,1955年版。

——《中国绅士的收入》,西雅图,1962年版。

张约翰:《中国大陆的工业发展,1912—1949》,《经济史杂志》,第27卷第1期(1967年3月)。

张培刚:《冀北察东三十三县农村概况调查》,《社会科学杂志》,第6卷第2期(1935年6月)。

——《清苑的农家经济》,《社会科学杂志》,第7卷第1期(1936年3月)、第2期(1936年6月),第8卷第1期(1937年3月)。

张世文:《农村社会调查方法》,四川,1947年版。

张铁铮:《北平粮市概况》,《社会科学杂志》,第8卷第1期(1937年3月)。

赵丰田:《晚清五十年经济思想史》,《燕京学报》专题论文丛书,第18号。北京,1939年版。

赵才彪(译音):《中国十二省粮食产量统计研究》,康奈尔大学博士论文,1933年。

陈正谟:《中国各省的地租》,上海,1936年版。

陈山荣:《中华农学会成立二十周年概况》,《中华农学会报》,第155号(1936年12月)。

陈翰笙:《当前中国的土地问题》,上海,1933年版。

——《工业资本与中国农民》,上海,1939年版。

郑玉贵(译音):《中国外贸和工业的发展:1948年的历史和综合分析》,华盛顿,1956年版。

让·谢诺:《1919 至 1927 年的中国工人运动》,巴黎,1962 年版。

齐武主编:《一个革命根据地的成长》,北京,1957 年版。

《胶澳志》,共 3 卷,青岛,1928 年版。

乔启明:《中国农村人口之结构及其消长》,《东方杂志》,第 32 号(1935 年 1 月)。

千家驹:《中国农村经济论文集》,上海,1936 年版。

钱英男:《各地物价动态》,《中农月刊》,第 9 卷第 5 期(1948 年 5 月)。

金轮海:《中国农村经济研究》,上海,1937 年版。

《近年河北省三十五县之人口状况》,《冀察调查统计丛刊》,第 1 卷第 1 期(1936 年 9 月)。

《中国原棉供求》,《中国经济学家》(1948 年 7 月 12 日)。

《中国花生的生产和输出》,《中国经济月刊》,第 10 卷第 2 期(1932 年 2 月)。

景苏、罗仑:《清代山东经营地主底社会性质》,山东,1957 年版。

阿尔弗雷德·凯明·丘:《中国农村经济最近之调查统计,1912—1932:中国农业统计资料研究》,哈佛大学博士论文,1933 年。

调查部:《支那动乱与山东农村》,大连,1930 年版。

曲直生:《河北省八县合作社农民耕田状况之一部分》,《社会科学杂志》,第 4 卷第 1 期(1933 年 3 月)。

——《中国中央政府的农业统计》,《社会科学杂志》,第 4 卷第 2 期(1933 年 6 月)。

中支建设资料整备委员:《支那的工具问题》,上海,1940 年版。

朱 T. S. 、T. 金:《河北省的棉花市场》,北京,1929 年版。

中国农村经济研究所:《河北省晋县视察报告》,北京,1939 年版。

中国联合准备银行编:《济南物价月报》,第 1 卷第 1 期至第 4 卷第 12 期(1941 年 1 月—1944 年 11 月)。

——《石门物价月报》,第 1 卷第 5 期至第 5 卷第 10 期(1941 年 5 月—1944 年 8—10 月)。

——《天津物价月报》,第 1 卷第 1 期至第 3 卷第 12 期(1942 年 7 月—1944 年 12 月)。

《中国经济年鉴》,太平洋经济研究社出版,上海,1947 年版。

中国科学院上海经济研究所编:《上海解放前物价资料汇编,1921—1957》,上海,1958 年版。

中国史学会编:《洋务运动》,共 8 卷,北京,1961 年版。

《中国实业志:山东》,上海,1934 年版。

中央农业部计划司编:《两年来的中国农村经济调查汇编》,上海,1952 年版。

中央银行经济研究处:《中国农业金融概要》,上海,1936 年版。

《中国农村惯行调查》,第 1 卷,1952 年;第 2 卷,1954 年;第 3 卷,1955 年;第 4 卷,1955 年;第 5 卷,1957 年;第 6 卷,1958 年。东京。

《美国驻天津领事馆通讯:1868—1906》,国家档案馆,华盛顿。

罗纳德·多尔:《日本的农业改革,1870—1900》,《经济发展和文化变革》(1960年10月)。

《恩县志》,共10卷,上海,1908年版。

《1920—1921年华北的灾荒》,北京华洋义赈会在直隶西部救灾工作报告。北京,1922年版。

方显廷:《中国土地问题文献述评》,《政治经济学报》,第3卷第4期(1935年7月)。

——《中国经济研究》,共2卷,上海,1938年版。

《山东芝罘的农场和果园》,《工商经济月刊》,第3卷第1期(1928年7月)。

费孝通:《中国农民生活》,伦敦,1939年出版,1962年再版。

——《云南一个村庄的农业劳动》,《南开社会经济学报》,第12卷第1~2期(1941年1月)。

——《农民和绅士:对中国社会结构及其变革的一种诠释》,《美国社会学杂志》,第52卷第1期(1949年7月)。

——《农村工业化问题》,《中国经济学家》(1948年4月26日)。

——《农村工业化的金融问题》,《中国经济学家》(1948年8月2日)。

——《中国绅士:城乡关系论文集》,玛格丽特·帕克·雷德菲尔德编校,包括由荣德周(译音)收集的6个中国绅士家庭的生活史和罗伯特·雷德菲尔德所作的序。芝加哥,1953年版。

——和张之毅:《乡土中国》,芝加哥,1945年版。

冯和法编:《中国农村经济论:农村经济论文选集》,上海,1934年版。

——《中国农村经济资料》,共2卷,上海,1935年版。

H.T.冯:《河北省地方政府的支出》,《中国经济月报》,第7卷第12期(1934年12月)。

冯华德:《县地方行政之财政基础》,《政治经济学报》,第3卷第4期(1935年7月)。

——《河北省定县的牙税》,《政治经济学报》,第5卷第2期(1937年)。

H.D.方:《天津棉花终端市场》,《中国经济月报》,第7卷第7期(1934年7月)。

乔治·M·福斯特:《农民社会和有限利益的写照》,《美国人类学家》,第67卷第2期(1965年4月)。

莫里斯·弗里德曼:《中国的血缘与社会:福建与广东》,伦敦,1966年版。

莫顿·弗雷德H.:《中国社区研究》,《远东季刊》,第14卷第1期(1954年11月)。

藤田敬一:《清代山东经营地主底社会性质》,《为了新的史学》,第3期(1966年2月)。

福岛正夫:《冈松叁太郎博士的台湾旧习惯调查与末弘严太郎博士在华北农村惯行调查中的作用》,《东洋文化》,第25期(1958年3月)。

福岛要一:《华北农业的技术水平》,《东洋文化》,第4期(1950年11月)。

外务省通商局:《清国事情》,共2卷,东京,1907年版。

学术部委员会、东亚研究所第六调查会：《支那土地法惯行序说》，东京，1942年版。

西德尼·D·甘布尔：《一个中国人的互助储金会》，《远东季刊》，第4卷第1期（1944年11月）。

——《定县：华北一个农村共同体》，纽约，1954年版。

——《华北的村庄：1933年前的社会、政治和经济活动》，伯克利和洛杉矶，1963年版。

后藤文治：《潍县的棉织业》，《满铁调查月报》，第23卷第6期（1942年8月）。

英国外交部：秘密出版物，第6512、9235、8517号。

H. J. 哈巴库克：《19世纪欧洲的家庭结构与经济变革》，《经济史杂志》，第15卷第1期（1955年）。

韩德章：《河北省深泽县农场经营调查》，《社会科学杂志》，第5卷第2期（1934年6月）。

旗田巍：《华北村落自治的一种形态——论村民会议的结构》，《加藤博士六十寿辰东洋史论文集》，东京，1941年版。

——《华北农村协作关系的历史性质——"看青"的发展过程》，《历史学研究》，第139期（1949年5月）。

——《华北农村共同体中的"开叶子"习惯——村落共同体关系的再考察》，《史学杂志》，第58卷第4期（1949年10月）。

——《中国土地改革的历史特点》，《东洋文化》，第4期（1950年11月）。

——《旧中国村落共同体特性的考察：村庄的土地与村民》，《人文研究杂志》，第51期（1966年2月）。

服部满江：《华北烟草种植普及以来农业经营的变化》，《满铁调查月报》，第21卷第20期（1944年12月）。

黑山和徐正学：《农村问题》，南京，1936年版。

哈罗德·C·欣顿：《中国的漕粮制度，1845—1911》，马萨诸塞，剑桥，1956年版。

福兰克林·L·何：《华北的批发物价和物价指数，1913—1928》，天津，1929年版。

——《中国东北边疆的人口运动》，《中国社会政治科学评论》，第15卷第3期（1931年10月）。

何炳棣：《中国历史上的早熟稻》，《经济史评论》，第9卷第2期（1956年12月）。

北支事务局调查室：《胶济铁路沿线黄烟生产状况调查》，天津，1938年版。

北支经济调查室第四班：《彰德县城附近不在本地居住的小地主》，《满铁调查月报》，第20卷第4期（1940年4月）。

北支经济调查部：《中日事变冲击下的华北农村——河北省定县农村实态调查报告》，大连，1942年版。

北支经济调查所：《以天津为中心的华北谷物市场》，《满铁调查月报》，第22卷第12期（1942年12月）。

——《华北重要农产品资源的流通》，《满铁调查月报》，第19卷第11期（1939年11月）。

《华北经济统计季报》，天津，1939年10月。

《棉花生产经营调查》，《满铁调查月报》，第21卷第12期（1941年12月）。

C. T.夏：《中国近代小说史，1917—1957》，纽黑文，1961年版。

萧鸿麟：《华北农业劳动研究》，《农业经济研究》，第18卷第13期（1942年12月）。

萧公权：《农业中国：19世纪帝国的控制》，西亚图，1960年版。

胡昌图（译音）：《清代的黄河治理》，《远东季刊》，第14卷第4期（1954年8月）。

黄鼎新（译音）：《中国的棉花贸易》，《中国经济月刊》，第10卷第4期（1932年4月）。

中国海关：《海关十年报告》，1882—1891。第1卷，1892—1901；第2卷，1892—1901；第3～5卷，1902—1911，1912—1921，1922—1931。上海：海关总督察。

——《中国贸易报告》，上海：海关总督察，1932—1940，共9卷。

《江苏常州的农产品和农场消费品价格指数》，《经济统计月志》，第8卷第7期（1941年7月）。

石桥秀雄：《清朝中期的畿辅旗地政策》，《东洋学报》，第39卷第2～3期（1956年9月、12月）。

石田兴平：《满洲殖民地经济的历史发展》，东京，1964年版。

矶田进：《华北的租佃：性质及其法律关系》，《法学协会杂志》，第61卷第5期（1943年5月）；第61卷第7期（1943年7月）。

G.贾米森：《中国的土地所有权与农村人口状况》，《皇家亚细亚文会北中国报》，第23卷第59期（1888年）。

雷金纳德·弗莱明·约翰斯顿：《华北的狮子和龙》，伦敦，1910年版。

E. L.琼斯：《英国农业和经济的发展，1660—1750：农业的变革》，《经济史杂志》，第5卷第1期（1965年3月）。

桦山幸雄：《北京粮食市场概况》，《满铁调查月报》，第21卷第8期（1941年8月）。

——《山东省临清县布业概况》，《满铁调查月报》，第23卷第7期（1943年7月）。

《华北各地粮食交易机构的调查》，《调查月报》，第2卷第7期（1941年7月）。

华北交通株式会社总裁室资业局：《铁路爱护村实态调查报告书》，1940年版。

《华北通货与物价的现状》，《调查月报》，第2卷第5期（1941年5月）。

《华北春耕季节贷款的综合观察》，《调查月报》，第1卷第2期（1943年2月）。（《调查月报》第1卷为1940年，1943年则应为第4卷，这里不知是卷数有误还是年份有误，未敢擅改——译注。）

华北产业科学研究所：《华北的农具调查》，北京，1941年版。

《河北省京汉线棉花事情调查》，《调查月报》，第3卷第8期（1942年8月）。

柏佑贤：《华北农场主的特性》，《东亚人文学报》，第1卷第1期（1941年3月）。

——《华北农业商品生产之基础》，《东亚人文学报》，第1卷第4期（1942年2月）。

——《华北的农村经济社会：结构与发展》，东京，1942年版。

川野重任：《从租佃关系看华北农村之性质》，东亚研究所编《支那农村惯行调查报告书》，续1，东京，1943年版。

经济调查所：《华北各省普通农村实态调查报告书》，大连，1942年版。

经济调查会：《山东省一个村庄的社会经济事情》，大连，1935年版。

珀西·霍勒斯·肯特：《中国的铁路业：起源和发展》，伦敦，1907年版。

《冀中区中共争取民众支持之努力的调查报告》，《驻华日本陆军机密大事日志》，东京，1940年版。

菊田太郎：《自然条件对华北经济社会的制约》，《东亚人文学报》，第1卷第3期（1941年12月）。

F. H. 金：《中国、朝鲜和日本四千年的农民或永久性农业》，纽约，1927年版。

岸本光男：《华北大豆概况》，《满铁调查月报》，第20卷第11期（1940年11月）。

——《山东省临清县农村实态调查报告》，《满铁调查月报》，第23卷第6期（1943年6月），第23卷第8期（1943年8月）。

北支那开发株式会社调查局：《鲁西棉作地带一个村庄农村劳动力使用之调查报告》，北京，1942年版。

兴亚院政务部：《华北花生、花生油及花生饼之调查》，天津，1940年版。

国立北京大学附设农村经济研究所：《京汉铁路沿线主要城市中心的粮食市场结构》，北京，1942年版。

——《山东一个集镇之社会结构》，北京，1942年版。

——《山东省农村人口之运动》，北京，1942年版。

——《山东省济宁县城农产品流通之考察》，北京，1942年版。

——《山东省胶济铁路沿线农村之研究》，北京，1942年版。

小沼正：《华北农村田赋征收机构的一个考察》，《当代亚洲的革命与法律：仁井田升博士追悼论文集》，东京，1966年版。

H. O. 宫：《中国六城市之人口增长》，《中国经济周刊》，第20卷第3期（1937年3月）。

国立中央研究院：《亩的差异》，上海，1929年版。

国立中央研究院社会科学研究所：《难民的东北流亡》，上海，1930年版。

《直隶的田赋》，《北华捷报》（1915年1月30日）。

《历城县志》，共54卷，山东省，1924年版。

李景汉：《北平郊外之乡村家庭》，上海，1929年版。

——《定县土地调查》，《社会科学》，第1卷第2期（1930年6月），第1卷第3期（1930年9月）。

李陵、冯华德：《河北省定县之田赋》，《政治经济学报》，第4卷第3期（1936年）。

——《河北省定县之田房契税》,《政治经济学报》,第 4 卷第 4 期(1936 年)。

李文治:《论清代前期的土地占有关系》,《历史研究》,第 5 期(1963 年)。

梁庆椿:《中国旱与旱灾之分析》,《社会科学杂志》,第 6 卷第 1 期(1935 年 3 月)。

林懋美:《抗战胜利后国民党统治期间华北物价之分析》,《燕京社会科学》,第 2 期(1949 年 10 月)。

林松年:《一年来全国农情之回顾》,《中农月刊》,第 9 卷第 6 期(1948 年 6 月)。

刘家驹:《清朝初期的八旗圈地》,台北,1964 年版。

刘大中、钟团木、叶恭霞(均为译音):《中国大陆粮食作物的生产:战前与战后》,圣莫尼克,1964 年版。

乐永庆:《河北省十一县赋税概况》,《经济统计季刊》,第 2 卷第 3 期(1933 年)。

威廉·洛克哈特:《扬子江和黄河》,《皇家地理协会会报》,第 28 期(1858 年)。

吕平登:《四川农村经济》,上海,1936 年版。

《栾城县志》,共 15 卷。河北,1873 年版。

D. J. 麦高恩:《中国的商会与商业联合会》,《皇家亚细亚文会北中国报》,第 21 卷第 3、4 期(1886 年)。

前田胜太郎:《旧中国水利团体共同体之性质》,《历史学研究》,第 271 期(1962 年 12 月)。

——《华北农村之水利机构》,《当代亚洲的革命与法律:仁井田升博士追悼论文集》第 2 卷,东京,1966 年版。

L. 马札尔:《中国农业经济论》,井上照丸译,东京,1935 年版。

麦叔度:《河北省小麦之贩运》,《社会科学杂志》,第 1 卷第 1 期(1930 年 3 月)。

满铁调查部:《华北农业调查资料》,大连,1937 年版。

——《华北棉花调查资料》,大连,1939 年版。

——《青岛近郊农村实态调查报告》,北京,1939 年版。

——《事变后的华北农村》,天津,1942 年版。

——《华北的农业与经济》,共 2 卷,东京,1942 年版。

满铁北支事务局调查室:《京汉沿线地区农村之现状》,北京,1938 年版。

满铁北支经济调查所:《华北重要农产品之流通》,《满铁调查月报》,第 19 卷第 11 期(1939 年 11 月)。

满铁北支经济:经济部:《昭和 13 年度农家经济调查报告》,天津,1940 年版。

满铁产业部:《华北经济概览》,东京,1938 年版。

满铁产业部资料室:《中国农村经济的根本问题》,大连,1937 年版。

《毛泽东选集》,共 4 卷,伦敦,1954 年版。

约翰·马卡姆:《山东省笔记:从芝罘到孟子故里邹县的旅行》,《1869—1870 年皇家亚细亚文会北中国报》,第 6 卷(1871 年)。

R·蒙哥马利·马丁:《中国:政治、商业与社会》,共 2 卷,伦敦,1847 年版。

孟宪章:《中国近代经济史教程》,上海,1951 年版。

宓公干:《典当论》,上海,1936 年版。

南满洲铁道株式会社:《满洲旧惯调查报告》,共 9 卷,大连,1913—1915 年。

——《华北农业调查资料》,大连,1937 年版。

南满洲铁道株式会社天津事务所调查课:《河北省农村实态调查资料:望都县,东阳邱村及其他 18 个村》,天津,1937 年版。

百濑弘:《清末直隶省村图三种》,《加藤博士六十寿辰东洋史论文集》,东京,1941 年版。

——《清末直隶省村镇户口小考》,《东方学报》,第 12 卷第 3 期(1941 年 12 月)。

森次勋:《天津的货栈业》,《满铁调查月报》,第 22 卷第 1 期(1942 年 1 月)。

——《天津的粮食市场——对米庄的调查报告》,《满铁调查月报》,第 23 卷第 6 期(1943 年 6 月)。

霍齐亚·B·莫尔斯:《中国的行会》,台北,1966 年版。

雷蒙德·T·莫耶:《华北的干旱》,《皇家亚细亚文会北中国报》,第 58 卷(1932 年)。

马若孟和阿德里安娜·钦:《日本殖民统治时期台湾的农业发展》,《亚洲研究杂志》,第 23 卷第 4 期(1964 年 8 月)。

村上拾己:《华北农业经营中的土地利用及商品化:山东省惠民县孙家庙村》,《满铁调查月报》,第 21 卷第 6 期(1941 年 6 月)。

——《华北农业经济论》,东京,1942 年版。

村松枯次:《中国经济之社会结构》,东京,1949 年版。

——《栾城县与寺北柴村》,《一桥论丛》,第 22 卷第 1 期(1963 年 9 月)。

——《旗地的"取租册档"与"差银册档"》,《东方学报》,第 45 卷第 2 期(1962 年 9 月)。

中村治兵卫:《清代山东的学田》,《史渊》,第 64 期(1955 年 2 月)。

——《清代山东学田上的佃农》,《史渊》,第 71 期(1956 年 12 月)。

中村正三:《济南的粮栈》,《满铁调查月报》,第 23 卷第 1 期(1943 年 1 月)。

安德鲁·詹姆斯·内森:《华洋义赈会史》,马萨诸塞,剑桥,1965 年版。

国立中央研究院社会科学研究所:《最近 65 年来之中国对外贸易统计》,上海,1931 年版。

《北华捷报》,(上海,1850—1870);《北华捷报最高法庭与领事公报》,(上海,1870—1941)。(简称 NCH)

日本人商业会议所编:《支那生产实业统计表》,共 2 卷,天津,1912 年版。

日本总领事馆特别调查班:《战时支那经济统计汇编》,上海,1942 年版。

仁井田升:《中国农村家族》,东京,1952 年版。

西岛定生:《中国经济史研究》,东京,1966 年版。

西村甲一:《华北一个大经营农场的现金收支》,《农业经济研究》,第 20 卷第 1

期(1948 年 12 月)。

《华北的棉花生产》,《经济统计月志》,第 7 卷第 11 期(1940 年 11 月)。

《农情报告》,第 4 卷第 1 期(1936 年 1 月)。

大岛利一:《河北省顺义县满铁调查班访问记要》,《东方学报》,第 4 卷第 12 期(1942 年 3 月)。

弗里德里希·奥特:《中国谷物收成与进口之相互关系》,《中国经济月刊》,第 15 卷第 4 期(1934 年 10 月)。

尾崎庄太郎:《华北农村工业诸问题》,《满铁调查月报》,第 19 卷第 3 期(1939 年 3 月);第 5 期(1939 年 5 月)。

——《中国农村社会的近代化过程》,载《社会结构史体系》,东京,1950 年版。

《华北的经营农民》,《北华捷报》(1883 年 8 月 3 日)。

《北宁铁路沿线经济调查报告》,共 6 卷,北京,1936 年版。

《北平市近年人口年龄之分配》,《冀察调查统计丛刊》,第 6 卷第 1 期。

彭章(译音):《中国各省商帮的分布及其相对优势:1842—1911》,华盛顿大学博士论文,1957 年。

彭雨新:《清末中央与各省财政关系》,《社会科学杂志》,第 4 卷第 1 期(1947 年 6 月)。

C.F.雷默:《金本位制和银本位制国家间的国际贸易:中国,1885—1913》,《经济学季刊》,第 40 卷第 4 期(1926 年 8 月)。

《黄河的维护》,《北华捷报》(1886 年 6 月 18 日)。

佐伯富:《清雍正朝的通货问题》,《东洋史研究》,第 18 卷第 3 期(1959 年 12 月)。

相良典夫:《粮食产区农村之农业生产关系与农产品商品化》,《满铁调查月报》,第 23 卷第 10 期(1943 年 10 月)。

《山东省棉作事情调查》,《调查月报》,第 2 卷第 10 期(1941 年 10 月)。

查尔斯·肖:《中国的土壤》,《土壤杂志》,第 1 期(1930 年 12 月)。

社会调查所编制:《北平社会概况统计图》,北京,1931 年版。

沈宗瀚、梅藉芳:《中国粮食问题与麦粮产销》,《中农月刊》,第 8 卷第 11 期(1947 年 11 月)。

石桦:《胜利以来我国农村经济概况》,《中农月刊》,第 9 卷第 4 期(1948 年 4 月)。

岛津忠男编:《这次兵乱对济南及津浦铁路南段地区经济的影响》,青岛,1926 年版。

清水金太郎:《华北的典当习惯》,《东亚人文学报》,第 3 卷第 2 期(1941 年 10 月)。

清国农工商部:《支那生产事业统计表》,共 2 卷,天津,1912 年版。

盐见金五郎:《华北农村不动产权力变更时的公证制度》,《满铁调查月报》,第 22 卷第 12 期(1942 年 12 月)。

《顺义县志》,1933 年版。

威廉·G·施坚雅:《中国农村的市场和社会结构》,《亚洲研究杂志》第 24 卷第 1

期(1964年11月)、第2期(1965年2月)。

明恩溥:《中国乡村生活:一个社会学研究》,纽约,1899年版。

莫顿·R·所罗门:《不发达经济中的市场》,《经济学季刊》,第62卷第3期(1948年8月)。

《统计月报》,第1~27期(1929年3月—1937年1月)。

周藤吉之:《清代满洲漕粮的运输》,《东亚论丛》,第3期(1940年9月)。

——《清代满洲土地政策研究》,东京,1944年版。

——《清初畿辅的拨补地》,《社会经济史学》,第14卷第4期(1944年7月)。

孙敬之:《华北经济地理》,北京,1957年版。

孙中山:《民生主义》,台北,1953年版。

W. Y. 斯万:《山东潍县农业经营形式、生产成本和全年劳动力分配》,《工商经济月刊》,第3卷第2期(1928年8月)。

《大清缙绅全书》,北京:卷1~4,1794;卷1~4,1838;卷1~4,1871;卷1~4,1~6,1~4,1906。

台湾总督府官房调查课:《支那农民的经济状况》,台北,1930年版。

台湾总督府民政部财务局税务课:《台湾税务史》,共3卷,东京,1907年版。

高须虎六:《华北食料问题》,《农业经济研究》,第16卷第2期(1940年6月)。

田中清次郎:《中国农书》,共2卷,东京,1940年版。

唐齐玉(译音):《中国农业经济研究》,康奈尔大学博士论文,1924年。

里查德·亨利·托尼:《中国的土地和劳动》,伦敦,1932年版。

《定县农村经济》,《满铁调查月报》,第16卷第1期(1936年1月)。

天津事务所:《华北农村实态调查报告书》,共3卷,天津,1936年版。

天津事务所调查课:《华北植棉区农村事情》,天津,1936年版。

——《河北省农村实态调查资料》,天津,1937年版。

《天津志》,清国驻屯军司令部编,东京,1909年版。

《我在中国的三年》,1881年11月16日,长老会外国传教团档案,缩微胶片第204卷,第24页。

丁达:《中国农村经济的崩溃》,大连,1930年版。

东亚同文会:《支那经济全书》,第1~4卷,大阪,1907年;第5~12卷,东京,1908年。

——《支那省别全志》,共18卷,东京,1917—1920年。

东亚研究所:《支那农业基础统计资料》,共2卷,东京,1940年版。

——《支那经济关系惯行调查报告书:华北租佃制度》,东京,1943年版。

——《华北农村惯行概说》,东京,1944年版。

——《支那经济关系惯行调查报告书:华北的地权转移、地权分配与土地开垦》,东京,1944年。

——《支那农村惯行调查报告书——华北佃农的法律关系》，东京，1944 年版。

——《支那农村惯行调查报告书：田赋与其他负担之研究》，东京，1944 年版。

东亚研究所第六调查会：《支那惯行调查汇报》，东京，1941 年版。

——《支那经济关系惯行调查报告书：旧式金融惯行》，东京，1944 年。

德永清行：《华北紧急物价对策的一个断面》，《东亚经济研究》，第 2 卷第 4 期（1942 年 12 月）。

富永一雄：《石门市内货栈业调查报告》，《满铁调查月报》，第 1 部分，第 23 卷第 6 期（1943 年 6 月）；第 2 部分，第 23 卷第 8 期（1943 年 8 月）。

F. B. 特纳：《华北的洪水与灾荒》，《皇家亚细亚文会北中国报》，第 57 卷（1926 年）。

土地委员会：《全国土地调查报告纲要》，南京，1937 年版。

《统计月报》，第 1～27 卷（1929 年 3 月—1937 年 1 月）。

内田智雄：《中国农村的分家制度》，东京，1956 年版。

运粮城精谷株式会社调查部：《昭和十七年度华北蒙疆米谷生产运输概况调查》，天津，1942 年版。

美国驻天津总领事馆：《中国新闻评论》。天津，第 6 期（1947 年 2 月 10 日）；第 208 期（1947 年 12 月 22 日）；第 209 期（1947 年 12 月 23 日）；第 215 期（1948 年 1 月 5 日）；第 225 期（1948 年 1 月 19 日）；第 229 期（1948 年 1 月 23 日）；第 245 期（1948 年 2 月 18 日）。北京，第 260 期（1947 年 2 月 5 日）；第 268 期（1947 年 2 月 14 日）；第 339 期（1947 年 5 月 9 日）；第 518 期（1948 年 1 月 22 日）；第 570 期（1948 年 3 月 26 日）；第 610 期（1948 年 5 月 12 日）；第 641 期（1948 年 6 月 18 日），第 658 期（1948 年 7 月 9 日）。

威廉·瓦格纳：《中国农书》，高山洋吉译，共 2 卷。东京，1942 年版。

王志信：《河北省之包税制度》，《政治经济学报》，第 3 卷第 3 期（1935 年）。

王敬亭：《农业经营组织及劳动力的分配》，《农业经济研究》，第 19 卷第 2 期（1943 年 9 月）。

王殿俊：《近十年来西安农产品价格之研究》，《中农月刊》，第 8 卷第 10 期（1947 年 10 月）。

王寅生：《中国北部的兵差与农民》，上海，1931 年版。

汪荫元：《四川战时农工问题》，《四川经济季刊》，第 2 卷第 3 期（1945 年 7 月）。

渡边安政：《天津的银号》，《满铁调查月报》，第 22 卷第 3 期（1942 年 3 月）；第 22 卷第 4 期（1942 年 4 月）。

西奥多·H·怀特、A. 雅各比：《中国的怒吼》，纽约，1946 年版。

V. D. 威基泽、M. K. 贝内特：《亚洲雨季的水稻经济》，斯坦福大学，1941 年版。

亚历山大·威廉森：《在华北、满洲与东蒙的旅行》，共 2 卷，伦敦，1870 年版。

杰拉尔德·F·温菲尔德：《中国：土地与人民》，纽约，1948 年版。

吴知义：《山东省棉花之生产与运销》，《政治经济学报》，第 5 卷第 1 期（1936 年

10 月)。

巫宝三:《中国粮食对外贸易及地位趋势及变迁之原因》,上海,1934 年版。

八木芳之助:《支那农村的包税制度》,《东亚经济研究》,第 1 卷第 1 期(1941 年 1 月)。

——《华北租佃制度》,《东亚经济研究》,第 2 卷第 3 期(1942 年 9 月)。

——和东亚研究所的山畸武雄,《支那经济关系惯行调查报告书:华北的地权转移、地权分配与土地开垦》,东京,1944 年。

杨连升(译音):《中国货币金融:短暂的历史》,马萨诸塞,剑桥,1942 年版。

杨懋春:《一个中国乡村:山东台头》,纽约,1945 年版。

姚珊宇(译音):《中画历史上洪水和干旱的年代及季节分布》,《哈佛亚洲研究杂志》,第 6 卷第 3、4 期合刊(1942 年 2 月)。

——《中国历史上洪水和干旱的地理分布,公元前 206 年—公元 1911 年》,《远东季刊》,第 2 卷第 4 期(1944 年 8 月)。

弗兰克·基春·伊:《近代中国的警察》,加利福尼亚大学博士论文,1942 年。

叶谦吉:《天津棉花需求—价格相关之研究》,《政治经济学报》,第 4 卷第 1 期(1935 年)。

严中平:《中国近代经济史统计资料选辑》,北京,1955 年版。

尹志云(译音):《中国农业概况》,《工商经济月刊》,第 7 卷第 3 期(1930 年 9 月)。

米田贤次郎:《齐民要术与两年三熟制》,《东洋史研究》,第 16 卷第 4 期(1959 年 3 月)。

吉田美之:《青岛纺织劳动事情》,《满铁调查月报》,第 20 卷第 6 期(1940 年 6 月)。

约翰·扬:《南满铁道株式会社的调查活动,1907—1945:历史与参考书目》,纽约,1965 年版。

索　引

（凡各村互见之条目见后夏寨、冷水沟、沙井、寺北柴）

A

安藤镇正（Andō Shi zumasa），32～35、328 注 14

奥特，弗里德里希（Otto，Friedrich），199、350 注 42

B

T. R. 巴尼斯特（Banister，T. R. ），189、196

白契（Pai-ch'i），95

帮忙（Pang-mang），110

包种地（Pao-chung-ti），73

保甲（Pao-chia），83、97～99、117。另见各村，领导权和组织

保正（Pao-cheng），67、270

保中人（Pao-chung-jen），52

《北京京报》（Peking Gazette），189

北支经济调查所（North China Economic Research office），27～28

本田悦郎（Honda Etsurō），32～35、328 注 14

兵差（Ping-ch'ai），264

拨补旗地（Po-pu ch'i-ti land），217～218

卜凯（Buck，John L. ）19、20、308～321

布店（Pu-hen），257

布贩（Pu-fan），257

布摊(Pu-t'an),257

C

财政事务(Fiscal affairs),263、266～272

草契(Ts'ao-ch'i),339 注 54

产量(Production),见农场产量(Farm production)

长工(Ch'ang-kung),50

陈翰笙(Ch'en Han-seng),15、16

城市工资(Urban wages),345 注 19

城市人口增长(Urban population,increase of),199～200

川岛南石(Kawashima Naniwa),270

川野重任(Kawano Shigetō),229、354 注 28

村田久一(Murata Kyūichi),32～35、328 注 14

村庄领导权和组织(Village leadership and organization),259～263。另见各村

村庄经济(Village economy),123、125～127、278～279。另见各村

村庄习惯(Village customs),27～39。另见各村

促进乡村租佃关系的因素(Village tenancy,factors promoting),304～305。另见各村的土地所有制

D

搭伙买(Ta-huo-mai),109

搭套(Ta-t'ao),46～47、330 注 19、注 21

打更(Ta-keng),119

大份子(Ta-fen-tzu),108

大运河(Grand Canal),9、106、202、274

当地(Tang-ti),112

当铺(Pawn shops),244

第六调查会(Sixth lnvestigation office),28

地方(Ti-fang),64、86～87、99、117

地保(Ti-pao),99、117、270

地主(Landlords),229～234

地租(Rent),227～229。另见各村的土地所有制

典(Tien),52～53、330 注 24

典地(Tien-ti),52

典房(Tien-fang),52、64

典契(Tien-ch'i),94

H

J

R

S

X

Y

Z

"海外中国研究丛书"书目